全国高等中医药院校规划教材

全国医药院校卓越营销师培养联盟系列规划教材

销售管理

（供市场营销专业用）

主　编

何　强（天津中医药大学）

副主编（以姓氏笔画为序）

王　力（江西中医药大学）　　　　杜　颖（湖南中医药大学）

李红丽（河南中医药大学）　　　　肖丽萍（云南中医学院）

徐　佩（南京中医药大学）

编　委（以姓氏笔画为序）

李　玲（湖南中医药大学）　　　　李　俊（湖北中医药大学）

吴　群（湖南中医药大学）　　　　谷　昕（黑龙江中医药大学）

张　璠（山西中医药大学）　　　　张天懿（天津中医药大学）

陈宪泽（福建中医药大学）　　　　洪　兰（复旦大学药学院）

梁　瑜（山西中医药大学）　　　　崔丽霞（天津中医药大学）

蒲晓芳（山东中医药大学）

中国中医药出版社

·北　京·

图书在版编目（CIP）数据

销售管理/何清湖总主编；何强主编 . —北京：中国中医药出版社，
2018.1

全国高等中医药院校规划教材

ISBN 978 - 7 - 5132 - 4564 - 7

Ⅰ.①销⋯　Ⅱ.①何⋯　②何⋯　Ⅲ.①销售管理 - 中医学院 - 教材
Ⅳ.①F713.3

中国版本图书馆 CIP 数据核字（2017）第 264796 号

中国中医药出版社出版

北京市朝阳区北三环东路 28 号易亨大厦 16 层
邮政编码　100013
传真　010 - 64405750
赵县文教彩印厂印刷
各地新华书店经销

开本 850 × 1168　1/16　印张 19　字数 474 千字
2018 年 1 月第 1 版　2018 年 1 月第 1 次印刷
书　号　ISBN 978 - 7 - 5132 - 4564 - 7

定价　58.00 元
网址　www. cptcm. com

社 长 热 线　010 - 64405720
购 书 热 线　010 - 89535836
维 权 打 假　010 - 64405753

微信服务号　zgzyycbs
微商城网址　https://kdt. im/LIdUGr
官方微博　http://e. weibo. com/cptcm
天猫旗舰店网址　https://zgzyycbs. tmall. com

如有印装质量问题请与本社出版部联系(010 - 64405510)

全国高等中医药院校规划教材

全国医药院校卓越营销师培养联盟系列规划教材

编写委员会

总主编

何清湖

编　委（以姓氏笔画为序）

曲智勇（山东中医药大学）

汤少梁（南京中医药大学）

李　胜（成都中医药大学）

何　强（天津中医药大学）

张丽青（河南中医药大学）

周良荣（湖南中医药大学）

官翠玲（湖北中医药大学）

姚东明（江西中医药大学）

夏新斌（湖南中医药大学）

徐爱军（南京中医药大学）

彭清华（湖南中医药大学）

编写说明

销售管理是企业管理的重要环节，销售是企业唯一产生收入的环节，在企业中居于十分重要的地位。作为系统研究销售管理过程的普遍规律、基本理论和一般方法的科学，销售管理区别于其他专门管理学，它是市场营销学科体系的应用，具有一般性、普遍性、实践性的特点。

销售管理的任务是为培养适应环境发展要求的，满足社会各行业、营销部门管理实践活动需求的技能型人才提供必备的理论基础知识。

销售管理是研究企业销售及其管理活动过程的规律与业务技术策略的学科，是市场营销专业的必修核心课程。它是一门建立在市场营销管理理论基础之上的应用型学科，有较强的实践性。本教材主要介绍销售管理的含义、模式、原理等基础知识，以及销售规划、客户管理、销售过程管理和销售人员管理等内容。

本教材适合各中医药院校市场营销专业的学生使用，也可以作为企业的销售经理和对销售管理感兴趣者的参考书。

本教材以销售活动的管理为主线，通过理论教学与实训教学，使学生正确理解销售管理的内容，掌握销售及其管理的方法、准则，能行使和运用销售管理活动工作职能和技巧，综合运用于销售过程的各个环节，初步具有解决一些销售管理方面问题的能力，培养学生的综合管理素质。

本教材由何强担任主编，负责统筹全稿；肖丽萍、王力、李红丽、徐佩和杜颖担任副主编，参与编写部分章节及审稿。本教材共十四章，编写分工如下：何强、崔丽霞编写第一章；李红丽编写第二章；徐佩编写第三章；王力编写第四章；李俊编写第五章；洪兰编写第六章；蒲晓芳编写第七章；肖丽萍编写第八章；张璠编写第九章；梁瑜编写第十章；李玲编写第十一章；杜颖、吴群编写第十二章；张天懿编写第十三章；陈宪泽、谷昕编写第十四章。

本教材在编写过程中参考和引用了大量文献，在此向原作者致以诚挚的谢意。鉴于编者学识有限，加之时间仓促，若有疏漏之处，敬请各位读者提出宝贵意见，以便再版时修订完善。

《销售管理》编委会

2017 年 11 月

目　录

第一章　销售管理概述

【学习要点】

通过本章的学习，掌握销售和销售管理的相关概念；熟悉销售管理的职能、内容及销售管理与营销管理的关系；了解销售管理的发展趋势。

【引导案例】

加多宝如何进行销售管理？

加多宝时代的王老吉，之所以能够如此辉煌，是因为它在品牌定位上的成功，它成功地定位在"预防上火的饮料"，并且成了这个品类的绝对老大。

还有就是加多宝在市场推广和品牌宣传方面的重金投入，在市场上所向披靡，无坚不摧，无往不胜。仅凭这些因素，显然不够。加多宝时代的王老吉，在对销售和市场的管理上，所开创出来的一些独特的做法，比如三权分立体系和4M战略发展模型，以及对渠道和终端的开拓与管控能力，才是促成加多宝时代王老吉成功的根本原因。

4M，就是指 Marketing（市场机会）、Model（模式）、Management（管理系统和资源）、Money（与钱有关的系统）。对于加多宝而言，Marketing 就是指其在凉茶这个市场中拥有巨大的商业机会。Model，就是加多宝集团采取的充分开发和利用公司的内部资源和能力来把握外在的市场机会的战略模式。这种战略关键点有二。一是立足于自身，建立能够充分开发和利用公司资源和能力的模型。二是要把公司的资源和能力高效率地运用，确保在凉茶这个市场机会中占据绝对的优势。Management，就是围绕着公司的业务，打造强有力的、高效率的管理和运营体系，包括一系列组织结构、管理体系、营运体系以及企业文化建设等方方面面。Money，就是和钱有关的体系。包括费用投入预算、费用使用及审批机制、资本的评估系统及盈利模式、可承受收益周期、可接受费用率等方面。

加多宝把市场、销售和监察三个部门独立运作并相互监督。说得通俗点，就是有人负责挣钱、有人负责花钱和有人负责监管。销售部是负责挣钱的，通过销售王老吉凉茶获取收入，即所谓的"推"的工作。市场部是负责花钱的，主要工作内容是负责市场推广和品牌传播，具体包括做店招、搞促销、路演活动等基本工作，即所谓"拉"的工作。监察部门是负责监察的，主要工作是监察产品在销售方面的业绩表现，以及监督市场投入费用方面的合理性等方面。三个权力互相分开相互制衡，保持整个管控体系的平衡。

如果说上面介绍的只是加多宝在上层建筑方面对整个市场和销售的全盘掌控，那么，下面就是加多宝对市场销售的具体操作。

加多宝在全国实行的是总经销商制，把全国市场划分为六大区，每个区设立一名总的经销商。然后总经销商又去开发一些具有专业配送能力的经销商或分销商，加多宝称之为"邮差商"，他们只管物流运输，其他的费用，包括进店费、终端维护费等都由加多宝来承担。同时终端维护工作，包括终端网点的开发、维护以及终端POP、终端生动化等工作都是由王老吉的地面部队来完成。

若想打造狼性团队，要给狼肉吃。在对地面人海作战部队的薪酬绩效考核方面，加多宝也做得比较到位。相比其他快消品同行，加多宝的薪酬具有竞争力，加多宝的工资待遇排进了饮料前三，在高薪的激励下，员工干活自然卖力，业绩飘红也不是偶然。在年终奖励方面，据了解，初级业务代表年终奖可拿5000多元，高级业务代表年终奖可拿10000多元。在绩效考核方面，加多宝最主要的一点是"60%是基本工资，40%是绩效工资"。业绩达到60%就可以按照业绩完成比例，领取绩效工资了。这样最大程度地激发了员工的主观能动性。

总之，加多宝在对全局市场的管理上，从4M管理模型到三权分立的战术，以及所执行的总经销制，上上下下编织了一张巨型的网，牢牢控制了整个销售与市场，这也是加多宝在短短几年业绩就呈现出爆发性增长的内在的、更深层次的原因。

（资料来源：沈志勇，品牌中国网，2013年3月4日）

企业只有成功地进行销售才能生存下去，并获得持续发展。伴随企业经营活动的一切投资只有通过销售活动才能收回。因此，对企业来讲，销售是至关重要的。从企业营销战略出发，组建和培养出一大批优秀的销售人才，加强对企业销售活动的管理，已成为现代企业销售管理的重要内容。

第一节　销售的含义与作用

企业是一个以盈利为目的的经济组织，它通过销售自己的产品或服务造福于社会，并通过销售取得收入和利润来求得自己的生存和发展。由此可见，在市场经济条件下，企业的前途和命运不是取决于它能生产多少产品或提供多少服务，而是取决于它销售出去多少产品或服务。因此，销售体现了企业的价值，对企业的发展来说是至关重要的。

一、销售的基本含义

销售（sales）是指企业为了实现经营发展目标，将生产和经营的产品或服务出售给顾客的活动。在销售过程中销售人员发现（或引导）顾客需求，并通过企业的产品或服务满足其特定需求的过程，是实现企业盈利和发展要求的过程。销售是一个双赢的过程。

在一个企业内部，不同岗位的人对销售有不同的看法。对销售业务员来讲，销售是战术问题，销售与推销同义，其销售目标是提高销售量和销售额，并尽量提高一次性回款率；对销售经理来讲，销售既是战略问题，又是战术问题，目的在于开拓市场、守住市场，提高市场占有率；对公司总经理来讲，销售是战略问题，目的在于通过销售实现企业的价值，并创造利润和信誉，树立企业品牌形象。可见人们对销售有很多不同的理解，因此，要正确地理解销售需要注意以下几点：

（一）销售不等于推销（selling）

推销是一种说服顾客购买某种产品或服务，并协助满足其需要的一种活动。推销是一种"推"的策略，顾客在推销活动中一般处于被动地位。而科学的销售概念不仅包括"推"的策略，而且包括"拉"的策略，即通过广告、营业推广等促销手段，吸引消费者主动上门求购产品或服务。

（二）销售不同于交换（exchange）

交换是一种以满足基本需要为动机的物与物（及其后来衍化为物与货币）的交易行为。而企业销售则是出于一种发展动机，企业通过销售产品或服务来获得利润，并通过积累利润和缴纳税金来发展自己并造福于社会。交换是为了满足需求，而销售不仅满足需求，而且创造需求，创造价值，求得发展。

（三）销售不同于营销（marketing）

著名市场营销学者菲利普·科特勒认为："营销是个人和集体通过创造，提供出售，并同别人交换产品和价值，以获得其所需所欲之物的一种社会和管理过程。"营销活动涉及企业所有的经营活动，销售只是其中活动之一。因此，销售概念要小于营销概念，企业千万不能以销售活动来代替营销活动，也不可在重视营销战略时而忽视了销售活动。

表1−1　销售与营销的区别

关心

区别方面	销售	营销
思考方式不同	战术思考	战略思考
围绕中心不同	以销售人员为中心	以市场分析、顾客创造为中心
研究对象不同	主要研究能销售的技能和方法	主要研究能打开市场的策略
关心重点不同	关心现有产品的销售 关心销售目标的达成	关心顾客需求的满足 关心企业的持续发展
关注成效不同	着眼创造短期业绩	立足企业未来

综上所述，销售是企业为了实现销售收入而进行的经营活动。在这一活动中，企业既可以采取人员推销（personal selling）等"推"的方法，也可以采取广告、营业推广等"拉"的方法，目的在于寻找买主，创造市场需求，实现企业价值。

二、销售的特点

销售是一种点对点的营销方式。点与点之间不一定是一条直线，可能是绕过所有障碍的一条曲线。

销售是一项报酬率非常高的艰难工作，也是一项报酬率最低的轻松工作。这一切完全取决于你对销售工作是怎么看、怎么想、怎么做的。

销售极具挑战性，经常会遇到客户的抗拒。销售的过程主要就是解除抗拒的过程，要把客户的拒绝当成是客户在提问，而销售人员要做的就是符合技巧地解答这个问题。

销售需要持久的耐心和坚强的信心。每个人都有自己选择的权力，你可以选择其他的业务做，更可以选择你自己想做的事情。但是，销售精英都是靠坚持不懈的努力精神和强大的信心以及积极的工作态度取得成功的。

销售是"技术"工作，需要掌握必要的知识。销售工作不是简单的推介，而是一种时间的积累，专业知识的积累，实战经验的积累，人脉资源的积累。在销售过程中需要有相关的知识、操作技能和技巧。

NOTE

销售应该开始于发现或刺激顾客需求。销售人员应站在客户的立场思考相关事宜，客户想的最简单的五句话：买得明白；买得放心；买得满意；买得舒服；买得有价值。

销售产品就是销售自己，销售人员的魅力便是产品的魅力。销售产品首先需要让客户认可销售人员，销售人员的仪容仪表、言谈举止和自我修养都会影响客户的购买意向。

三、销售在企业中的作用

经过市场竞争的实践与市场经济的洗礼，现代企业家已达成一个共识，即企业的前途和命运取决于销售，"销售创造价值"已成为现代企业销售管理的理念。

因为在企业的生产和服务活动领域中，在企业诸多的组织职能中，只有销售工作才能带来收入，其他工作必须服从与服务于销售。一个企业的技术水平再高，产品与服务质量再好，如果销售不出去，都将是徒劳的。正如英国著名管理专家罗杰·福尔克所说："一个企业，如果它的产品和服务不能销售出去，那么，即便它的管理工作是世界上最优秀的，对于企业的前途和命运来说也毫无意义。"国际上一流企业之所以成为一流企业，首先在于它的销售的成功。如可口可乐、微软公司等都十分重视销售工作，并将销售工作做得非常出色。

以销售活动为中心的销售机能与制造机能、财务机能共同构成企业经营的主要机能。制造机能和财务机能的主要经营活动属于企业内部活动，而销售机能则对应着直接进入市场的外部活动。在买方市场条件下，企业的收入是通过销售来最终实现的。企业的营销战略必须通过人员推销和销售管理来执行。在发达国家，一个企业营销预算的75%是用于人员推销及其管理的。可以说不存在"没有销售机能的营销"。由此可见，销售在企业中具有其他经营活动所不可替代的功能，销售是经营管理活动的中心内容。

对销售构成企业经营管理活动的中心内容要从两方面去理解。

首先，销售工作是企业一切工作的重中之重。企业销售工作的好坏，将决定着企业产品和服务在市场上的份额，而市场份额的多少决定了企业在市场竞争中的成败。因此，一个企业要在激烈的市场竞争中取胜，就应理顺企业组织体制，提高销售部门在企业中的地位，建立以销售为中心的营销组织体制，使销售部门成为实现企业经营目标的核心职能部门。

其次，企业其他部门要理解、支持销售部门的工作，其他经营工作要围绕销售工作来展开，同时销售部门要主动协调好与其他部门的关系，销售工作要取得其他工作的配合与支持才能顺利展开。企业销售部门与其他职能部门，由于各自工作职责的不同，当牵涉到各自利益时，他们之间会不可避免地产生矛盾和冲突。因此，企业在确认销售工作是企业经营管理的中心内容，并建立以销售为中心的营销组织体制以后，就应从制度上、政策上确保这种组织体制的建立，通过制度协调好各部门之间的关系，特别是利益关系，使各部门充分认识到销售工作对于企业经营的意义，让各部门自觉支持、配合并服务于销售。所以，企业要求得生存和发展，就必须树立"销售创造价值"的理念。强化销售工作，通过销售来达到企业的经营目标。

四、销售观念的变化

销售观念是指企业对销售活动及其管理的基本指导思想。任何企业的销售活动都是在特定的观念指导下进行的。因为销售是营销活动的有机组成部分和重要机能，所以销售观念受到营销观念的影响。营销观念经历了生产观念、产品观念、推销观念、市场营销观念和社会营销观念等五个阶段，生产观念、产品观念和推销观念为传统营销观念，市场营销观念和社会营销观念为现代营销观念。正是在营销观念的影响下，企业销售观念也经历了由传统销售观念向现代销售观念的演变。

（一）传统销售观念

传统销售观念是在传统营销观念影响下形成的销售理念。传统营销观念是以企业和产品为中心，在这一观念的指导下，企业在从事销售活动时认为，产品是"卖出去的"，而不是"被买去的"。因此，企业的销售工作是致力于产品的推销和广告活动，以求说服，甚至强制消费者购买。企业网罗了大批推销专家，进行大量的广告宣传，夸大产品的"好处"，对消费者进行无孔不入的促销信息传播，诱导和迫使人们购买企业提供的产品和服务。

在传统销售观念的支配下，企业采取刺激反应（SR）理论来制订推销策略。企业在从事销售活动时，通过各种方式向顾客传递信息，顾客在获取若干正确信息和说明后，就会采取购买行动。在此观念的影响下，根据 SR 理论，企业探索出许多销售技巧。

（二）现代销售观念

现代销售观念是在现代营销观念的影响下形成的。20 世纪 50 年代以后，市场产品增多，消费者的收入大大提高，消费者的选择性购买行为和苛刻要求，迫使企业改变以往单纯以企业和产品为中心的思维方式，转向认真研究消费者需求，正确选择目标市场、不断调整自己的营销策略。也就是说，营销观念从以企业和产品为中心转变为以顾客为中心。受此观念的影响，销售观念也发生了变化，企业在从事销售工作时不再只局限于产品的推销，而是从识别顾客的需要出发来推销企业的产品。现代销售观念的发展经历了三个阶段：

1. 买卖双方互动观念　买卖双方互动观念是指销售的完成是在一定的环境下买卖双方互动的结果。因此，顾客是否购买所推销的产品，一方面取决于推销人员的销售技巧，另一方面取决于推销环境的影响，取决于双方是否有相应的信息和心理互动。这种观念是克士格（Barry J. Hersker）于 1970 年提出来的。克士格认为，销售工作应有一种回应机制，由推销员与准顾客之间的信息交流、回应及交往构成，见图 1 – 1。

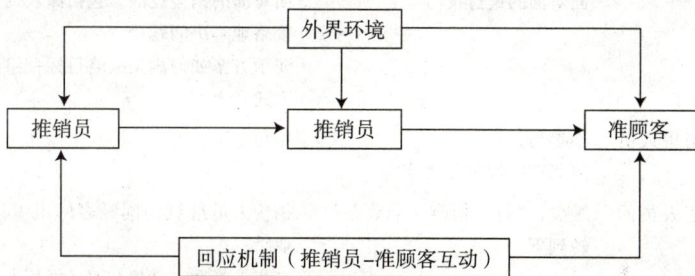

图 1 – 1　销售工作回应机制图

由图 1 – 1 可见，在现代市场经济条件下，在销售过程中，顾客不再是被动的，而是处于主动状态，推销工作要能充分调动顾客的积极性才能完成。而要调动顾客的积极性就要研究顾客的心理和需要，做到有的放矢地进行销售。正是在这一观念的影响下，衍化出问题式销售、利益式销售和咨询式销售三种模式。

（1）**问题式销售**　是指针对顾客面临的问题提出解决方法，而这一解决方法又与销售企业的产品和服务结合起来；利益式销售是指强调推销的产品和服务能给顾客带来利益，从而使顾客接受并购买该产品和服务；咨询式销售又称建议式销售，是指通过发掘顾客的真正需要，帮助顾客采用企业产品和服务，以实现短期和长期的战略目标的过程。这三种模式都是针对顾客的心理和需要来激发其积极性，改变顾客在接受推销时的被动状态，达到销售产品的目的。所不同的是问题式销售是以解决问题为出发点，利益式销售是以给顾客带来利益为出发点，而咨询式销售是以满足顾客需要为出发点。

（2）咨询式销售　在市场激烈竞争和消费者的影响下，咨询式销售（consultative selling）日益成为企业销售的主要模式。企业销售人员已经从销售商品转变为销售商品和服务，再转变到销售商品、服务和增值服务。顾客的需要也变得越来越复杂，这使得顾客想与那些能够帮助他们满足需要的销售公司做生意。表1-2将传统式销售和咨询式销售进行了比较。

表1-2　传统式和咨询式销售比较

	传统式销售	咨询式销售
销售人员的作用	单枪匹马的骑士	组长； 商务顾问； 长期盟友
顾客和销售人员的参与	最少的顾客参与； 最多的销售人员参与	顾客和销售人员大量参与
信息互动	单向； 销售人员到顾客	双向
互相影响的焦点	产品或服务的特性和应用	解决方案满足需求背后的需求的能力（比如顾客的财务绩效的改善）
所需知识	本公司的： 产品和服务；竞争者； 应用；客户战略； 成本；机会	本公司的： 产品和服务；竞争者； 应用；客户战略； 成本；机会 顾客的： 产品和服务； 竞争者； 顾客
所需技能	面对面的销售技巧	面对面的销售技能，包括深入调查； 策略地解决问题； 演示方案如何满足战略目标；组建小组，采取合作方式
在顾客决策过程中销售人员的参与	不参与； 隔离在决策过程之外	参与
购买和安装之后销售人员的参与	很少，"打一枪换一个地方"，转到下一个顾客	销售人员继续访问顾客的组织，保证成功的长期业绩； 销售人员通过销售和服务循环来引导与顾客建立关系的活动

从表1-2可以看出，现代企业的销售人员既要为企业销售产品，同时要为顾客提供咨询与服务。一方面销售人员要尽可能地销售公司的产品和服务，提高企业的利润率；另一方面要为顾客当好参谋（商务顾问），即销售人员要将售前、售中和售后所需的全部信息资源以及活动协调起来，支持顾客，在满足顾客需要的过程中充当一名协助者和咨询者，在创造双赢的过程中成为顾客的长期经营盟友。因此，销售人员在所需的销售知识、技能等方面都与过去不同，销售人员需要掌握比以往更多的关于商品、顾客和竞争对手的情况。

2. 买卖双方组织联系观念 买卖双方组织联系观念认为，买卖双方的联系不是个人行为，而是组织与组织间的行为。销售的目的是通过销售人员的努力，建立和保持买卖双方组织间的交换关系，如图 1-2 所示。

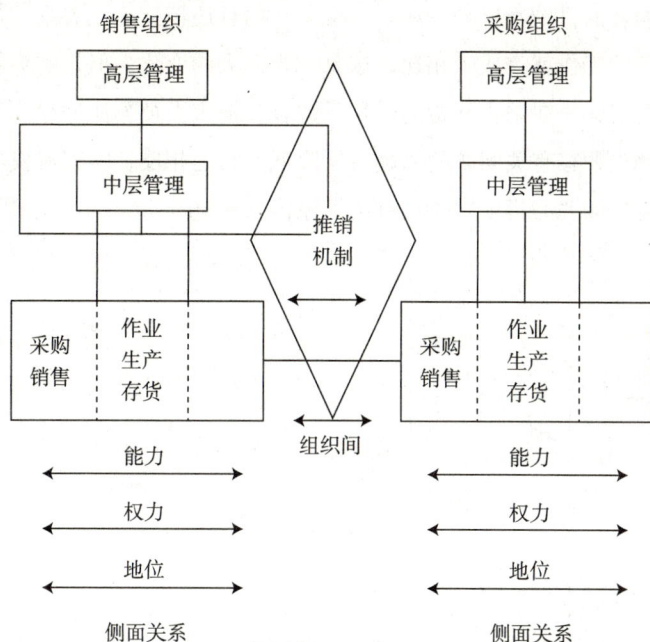

图 1-2 买卖双方组织联系观念图

如图 1-2 所示，销售人员是买卖双方组织之间的连结环，销售工作的重点是将销售组织的销售功能与采购组织的采购功能相配合，以达到双方满意，从而维持长久的组织关系。一般来说，生产企业面临的买主都是组织型顾客，销售关系建立在组织层面上稳定、持久，既可以防止买方因人事变动而丢失业务，又可防止己方业务员跳槽带走业务。因此，现代企业都要求业务员以企业代表的身份出现，业务员要能从双方组织的能力、权力及地位关系中引导双方组织交流，以保持双方之间良好的业务交换关系。

由于受到市场竞争、全球化和科技发展的影响，企业的业务范围不断扩展，采购和销售都不再以个人角色出现，而是以团队或小组的形式出现。因此，对于今天的许多销售公司来讲，销售人员不是独立工作，他们以小组（team）的方式工作。例如计算机销售公司的硬件专家、软件专家、会计、经理和销售人员组成一个销售小组来向一家制造企业推销计算机，而制造企业也是以采购小组的形式与销售小组进行谈判。销售小组的职能是充当买卖组织之间的主要联系纽带，使顾客知道销售人员身后存在资源网络。正因为如此，许多专家和销售管理者认为，销售人员在销售过程中不再是个体作战，而是团队作战，是起小组组长的作用。所以在销售管理过程中，经理人员要将分散的个人销售组合成为一个团队销售，以完成企业的销售任务。

3. 关系销售观念 关系销售观念是在关系营销理论的影响下形成的现代销售观念，产生于 20 世纪 90 年代。这一观念认为，顾客不应被看作是上帝，而是朋友、商业伙伴，销售的目的应从双方互惠互利的角度建立长期、持久的关系。在买方市场条件下，销售工作是以顾客为导向的，在与顾客面对面的接触中，销售人员要成为消费者的顾问、合作者和为顾客解决问题的人。许多买卖在某种程度上是以友谊和信任为基础的，销售人员需要与每一个可能对购买决

NOTE

定产生影响的人发展私人之间的友好业务关系，以达到与客户建立起长久的关系的目的，在此基础上使公司、销售人员本人和顾客都受益。

在经济日益复杂化和竞争日趋激烈的今天，买卖双方都想从长远着眼建立业务关系。这就要求销售人员访问顾客的目的不仅是达成一笔交易，而且还包括建立关系。与过去许多销售人员认为成交之后他们的工作就完成了相比，这是一个巨大的变化。但是购买者和销售者之间的关系随着时间会发生变化。在销售开始的时候，顾客和销售人员关注的程度都较高。在销售完成后，销售人员对解决顾客有关问题的兴趣有所降低，与之相反，顾客对成功使用产品的关心迅速增加。两者在售后的关心程度之差被称为关系沟（relationship gap）。如图1-3所示。

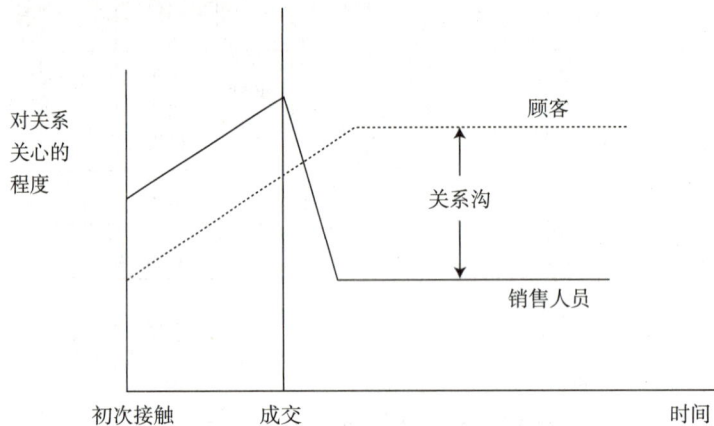

图1-3　顾客-销售人员关系沟

图1-3所示的关系沟理论告诉我们，销售人员在销售过程中要发挥长期商业盟友的作用，通过保证顾客现在以及在关系持续的全过程中得到他们所期望的服务，从而努力缩小关系沟。

在这一观念的指导下形成了现代比较流行的"关系销售法"（relationship selling）。关系销售法与以前的销售模式与方法不同，它认为销售以服务和价值创造为基础，注重于解决方案与建立长久关系之间的整合。在销售过程中，潜在顾客控制着销售互动的最终结果。关系销售法演化为两种销售模式：双赢销售模式和合作销售模式。

（1）双赢销售模式　双赢销售模式是指销售是个连续的过程，销售人员通过找出一个最佳点，使自己在帮助顾客达到目的的同时，顾客也能帮助自己达到目的。双赢销售模式包括四个步骤：计划（plans）、关系（relationships）、协议（agreements）、持续（maintenance），简称PRAM模式。

（2）合作销售模式　合作销售模式不仅在于产品与价值的交换，而且要充分利用买卖双方的核心能力，改造公司的战略，尽量利用双方的战略价值关系。因此，很难区分谁是买方，谁是卖方。这是一种商业上实力相当的公司的联盟，双方共同努力，以获取超高水平的新价值。在此种模式下，要求有一支团队式的销售力量，其间产品和销售人员是第二位的，其首要职能是利用所有供应商的公司资产，为顾客的战略成功做贡献。没有任何一个销售人员或销售小组能够建立或保持这种合作关系，它总是要由两个公司的最高层来发起，与客户的战略方向紧密结合，并通常由双方的交叉职能小组来实施。

合作式销售是随着战略联盟的兴起而在20世纪90年代出现的销售方式。企业不仅越来越关心本国市场上的竞争，而且还关心国际市场上的竞争，他们意识到与重要顾客合作的必要性。众人熟知的 80/20 原则清楚地说明：80%的销售额经常是来自于公司顾客中的 20%。现在，许多公司认识到确定他们最重要的顾客并选定他们来参与合伙项目的必要性。公司会派自己的最佳推销员（包括销售小组）向这些顾客推销并提供服务，然后通过持续努力来建立合伙关系，以达到公司持续和稳定的发展。

第二节　销售管理的基本原理

随着经济的发展，现代企业的销售活动已经发生了新的变化，关系销售、团队销售等新的销售思想不断涌现。因此，培养优秀的销售人才和加强对销售活动的管理，已成为现代企业管理的重要内容。

一、销售管理的含义

销售管理是企业营销战略管理的重要组成部分。要搞好销售管理必须首先了解销售管理的含义。

关于销售管理的含义，中外专家和学者的理解有所不同。

西方国家学者一般认为销售管理就是对销售人员的管理（sales force management）。营销学权威菲利普·科特勒认为，销售管理就是对销售队伍的目标、战略、结构、规模和报酬等进行设计和控制。美国学者约瑟夫·P·瓦卡罗（Joseph·P·Vaccaro）认为，销售管理就是解决销售过程中出现的问题，销售经理应该是一个知识渊博、经验丰富的管理者。拉尔夫·W·杰克逊和罗伯特·D·希里奇在《销售管理》一书中这样表述，销售管理是对人员推销活动的计划、指挥和监督。

美国资深销售管理专家查尔斯·M·富特雷尔（Charles M. Futrell）教授认为，"销售管理是一个通过计划、配置、训练、领导和控制组织资源以达到销售目标的有效方式"（Charles M. Futrell Sales Management. 6th de. Harcourt College Publishers，2001）。

我国学者李先国等人认为，所谓销售管理，就是管理直接实现销售收入的过程。由上可见，销售管理有狭义和广义之分。

狭义的销售管理专指以销售人员（sales force）为中心的管理，市场发育比较好、企业营销职能部门划分较细的西方发达国家持这种观点。他们在谈到销售管理（sales management）时一般是指对销售人员的管理（sales force management）。

他们认为销售管理是企业营销组合中促销策略的一部分，如图 1-4 所示。

广义的销售管理是对所有销售活动的综合管理，我国学者大多持这种观点。这是因为我国市场经济发育不完善，企业中营销活动划分不太详细，销售活动包括的范围较广。销售管理涉及人员销售、营业推广、分销渠道等活动。管理销售活动的经理与其说是销售经理，倒不如说是营销经理。

综上所述，销售管理是对企业销售活动进行计划、组织、指挥和控制，以达到实现企业价值的过程。

在销售管理过程中，我们应当树立"销售创造价值"的观念，销售管理的重心在于管理

NOTE

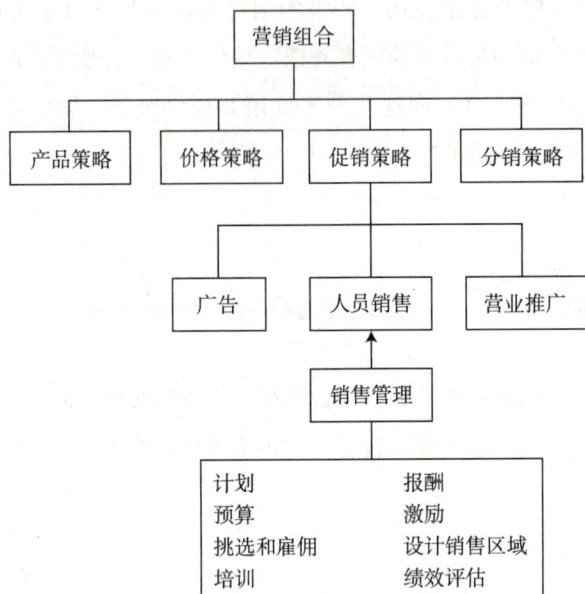

图1-4 销售管理在营销组合中的位置

企业价值实现的过程。因此，销售管理应在企业营销管理中充当中枢角色，一方面以通过销售取得收入为中心，另一方面要通过管理协调好各种经营活动与销售活动的关系，以实现企业的整体目标。

二、销售管理的内容

销售是企业营销管理的重要组成部分，是企业伸向市场的桥头堡，是企业经营活动的中心内容。因此，科学界定销售管理的内容十分重要。

菲利普·科特勒认为，企业销售管理涉及三个方面的内容：

一是公司在设计销售队伍时应作什么决策？这涉及销售队伍的目标、战略、结构、规模和报酬等问题；二是公司怎样招聘、挑选、训练、指导、激励和评价它们的销售队伍；三是怎样改进销售人员在推销、谈判和建立关系营销上的技能。

我们认为，根据我国实际，企业销售管理的内容应涉及以下4个方面。

（一）制订销售规划

销售规划是指对企业销售活动的计划与安排。销售规划是在销售预测的基础上，设定企业的销售策略与目标，编制销售配额和销售预算。销售规划是企业营销战略管理的最终体现。

销售规划是所有销售管理功能中最重要的功能。只有规划做得周详、缜密，其他的活动才可顺利展开，使企业的营销目标有条不紊的顺利实现。销售规划的具体内容如下：

1. 制定销售策略 销售策略是依据企业的营销策略而制定的，它涉及销售模式价格政策、贷款回收政策、销售远景规划和销售部门整体目标。

2. 制定销售目标 要搞好销售目标的制定，首先必须对企业销售面临的环境与形势进行分析，做好销售预测，然后再制定销售目标。制定销售目标时要有目的、实施计划、资源配置计划、销售日程表等。销售目标要切合企业实际，量力而行。

3. 制定销售行动方案 销售行动方案涉及销售的具体工作程序和方法，所有的销售行动方案都应当细化和量化，并定期加以检查。

（二）设计销售组织

销售规划的实现，必须借助于销售人员。而现代企业的销售人员不再是个体作战，而是结成团队以发挥整体功能。因此，销售管理的第二个内容便是合理设计销售组织，以配合销售目标的实现。要设计好销售组织，就必须从销售队伍的目的和战略入手，确定销售队伍的规模与结构，并选择适当的报酬形式。例如，销售队伍的结构是按地区设置，还是按产品设置，抑或是按客户设置，这些都须认真考虑。

（三）指挥和协调销售活动

销售活动是由销售人员来完成的。为此，在销售管理过程中，销售经理要对销售人员的行为进行指导和协调，要将公司的营销目标与思路准确地传达到销售人员，要让他们达成共识。只有在销售人员明白自己的行动目的后，才能更有效地工作。作为销售经理要能够领导销售人员沿正确的方向前进，要身先士卒，要能团结下属，要能够激励员工将销售工作做得更好。

（四）评价与改进销售活动

要想顺利完成销售目标，销售经理必须时刻关注销售人员和业务的发展动向。制订各种考核标准，建立评估与考核体系，通过评估与考核来对整体销售业务进行控制。同时，还应根据实际情况对计划与目标作必要的调整和修改。通过评估与考核，使销售人员提高工作效率，控制企业产品销售和整体服务质量。

知 识 拓 展

营销视野——OTC 代表的基础工作流程

OTC 代表工作对象的特殊性，决定了对方对 OTC 代表及其推出的产品，都会在一个较高的层次上用挑剔的眼光给予评定，因此也决定了 OTC 代表各方面的知识及个人素质须有更高与更严格的标准，把握与运用基础工作的流程，对 OTC 代表的业绩有至关重要的作用，归纳起来有四个方面，即 4D 流程。

1. 展示自我（display myself） ①从充沛的精神，整齐合体的仪表及对人的彬彬有礼之中展示自己良好的气质与风度；②从对人真诚、友善、豁达、乐观、善解人意中展示自己良好的教养；③从交谈中的机智，与对机会把握的敏锐以及对各种交谈技巧运用的娴熟中展示自己的精明才干；④从各种知识范围的涉猎及医药专业知识的掌握的程度上展示自己的知识含量与专业化的水准。

2. 展示企业（display corporation） OTC 代表的工作不是独立的，是企业整合营销的有机组成部分。企业形象与品牌在医生或药店店员心中的信任程度，很大程度上决定产品的使用程度。OTC 代表在工作中将自我与企业紧密结合起来，通过自己将企业展示给医生或药店店员，并给医生或药店店员信心，是良好促销的重要保障手段。要做到这一点，OTC 代表应做以下几方面工作：①全方位了解与认识自己的企业，充分理解自己企业的经营理念、经营原则与价值观；②认真分析、提炼、归纳自己企业的优势；③正确对待企业内部管理及运行机制中不尽人意的地方；④充分认识自己在企业的工作目的及企业为实现你的目的能提供的支持与帮助。

只有自己对企业建立了充分的信心，才能在你的言行中由衷表现出对企业的赞誉与自己对企业的信心，才能感染对方。"只有从内心深处发出的赞誉，才是可信的"。

3. 展示新概念（display new concept） OTC 代表宣传、推广的药品一般是新药，另有部分是新剂型或老药品的新用途，围绕这些都有许多新理论及新的应用概念，完整准确展示你所推广药品的新理念是让医生或药店店员接纳药品的关键，OTC 代表需要了解并择机展示的内容如下：①围绕该品种的理论及临床的发展背景；②该药及相关药品的发展历史及相互比较；③该药在临床应用中实际效果的理论基础；④该药在临床验证或实际应用中的具体情况。

4. 展示产品（display product） 所有的开展都是为了结果，展示自己、展示企业、展示新概念最终目的是为了促销产品，OTC 代表在做好前面 3 个 D 后，还需要做的是：①推广产品的特性（先进性、科学性、适用性）；②推广产品与其他同类产品的差异性、优越性；③推广产品的质量可靠性与保证体系。

（资料来源：节选自《营销文库》，作者自行整理资料）

三、销售管理的程序

及时发现并满足市场需求，为顾客提供满意的服务，建立长久的业务关系，是销售管理的基本要求。因此，销售经理要运用现代销售管理观念，依据市场状况及企业目标，统筹规划，全面体现公司的营销策略，实现公司的销售收入和市场占有率目标。为此，销售管理要遵循一定的程序。

菲利普·科特勒认为，销售管理涉及三个主要问题，这三个问题的解决遵循图 1-5 所示的程序。

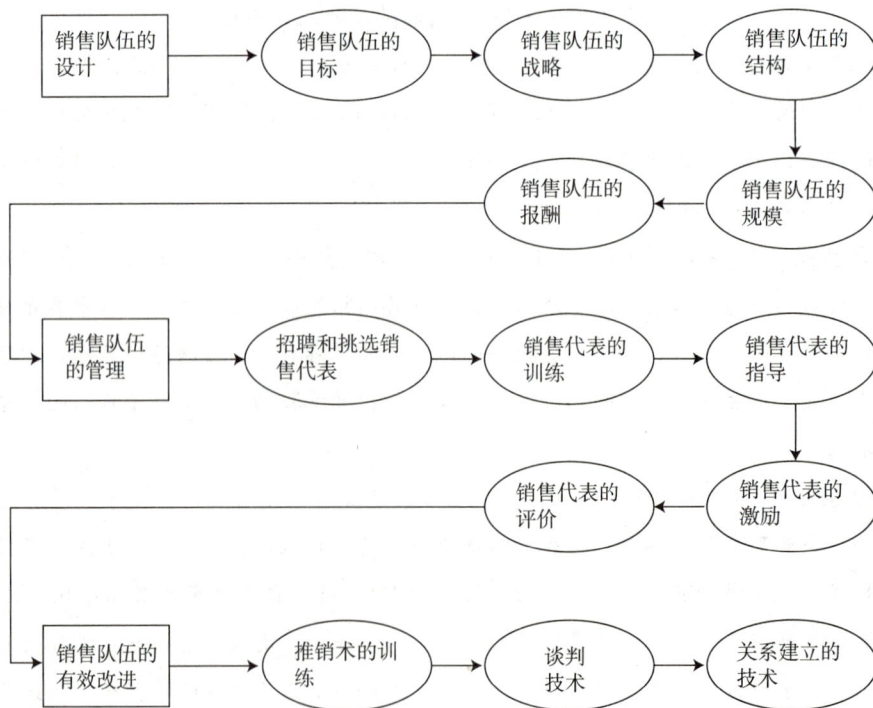

图 1-5 销售（队伍）管理的程序

根据我国实际，我们认为销售管理应当遵循如图 1-6 所示的程序。

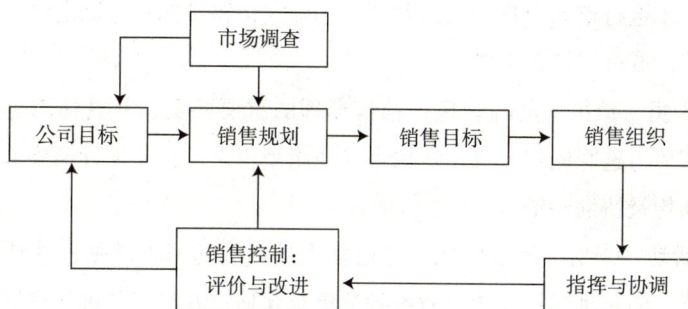

图1-6　销售管理的程序

四、从销售员向销售经理的转变

（一）优秀销售经理的重要性

随着经济实践工作和经济理论工作的不断深入，人们逐渐发现，人的因素往往会对经济行为的结果起到决定性影响。在一个组织中，不同的领导会使组织的发展有着截然不同的结果。拿破仑曾经说过："一头狮子带领着一群绵羊肯定能够打败一只绵羊带领的一群狮子。"中国也有句俗话对此进行描述，即"兵熊熊一个，将熊熊一窝"。不论话怎样说，它们都揭示了同一个道理：一个优秀领导对于组织来讲是非常重要的。大到国家，小到家庭，无一不印证了这个道理。在一个企业中当然也是如此。

对于有些企业而言，并非他们不重视销售，也不是他们对企业销售活动的投入不足，而仅仅是因为他们没有一个优秀的销售经理，最终使得企业的销售活动一团糟，大量投入付之东流。

在企业中，销售活动的性质决定了它必须要有专人负责，也就是说，一名优秀的销售经理对于企业来讲，不仅是十分必要的，而且是十分重要的。美国卡利伯公司（Caliper. Inc）的创始人兼行政总裁格林勃认为："当今全球竞争异常激烈，产品大同小异，你的成功或失败98%掌握在你的员工手上。"该公司研究了172位销售经理的特性。销售队伍的人员素质归根结底在于其领导的素质。一般销售经理仅确保系统运行正常，而优秀的销售经理则能推动事态发展。他们令其周围的人更加出色。今天中国企业的销售与10年前，甚至5年前已有很大的不同，中国的销售队伍也有了长足的发展。但是，能称得上优秀的销售经理的在中国企业屈指可数。原因何在？其一，中国人在观念上并没有把销售看成一种职业，如果在观念上仍然把销售看成是"卖东西"，就很难有出色的销售领袖。其二，即便一些人接受了销售职业，但仍然缺乏成为出色销售员的心理素质和特性。并不是每个人都可以做好销售工作的，但这种心理素质和特性可以通过后天培养。最后，只有热爱这门职业，专心培育和发展自己并使自己成为优秀销售员的人，才能成为出色的销售经理。

（二）销售经理的职责

销售经理为完成本部门的销售目标，依据公司的整体营销规划，全面负责本部门的业务和人员管理。因此，无论是高层销售经理，还是基层一线销售经理，销售经理都要履行如下职责：

1. 制订销售战略　销售战略涉及销售策略、销售目标、销售计划和销售政策等。制订销

NOTE

售战略具体包括：①进行市场分析与销售预测；②确定销售目标；③制定销售计划；④制定销售配额与销售预算；⑤确定销售策略。

2. 管理销售人员　销售人员的管理是销售经理的重要职责，其具体内容包括：①设计销售组织模式；②招募与选聘销售人员；③培训与使用销售人员；④设计销售人员薪金方案和激励方案；⑤陪同销售及协助营销。

3. 控制销售活动　①划分销售区域；②销售人员业绩的考查评估；③销售渠道及客户的管理；④回收货款，防止呆账；⑤销售效益的分析与评估；⑥制定各种规章制度。

【销售案例】

销售经理的管理内功

某化妆品公司市级分公司销售情况一直不是很理想，究其原因主要是缺少一个优秀的领军人物，导致市场管理混乱，业绩不佳，于是公司总部不惜重金挖来一位新的销售经理。

该经理营销专业科班出身，又在市场一线打拼多年，刚来公司没几天就找到了影响公司业绩的几大因素：第一，销售部与其他部门沟通有问题，造成资源整合不利、信息反馈不及时、销售部门孤军奋战；第二，市场管理混乱，所有业务人员像无头苍蝇一样没有目标地工作；第三，人才流失给企业进一步扩大市场份额带来一定的压力。

在实地考察时该经理发现，销售部十几个人在市场上东扎一头，西撞一下，没有明确的市场划分，结果不但影响整个团队的销售业绩，而且不利于团队团结，经常发生因客户冲突起内部纠纷的情况。一名销售主管每天忙着协调、分单、报表，基本上无暇顾及市场的考察与监督，长期混乱的工作状态让业务精英一点工作热情都没有，有的正在寻找合适的跳槽机会。

面对这种形势，为了尽快解决销售部的问题，他果断实行了内部改革。

1. 明确职责，让适当的人做适合的事　经了解，原来的销售主管是由原来一名业绩很好的业务员提升的，其主要特长是善于沟通，故首先根据其优势将其提升为销售部副经理，职责是与公司其他部门协调沟通，提升与特长使其干劲倍增。首先与人事部协调，解决了业务员的交通补助和午餐补助问题，让员工的积极性提高了很多；其次，把市场反馈的产品定位偏差问题报告给企划部，企划部则及时修正定位偏差，让公司产品信息更有效的传达给目标客户。然后将其他11名业务员分成四个业务小组，第一小组全面负责市内二批业务，第二小组负责周边县市及郊区的批发业务，第三小组负责市内大卖场业务，第四小组负责市内商超业务。在此基础上，又新招聘了一名销售部文员，负责接听电话，并配合销售部副经理配单报表等工作，而经理本人则亲自担任市场督导一职，检验所有员工的工作成果。

2. 理顺业务模式　有了明确的分工。明晰了工作目标，下面就具体到工作方法上，新经理对业务员提出了"两保""三先""四定"的业务模式，并把大卖场客户进行了合理分配，商超小组则按市内城区划分。"两保'旨在保证商家利益，建立长期的合作关系。其主要内容一是保证到期无条件换货；二是保证商家商品利润，在完成一定销售额后给予相应的奖励。

"三先"旨在提高服务质量，在激烈的市场竞争中争得先机。新经理要求业务员无论面对新老客户都要做到进门先问好，以便给客户留下良好的印象，这样在客户销售产品时会自然因感情因素主动推销你的产品。其余"两先"分别为订货先送到和有促销活动先通知，并及时把促销品送到客户那里。

在"三先"模式中，最难完成的工作是订货先送到，需要配送部门的积极配合，这时，销售部副经理就起了很大作用，说服配送部门经理，让配送部加班加点保证货物及时送达。当然，有些小店的货量较少时，会要求业务员不辞辛苦地用自行车送货。正是公司每一个员工的努力，让该公司在该市拥有了最讲信誉、送货最及时的美誉。

"四定"即定时、定人、定线、定车。新经理要求所有业务员对客户要进行定时回访，避免缺货情况发生。定人、定线原则一是为了客户服务的长期性考虑，二是固定的业务员对自己所辖区域情况比较熟悉，不会跑冤枉路，大大提高了员工的日常工作效率。而定车则是为了能够保证货物的及时送达。当然，固定的车辆也要坚持定线原则。

3. 建立新的管理制度及激励机制　保留人才虽然通过以上人员及业务模式调整，解决了产品销售不良的情况，但接踵而来的问题就是进一步扩大市场份额，增强公司在市场上的竞争力，要完成这项任务就要有高素质的营销团队。但由于公司发展状况不理想以及没有很好的晋升、激励等管理制度，很大一部分优秀员工已纷纷跳槽。针对这一情况，新经理从四个方面着手，完善了公司的管理机制，从而提高了员工工作的热情，为公司进一步发展奠定了坚实的基础。

从以上案例得出的结论是，优秀的销售经理首先必须具备发现问题的能力，然后能够逐一化解，能够对市场及公司进行有效的管理，才能使公司的业务长治久安，才算胜任这一职位。

（资料来源：王桂清. 销售经理的管理内功案例分析，《管理纵横》，2007 年第 8 期）

（三）实现从销售员向销售经理的转变

销售经理是从销售员成长起来的，要完成从销售员到销售经理角色的转变，必须注意以下几点。

1. 从销售员到销售经理首先是思维观念发生了变化。销售经理考虑问题应从全局和长远着眼，要有战略思维，不能只考虑将自己的工作做好。

2. 职责发生了变化。销售员的职责是完成个人任务，而销售经理的职责是完成组织任务。因此，销售经理在完成自己的销售任务的同时，要监督、协助和指导其他销售员完成任务，以完成本单位的总体任务。

3. 职业要求的能力发生了变化。销售经理除了实践操作能力外，还要学会沟通、谈判、制订计划、激励员工、培训员工等方面的技能。

4. 角色发生了变化。成为销售经理后，其与同事、上级、下属关系不同，角色定位也不一样，即从被管理者变成管理者。

总之，从销售员转变成销售经理，最重要的是学会学习、不断学习，以适应新变化。

第三节　销售管理与营销管理

企业为了更好地向目标消费者销售自己的产品和劳务，必然要对其销售活动进行有效的组织和管理。销售管理是企业营销管理中重要的一环，销售管理就是对企业销售活动的管理，以确保企业销售活动正常顺利地进行，使企业能够实现预定的经营目标。

一、营销战略与销售战略

销售是企业经营的火车头，企业的发展可以说完全靠这火车头的牵引，如果企业负责人不

NOTE

重视销售的话，企业绝不可能有好的发展前途。

企业活动包括生产、开发、财务、采购、人事和销售等。生产以物为主，人事以人为主，财务以资金为主，采购以物为主，而销售则涉及人、物、资金多方面。因此，销售活动要顺利进行则需从战略高度出发来设计思路和实施销售活动。

销售活动是营销活动的一部分，因此销售战略应服从营销战略。在制订销售战略时应首先制订营销战略。

什么是营销战略呢？市场营销战略是企业及经营单位期望在目标市场实现其目标时所遵循的主要原则。它包括两个方面的基本内容，即市场营销组合和市场营销预算。市场营销组合是企业为了进占目标市场、满足顾客需求，加以整合、协调使用的可控因素；市场营销预算是指将营销资源在各种营销手段、各个市场营销环节之间进行分配。

销售战略是指企业为谋求竞争优势，在对外部条件和内部因素进行分析研究的基础上，对企业的销售观念、销售政策、销售目标和销售策略等做出长远的、系统的和全面的谋划。一般来讲，企业的销售战略有如下几个特征：

（一）全局性

全局性即企业销售战略是从企业发展与经营全局的角度来考虑，而不是销售部门的战略。在当代市场条件下，企业竞争的复杂性日益突出，销售部门的作用越来越重要，并呈现出独立化的趋势。在这样的情况下，强调从全局角度来考虑销售工作，显得十分迫切。

（二）长远性

战略管理着眼于未来，是对较长时期内企业销售工作的通盘筹划。面对激烈的市场竞争，销售工作应从长远着眼，从战略高度来设计销售目标，树立战略思维，而不在乎一时的销售额或市场占有率，关键在于长期的发展态势。

（三）针对性

销售战略是针对企业的销售活动而设计的，因而具有较强的针对性。这种战略应当从企业销售活动的实际出发，能对企业的销售活动发挥管理和调节作用。

（四）竞争性

企业间的竞争非常激烈，而竞争的表现和重点就在销售竞争上。作为企业的销售经理，必须善于从企业的发展目标和战略构想出发，把工作的重点和战略实力的重心，放在那些最重要、起决定作用的环节和支点上，通过确定关键因素建立起竞争的优势地位。

（五）导向性

战略具有导向作用，销售战略也不例外。销售战略一经制定，便对销售部门和销售人员的工作起指导作用，使之具有明确的奋斗目标，达到凝聚力量的作用。

在理解销售战略时，我们必须把握两点：

1. 企业销售战略与企业营销战略的关系　企业销售战略是针对销售活动而制订的，有一定的独立性，但是企业销售战略毕竟是企业营销战略的一个有机组成部分，因而企业销售战略的制订以及实施，必须在企业营销战略的指导下进行。一方面销售战略要能体现营销战略的核心价值、战略目标以及基本使命，必须使之成为销售管理工作所遵循的基本准则；另一方面，企业销售部门又必须将企业总体营销战略规划中的基本要点具体化，从而制订出销售的具体战略目标与实施步骤，才能有助于企业营销战略目标的实现。

2. 销售战略构成的核心　　营销活动的中心是销售活动，而销售活动的关键在于人，因此，在销售战略中，人员策略至关重要，它已经成为营销组合策略的核心，见图1-7。

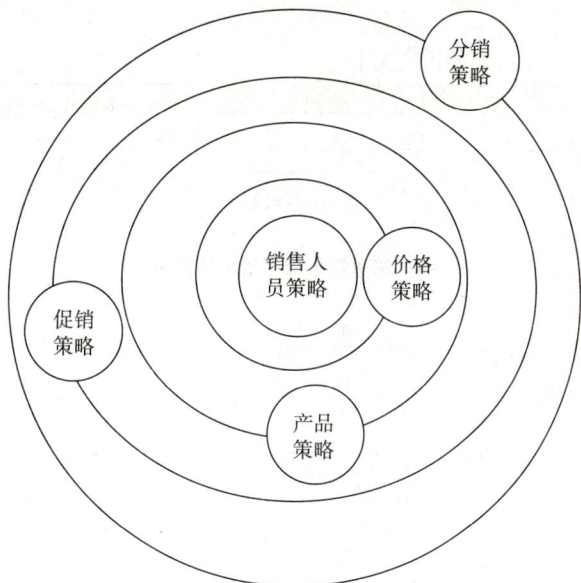

图1-7　销售人员作为营销策略的中心

由图1-7可以看出，销售战略的核心应是人员战略，销售人员管理应是销售管理的重点。

二、销售管理与营销管理的联系与区别

在企业里，销售管理与营销管理既有联系又有区别。从历史的角度看，销售管理和营销管理在企业长期发展过程中的关系是不断变化的，它的这一变化过程可以划分为四个阶段：

（一）简单的销售部门阶段

任何一个公司想要顺利地开始其经营活动，都必须具备四种基本的功能，即融资功能、生产功能、销售功能和会计功能。这些不同的功能由不同的部门经理来负责。当公司只重视销售功能时，销售经理来负责处理销售事务、领导销售队伍、有时自己也直接从事某些推销活动。在这一阶段，销售部门只是偶尔地处理简单的营销工作，如市场调查、广告等，而企业所必须进行的其他营销工作，如企业目标规划、新产品开发、价格管理等等，则由生产部门和财务部门来完成。通常对于刚刚成立的小企业而言，大多采取这一阶段的组织结构，见图1-8。此时企业是以销售管理为主，营销管理很少。

（二）销售部门兼其他附属功能的阶段

随着公司的不断扩大，经常的、专业的市场调研、广告以及为顾客进行服务等营销功能成为企业正常运转的必要条件。在这种情况下，销售部门所负责的营销功能开始增加。于是，销售经理就有必要聘用一名营销主任以及相应的专家来负责处理非销售的营销工作。此时营销管理开始得到重视，但是，企业销售部门的重点还是在销售工作上，这一阶段的组织结构见图1-9。

（三）独立营销部门阶段

在公司进一步发展的情况下，相对于销售功能而言，市场营销的其他功能，如市场调研、

NOTE

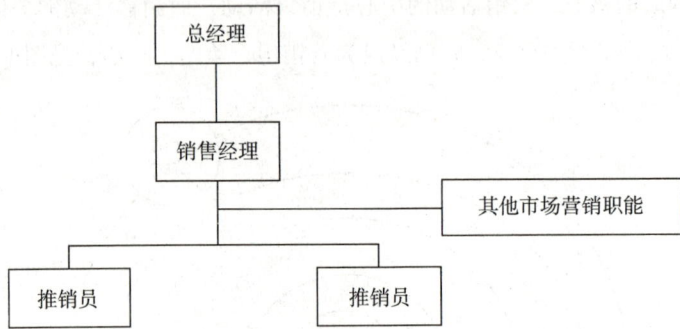

图1-8　简单销售部门阶段的组织结构

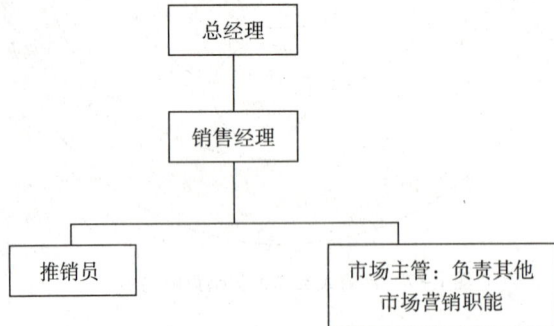

图1-9　销售监管营销职能阶段的组织结构

新产品的开发、广告、公共关系、销售促进、顾客服务等的重要性开始大大增强。尽管如此，销售经理继续把他绝大部分的精力和时间放在销售队伍的管理上。而于营销来讲，营销主任会提出种种理由来要求增加对其他功能的投入。最终，公司的总经理认识到，设立一个独立于销售部门之外的，并且与销售部门相平行的营销部门对公司来讲是有好处的。于是，原来销售经理所领导的营销主任便升格为营销经理，他同销售经理一道向公司的总经理负责。此阶段的组织结构见图1-10。

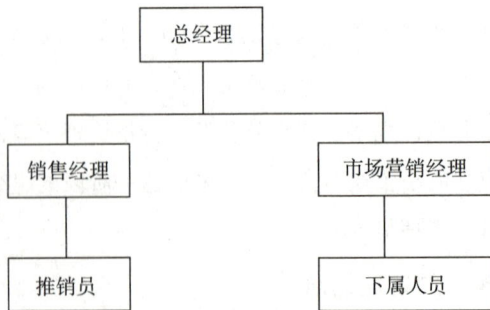

图1-10　独立营销部门阶段的组织结构

（四）现代营销部门阶段

一般来讲，由于业务上的冲突，营销部门和销售部门之间的关系常常带有互相竞争和互不信任的色彩。销售经理不甘心他的销售队伍在市场营销组合中的重要性有所降低，而营销经理则寻求在扩大非销售的营销功能方面取得更大的权力。作为销售经理，是以物（企业的产品）为中心，追求的是短期目标，即全神贯注于眼前的销售任务；而营销经理则是以人（消费者）

为中心，着眼于企业的长期目标，致力于从满足消费者长远需求出发来规划和研制最恰当的产品并制订营销战略。当营销部门和销售部门之间的冲突过大时，公司的正常经营活动开始受到影响。

这时，公司的总经理有三种选择：一是将营销部门重新纳入销售经理的管理之下；二是由公司的一名常务副总经理来处理营销和销售两个部门之间的矛盾；三是将销售部门纳入营销经理的管理之下。

绝大部分的总经理都采取了第三种选择，即将企业的销售功能纳入了营销部门之中，营销经理领导企业的营销部门，管理包括销售功能在内的全部营销活动。这也就形成了营销部门的基础。此阶段的组织结构见图 1 - 11。

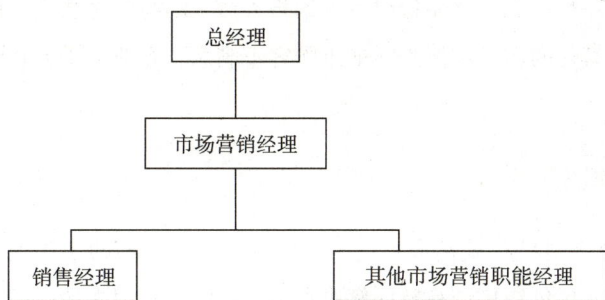

图 1 - 11 现代营销部门阶段的组织结构

从上述营销作为一个重要职能的演变过程可以看出：

1. 销售职能先于营销职能产生：因此从历史起源来看，先有销售管理后有营销管理。

2. 销售管理实际上是营销管理的基础：只有销售管理有效，营销管理的功能才能实现。因此，二者在为实现企业发展上是统一的，所以有的企业在实际工作中有时将二者等同。

3. 从现代营销观念的角度来看，销售管理应服从于营销管理。

第四节　销售管理的发展趋势

世界经济一体化，市场竞争日益激烈，不断变化的市场环境给企业提出了严峻的挑战，众多的企业面临来自国内外残酷的竞争。企业的销售组织面临着维持销售人员的成本上升的压力，面临着增加销售额的同时降低运营成本的压力，面临着来自竞争者、客户甚至企业内部的挑战。

为适应市场环境的变化，一些企业的销售组织通过对销售管理的调整来应对种种挑战，使得销售管理呈现出这样的变化趋势：从交易推销到关系推销；从个人推销到团队推销；从关注销售量到关注销售效率；从管理销售到领导销售；从本地销售到全球销售。

一、从交易推销到关系推销

随着经济的全球化，传统交易推销模式正日益被关系导向的推销方式所替代。销售人员不再强调短期内一次性的产品销售，而是强调能通过解决顾客问题、提供机遇并为顾客增加价值等发展与顾客的长期合作关系，他们正在从关注现有的顾客转向关注为企业的明天创造价值的顾客，传统的交易推销正逐渐被关系推销所取代。

关系推销的目的，不仅仅是为了单纯地实现销售或交易，它既需要考虑现有的顾客，同时还要把将来可能与之达成交易的顾客作为目标，希望能够向目标顾客表明其有能力通过优质的服务更好地满足其需要。在双方能够相互负责的情况下，建立一种长期的合作关系互利互惠，达到双赢。

关系推销的形成有两种情况：一种情况是一些销售组织积极主动地与顾客建立一种关系推销战略，保持与顾客的长期关系。因为他们意识到，企业的成功取决于长期的顾客而不是眼下的顾客。帮助顾客解决问题是发展长期顾客关系的最好方法。长期的顾客关系必定带来长期的企业市场的成功。另一种情况是产品售出后，销售人员主动与顾客联系，询问其对产品和服务是否满意，是否还有其他的需求和要求。如果顾客不满意，企业会千方百计采取措施，保证让顾客满意。

二、从个人推销到团队推销

"单枪匹马""超级明星"式销售人员的重要性在许多公司的销售组织中正在下降，特别是当公司工作的重点从仅仅销售产品转向解决顾客问题时。在很多情况下一个人不会拥有判断和解决顾客问题所需要的全部知识和技巧，此时就需要某种类型的团队开展工作。

一个销售团队由一名销售经理领导，团队的成员可能来自企业的销售部门、市场营销部门和企业内的其他职能部门。根据团队成员不同的协作方式，可将销售团队分为以顾客为中心的销售团队和以交易为中心的销售团队两种类型。

以顾客为中心的销售团队，是一个为特定的客户组成的正规的销售团队，团队成员可能来自企业的所有职能部门。以交易为中心的销售团队，是一种非正规的销售团队，团队成员可能来内企业的任一职能部门，并且可能参与销售过程的任一阶段。销售人员的责任是合理安排销售组织的资源，使其满足客户的需要。

三、从关注销售量到关注销售效率

一个销售组织的基本任务是进行推销，以达到理想的销售量，所以销售量指标对企业非常重要，销售人员和销售经理的评估标准通常是在一定时间内完成的销售量。但是，许多企业发现销售人员和销售组织的销售效率并不一样，同样的销售量和销售额，有些销售就能比其他销售获得更多的盈利。因此，企业销售组织不再只关注"为销售而销售"，而是关注销售利润和销售效率，这就使得企业从关注销售量转向关注销售效率。销售效率强调通过更有效或更有效率地做事，在成本水平一定的条件下能够完成更多的销售量。

从某种意义上说，所有管理决策都可以按照销售效率的观点制定，努力地做到"少投入，多产出"，在销售管理的全过程中强调销售效率。

四、从管理销售到领导销售

许多公司的销售组织都是一个官僚式的、等级制的金字塔形结构，各级别的销售经理直接监督下一级，同时对上一级管理层直接负责，这样来实现管理控制。销售管理者作为"老板"

管理着销售人员，销售人员要向他们汇报，对他们负责。他们要对销售人员实施程度不同的控制，以使销售人员实现预期的销售成果。

这种方式在非常稳定的市场环境下可能会很好地发挥作用，但是，许多销售管理者认为这种方式在一个迅速变化的环境下使得他们很难负起责任。于是，他们开始寻求销售组织的改革，目标是尽量使销售组织的层级结构"扁平化"。扁平型的销售组织授予销售人员在现场进行更多决策的权力，这就改变了销售经理的角色和他们与销售人员的关系。对于一个销售经理来说，基本的趋势是"领导得多而管理得少"。

对于"领导"的重视意味着一个销售经理的任务应是评价销售人员和更多地帮助销售人员很好地工作而较少地控制。销售经理的工作是一项具有挑战性的工作，他们承担着为公司创造销售收入的责任，同时还负责方方面面的工作和任务，因此这也是一项需要天赋的工作。他们首先应该是一个领导者，对于一个销售经理来说，最重要的品质是他应该具有领导能力。有些人可以成为伟大的销售代表，但是他们却没有领导的天赋。一个领导者不仅仅意味着发号施令，还必须有远见，能预见到组织的前进方向，能鼓励自己的员工向着这个方向努力，尽管这个方向并不符合每一个人的利益。

销售经理出于对工作和人际关系的考虑，其领导风格可分为4种：

第一种是指挥式。销售经理做出所有的决策，对工作任务考虑较多，对人际关系考虑较少。不能发挥销售人员的主观能动性和创造性，无法创造性地开展工作。

第二种是说服式。销售经理制定决策，并向销售人员解释需要做些什么，并说服销售人员执行这个决策。如果充分地说服了销售人员，其销售效果可达预期；但如果说而不服，留给销售人员的只有服从，其积极性可想而知。

第三种是参与式。销售经理与销售人员共同制定决策，对人际关系的考虑较多。销售人员受到了尊重，有了参与决策的机会，工作积极性较高。

第四种是授权式。销售经理授权销售人员制定决策。只问结果不问过程，也很少给予销售人员具体的指导和支持。他们经常说的一句话是："你自己处理吧，这是你的职责。"销售人员得到了充分的决策权，有了施展自己才华的充分空间，但也希望得到销售经理的指导与帮助。

不同的领导风格适用不同的销售人员及市场情况，不同的领导风格有不同的适用范围。

五、从本地销售到全球销售

现在的市场是全球性的市场，企业产品的生产和销售越来越成为世界性的生产与销售。有的企业已经以某种方式进入了国际市场，将来会更加国际化。这种全球化发展的趋势使得企业生产和经营面对的是国际市场而不仅仅是某个地区，即使是那些只在国内或仅仅在国内的一个地区进行销售活动的企业，也可能要与来自不同国家的企业竞争。利用国际供应商，寻求国际合作伙伴的合作，为来自不同国家的客户服务而不管这些客户现在在哪里。所有这些情况都要求销售组织实现从本地到全球的扩展。国内市场和许多地方市场已经趋于饱和，增长的潜力日益受到限制，越来越多的企业不得不走出国门。同时，国际市场的经营为销售经理带来了重大的挑战。

一个日益明显的变化趋势是，一个全球性的销售组织往往许多方面都要求高效率地与国际同行业者进行竞争，服务于来自不同国家和文化背景的顾客，管理各种各样的销售团队。没有哪两个市场或销售组织是完全相同的，它们正变得越来越差异化和多样化。

【本章小结】

企业只有成功地进行销售才能生存下去，并获得持续发展。伴随企业活动的一切投资品只有通过销售活动才能收回。因此，对企业来讲，销售是至关重要的。销售是指把企业生产或经营的产品和服务出售给消费者（顾客）的活动。

销售管理是对企业销售活动进行计划、组织、指挥和控制，以达到实现企业价值的过程。销售管理包括制订销售规划、设计销售组织、指挥和协调销售活动、评价和改进销售活动。

销售职能先于营销职能产生。因此，从历史起源来看，先有销售管理后有营销管理。销售管理实际上是营销管理的基础。只有销售管理有效，营销管理的功能才能实现。从现代销售观念的角度来看，销售管理应服从于营销管理。

任何企业的销售活动都是在特定的观念指导下进行的，销售管理的发展是随着销售观念的变化而发展的。销售观念经历了由传统销售观念向现代销售观念转变的过程。同时，销售人员的销售层次也有所提升。随着销售观念和销售模式的变化，销售管理的方式也在不断发展。

【重要概念】

销售；销售管理；营销管理；销售战略；营销战略。

【复习思考】

1. 如何理解销售及销售管理的内涵？
2. 怎样才能实现从销售员向销售经理的转变？
3. 销售管理的职能和内容有哪些方面？并举例说明。
4. 营销管理与销售管理的关系怎样？
5. 销售观念的转变经历了哪几个阶段？

【案例分析】

三株口服液的成功与失败

三株公司曾经在短短的三四年内，将三株口服液的年销售额做到80多亿元。但是后来三株公司的销售额明显下滑，并因其多样化经营决策而陷入亏损。三株公司的迅速成功和目前的困境成为人们关注的对象。

1. 三株口服液的成功　三株公司营销组织系统由营销组织网络、典型经验、营销人员有机构成。它们可以被认为是三株公司营销组织系统的骨骼、肌肉和神经。"向前切入销售，向后切入科研生产"的指导方针，使整个公司组织结构成典型的哑铃型。三株公司共有200多个营销子公司；市场营销人员中，直接营销人员占80%左右；子公司一级的销售费用占其销售收入的30%以上。从某种意义上讲，三株公司营销组织系统是它最宝贵的财富之一。

三株公司的营销组织网络是基于地理区划和人口密度建立的，可以概括为三线六层立体网络结构。用系统论的观点对此结构进行分析，可以将整个立体网络系统划分为三个线子系统和六个层子系统。线子系统实行自上而下的封闭内循环式管理，层子系统在层面内实行开放外循环式管理。

三株公司在选聘员工时，十分注重他们的创新精神。在内部组织设计与制度建设方面，更把发挥人的潜能与激发人的创造性放在首要地位。

三株公司通过行政区划分的销售网络，使用其"土得掉渣"的宣传手段，利用本地化的销售人员，开创了大规模开发农村市场之先河。农村市场开发的成功导致了三株公司的第二次裂变式的发展。

2. 三株口服液的失败　三株公司的营销体制以其强大的市场开拓能力使三株公司取得了巨大的成功，但这种营销体制也是三株公司大幅度下滑的主要原因之一，这也充分说明了三株公司营销体制的局限性和明显的缺陷。

三株公司在开发市场阶段，对于公司的考核是以销售规模为中心的而非以利润为中心，这种单纯以销售规模为导向的方针，在市场开发时体现出了高速度、较强的市场渗透力和营销手段的创新性。但正是这种指导思想，导致整个营销体系带有明显的偏执性特点。

在组织结构设置、市场网络建设、广告和促销手段的选择、人员的选聘和考核、财务考核体系、激励机制等方面的偏执性最终体现在人员的奖惩与升迁上，集中体现在三株公司"以市场论英雄"的用人思想，这里的"市场"在实际中主要是指或者等同于销售规模。这就必然在三株公司营销体制上产生"病灶"——短期利益驱动。不加选择地使用一切可以导致销量增加的手段和招数，甚至利用一些堪称自欺欺人的骗术。三株公司上层尽管不允许过头的宣传，但是三株公司营销体制的偏执性所决定的短期利益驱动和投机心理的存在，使得上层的要求对下层来说无非是些过耳雷声。

市场过度开发的根本原因也在于三株公司偏执性的营销体制。市场过度开发主要表现在以下几个方面：一是大面积地、没有轻重缓急地、不考虑投入产出地推进市场网络的建设，结果是尚未成熟的市场受到掠夺式的开发，而且开发战线过长，无论是人力或财力都无法保证对重点市场持续而有效的渗透，后续销售缺乏市场支持。二是对市场采取地毯式超密集地搜刮，对后续市场的培育与发展是毁灭性的。三是过头宣传而导致的过度开发，通过过头宣传而增加的销售显然是暂时的，而且具有欺骗性，严重地影响后续销售。这些都是三株公司销售规模迅速下滑的重要原因。

三株公司无处不在的庞大的营销网络和对市场高密集度的开发需要很高的营销费用作支撑，子公司一级的营销费用就占到其销售收入的30%以上，甚至出现少数子公司和不少的市场部（分公司）当期销售收入不足以抵偿其营销费用的现象。营销费用过高，导致产品只有采取高价策略，这反过来又影响了市场开发。

思考与讨论：

1. 总结三株口服液销售管理中成功和失败的原因。

2. 三株口服液的销售管理给你什么启示？

NOTE

第二章   销售计划

【学习要点】

通过本章的学习，掌握销售预测的常用方法；熟悉销售预算、销售配额与目标管理的内容与方法；了解销售预测的影响因素、销售预算与目标管理的意义，使学生认识到制定销售计划的重要性。

【引导案例】

改变销售预测方法

"这几年来，我十分关心销售预测的准确性。例如，去年我们低估了 16% 的销售额，正是由于这个错误，致使我们年初的原料采购和生产安排不足，从而失去了很多的销售机会。我也知道销售预测是一个很复杂的过程，任何偶发事件都可能戏剧性地影响公司一年的销售。Fay，我希望能在下一年的预测工作中看到一些进步。"Andros 公司总裁 Dinos 对该公司的销售副总裁 Fay 说。

Andros 公司已经有 20 年的历史了，它主要是生产和销售新家用内部墙基通信系统。Andros 公司通过高质量而合理的价格，成了东北市场的领袖，在过去的三年里，公司每年都获得了创纪录的利润。按照总裁的要求，Fay 和她的助手花了差不多一个星期的时间检查 Andros 过去 14 年一直使用的预测方法。在会议召开前一周，他们设计出一个新的预测体系。

25 日终于来到了，Fay 开始了她的演讲。"我想先回顾一下过去我们是怎样进行销售预测的。过去为了得到最后的预测，我们要使用三种方法。一种方法是从高层经理那里获取信息，这些信息依赖于他们对商业环境的直觉、经验和观察。另一种方法是从公司的每个销售代表处获取信息。然后把所有销售代表的预测综合起来得到公司的一个整体预测。最后一种方法是让销售代表调查顾客下一年的购买意向。这三个独立的预测合起来就构成了公司明年的总体销售预测。""考虑到近几年的预测效果不佳，我们想使用另一种方法，叫作回归分析。这将有助于改进销售预测的准确性。回归分析是一种数学方法，这里我们把预测销售……"

（资料来源：欧阳小珍．销售管理．武汉大学出版社，2003）

讨论题：试指出 Andros 公司原来的预测方法和 Fay 介绍的新方法的优缺点。

计划是管理的基础与依据，一项周密、可行的计划是提高管理效率的前提。在买方市场的大环境下，销售是企业生产、财务等活动的中心，销售计划的制定自然也就成了企业各项工作的基础，影响着企业一系列的活动安排。而企业的销售计划一定是建立在对企业内外部环境因素进行充分分析的前提下，对企业未来的销售走势进行合理的预测，根据销售预测制定销售预算，围绕着销售目标的确立完成销售定额的分配，最后制定各级各类销售计划。限于篇幅，本章主要涵盖了销售预测、销售预算、销售定额等直接决定销售计划制定的内容，忽略了销售计划相关概念与制定程序等知识点。

第一节　销售预测

一、销售预测的意义

销售预测是指对未来特定时间内，企业全部产品或特定产品的销售数量与销售金额的估计。

1. 销售预测能够为企业研发提供警示性信息　尽管企业研发是技术性的事情，而不是实际预想的销售数字，但销售预测有助于研发部门了解现有产品的生命期，有助于研发部门提早思考怎样改进产品的功能和设计以保持它们的竞争力。销售预测使企业研发与产品创新能够紧密围绕着市场需求而开展，促进企业销售业绩的提升。

2. 销售预测是企业生产安排的基础　企业生产实际是对各类生产要素组织管理的过程，而对生产要素的组织是需要销售预测提供基础性信息的。企业通常通过采购单或材料单采购生产所需的材料，对于一些战略物资和交货时间长的物品，如能提前指出急需的材料和部件，就能制定更好的采购计划。因此，从价格和交货的观点来看，销售预测能使采购更加有效。同时，销售预测直接影响企业对短期生产的安排、人员的整合以及长期生产的统筹。

3. 销售预测有助于企业发挥财务职能　销售预测是销售预算的基础，而销售预算涉及成本、利润等财务指标的核算与规划。长期销售预测主要用于财务会计对长期资源的分析。企业管理层需要制定相关政策，决定生产水平，以满足销售需要，这些决定可能包括建立新的厂房、培训工作人员等。如果销售预测错误，整个预算也会出错。如果预测过于乐观，那么未销售出去的存货将占用营运资金。如果预测较为悲观，公司可能在市场中丧失机会，因为它们没有生产额外的产品以满足市场所需。

4. 销售预测有助于企业营销战略的制定与落实　企业可以通过市场销售预测，了解企业产品所占的市场份额或直接进行公司的销售预测，以制定或修正其市场营销战略。市场营销需要销售预测，制定包括招募更多的销售人员、薪酬方案、促销费用以及客户关系管理等的计划与战略，以实现企业营销的目标。

二、销售预测的内容

（一）行业市场预测

市场规模是在某一特定时期（通常为一年）内，在考虑价格等营销行为和竞争活动的情况下，一个特定的市场所能够消费的商品总量。

市场潜力是指在特定的时期，一个具体的市场上整个行业的某种产品或服务总的预期销售额或销售量。具体来说，市场潜力包括四个要素：物品可出售量（产品、服务、人员或地点）；整个行业的销售量可以用货币或产品单位来计量；具体的时期；可用地理范围或顾客类型，或者二者的综合，来确定具体的市场界限。

市场潜力是关于整个行业的一个概念，而销售潜力只涉及个别企业。所以，我们就饮料谈"市场潜力"，就某品牌饮料则谈"销售潜力"或市场份额。通常，在绝大多数行业，由于市场上存在许多相互竞争的企业，市场潜力与销售潜力是不同的，只有在垄断的行业中，市场潜力才等同于销售潜力。

（二）企业销售预测

企业销售的最终目的是获取利润，而利润作为销售的结果取决于销售量、销售价格与销售成本的确定，因此，企业销售预测主要是围绕着销售量、销售价格和销售成本而进行。

销售量是销售潜力的子集，就是在特定时期、特定市场上某一企业可实现的销售数量。在行业市场预测的基础上，根据企业往年销售状况和战略定位预测未来的产品销售数量。

产品销售价格预测，这里主要是指对企业产品在一定时期内的价格走势进行预测。如果近期（3个月或半年）企业产品的市场价格有上涨趋势，则企业可以适当增加当前的生产量，以获取涨价带来的利益；如果近期企业产品的市场价格有下跌趋势，则企业必须减少当前的生产量，加大销售力度，以减少因跌价带来的损失。

产品销售成本预测，涉及产品生产的人、财、物等资源的投入，是在对企业生产要素的价格走势预测的基础上，综合判断企业产品的销售成本情况。

三、销售预测的程序

销售预测程序是指进行销售预测的一系列过程，它始于预测目标的确定，止于销售预测结果的使用。

1. 确定预测目标 确定预测目标是要回答以下问题：销售预测的目的是什么？预测将被如何使用？谁来使用？是否用于企业计划进入的市场？预测是否需要体现对现金的控制？是否用于个人销售配额的设定？

2. 初步预测 初步预测将来的销售量，主要确定预测应涉及哪些变量，如销售量、市场占有率、利润率等。

3. 选择预测方法与程序 这主要是决定采用什么方法，以什么样的程序来进行预测。

4. 依据内外部因素调整预测 从内部来讲，需要考虑的因素是：预测期间的工作同过去相比将有什么不同？整个营销战略是否有改变？是否有新产品推出？价格策略如何？促销费用如何安排？销售渠道有无变化等。外部因素要考虑的是：一般经济环境是改善了还是恶化了？是否有重要对手加入？竞争对手的营销策略动向如何？等等。

5. 比较预测与目标 预测和企业的营销目标是否一致？预测不能满足目标，是降低目标值还是进一步采取措施来实现原来的目标？

6. 检查和评价 做出的销售预测不是固定不变的，而是随着内外环境的变化，或者调整目标，或者采取措施来实现企业的销售目标。另外，必须有反馈制度使一些重大的变化能够在销售预测和决策中反映出来。

四、影响销售预测的因素

（一）企业外部因素

1. 消费者需求的变化 消费者需求变化，如消费流行的趋势、爱好变化、生活形态的变化、人口的流动等，均可成为产品（或服务）需求的质与量方面的影响因素。因此，需要尽量收集有关对象的市场资料、市场调查机构资料、购买动机调查等统计资料，以掌握市场的需求动向。通常情况下，应首先对市场需求进行预测。常见的消费需求预测的方法有市场调查法、消费者判断法、市场试验法。需求预测有利于销售经理从整体上把握市场状况，使销售预测更加客观准确。

2. 经济发展态势　在一个国家中，某种产品总的潜在需求取决于该国的经济条件，如经济增长率、失业率以及通货膨胀水平。在分析市场机会和形成销售预测时，必须考虑这些因素。因此，企业需注意资源的未来发展、财经界对经济发展的见解以及相关经济指标的变动情况，以确保销售预测顺应经济发展需要。

3. 同业竞争的动向　销售额的高低受同业竞争者影响较大。为了生存，企业必须掌握竞争对手在市场的所有活动。例如，其市场重心置于何处、促销与服务体系如何等。

4. 政府政策与法律的动向　政府的各种经济措施、政策与法律均对企业销售产生影响。因此，企业应及时了解相关信息，以准确做出销售预测。

（二）企业内部因素

1. 营销活动策略　公司的产品策略、价格策略、销售渠道策略、广告及促销策略等的变更对销售额均会产生影响。

2. 销售政策　如变更市场管理、交易条件或付款条件、销售人员报酬方式、销售方法等对销售额所产生的影响。

3. 销售人员　销售活动是一种以人为核心的活动，所以人的因素对于销售额的实现具有相当深远的影响力。

4. 生产状况　涉及生产是否能与销售收入配合，今后是否会产生问题等。

（三）销售预测的精度

销售预测的精度或准确性通常会受到预测本身的影响，同时也会受到决策者反应的影响。预测是根据历史资料对将来的假设。因为将来会有创新而改变假设的周围环境，所以预测会无法准确估计未来的目标。即使预测是正确的，决策者本人仍可以对预期的一连串事件加以修饰。如果预测显示有两个竞争厂商会倒闭，则决策者会修饰因果关系，然后用修正后的结果来估计并修正以往的预测。因此，影响预测精度的因素很多。

销售预测精度取决于以下四方面因素：数据的真实性与可靠性；生产线的复杂性、产品的特性和技术的创新；预测的时间长度；预测技术；等等。

表2-1　不精确的预测对销售目标实现的影响

内容	预测太高	预测太低
产品	产品过剩	没有足够的产品满足顾客
库存	库存过大	低库存，影响及时供货
客户关系	多数条款无效	因供货不及时导致顾客不满
广告促销及公共关系	费用过高	没有充足的费用涵盖市场
分销	分销费用过高	分销不充分
价格	不得不降价	价格上涨，忙于分配短缺的产品
销售人员	人员过剩，费用高，配额设定太高无法完成	没有足够的销售人员开发市场，区域设计不合理，配额太低

NOTE

对精度的要求取决于经理人员的价值观、预测精度要求及外部环境变化速度等。但预测精度越高就意味着需要更多的人力、财力、物力的投入。在方法上，应依目标及用途来选取预测方法。不精确的预测对销售目标实现的影响，见表 2 - 1。

五、销售预测的方法

销售预测有多种方法。一般来说，分为定性分析方法和定量分析方法。其中定性分析方法主要有购买者意向法、销售人员综合意见法、高级管理人员意见法、专家意见法与商品生命周期预测法等；定量分析方法有时间序列分析法和回归分析法。

（一）定性预测法

1. 购买者意向调查法 购买者意向调查法，即根据购买者的意见来进行销售预测的方法。在实际调查中，企业一般根据购买者（包括潜在顾客）的名单，接近他们（有时是面对面），问他们在某一特定情况下，在未来的某一特定时间，对某些特定产品的购买意向。也请他们说明愿意从某一特定厂商购买的数量，或有什么因素影响他们对于卖家的选择。假定厂商可以获得这些情报，同时这些情报也很可靠的话，那么厂商便可据以预测其未来的销售量。

虽然这一方法比较好，但在实际操作上，这一方法有许多限制，在许多情况下，购买者是不会表露他们的购买意向的。消费者在回答调查时说愿意购买某产品，但实际上他并不一定购买该产品。此外购买者有时可能有敷衍的情形，其不愿合作的心态也会使调查结果有所偏差。即使购买者合作，而且调查费用也不高，但是这个方法的价值仍然要看购买者是否有能力以明确、系统的方式表明其意向。一般而言，购买者意向调查法较有价值的两个对象是耐用性消费品及工业用品。此外，即使购买者能够而且愿意提供有关他的意向的正确情报，但是这些情报的价值与收集它的成本相比较是否值得，也是要考虑的。购买者意向调查法适用于：购买者很少；调查成本很低；购买者有明白的意向；购买者愿意吐露他们的意向；购买者有能力实行他们原来的意向等条件下，对工业品、耐用性消费品、计划性采购品和过去没有资料可参考的新产品，极具采用价值。

2. 销售人员综合意见法 若是直接的购买者调查不切实际时，企业可由各地区销售人员，分别就其工作地区内的产品种类或顾客估计未来需求量。通常各地区估计结果，须经各地区的负责人加以修正，而后送往总公司，总公司也可能对各地区的估计再予修正，综合计算出总体估计数。

销售人员综合意见法，在下列条件范围内具有适用性：推销人员对于情报来源最有认识；销售人员很合作；销售人员无偏差，或他们的偏差是可以更正的；销售人员参与销售预测，可以获得额外的利益；等等。

据美国专家估计，美国有 62% ~ 71% 的公司采用此法，在我国大部分企业也使用此法。这是因为企业可根据销售人员的预测下达相应的销售配额，销售人员也较易接受任务。为改进这一方法的准确度，企业可以提供一些帮助或奖励办法以刺激销售人员作较佳的估计。企业也可以提供每一位销售人员过去的预测与其实际销售的比较记录表，以及企业对于企业前途所做的假设。

例：某企业产品 2013 年的销售增长率在 5% ~ 15% 之间，据此预测 2014 年的销售增长率。参加预测的是该企业的 5 位销售人员，预测结果如下表所示：

	A	B	C	C	D	平均概率
5%	0.2	0.1	0.3	0.2	0.4	0.24
10%	0.6	0.5	0.4	0.5	0.4	0.48
15%	0.2	0.4	0.3	0.3	0.2	0.28
总计	1	1	1	1	1	1

则：2014 年的销售增长率 = 5% × 0.24 + 10% × 0.48 + 15% × 0.28 = 10.2%

3. 高级管理人员估计法 高级管理人员估计法是由企业高级管理人员各自根据其所获得的事实资料，独立估计下一期（或未来期间）可能的销售量，然后将此结果公布并请那些估计较为乐观或悲观者说明其所持的理由，互相讨论之后，再请他们重做一次估计，如此重复估计直到彼此间的估计值集中在一个很小范围内，再取此范围的中值为预测值。此法的优点是简单明了，且所做的估计值代表各方面的综合意见。当然，有时各高级主管之间可能会坚持己见而无法获得一致估计值，此时则由总经理做最后裁决。其缺点是所得的最后预测值可能较不易为销售人员所接受。

由于购买者意向调查法与销售人员综合意见法所需耗费的时间与成本太高，并且其所得结果均需经过公司高级经理人员的修正，因此有时由公司高级营销人员直接估计，可使所耗费用降低，并且所得结果并不比前两种方法差。

4. 专家意见法 专家意见法是指根据专家意见做出销售预测的方法。专家既可以是经销商，也可以是科技人员和大学教授。

高级管理人员的估计，有时难免会过于乐观或悲观，因此一些企业可能借助外部力量，即请专家做出销售预测。例如汽车制造公司常请求他们的经销商直接做销售估计。这种估计和销售人员估计有同样的优缺点，因为经销商不可能做很细心地估计，对企业将来的发展可能看得不准，也可能提供有偏差的估计数字来取得眼前的好处。

知识链接

德尔菲法

德尔菲法也叫专家小组法。德尔菲法，是美国兰德公司在 20 世纪 40 年代末所首创，

最先用于科技预测，20 世纪 60 年代以来在市场预测中得到广泛应用。德尔菲（Delphi）是阿波罗神殿所在地的希腊古城之名，传说阿波罗是预言神，众神每年集会于德尔菲以预测未来。因此，专家小组法也称为德尔菲法。

所谓德尔菲法，是指采用背对背的通信函询方式征询专家小组成员的预测意见，经过几轮征询，使专家小组预测意见趋于集中，最后做出符合市场未来发展趋势的预测结论。德尔菲法的一般步骤为：

1. 确定预测题目，选定专家小组：确定预测题目，即明确预测目的和对象，选定专家小组则是决定向谁做有关的调查。这两点是有机地联系在一起的，即被选定的专家，必须是对确定的预测对象具有丰富知识的人，既包括理论方面的专家，也包括具有丰富实际工作经验的专家，这样组成的专家小组，才能对预测对象提出可信的预测值。专家人数一般为 10~20 人。

2. 制定征询表，准备有关材料：预测组织者要将预测对象的调查项目，按次序排列绘制成征询表，准备向有关专家发送。同时还应将填写要求、说明一并设计好，使各专家能够按统一要求做出预测值。

3. 采用匿名方式进行多轮函询：

第一轮：预测组织者将预测课题、征询表和背景材料，邮寄给每位专家，要求专家一一作答，提出个人初步预测结果。

第二轮：预测组织者将第一轮汇总整理的意见、预测小组的要求和补充的背景材料，反馈给各位专家，进行第二轮征询意见。专家们在接到第二轮资料后，可以了解其他专家的意见，并由此做出新的预测判断，他们既可以修改自己原有的意见，也可以仍然坚持第一轮的意见，并将第二轮预测意见按期寄给预测组织者。

第三轮：预测组织者将第二轮汇总整理的意见、补充材料和预测小组的要求，反馈给各位专家进行第三轮征询意见。要求每位专家根据收到的资料，再发表第三轮的预测意见。专家们将第三轮意见（修改的或不修改的）再次按期寄回。这样，经过几次反馈后，各位专家对预测问题的意见会逐步趋于一致。

4. 运用数学统计分析方法对专家最后一轮预测意见加以处理，做出最后的预测结论。用德尔菲法征询专家意见一般要求在三轮以上，只有经过多次的征询，专家们的看法才能更加成熟、全面，并使预测意见趋于集中。

（资料来源：陈晓慧. 市场预测与决策. 武汉：武汉工业大学出版社，2008）

5. 商品生命周期预测法　商品生命周期预测的关键在于正确判断目前和未来商品生命周期所处的阶段，以便对未来的市场前景做出预测，为制定生产经营策略提供依据。其主要预测方法如下：

（1）商品销售状况判断法　商品销售状况判断法是根据商品销售变化过程的趋势来判断商品经济寿命周期所处的阶段，并对未来的市场前景做出预测。其判断的一般原则是：试销期，商品销售量小，增长缓慢；成长期，前期商品销售量迅速扩大，增长幅度大；成熟期，前期商品销售量增长减慢，后期商品销售量趋于稳定或徘徊不前；衰退期，商品销售量逐年下降。

（2）耐用消费品普及率判断法　耐用消费品是指价值高、使用年限较长的消费品。消费者对它的需求数量往往有限，有的户均只需一件，如手表、自行车等。耐用消费品普及率一般是指一定时空范围内平均每百户家庭拥有某种耐用消费品的数量。通常根据城乡居民家庭收支抽样调查资料进行测算。计算公式为：

$$耐用消费品普及率 = 样本户拥有量/样本户数 \times 100\%$$

在实际工作中，各种耐用消费品普及率可从当地统计局编制的统计年鉴中直接查找，企业亦可直接组织抽样调查进行匡算。耐用消费品普及率及商品生命周期各阶段之间的数量对应关系如下：试销期，普及率5%以内；成长期，前期普及率5%～50%，后期50%～80%；成熟期，普及率80%～90%，达到90%以上时，则市场需求基本满足，商品生命周期转入衰退期；若无新产品替代，则以以旧换新者为主要购买对象，销售量将在一定时期内徘徊波动；衰退期，普及率逐渐递减。

（3）对比类推法　由于同一商品不同地区或者相关商品之间具有类似的生命周期曲线。

因此，可采用对比类推法推断商品生命周期的变化趋势。对比类推法可以是，将所要预测的商品或经济指标与国外某些国家的同类商品或经济指标的发展过程和趋势进行类比，将同类商品或同类事物在国内同其他地区进行类比，找出某些共同或类似的变化规律，借以类推预测目标的变化趋势；或是以国内市场上同类或类似产品的发展过程、发展趋势或寿命周期，推断某种商品的发展趋向和生命周期；或是利用产品更新换代的规律，类推预测产品更新换代的时间，探索新产品的发展趋向等。

（二）定量预测法

1. 时间序列分析法　时间序列分析法，即预测中唯一考虑的变量就是时间。这些方法简单易用，但可能过分依靠历史事件去预测将来。这种方法适合预测那些市场需求相对稳定、不会因为一些突然的变化影响需求的产品销售。换句话说，这种方法不可能预测市场的起伏变化，除非预测人员预测时有意考虑市场的波动。

时间序列是由长期趋势变动、季节变动、循环变动及不规则变动等四种类型组成的。其组合方式常见的有以下几种：

加法型　　$Y = T_i + S_i + C_i + I_i$

式中：Y 为时间序列的全部变动（预测值）；T_i 为长期趋势变动；S_i 为季节变动；C_i 为循环变动；I_i 为不规则变动。

乘法型　　$Y = T_i \cdot S_i \cdot C_i \cdot I_i$

混合型　　$Y = T_i \cdot S_i + C_i + I_i$　或 $Y = T_i + S_i \cdot C_i \cdot I_i$

对于一个具体的时间序列，应采用哪种组合方式，要根据掌握的数据资料、时间序列的性质及研究的目的等具体情况灵活确定。

时间序列预测方法的预测程序大体包括如下 5 个步骤：

第一，绘制观察期数据的散点图，确定其变化趋势的类型。

第二，对观察期数据加以处理，以消除季节变动、周期变动和不规则变动因素的影响，使经过处理后的数据仅包括反映长期趋势变动的影响，或消除周期变动和不规则变动因素的影响，仅包括长期趋势变动和季节变动的影响。

第三，建立数学模型。根据数据处理后的长期趋势变动，结合预测的目的及期限，建立时间序列的预测模型，并对模型进行模拟运算。

第四，修正预测模型。考虑季节变动、周期变动及不规则变动等因素对预测模型的影响并加以修正。

第五，进行预测。采用定量分析与定性分析相结合的方式，对目标变量加以预测，并确定市场未来发展变化的预测值。

（1）简单平均法　在运用时间序列预测方法进行市场预测时，最简单的方式是采用求一定观察期的时间数列的平均数，以平均数为基础确定预测值的方法，统称简单平均法。它是最简单的数学方法，不需要复杂的运算过程，简便易行。它适用于对不呈现明显倾向变化，而又具有随机波动影响的经济现象进行预测。简单平均法中最常用的有算术平均法、几何平均法、加权平均法等。

（2）移动平均法　移动平均法是将观察期的数据按时间先后顺序排列，然后由远及近，以一定的跨越期进行移动平均，求得平均值。每次移动平均总是在上次移动平均的基础上，去

NOTE

掉一个最远期的数据，增加一个紧挨跨越期后面的新数据，保持跨越期不变，每次只向前移动一步，逐项移动，滚动前移。这种不断"吐故纳新"、逐期移动平均的过程，称为移动平均。移动平均法对于原观察期的时间序列数据进行移动平均，所求得的各移动平均值，不仅构成了新的时间序列，而且新的时间序列数据与原时间序列数据相比较，具有明显的修匀效果。它既保留了原时间序列的趋势变动，又削弱了原时间序列的季节变动、周期变动和不规则变动的影响，因此，在市场预测中得以广泛的应用。

移动平均法可分为简单移动平均法和加权移动平均法两类，而简单移动平均法又可细分为一次移动平均法和二次移动平均法（或三次移动平均法）两种。

①简单移动平均法：是指对由移动期数的连续移动所形成的各组数据，使用算术平均法计算各组数据的移动平均值，并将其作为下一期预测值的方法。其计算公式为：

$$M_t = \frac{X_t + X_{t-1} + \cdots + X_{t-m+1}}{m} = \frac{1}{m}\sum_{i=t-m+1}^{t} X_i$$

其中，M_t 表示时间为 t 移动平均数，即下期实际值 X_{t+1} 的预测值；X_t 表示观察期内时间序列的各个数据，即预测目标在观察期内的实际值；m 表示数据的跨度。

若设 X_i 为第 i 期的预测值，那么绝对误差为 $|X_i - M_i|$；平均绝对误差为 $\frac{1}{n}\sum |X_i - M_i|$；标准差为 $\sqrt{\frac{1}{n}\sum (X_i - M_i)^2}$

②加权移动平均法：是对由移动期数的连续移动形成的各组的权数，使用加权平均法计算每组数据的移动平均数，并将其作为下一期预测值。其计算公式为：

$$M_{t+1} = \frac{W_1 X_t + W_2 X_{t-1} + \cdots + W_m X_{t-m+1}}{W_1 + W_2 + \cdots + W_m} = \frac{\sum_{j=1}^{m} W_j X_{t-j+1}}{\sum_{j=1}^{m} W_j}$$

其中，M_{t+1} 表示时间为 t 的加权移动平均数，即 X_{t+1} 的预测值；X_i 表示观察期内时间序列的各个数据，即预测目标在观察期内的实际值；W_j 表示与观察期内时间序列各个数据相对应的权数。

当时间序列趋势变动平稳时，可以将移动平均值作为预测值，当时间序列各数据之间差别较大并且有明显的趋势变动时，则需要计算趋势变动值，并将其作为确定预测值的依据。

③指数平滑法：是市场预测中常用的方法，它是以预测目标历史数据的加权平均数作为预测值的一种方法，是加权移动平均法的一种特殊形式。其计算公式如下：

$$S_{t+1} = \alpha X_t + (1 - \alpha)S_t$$

其中，S_{t+1} 表示 $t+1$ 期预测目标时间序列的预测值；X_t 表示 t 期预测目标的实际值；S_t 表示 t 期预测目标的预测值，也即 t 期的平滑值；α 表示平滑系数。（$0 \leq \alpha \leq 1$）

公式表明，$t+1$ 期的预测值是 t 期实际值和预测值的加权平均数，t 期实际值的权数为 α，t 期预测值的权数为 $1-\alpha$。

（3）趋势外推预测法　趋势外推预测法是根据经济变量（预测目标）的时间序列数据资料，揭示其发展变化规律，并通过建立适当的预测模型推断其未来变化的趋势。趋势外推预测法研究经济变量（预测目标）的发展变化相对于时间之间的函数关系。根据函数关系的形态不同，趋势外推预测法可分为直线趋势外推法、对数趋势外推法及曲线趋势外推法三种。而直线趋势外推法和对数趋势外推法可统称为线性外推预测法。

①直线趋势外推法：是一种最简单的趋势外推方法。当时间序列观察值数据呈直线上升或下降变化时，该经济变量的长期趋势就可用一条直线来描述，并通过该直线趋势的向外延伸，估计其预测值。直线趋势外推法可分为直观法和拟合直线方程法两种。

直线方程为：$y_t = a + bt$

其中，y_t 为预测值；t 为时间序列编号；a，b 为常数。

$$a = \frac{1}{n}\left(\sum y_i - b\sum t_i\right)$$

$$b = \frac{n\sum t_i y_i - \sum t_i \sum y_i}{n\sum t_i^2 - \left(\sum t_i\right)^2}$$

t_i 为时间序列的编号。

②曲线外推预测法：是指根据时间序列数据资料的散点图的走向趋势，选择恰当的曲线方程，也是利用最小二乘法确定曲线方程的待定参数，建立曲线预测模型，并用它进行预测的方法。常见的曲线外推预测法有二次曲线趋势外推法、指数趋势外推法等。

二次曲线趋势外推法的公式：$y_t = a + bt + ct^2$

其中，y_t 为预测值；t 为时间序列编号；a，b，c 为常数。

$$a = \frac{\sum y_i^2 \sum t_i^4 - \sum y_i^2 t_i \sum t_i^2}{n\sum t_i^4 - \left(\sum t_i^2\right)^2}$$

$$b = \frac{\sum y_i t_i}{\sum t_i^2}$$

$$c = \frac{\sum y_i t_i^2 - \sum y_i \sum t_i^2}{n\sum t_i^4 - \left(\sum t_i^2\right)^2}$$

指数趋势外推法的公式：$y_t = a + b^t$

其中，$\lg a = \dfrac{\sum \lg y_t}{n}$；$\lg b = \dfrac{\sum t_i \lg y_i}{\sum t_i^2}$

（4）季节指数预测法　季节指数预测法是指市场经济变量在一年内以季节的循环周期为特征，通过计算销售量（或需求量）的季节指数达到预测目的的一种方法。

对于季节指数预测法，首先要分析判断时间序列观察期数据是否呈季节性波动。通常，可将 3~5 年的资料数据按月或按季展开，绘制历史曲线图，以观察其在一年内有无周期性波动来做出判断；然后，再将各种因素结合起来考虑，即考虑它是否还长期趋势变动的影响，是否还受随机变动的影响等。

长期变动趋势的季节指数预测法是指在时间序列观察期资料既有季节周期变化，又有长期趋势变化的情况下，首先求得移动平均值后，再在移动平均值的基础上求得季节指数，最后建立数学模型进行预测的一种方法。

2. 回归分析法　回归分析法，即假设可以衡量的自变量与据此得出的因变量之间有某种关系。一般说来，回归是研究自变量与因变量之间关系形式的分析方法。其目的在于根据已知

NOTE

自变量来估计和预测因变量的总平均值。例如，农作物亩产量与施肥量、降雨量和气温有着依存关系。通过对这一依存关系的分析，在已知有关施肥量、降雨量和气温信息的条件下，可以预测农作物的平均亩产量。回归模型可以从不同的角度进行分类。常用的分类如下：

（1）根据回归模型自变量的多少，回归模型可分为一元回归模型和多元回归模型 一元回归模型是根据某一因变量与一个自变量之间的相关关系建立的模型。例如，根据耐用消费品销售量与居民货币收入的相关关系建立的回归模型。多元回归模型是根据某一因变量与两个或两个以上自变量之间的相关关系建立的模型。例如，根据农作物产量与施肥量、降雨量和气温的相关关系建立的回归模型。

（2）根据回归模型是否呈线性，回归模型可分为线性回归模型和非线性回归模型 在线性回归模型中，因变量与自变量的关系是呈直线形的。例如，耐用消费品销售量与居民货币收入的关系。在非线性回归模型中，因变量与自变量的关系是呈曲线形的。例如，某商店的商品流通费用率与销售额的关系。

一元线性回归方程 $y = a + bx$

其中，$a = \dfrac{1}{n}(\sum y_i - b\sum x_i)$；$b = \dfrac{n\sum x_i y_i - \sum x_i \sum y_i}{n\sum x_i^2 - (\sum x_i)^2}$

由于篇幅有限，请参考其他相关课程学习回归模型的构建与分析。

（三）其他预测方法

1. 模拟分析法 模拟分析法是利用模拟模式以预测未来的市场需求情况的一种方法。模拟分析法一般借助计算机技术，然后根据模拟的经济或市场行为结果加以预测。模拟分析法所具有的最大优点是它不需要分析被预测变量及每一自变量间的关系，它只需模拟个别消费者的购买行为，然后将个别消费者的模拟结果汇总，即可用汇总的模拟结果代表市场的需求状况。模拟分析法对复杂现象的预测特别有效，它可以是简单的形态，也可以是较复杂的形态。复杂的形态常需借助计算机进行分析。

模拟分析法的优点在于能将复杂的问题简化，此外它还可以衡量某些不可控制的变量，例如国民生产总值及竞争状况等厂商所无法控制的变量。国内外计算机软件商已开发了一些用于销售预测的软件，企业可借此来进行销售预测。

模拟分析法的主要缺点是建立模拟模型费时、费钱，模拟模型的有效性及可靠性不易获得验证。

2. 临界点预测 企业为了开拓市场常常把达到保本点的销售额作为合理的预测值，这就是"临界点"预测。尤其在没有新产品销售的历史数据的情况下更是如此。换言之，预测以恰好弥补固定成本和变动成本的销售额为基础。另外，管理层也要预测达到某种利润目标而需要实现的销售水平。

3. 组合预测法 组合预测法是对同一个问题采用两种以上不同预测方法的预测。它既可以是几种定量方法的组合，也可以是几种定性方法的组合，但实践中利用更多的是定性方法与定量方法的组合。组合的主要目的是综合利用各种方法所提供的信息，尽可能地提高预测精度。比如，在经济转轨时期，很难有一个单项预测模型能对宏观经济频繁波动的现实拟合地非常紧密，并对其变动的原因做出稳定一致的解释。理论和实践研究都表明，在诸种单项预测模型各异且数据来源不同的情况下，组合预测模型可能得出一个比任何一个独立预测值更好的预测值，组合预测模型能减少预测的系统误差，显著改进预测效果。

组合预测法包括等权组合与不等权组合两种基本形式。等权组合是指各预测方法的预测值按相同的权数组合成新的预测值。不等权组合是指赋予不同预测方法的预测值的权数是不一样的。这两种形式的原理和运用方法完全相同，只是权数的取值上有所区别。根据已进行的预测结果，采用不等权组合的组合预测法的结果较为准确。

六、销售预测的指导原则

销售预测是一项非常困难的工作。遵循下述的指导原则将有助于提高预测的准确性。

1. 选择适合产品和市场的预测方法　有许多方法来预测销售额，但是对于一个具体的产品和市场，某些预测方法要优于其他方法。选用最合适的方法直接关系到预测的准确性。所以，应该充分利用可以利用的数据，根据市场的特点、销售计划的目标与用途、可利用的预测时间的长短来选取预测方法。

2. 使用多种方法　因为没有一种方法可以产生持久准确的销售预测，所以为了提高预测的准确性，最好的办法是同时利用几种方法来预测。营销部门根据经济指标和历史销售数据进行预测，而销售人员把销售计划的账户逐个加在一起来预测。然后销售经理与两组人员一起消除预测差异，直到它们趋于一致。这样，用一种方法的结果，可以检验另一种方法的结果。同样，两种数学方法，如移动平均法和指数平滑法，也可以一起用来预测销售额。

3. 尽量减少市场因素的数量　简化在市场分析中具有重要意义。分析依据的因素越多，就越难确定影响产品需求的真正因素。一个包括很多因素的市场指数，其结果常常只是一些基本因素的重叠。对预测者而言，与销售主管、销售代表、顾客一起探讨影响企业产品销售的因素，并构造一个由对销售确有影响但相对较少变量组成的模型是行之有效的。

4. 采用最小化最大化方法　在进行预测的时候，为了适应一定程度的变化，应该在所有的计算过程中运用最小化最大化的评价方法。也就是说，预测者在每一次计算中，都应当熟知在最坏可能情形下的一组预测。这样才能计算出产品可能的最差市场潜力。同时，预测者也应该估计最好情况下的市场潜力。他们应预测在两个极端之间变动的情形下的市场潜力。

5. 了解数学和统计学　作为一名销售主管，应该对销售预测所使用的数学和统计方法相当熟悉，这样才能指出陈述问题中的严重错误。

6. 动态与静态结合的方法　在销售预测时我们利用模型得到的结果，需要结合商品生命周期的变化规律和社会经济环境的变化进行修正，正视与遵循规律办事，避免给企业带来各种不必要的损失。比如，对于产品销售量的预测在定量预测结果的基础上，必须要综合企业内外环境变化趋势，结合产品生命周期规律进行修正。

第二节　销售预算

销售预算是指完成销售计划的每一个目标的费用分配。完成一定的销售量需要一定的销售费用，它构成了企业内的最大费用之一。企业增加销售利润一般是通过销售预算来实现。

NOTE

一、销售预算的意义

1. 计划作用   销售费用预算是销售管理过程中主要的计划和控制工具。它对销售计划中不同项目的费用提供具体的数字化的指导，使销售人员可以在一定的销售费用内来实现销售目标，从而保证利润目标的实现。但是如果环境有了变化，就需要销售经理调整预算以争取各种机会，保证公司长期目标的实现。

2. 协调作用   销售预算是销售管理过程中的一个主要协调管理工具。销售经理利用销售预算可以协调各个方面的活动。销售活动需要费用，而费用又是有限的，因此为了合理地使用有限的费用，需要协调各部门活动，使有限的费用发挥最大的作用，赚取最大的利润。

3. 控制作用   提高利润率的关键因素在于对销售费用的控制。销售费用预算总是与销售量配额一起使用，其目的是用来控制销售人员的费用水平。销售预算可以增加销售人员的责任感。销售目标与销售费用的对照可以衡量销售任务完成的质量，有助于销售经理评价销售计划的优缺点，有利于销售经理识别问题，及时采取正确的行动。

二、销售预算的内容

销售预算是在销售预测完成之后进行的，它是销售预测的深入，销售预测是销售预算的依据。销售预算对企业的生产和销售在计划和协调方面起着重要的作用。同时，销售预算限制销售经理获取超过限定比例的经费，这有助于防止费用失控。

（一）销售收入预算

销售收入实质上是以销售净额为主，销售净额＝销售收入—销售退回与折让。所以，另需设立退货与折让的预算。假若将减价（相当于折让）列入销售收入的项目中，就需设立退货预算，以决定销售净额预算。

由于销售净额预算已经决定，所以先求退货预算，然后再求销售收入预算。其中，退货预算值的求法是根据退货率的趋势决定退货率，然后再求退货预算值、退货率与退货额计算方法如下：

退货率＝（退货额/销售收入）×100%

退货额＝销售收入×退货率

（二）销售成本预算

用销售数量乘以每单位产品的制造成本（或每单位商品的购置成本），可计算出销售成本。只有采用公司内的转账价格为销售成本，才能说明销售部门、制造部门的业绩，并可立即算出销售部门与制造部门的毛利。另外，按地域编订销售成本预算时，由于各地域的包装费用不一致，导致每单位产品制造成本不同，所以，在决定各地域销售成本之前，必须调查清楚产生成本的原因。

（三）销售毛利预算

从销售收入预算减去销售成本预算，即可求得销售毛利预算。在毛利预算决定之前，应检查销售毛利是否足以抵偿企业所需的一切经费。另外，还需依产品、地域及部门，求毛利贡献度，以便订立计划。

（四）营业费用预算

营业费用的定义，广义是指市场活动（营销）成本，而狭义则指销售部门的费用。一般损益所表示的营业费用内容，指的是市场活动成本。

订立营业费用预算之前。首先需表明销售收入目标的内容，或达到目标所需的销售方针。通过销售配额来使销售收入目标值具体化，并且依据销售方针，确定销售活动内容，甚至营业费用也是依销售活动内容而估计。

（五）营业纯益预算

营业纯益是考核销售部门业绩的一项标准。销售毛利减去营业费用，等于营业纯益，故估计营业费用之后，需确认营业纯益，观察其是否达到预定的金额。按产品、地域、部门与适用之别，掌握营业纯益，如此即可求出营业纯益贡献度，其效用与销售毛利贡献度一样，都有利于制定计划与评价。

（六）应收账款的回收预算

没有应收账款，就可能没有销售。所以，只要销售收入预算存在，就必须有应收账款的回收预算计划。收回应收账款的工作，主要属于销售部门的责任，至于收回后的账务处理，则属于会计部门的工作。只要确定了付款条件，即可与月度销售预算相配合，而订立应收账款的回收计划。

（七）存货预算

存货预算是指订立产品或商品的库存计划。存货按内容的不同，而分为滞销存货、流通存货和备用存货三种。库存的产生，主要是为了有利于销售。存货预算应首先决定标准的存货周转率、备货期间以及安全库存等。不良库存多因滞销而产生，足以严重影响企业的经营。凡存货额超过预算值，均可视为销售情况不佳，此时，销售部门需比较存货预算与实际值，以确定该部门的责任。当存货额超过存货预算时，需要庞大的周转资金，也说明有相当于存货成本价值的资金被冻结。

三、销售预算的方法

许多公司销售部门是唯一实现收入的部门，这些收益影响着其他部门的活动，所以，销售部门的预算常常具有优先权。一般情况下，只有当销售预算确定后，营销活动的具体内容才可以逐步确定下来。销售经理总是力图用各种方法确定销售预算水平。有时用一种方法无法精确地确定销售预算时，可采用多种方法配合使用。

（一）最大费用法

最大费用法是总费用减去其他部门的费用，余下的全部作为销售预算。这个方法最大的缺点在于费用偏差太大，在不同的计划年度，销售预算也不同，不利于销售经理进行计划，在实际应用过程中产生了很多问题，因此很少被采用。

（二）销售的百分比法

用这种方法确定销售预算时，最常用的做法是用去年的费用与销售百分比，结合今年的销售预测量来确定销售预算；另外一种做法是把最近几年的费用/销售百分比加权平均，其结果作为今年的销售预算。这种做法往往忽视了企业的长期目标，不利于企业大胆开拓市场。例如，企业为增加销售额需要增加新的销售人员，但短期内这种决策的效果显示不出来，有可能增加了费用/销售百分比，为了不影响短期业绩，许多企业可能不增加销售人员。而从长期来看，增加人员可以提高销售量，扩大占有率，有可能降低费用/销售百分比。有时只重视短期目标有可能导致销售量下降－费用下降－销售量下降的恶性循环。因此，还需要更为灵活大胆的预算管理方法。尽管这种方法有其局限性，但如果费用保持在预算比例的范围内，最终的经营活动是可以按计划进行的。

（三）同等竞争法

用同等竞争法确定销售预算水平，是以行业内主要竞争对手的销售费用为基础来进行的。采用这种方法的销售经理都认为销售成果取决于竞争的实力，用这种方法必须对行业及竞争对手有充分的了解，需要及时得到大量的行业及竞争对手的资料，但通常情况下，得到的资料都是反映往年的市场及竞争水平状况，如2016年发表的购买力指数实际上可能是2015年的信息。所以用这种做法确定销售预算，有时不能达到同等竞争的目的。

（四）收益法

边际收益是每增加一位销售人员所获得的收益。边际收益法可用来确定销售人员数量。由于销售潜力的存在，随着销售人员的增加，其收益会越来越少，而每个销售人员的费用是大致不变的，因此存在一个点，再增加一个销售人员，其收益和费用接近，再增加销售人员，费用反而比收益要大。边际收益法要求销售人员的边际净收益大于零。边际收益法也有一个很大的缺点，在销售水平、竞争状况和市场其他因素变化的情况下，确定销售人员的边际收益是很困难的。

（五）零基预算法

在一个预算期内一项活动都从零开始。销售经理提出销售活动所必需的费用，并且对这些活动进行投入与产出分析，优先选择那些对组织目标贡献大的活动。这样反复分析，直到把所有的活动按贡献大小排序，然后将费用按照这个序列进行分配。这样有时贡献小的项目可能就得不到费用。另外，使用这种方法需经过反复论证才能确定所需的预算。

（六）任务－目标法

任务－目标法是一个非常有用的方法。它可以有效地分配达成目标的任务。销售经理先预测销售目标，确定实现目标必须完成的任务，并估计完成这些任务的成本，然后管理层根据公司总利润目标来审查这些成本。如果成本过高，就会要求销售经理换一种新的实现目标的方式，或者调整初始目标。这个过程将反复进行，直到管理层对目标及其实现方式感到满意为止。

（七）投入－产出法

这种方法是对目标任务法的改进。任务——目标法是在一定时间内，费用与销售量的比较，但有时有些费用投入后，其效应在当期显示不出来，则无法真实反映费用销售量比率。投入——产出法不强调时间性，而是强调投入与产出的实际关系，因此克服了任务——目标法的缺点。

四、销售预算的编制程序

（一）确定企业销售和利润目标

企业的销售和利润目标是由最高管理层决定的。最高管理层对企业所有者负责。为了吸引投资和贷款，企业必须保持足够的投资回报率，否则企业的生存和成长机会将受到严重威胁。企业的营销总监和销售经理的责任就是创造能达到企业最高层目标的销售额，但这样做必须考虑成本。

（二）销售预测

销售预测包括地区销售预测、产品销售预测和销售人员销售预测等部分。一旦企业销售和利润目标已经确定，预测者就必须确定：在企业的目标市场上是否能够实现这个目标。如果其总体销售目标与预测不一致，就需要重新调整企业销售和利润目标或企业营销体系。

（三）确定销售工作范围

为了达到既定的销售目标，就需要确定潜在顾客和他们的需求，设计产品、生产产品和为产品定价，通过各种方式与顾客接触沟通，招聘、培训销售人员等等。

（四）确定固定成本与变动成本

固定成本包括销售经理和销售人员的工资、销售办公费用、培训师的工资、被培训销售人员的工资、例行的营销展示费用、保险、一些固定税收、固定交通费用、固定娱乐费用及折旧等。变动成本通常包括提成和奖金、邮寄费、运输费、部分税收（增值税）、交通费、广告和销售促进费等。

（五）进行量本利分析

当销售经理被分配年度销售和利润目标后，他必须保持对达到目标过程的控制。这种控制最好按月进行。量本利分析法是一种有效的分析方法。

盈亏平衡点（BEP）是量本利分析法中最重要的概念。它指为了使收入能够弥补成本（包括固定成本和变动成本）的最低销售量。其计算公式如下：

$$BEP = FC / (P - VC)$$

式中：BEP 为盈亏平衡点；FC 为总固定成本；P 为单位产品售价；VC 为单位产品的变动成本。

通过调控变动成本和固定成本，就可以知道它们对利润的影响，从而做出对销售预算的判断。

（六）根据利润目标分析价格和费用的变化

根据上一步量本利分析，销售经理现在需要知道各种行动对企业盈亏平衡点的影响。

1. 企业的价格、成本、销售量处于盈亏平衡点　这时，销售收入刚好弥补所有的成本费用。企业处于零利润的状态，这只是一个理论上存在的状态，很少有企业刚好处于这个点上。但有些企业接近这种状态，也可以认为是处于盈亏平衡点，以便于分析和管理。

2. 固定成本先下降而后又上升，而价格和变动成本不变　这时，如果销售量不变，则利润会增加。相反，若销售经理决定将两个区域分割为四个，就需要增加两个销售员，这时，固定成本会上升，盈亏平衡点时的销售量会增加。如果销售量不变，则利润将下降。

3. 要决定价格对利润的影响　通过试验各种价格和成本的变化，销售经理可以看到其对盈亏平衡点和利润的影响。

（七）提交最后预算给公司最高管理层

进行量本利分析之后，销售经理要确定为达到最高管理层确定的销售额和利润目标所必需的销售费用，要分析各种变量的变化对利润的影响，并对各种变量的可行性进行分析和测算。

NOTE

（八）用销售预算来控制销售工作

量本利分析是一个预测工具，它能很好地体现成本费用变化对盈亏平衡点和利润的影响。当实际费用发生时，销售经理也可以根据不同变量对目标影响的重要性，分析偏差发生的原因，进行有针对性的调控。

第三节　销售配额

销售配额又称"销售定额"，是销售单位或个人承担的最低销售数量，用来衡量销售单位或销售人员完成销售任务的情况。在确定销售目标的衡量指标后，根据不同销售数量形式运用适当方法制定销售配额。选择销售目标是确定销售定额的前提，而销售目标是在企业营销目标的基础上确定的。

一般来讲，企业的销售目标应包括以下几方面的内容：销售额目标包括部门、地区、区域销售额，销售产品的数量，销售收入和市场份额；销售费用目标包括差旅费用、运输费用和招待费用等，费用占净销售额的比例，以及各种损失；利润目标包括每一个销售人员所创造的利润，顾客的类型与利润，区域利润和产品利润等；销售活动目标包括访问新顾客数、营业推广活动、访问顾客总数、商务洽谈等。

一、确定销售目标的方法

（一）根据销售增长率确定

销售增长率，是今年销售实绩与去年实绩的比率。其计算公式如下：

$$销售增长率 = \frac{本年度销售实绩}{前一年度销售实绩} \times 100\%$$

例：某企业今年完成销售 5000 万元，实现销售成长率 120%，如果明年的市场仍保持这样的成长态势，则明年的销售目标值为 6000 万元。

企业的销售成长率不仅受市场需求及企业市场占有率的影响，还受到竞争者的影响，所以销售成长率往往与企业愿望有一定的差距。要想得到比较准确的销售成长率，需要综合考虑过去几年的销售成长情况，求出平均销售成长率。平均销售成长率的确定公式如下：

$$平均增长率 = \sqrt[n]{\frac{本年度销售实绩}{基年销售实绩} \times 100\%}$$

（二）根据市场占有率确定

市场占有率，是企业销售收入占业界总销售收入的比率。其求法如下：

$$市场占有率 = \frac{企业销售收入}{业界总销售收入} \times 100\%$$

$$销售目标值 = 业界销售预测值 \times 企业市场占有率目标$$

对一个企业而言，市场占有率代表了企业的销售实力，代表了企业的竞争能力，代表了企业的市场地位，所以企业千方百计扩大自己的市场占有率。但是受法律及竞争的影响，企业市场的扩张都有一定的限度，企业市场占有率目标只能以企业现有的销售能力和竞争能力来确定。业界销售预测值则需要通过科学的市场需求预测大致求得。

例：某企业今年实现销售 800 万元，市场占有率为 12%。预计明年的市场仍将保持旺盛的需求，行业销售将达到 8000 万元，如果企业仍维持现有的市场占有率，那么明年的销售目标就是 960 万元。

（三）根据市场增长率（或实质成长率）确定

这是根据企业希望其市场的地位扩大多少来决定销售收入目标值管理的方法。如果企业想保住本企业的市场地位，其销售增长率就不能低于业界市场增长率。公式如下：

$$市场增长率 = \frac{今年市场占有率}{去年市场占有率} \times 100\%$$

$$实质成长率 = \frac{企业增长率}{业界增长率} \times 100\%$$

根据市场扩大率或实质成长率确定销售目标，实际上是企业依据其在市场上的扩大目标或实质成长目标来决定销售目标。当企业今年的销售额等于去年的销售额时，不一定是"维持了原状"，只有当实质成长率为 100% 时，也就是业界的成长率与企业成长率相等时，才可称为"维持了原状"。那么，也只有当企业的成长率高于业界成长率时，才可称为"实质的成长"。如果企业的成长率低于业界的成长率，虽然市场扩大率有所增加，那也并不意味着企业"实质的成长"，只能说明企业的发展速度不如业界的增长速度快。

相反，遇到经济衰退，如果企业的成长率降低幅度等于业界成长率的降低幅度，说明企业在业界"维持了原状"；如果企业的成长率降低幅度高于业界成长率降低幅度，说明企业在业界的市场地位降低；如果企业的成长率降低幅度低于业界成长率降低幅度，说明企业"实质的成长"。

（四）根据损益平衡点公式确定

销售收入等于销售成本时，就达到了损益平衡。损益平衡时对应销售收入推导公式如下：

销售收入 = 成本 + 利润

销售收入 = 变动成本 + 固定成本 + 利润

销售收入 = 变动成本 + 固定成本（损益为 0 时）

销售收入 = 变动成本 + 固定成本

变动成本随销售收入（或销售数量）的增减而变动，故可通过变动成本率计算每单位销售收入的增减率：

$$变动成本率 = \frac{变动成本}{销售收入} \times 100\%$$

在损益平衡分析上，成本的区分方法有个别法、目测法、最小平方法等，其中最常用的是个别法。所谓个别法，就是分别检查各个成本项目以区分变动成本和固定成本的方法。

（五）根据经费预算确定销售目标

在企业的正常经营活动中，无法避免各种经营费用的开支，如销售费用、人事费用、折旧费用等，而这些费用的开支均需销售毛利的扣除。根据经费预算确定销售目标，也就是要使企业销售实现的销售毛利足以抵偿各种费用开支。计算公式如下：

$$销售收入目标值 = \frac{投入销售费用 + 预期纯利润}{1 - 销货毛利率 - 变动成本率}$$

$$销售毛利率 = \frac{销售毛利}{销售额} \times 100\%$$

NOTE

毛利率一般根据上一年或同行业数据计算。

$$变动成本率 = \frac{变动成本}{销售收入} \times 100\%$$

变动成本率根据以往资料计算。

(六) 根据消费者购买力确定

此法适合零售商采用，是通过估计企业营业范围内的消费者购买力来预测销售额的方法。

首先需要设定一个营业范围，并调查该范围内的人口数、户数、所得额及消费支出额，然后调查该范围内的商店数及平均购买力。根据消费者购买力确定企业销售目标，也就是估计企业服务范围内的消费者购买力状况，以此预测企业的销售额。该方法尤其适用于零售企业。

(七) 根据销售人员确定

1. 根据销售人员人均销售收入确定　这是以销售效率或经营效率为基数，求销售收入目标值的方法。其中最具代表性、简易的方法是：

销售收入目标值 = 每人平均销售收入 × 人数

总计每人平均销售收入就是下年度的销售收入目标值。当然，以过去趋势作单纯的预测或以下年度增长率为基准来预测也可以。

2. 根据人均毛利确定　这是以人均毛利额为基数，求销货收入的方法。公式如下：

$$销货收入目标值 = \frac{每人平均毛利 \times 人数}{毛利率}$$

3. 根据销售人员申报确定　这是逐级累计第一线销售负责人的申报，借以求企业销售收入目标价值的方法。由于第一线销售人员（如推销员、业务人员等）最了解销售情况，所以，通过他们估计而申报的销售收入必须应最能反映当前状况，而且是最有可能实现的销售收入。当采用本法时，务必注意以下三点：申报时尽量避免过分保守或夸大；检查申报内容是否符合过去趋势以及市场购买力；协调上下目标，销售经理要采用下达销售目标的"由上往下分配式"来调整销售目标，并做好协调工作。

(八) 其他方法

除根据上述各值求算之外，也可考虑其他各种因素——推出新产品、动态市场、施行新政策，利用新设销售途径或开拓海外市场等，然后再依据上述方法推测销售收入目标。

采用不同的计算方法时，所得的销售收入当然不同。但是，不管如何，在决定下年度的销售收入时需考虑企业战略、企业的利益与生存，以及各利害关系人的期望要求等等。另外，还要考虑到企业的市场占有地位，以及"销售与市场"的关系等因素，以便作为决定销售收入值的参考。

二、制定销售配额的意义与原则

(一) 制定销售配额的意义

1. 为销售人员提供目标和激励　销售定额提供了销售能力的定量测量方法并且成为每个销售人员的工作目标。因此，配额应该是可以实现和达到的。一个清楚明晰的目标，要比一个不清晰的目标更能激励销售人员的积极性。当可以实现的具有挑战性的配额建立起来时，就可以产生很强的激励作用。

当销售人员经过努力完成配额或超额完成定额就会产生成就感，超额部分越多成就感越强。人们通常认为完成配额指标的销售人员是出色的，当这些出色的销售人员被表扬、晋升、奖励或加薪水的时候，就会对销售队伍的士气产生很大的影响。

2. 便于控制销售活动　销售配额将销售人员、销售组织的工作任务具体量化，它为销售人员指明了努力工作的方向。同时，销售配额使得管理层能够指导和控制销售活动，如销售经理可以通过销售配额来对销售管理工作进行总结，根据销售配额的完成情况，发现哪种产品好销，哪种产品不好销，从而及时地调整定额计划。销售配额对于考核基层销售人员的工作绩效提供了依据和标准。如果配额设计的合理就能够对销售人员的能力进行客观评价，这有利于管理层合理地提升与调配、安置销售人员。

3. 控制销售费用　销售费用配额可以用来控制饮食、住宿和招待上的开销数量。这有助于控制销售成本，并且把它维持在最小的水平上。如果没有完成或超额完成配额，所增加的费用支出可以从销售人员的补偿中扣除。销售费用配额的设置，可以促进销售人员把增加销售额、控制销售费用、增加利润额放在工作的首位。

4. 业绩评估　销售配额最重要的目的是评估销售人员的业绩。然而，在利用配额作为业绩评估工具时要小心。如果超额完成了配额，这或者表示销售人员工作特别卖力或者表示配额定得偏低了。同样，没有完成配额可能表示销售人员工作不太努力、销售区存在问题或者配额定得太高。

（二）制定销售配额的原则

制定了销售配额指标，就完成了对销售定额体系的建立，但是有了销售定额体系并不等于就能保证销售人员完成任务。如果配额指标的设立不能够激励销售人员完成个人和企业的销售目标，那么，这个配额指标是没有效率的。成功的配额指标应该具有以下特征：

1. 可以实现　企业需要为销售人员确定一个挑战性的目标。如果目标定得太高而无法实现，销售人员就会失去积极性。定额指标应以能激励销售队伍做出更大的努力为目标，在往年配额量的基础上，结合产品的生命周期趋势，确定可以实现或达到的配额指标。

2. 准确　无论使用哪一种配额指标管理都应该与企业的销售潜力相联系，准确地体现企业销售潜力的预测结果。

3. 易于理解和管理　销售配额的部分问题在于对它的理解。对配额本身和配额建立方法给出清楚的解释有助于得到销售人员的合作与认可。通过销售人员参与销售配额的设立过程，以及让每个销售人员知道与报酬联系的业绩和配额实施过程中的一些变化，销售经理能够帮助每个销售人员理解和体会销售。对销售配额制度清晰的理解是一种激励、评价和控制销售人员的有效方法。所以，配额指标必须易于管理层和销售队伍的理解，并且配额指标体系也应该在经济上便于管理。

4. 公平　有的企业认为，应该激励销售人员持续努力工作，它们建立起一种平均配额，并且根据销售人员完成配额的百分比来奖励他们。另外一些企业认为，销售人员只有在取得优秀的成绩时才应该被奖励，它们建立起一种高配额，并且只有销售人员取得超过配额的成绩时才进行奖励。后一类企业销售人员的基本工资通常比前一类企业高，这样就有助于抵消潜在的收入差距。不管运用何种配额制度，有一点很重要，那就是销售人员应把配额视为是公正的，良好的配额指标计划应该让有关人员感到公平。

NOTE

5. 弹性　所有的配额指标体系都需要有足够的弹性。由于市场是变化的，配额指标也应该进行相应的调整。

6. 为销售队伍所接受　运作良好的配额体系，是销售队伍全心全意认可的体系。销售人员常常对配额有所怀疑，要么由于目的不明确，要么由于对构成计划的某些要素存在疑问。因此，应该向销售人员解释清楚设定配额基础的目的，以及配额设定过程中使用的方法。可以让销售人员参与配额制定，管理层也要注意听取销售人员的意见，这有助于管理者注意一些忽略了的因素。

三、销售配额的主要形式

（一）销售量配额

销售量配额是销售经理希望销售人员在未来一定时期内完成的销售量。销售量配额便于销售人员理解自己的任务。销售量配额是最常用的、最重要的配额。因为企业总是希望销售人员实现最大销售量。销售量配额通常是在考虑市场潜力的情况下，以销售预测为基础制定的。

销售经理设置销售量配额时必须预测销售人员所在的销售区域的销售潜力。销售经理估计销售量是基于对现有市场状况的分析，因此需要研究以下因素：区域内总的市场状况；竞争者的地位；现有市场的特点和市场占有率；市场涵盖的质量（一般取决于该市场销售人员的主观评价）；该地区过去的业绩。对过去的数据进行调整以适合人员、区域及企业政策的要求，新产品推出的效果、价格调整及预期的经济条件。

（二）销售利润配额

在销售活动中往往重视销售量而忽略了利润。设置销售利润配额的目的就是为了避免这种情况。企业用利润配额可以控制销售费用，进而控制公司的毛利和利润。销售费用对公司的利润起很大的作用。销售费用控制得好坏，在很大程度上决定着公司利润的多少。销售利润配额与销售量配额一起使用可以使销售人员明白收入与利润率都是企业关注的目标。例如，销售人员乐于把他的精力花在易销售的产品和熟悉的顾客身上，但是，这样做往往利润率很低，而费用的花费与那些销售困难的产品或陌生的顾客却是一样的。因此，利润配额可以激励销售人员访问更有效益的客户，销售更有效益的产品。

销售经理通常通过经济手段激励销售人员控制费用。销售利润配额和销售量配额一样紧紧地与薪酬计划联结起来。例如，对那些将销售费用控制在一定水平的销售人员给予一定的销售津贴。

（三）销售活动配额

销售活动配额是用来指导销售人员其他销售活动的指标，主要包括：宣传企业及产品的活动；产品演示活动；吸引新客户，鼓励其成交；展示产品和其他促销工作；提供消费者服务、帮助和建议；拜访潜在客户的活动；培养新的销售人员；等等。

销售活动配额使销售经理便于控制销售人员的时间使用，即在不同销售活动中的工作分配。典型的销售活动包括销售访问，拜访准客户、新客户，产品演示，等等。不论对企业还是对销售人员，这些活动的效果不会立即反映出来，但是如果市场有足够的开发潜力，就必须不断地努力。遗憾的是在很大程度上，这些作用是由销售经理来主观评价的。销售经理必须研究对基本客户所花费的时间和所作访问的记录，依靠客观的判断来估计销售人员在这些活动中的价值。如利润配额一样，活动配额用于衡量销售人员完成销售量的其他销售活动的工作量，否则销售人员有可能忽视了将来的发展，而仅关心当前的利益。

（四）综合配额

综合配额是对销售量配额、销售利润配额、销售活动配额进行综合而得出的配额。综合配额使用多项指标为基础，因此更加合理。设置综合配额远比设置销售目标复杂，因为它用到权数这个概念。权数是活动重要性的量化。综合配额在销售经理讨论销售人员的业绩时，可以全面地反映销售工作的状况。

（五）专业进步配额

实际上这些配额不易量化，只能作为定性指标。因此很难设定和考核，一般用一些不可替代的相关指标，如与消费者的关系等。这种配额的确定主要是为了提高销售人员的素质和销售能力。

四、销售配额的制定方法

企业确定了销售配额的形式后，就需要设立具体的销售配额数量。

（一）销售量配额

销售量配额的设立基本上采取根据销售潜力和根据其他非销售潜力因素两种方法：

1. 以区域销售潜力设立配额指标 销售潜力是企业期望在特定区域内取得的在行业预计总销售额中所占的份额。对很多企业而言，企业销售预测常常是把各个区域的估计值加总的结果。因此，如果区域潜力或预测已经确定，再把配额指标与它们联系起来，就完成了配额制定的大部分工作。例如，假设某区域的销售潜力是 30 万元或者占公司总潜力的 4%，那么，管理层就可以以此数额作为配额分配给该区域的销售人员。

在有些情况下，管理层会把潜力预测作为配额设立的起点，结合人、心理、报酬等因素对潜力预测加以调整。如将配额的设立因人而异，对年轻的销售新手和快退休的老年销售代表，设定低一点的、更可能实现的指标，以帮助他们建立自信心和保持高昂的士气。为了用配额和报酬体系来激励销售队伍，还可以根据报酬计划对配额进行调整。如把配额设为潜力的 90%，完成配额将颁发奖金，当销售量达到潜力的 100%，企业还将颁发额外的奖金等。

2. 根据非销售潜力因素设立配额指标

（1）依据过去销售设置配额 许多企业在设立配额指标时往往依靠过去取得的成绩和经验，配额指标严格依据前一年的销售量或者前几年的平均销售量来设定。管理层依据主观判断的增长比例来确定销售人员的配额。这种配额设置方法的唯一优点就是计算简便和管理成本低廉。如果公司使用这种方法，至少应该用前几年的平均销售量，而不是以前一年的销售量作为配额设定的基础。仅仅以前一年的销售量为基础，偶然事件或者不规律事件将会对销售指数有很大的影响。

（2）与报酬计划相联系的配额指标 有的企业将配额指标直接与报酬计划相联系。如用底薪加佣金形式，这种形式是每月付给销售人员的固定工资和月销售额超过一定金额时所付的佣金。

（3）根据经理的个人判断设置配额 有些企业完全依赖经理的判断设定配额指标。经理判断通常是良好配额制定过程中不可或缺的因素，但只依靠经理判断的方法肯定是片面的。即

NOTE

使经理很有经验，仅仅依靠经理判断而不参考其他量化的市场指标，将面临巨大的风险。

（4）销售人员自己设置的配额指标　完全依靠销售人员自己设定配额指标是不可取的。因为销售人员虽然熟悉业务，但他们对全局不甚了解，不可能获得必要的信息。他们可以参与对配额的设定，但不能将配额问题完全推给他们。

（二）费用配额

费用配额可以根据去年的现场销售费用/销售额的比率，结合销售区域的运作费用实际情况来确定。

（三）财务配额

财务配额可以反映企业的财务目标。例如，企业可以确定区域内所有销售的毛利或者净利润。假定某个销售人员的工作主要集中在两类产品上：一类产品占毛利的30%，另一类产品占毛利的40%。将两者平均，确定一个总的毛利目标为37%。这样就得出各个区域的财务定额，并汇总成整个企业的财务目标。

（四）活动配额

活动配额受到区域大小、客户数量和销售人员期望等因素的影响。这些因素将决定着销售人员在一定期间内对客户的访问次数、服务次数以及展示产品的次数等等。活动配额的设立取决于以下三个方面：市场营销调研；销售人员的报告；区域内的销售人员与销售经理的讨论。

企业可以依据市场营销调研来设立活动配额，通过对以往和未来资料进行比较全面地综合分析，确定访问客户的最佳次数。企业也可根据销售人员与销售经理的讨论、销售人员的报告，分析以往销售人员展示的时间以及今后需要展示的时间，以过去的经验为基础，围绕关键客户和客户的需求来设立活动配额。

【本章小结】

企业销售计划的可行性，取决于企业销售预测的准确性、销售预算合理性与销售配额的可及性。企业销售预测是在企业内外部环境影响下开展的，销售预测的内容是以获利为中心的相关变量变化。销售预测的方法主要分为定性预测法、定量预测法和其他预测法，定性预测法包括购买者意向调查法、销售人员综合意见法、高级管理人员估计法、专家意见法、生命周期预测法等；定量预测法包括时间序列分析法和回归分析法，其中时间序列分析法有简单平均法、移动平均法、趋势外推法和季节指数法，回归分析有一元回归和多元回归等方法；组合预测法包括模拟分析法、临界点预测法和组合预测法等。销售预测需要遵循六个基本原则，以保证销售预测的准确性。

销售预算是以销售预测为依据，企业对销售收入、销售成本、销售毛利、营销费用、营业纯益、应收账款的回收和存货情况进行的预测。销售预算的方法有最大费用法、销售百分比法、同等竞争法、收益法、零基预算法、目标－任务法和投入－产出法。

确定销售目标的依据有销售增长率、市场占有率、市场增长率、损益平衡点、经费预算和消费者购买力等指标。销售配额主要分为销售量配额、销售利润配额、销售活动配额和综合配额，运用相应的方法确定各种配额的具体数量，以便分解销售任务。

【重要概念】

销售预测；销售预算；目标管理；销售定额。

【复习思考】

1. 企业销售预测的影响因素有哪些？

2. 企业销售预测的原则与方法？

3. 企业销售预算的意义、内容和主要方法？

4. 企业销售目标的确定方法？

5. 企业销售配额的四种形式与内容？

【案例分析】

哈雷尔制造公司：取消销售预算和销售配额

威尔森·哈雷尔曾经营着一家向全世界出售美国军用物资和福利物品的公司。"我们是卡夫（Kraft）、纳贝斯克（Nabisco）、固特异（Goodyear）这些公司的独家经销商，我们在经营中只收取佣金。"哈雷尔说。"根据标准惯例，每年我们都要和客户公司坐在一起，制定一份主要采购预算，当然，这份预算不过是在去年销售额的基础上再加一定的利润。作为公司的CEO，我有两个目标：实现今年的费用预算和盈利；明年接着做下去。"

"过去的教训告诉我，如果你在一年里就从一个客户身上赚一大笔钱，那么明年你很可能要遇到麻烦，因为你很难再保持这种增长速度，甚至会下降。为了避免这种情况的发生，我从不让实际销售额过多地超过预算。当我的公司价值增长到20000万美元的时候，我卖了一个大价钱——但是我常常想，如果当时不加节制地任其发展，这个公司能卖到这个价格吗？"

"真正的悲剧在于，销售配额实际上常常无情地吃掉利润的源泉——增量销售额。"哈雷尔接着说，"更糟糕的情况是，销售预算使公司成就了一种每一个层次、每个部门都在毫无节制地'超越风气'。"

"几乎每一名销售人员都会这样想：'如果我超过今年的销售预算，那么明年的预算就会在今年的基础上再加上10%甚至会更多。如果我发疯地去工作，超过预算100%，那么明年我的目标很可能会变成去年的200%。也许我仍然能完成，但是一旦不能完成的话，那我的工作就危险了。我当然不愿意那么做。我可不希望为了今年这几个硬币让我明年去冒失业的危险。'"

"给他们一些自由，让这些销售人员去享受自己的生活。"哈雷尔建议，"告诉每一个人，公司的目标就是完成所有应该完成的业务，然后你就尽情地去分享自己创造的劳动果实。让每个员工在每一年都有一个全新的开始。让所有的销售员都知道，'工作保障'的全部含义就是去不懈地追求卓越——发挥自己的最大潜力。"

（资料来源：查尔斯·M. 福特雷尔. 销售管理. 机械工业出版社，2004）

思考与讨论：

1. 本案例中可以看出，哈雷尔认为销售配额的最大缺陷是什么？

2. 联系哈雷尔不制定配额的观点，讨论一下销售配额的优点和缺陷。

NOTE

第三章 销售模式管理

【学习要点】

通过本章的学习，掌握销售模式的内涵与外延，熟悉销售模式的常见类型及各类销售模式的管理策略，了解销售模式选择的原则及影响因素。

【引导案例】

誉衡药业的"精耕通路，细作人心"

任何一种模式发展到一定阶段都会凸显出种种问题和矛盾，誉衡药业的代理制模式也不例外。为此，誉衡药业在原有模式的基础上提出"一地一策、一品一策"的销售策略，并引入团队销售模式，该模式与代理制模式进行有效结合，优势互补，实现终端放量。

之前，誉衡药业一直是一家精于代理制销售的公司。其采取的是众多中小企业乐于使用的招商代理制，这种模式经营投入少、渠道布局迅速，但不利于企业对代理商的管理，在代理商运作不佳时难以轻易撤换，由此会阻碍销售推进，影响终端放量。2006年，誉衡药业创立了"第三方营销模式"，有9点实行要领：修炼内功、吸收经验、学习对手、资源共享、终端挖掘、招标制胜、精耕细作、标前分标、医保突围。并以"明确岗位职责、清晰工作流程、具备工作能力"为指导方针。开创了"名单工作法"、构建了"专注销售团队"，成立了"招标工作委员会"，同时加大了产品的宣传力度。

誉衡药业以"名单工作法"锁定代理商，明确已开发医院及计划开发医院名单，确定标杆医院里最有能力的、做得最好的客户名单，充分掌握各方面信息，整合资源优势。各级销售人员以"名单工作法"为工具，优选代理商，快速开发医院，有效促进医院上量。

誉衡药业的市场营销理念是"为客户创造价值"，"精耕细作"是实现这个价值的重要方式，即根据产品和市场的特点，"一地一策、一品一策"，有针对性地进行产品和市场细分。营销人员针对某个品种或者某个区域快速找到适合改变的销售模式，在保持现有水平的基础上寻求增量。

与此同时，誉衡药业借鉴团队制及电话销售的优点，创造"电话销售＋地面销售队伍＋学术推广"三位一体协同配合的销售体系。在药品招商工作中，通过电话招商团队精确筛选分销客户提供给各地代理商；驻地招商团队帮助代理商寻找分销客户、协助开发终端、提供培训支持等服务工作；公司市场部帮助代理商在终端的医院科室进行学术推广、组织各种学术会议、培训代理商的专营队伍等。

此外，誉衡药业还建立了"专注销售团队"。从确定专注团队名单到完整传递誉衡的产品信息、销售政策等，再到提供专业管家式培训服务，誉衡药业严格要求做到两个"凡是"：凡是销售誉衡产品的代理商必须接受誉衡的培训；凡是销售誉衡产品的代理商必须确定终端专注销售代表。

为了更好地应对招标政策，誉衡药业成立了招标工作委员会，强化各省招标政府事务，加强招标管理部团队建设，与代理商联动，确保各省招标任务的完成。

在销售模式的宣传上，誉衡药业在专业杂志做平面广告；积极参加、承办国家级、省级专业学术会议，完善企业专家VIP资源库，扩大营销模式的学术形象宣传；以客户为基点，组织各项宣传销售模式、产品的会议与活动，提供专业管家式服务；开展誉衡群英汇等大型培训分享活动，赞助承办誉衡杯手拉手共建和谐医保知识竞赛等系列宣传活动；宣传"誉衡因您更精彩"的分享文化理念。

第三方销售模式的实践，使得誉衡药业的销售规模以每年50%以上的速度增长。2010年营业总收入约5.7亿元，比2009年增长33.85%；利润总额约为1.8亿元，比2009年增长19.71%。2010年年底，誉衡股票市值达107.52亿元；2010年，誉衡共发表文献19篇，完成主品科室会500多场，代理商培训会100多场，参会客户满意率90%。

（资料来源：根据网上资料整理而成）

每一个行业领域都有自己的模式，自然地，销售行业也有自己的销售模式。在销售行业不断发展的过程中，自然会出现很多销售模式。为了有利于产品的销售、便于有效的销售管理工作的开展，企业可能会选取某一种销售模式，也可能会同时借助某几种销售模式。每种销售模式都有其优点，但也存在着相应的约束性。在实践中，不存在一种放之四海而皆准的销售模式。在实际经营中，企业应根据市场特点，并结合企业自身的特点，选取最适用的销售模式，并在发展过程中随着诸多情况的改变而对其销售模式进行必要的调整。

第一节　销售模式概念与发展

一、销售模式的概念

（一）模式

模式是指事物的标准样式。在英语中pattern（模式）的原义是指物体表面线条、形状和颜色有规律的重复分布，这种分布有一种令人愉悦的装饰效果；其引申含义是事物产生和发展的标准方式。所谓模式是指长期稳定使用的，并由不同要素所构成的事物的结构样式和适应形式。

（二）模式的特性

根据定义可知，模式具有以下的特性：首先是稳定性，不管任何模式都具有一定的稳定性，如果模式的变动性很大，那么该模式也就没有存在的必要了；其次是长期性，模式都是长期被使用的；再次是重复性，任何模式都可以反复被套用；最后，模式是由许多要素所构成的，凡没有构成要素的就不能称其为模式。此外，模式还具有一定的适应性，模式不是一成不变的，它也要随着事物的发展变化而有所改变，并且模式也是有一定的适用条件的，一种模式不是在任何条件下都适用的。

（三）销售模式的内涵与外延

从销售活动的内涵来讲，其主要包括理念层、形态与流程层和运营规则与方法等三大元

NOTE

素。其中，理念层是企业销售活动的价值取向，是销售模式的核心元素；形态和流程是企业销售活动的组织结构，是销售模式的基本元素；运营规则是企业约束员工的行为方式，是保证销售活动按照预定目标执行的规则，而方法则是企业实现预期销售目标的手段，方法和规则构成了销售模式的功能性元素。

对于销售模式的内涵，美国市场营销学权威——菲利普·科特勒（Philip Kotler）这样认为："销售模式是指某种货物或劳务从生产者向消费者移动时，取得这种货物或劳务所有权或帮助转移其所有权的所有企业或个人所采取的方式与手段"。美国营销学家 Stern 与 EI－Ansary 将销售模式定义为：由一群相互关联的组织组成的，这些组织为了促使产品或服务能顺利地被使用或消费而采取的方式与途径。他们二人的观点明确了销售模式不仅是在适当的地点，适当的时间，以适当的价格提供适当的产品，而且是通过某些特殊的手段与方式即销售渠道，以及生产者、中间商和消费者之间的相互沟通，来共同完成对消费者需求的刺激并满足。美国市场营销协会（AMA）给销售模式所下的定义是：通过企业内部和外部的代理商和经销商（批发和零售）的组织机构，使得商品（产品或劳务）得以上市行销的一些手段与方式。通过以上总结不难看出，国外的学者对销售模式进行定义时有着共同点，那就是具备两个条件才称得上是销售模式：一是存在着一种组织机构或团体，它从事取得所有权或转移所有权的活动；二是这些组织机构或团体为了实现所有权的转移采取了一些必要手段与方式。

我国国内学者在对国外营销学者的观点进行总结与整合的基础之上，提出了一个关于销售模式可以说是较为完整的概念。我国学者赵平等人在《市场营销渠道》一书中提出：销售模式是指产品或服务转移所经过的路径，这一路径是由参与产品或服务转移活动的所有组织来实施，目的是使产品或服务便于使用或消费。销售模式本质指的是把商品通过某种方法传递至消费者，完成"生产→物流→用户→售后服务"这样一个完整的环节。

从销售模式的外延来看，其主要包括整体战略、战术策略和实施方案等三个层次。其中，整体战略层是企业的经营模式，由企业的经营理念决定，是从实际营销活动方面来解释企业销售模式的"核心元素"；战术策略层是构建企业销售模式的过程，它是联系战略和实施方案的关键；而实施方案层则是作为企业销售活动的执行者，如何选择销售模式的具体规则和方法的过程。

二、我国销售模式的演变

在中国步入市场经济以来，先后出现了直销、代销、经销、目录销售、电话销售等销售模式，这些销售模式又被称为传统销售模式。传统销售模式是指不借助互联网等信息手段的情况下，企业通过分销商、代销店或直销店等间接的、多层次的方式进行产品的销售，传统销售模式是在传统销售观念、生产观念、产品观念和推销观念基础之上的产品销售模式。

进入 21 世纪，随着网络广泛应用，网络销售模式兴起，在发展过程中，条件好的企业逐步在内部实行电子化管理，从内到外，从小到大，从简单到复杂，逐步到达信息流、物流、现金流的高效统一。与传统的销售模式相比，网上销售和依赖客户数据库的电话销售的销售成本更低廉，而且更容易帮助公司降低运营成本。

第二节　销售模式分类与选择

每种销售模式都有其优点和缺点，适用的条件也各不相同，选择销售模式关键在于适用而没有选择的优劣之分。企业选择与自身状况相匹配的销售模式，能够减少不必要的销售成本，优化企业的资源配置，比竞争对手更具有市场竞争力，增强创收能力。

一、销售模式类别

（一）销售导向视角下的销售模式

根据销售导向的不同，销售模式可以分为竞争导向的销售模式、关系导向的销售模式和创新导向的销售模式（表3-1）。

1. 竞争导向的销售模式　该模式是在20世纪90年代由战略管理学派提出的，是指依托自身优势如成本优势、专利优势、品牌优势等在市场上打败竞争对手，从而获得更多的市场份额的一种销售框架，其内涵包括三个方面：从企业角度来看是满足企业价值最大化的目的；从产业角度来看是主要服务于提高产业的经济效益；从社会角度来看则是提高整个社会的经济效率，实现社会资源的优化配置。

2. 关系导向的销售模式　不同于竞争导向的销售模式，其通过在市场上识别并构建企业与消费者和其他利益相关者之间的关系，并在企业努力下来巩固和完善关系，从而实现以诚实的交换和履行承诺的方法获得商品销售的成功。关系导向的销售模式的核心在于企业与消费者之间的长期关系，其主要方法是为顾客提供高满意度的产品和服务，其目的是保持并发展顾客的长期价值。

表3-1　三种销售导向视角下的模式对比

销售模式	竞争导向的销售模式	关系导向的销售模式	创新导向的销售模式
理念	企业价值最大化	企业与客户长期价值最大化	顾客需求导向下的企业价值最大化
形态与流程	在市场上挫败对手	建立企业与消费者的关系	识别消费者的潜在需求，并在此基础上进行创新
实施方案	成本竞争 差异化竞争	客户关系管理	理念创新 技术创新 系统创新

3. 创新导向的销售模式　该模式是在创新理论的基础上发展起来的，认为企业实现商品销售不应该仅仅着眼于企业和消费者，而应该考虑消费者的潜在需求，循着产品的发展方向，从而实现"生产一批、改进一批、试制一批、研制一批"的轨迹来满足消费者的需求。创新导向销售模式的主要路径有：①销售理念的创新；②技术为载体的销售创新；③销售活动本身的创新；④在系统思想的基础上，对销售理念、策略和方式等进行创新。

（二）销售渠道视角下的销售模式

根据销售渠道的不同，销售模式可以表述为商品在某个市场获得成功，从而销售模式可以分为直销、代销、网络销售、经销、目录销售、电话销售六个类别（图3-1）。

NOTE

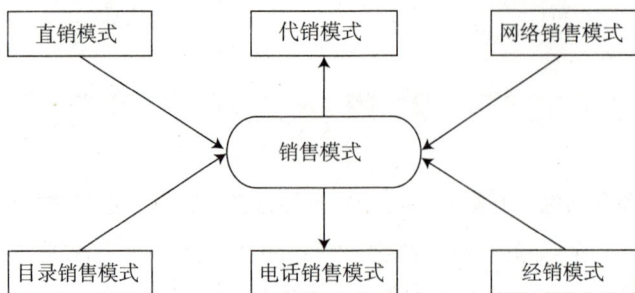

图 3-1　六种销售渠道视角下的模式分类

1. 直销　直销是指生产者通过绕过传统的批发商和零售商来直接面对面地与终端消费者接触，从而实现产品销售的过程。直销，又名"无店铺销售"，是不通过商场或零售店直接向消费者直销产品的销售方式。由于减少了中间环节，生产企业的利润较高，有利于生产企业树立企业形象，需要生产企业有较强的管理和客户服务能力。直销又分为单层直销和多层直销，单层直销主要以地区划分，设立区域经理；多层直销是层层发展，代代相连，比如保险等金融产品的销售。直销的方式使营销渠道缩短，产品质量有保证，资金循环加快，并且能让个人实现自我价值，给消费者带来实惠。直销的销售方式主要有展示，邮购，电话，访问，自动售货机销售，利用新媒体销售，复合销售等。

直销模式的优点：①生产者容易控制每个销售环节；②销售利润高，目标顾客便于准确寻找；③环节少，经济整体成本低；④贴近消费者、往往反馈迅速、准确，便于掌握一线市场；⑤物流，资金流迅速；⑥直销可以建立客户长期忠诚度；⑦产品的价格一般较低，消费者可以从中得到好处；⑧回应率高。

直销销售模式缺点：①初期建立客户时间较长；②前期销售队伍费用大；③需要很强的管理能力和完善服务体系；④需要强大的客户服务体系。

知识链接

非法传销与直销六大区别

区别一：有无入门费。

非法传销通常有相对高的入门费。一些非法传销公司会收取硬性的入门费，数额在三五百到数千元不等。还有一些非法传销公司会采用一定的变通形式，比如：以入门认购产品为由来收取几百到数千元不等的费用。而正规的直销公司不存在这一块费用。

区别二：有无依托优质产品。

这是非法传销和直销的一个根本区别。非法传销公司往往依托的产品是无价值但价格高的产品，一套只值几十块钱的化妆品可以标价为几百甚至上千元。而规范直销企业的产品标价则物有所值。

区别三：产品是否流通。

非法传销企业不过是个"聚众融资"游戏，高额的入门费加上无法在市场中流通的低质高价产品，不会维持太长时间。他们的销售方式是采取让入门的所有销售代表都要认购产品，但这些产品不在市场上流通，只作为拉进下一个销售人员的样本或者宣传品。最后的局面是所有销售人员人手一份，产品根本没有在市场中流通或者销售。并且这些非法传销公司的组织者的收益主要也来自参加者缴纳的入门费或认购商品等方式变相缴纳的费用，因为产品不流通，组织者多半利用后参加者所缴付的部分费用支付先参加者的报酬维持运作。直销企业则完全相反，一方面企业产品要求质量好，另一方面，产品在市场上的销售也比较好。对于直销企业而言，产品优良与否是决定产品销量的根本原因，因为产品的流通渠道是由生产厂家通过销售代表到顾客手中，中间没有其他环节，并且少有广告。

区别四：有无退货保障制度。

非法传销公司的产品一旦销售就无法退换，或者想方设法给退货顾客设置障碍。这一点在直销企业中完全不同。凡是正规的直销企业都会为顾客提供完善的购货保障。

区别五：销售人员结构有无超越性。

以拉人头来实现获取收益的非法传销公司，在销售人员的结构上往往呈现为"金字塔"式，这样的销售结构导致谁先进来谁在上，同时先参加者从发展下线成员所缴纳的入门费中获取收益，且收益数额由其加入的先后顺序决定，其后果是先加入者永远领先于后来者。这种不可超越性在直销公司就不存在，在直销企业中无论参与者加入先后在收益上表现为"多劳多得"。

区别六：有无店铺经营。

有无店铺仍然是我国市场上区分非法传销和直销的一个直观区别。非法传销企业往往停留在发展人员、组织网络从事无店铺的经营活动状态。我国经历了1998年全面整顿金字塔式传销后，很多外来直销企业纷纷转型。从此"店铺雇佣推销员"的模式就成了规范直销企业的主要销售模式。这种特殊的直销经营方式，让推销员归属到店，这样不仅与公司关系直接而且还便于管理。

【销售案例】

安利（中国）的直销模式

1992年，安利（中国）日用品有限公司作为中美合作的大型企业在广州注册成立，中方是广州经济开发区管理委员会下属的广州世星投资有限公司，外方是美国安利亚太区有限公司，投资总额达到2.2亿美元。安利公司在2007年推出"直销＋经销＋店铺"的多元化销售渠道。至2007年3月，公司用于店铺建设的资金累计达6.7亿元人民币，截至2006年1月底，在全国31个省、市、自治区155个城市开设了188家店铺，形成了一个颇具规模的全国性服务网络。这些店铺直接销售安利产品，所有商品均明码标价，直接面向顾客。安利店铺大多选址在交通便利的地段，采用超市设计，为顾客提供方便舒适的购物环境。遍布全国的安利店铺在销售产品、服务顾客和树立品牌方面发挥着越来越重要的作用，店铺还进一步增加了公司经营的透明度，提高了社会大众对安利的信任度。在开设店铺直接服务消费者的同时，安利还雇佣营销人员帮助公司直销产品，为顾客提供订货、送货及其他服务。对于这些销售人员，安利通过其分公司对他们进行管理；销售人员均以统一价格向消费者直销产品，报酬由公司统一发放。安利在中国的成功因素很大一部原因来自于它采用直销销售模式，以及在销售过程中给消费者带来的人性化贴心的服务。

（资料来源：根据网上资料整理而成）

NOTE

2. 代销　代销是指生产者通过与销售商建立代销协议，将产品通过销售商的销售渠道来实现产品销售的过程。通过代理商进行的推广销售，一般需要寻找当地有影响力的中间商，授权使其成为产品代理商，使中间商的运作成为产品和服务进入市场的门户，而厂家的重点是控制好中间商，维护好终端客户等工作，按照代理的区域分为全国代理和区域代理。代理制销售模式符合现代企业分工合作的管理理念，能够帮助生产企业以最低的成本快速提高市场占有率，在新产品投入市场的初级阶段能够取得良好的营销效果。

代理制销售模式优点：①减轻企业库存压力，拓宽销售门路；②生产企业可以集中资源优势，将重点放在生产和新产品的研发上；③迅速拓宽市场，充分利用代理商渠道资源。

代理制销售模式缺点：①法制尚不完善，在实际操作过程中容易出现三角债；②代理商隐瞒销价、销售值以及随意抬高售价，导致价格体系混乱；③代理商不注重品牌形象、市场的培育、新市场的开拓，不注重市场的长期性；④市场信息反馈不及时、不全面；⑤厂家负担与风险会加重。

知识拓展

销售实践——不结盟，不共赢

新医改迫使医药企业与代理商重新定位二者之间的关系，万德玛"特许加盟"营销模式，正是改变了以往单纯"上游供货、下游售货"的关系，在双方分析了自身优劣条件的基础上，通过资源互补的方式，使双方的关系更加紧密，实现产业链的无缝对接。

改变企业与代理商的关系是万德玛特许加盟的精髓，万德玛向受许人提供其产品的商业经营特许权，加盟者不必担心代理权被随时收回。同时，万德玛还会给予加盟商医学、市场、财务、物流配送、人力资源等方面的指导和帮助，受许人则提供运营资金、医院关系、营销力等，进而实现双方共赢。

万德玛首先要筛选特许加盟商，根据代理商所能提供资源的数量与质量，将符合标准的代理商转变成特许加盟商。最初，加盟商不需要缴纳加盟费，但随着这一模式的逐渐成熟，万德玛将标准进行了分级，同时规定不同的级别缴纳不同的加盟费，当然也享受不同的待遇。

为了实现对特许加盟客户的统一管理，万德玛专门建立了合作资源部来制定相应的管理考核制度。并针对特许加盟商的需求对他们进行培训，所有特许加盟客户及其员工必须统一参加。为了支持加盟客户的营销，万德玛的人力资源部和市场部会根据客户的要求，提供协助。例如，人力资源部会提供专业咨询服务给加盟商，帮助他们解决招聘、培训等困难；市场部为他们组织各种市场推广活动，营造有利的学术环境，并按照各特许加盟客户的个性要求定制促销材料，利用各种媒介进行品牌的宣传推广。

转变了企业与客户的关系后，万德玛统一了财务结算，将底价结算转变为佣金结算。此外，万德玛还加强了对商业渠道的管控，建立了自己的商务队伍，与大型商业建立战略合作伙伴关系，由公司统一负责招投标，从而加强了企业的营销主导地位。

（资料来源：根据网上资料整理而成）

3. 网络销售模式　顾名思义通过网络来销售，是指生产者将产品通过互联网为媒介来实现销售的过程，是随着现代互联网的发展而产生的。互联网的发展是网络销售产生的技术基础；消费者价值观的改变是网络销售产生的观念基础，消费者的观念变化表现为：消费者主动性的增强，对购物方便性的追求等；激烈的竞争是网络销售产生的现实基础。

在当前销售模式中，网络销售无疑是最炙手可热的，由于消费者在购物习惯中的主动性与互动性的存在，使得网上销售模式对比传统销售模式具有无可比拟的优势，影响和冲击着传统销售体系并改变人们的消费观念。网上销售模式充分利用网络的互动性使消费者与商家的联系变得更加容易和快捷，在互联网上所面对的基本是有目的的"主动"客户，买主以及潜在的客户将透过互联网主动地找到商家网站，并提出他们所需要的服务。

（1）网络销售模式的优点

①销售范围扩大。由于成本、地域等原因使得传统零售企业的销售范围难以扩大，许多品牌都只能成为区域品牌，而互联网络跨越了地理的界限，使产品信息可以传递到全国甚至全球各地。信息发布范围的扩大也使得企业增加了销售的可能性。

②详尽的产品选择。网上销售不再受储存空间的限制，它可以提供大量的产品选择。

③极少的基础设施要求。由于信息可进行电子储存，网上零售商无须像传统零售商那样为销售大量的商品而建立大量的基础设施。

④不受时间限制。网上商店无须受时间限制，顾客可随时上网购物。

⑤企业规模的灵活性。如果顾客数增加，或需要扩张到新市场，网上零售企业只需增加几台计算机服务器而已。

⑥为企业打开市场开拓了新的营销空间。

⑦降低经营成本。网络销售不需要处在繁华地段的店面，只需要一个机房和一些计算机，可以降低固定资产的投入，它不需要众多销售人员，可以减少人员投入；另外，网络销售的许多程序可以由计算机自动处理，销售人员不再需要很多时间去处理订单，从而降低了交易成本。

⑧有利于发挥管理优势，提高服务质量。在买方市场的激烈竞争中，企业要在竞争中取胜，不但要比产品质量和价格，而且要比服务质量。由于互联网的实时性、互动性，再加上网络数据库的支持，网络销售在提高管理效率及延伸产品的服务上具有很强的优势，企业可以通过电子邮件、自由讨论区、电子公告牌 BBS、客户留言了解消费者对产品质量性能的评论以及对产品与服务的意见和建议。网络销售的所有记录都反映在网络数据库中，客户资料是企业的一项宝贵财富，通过加强客户关系管理，企业可以赢得一批忠诚的顾客。

（2）网络销售模式的缺点

①网络销售缺乏商场内的真实环境与气氛。在传统销售中，营业员热情的推荐、详细的介绍、情感沟通式的推销对于促成交易起到很大作用，而这些在网络营销中是无法实现的。

②物流配送相对落后和物流成本过高制约了网络销售的发展。如送货不及时、所送商品与订购要求不符、商品损坏、缺货等。送货渠道不畅会影响消费者购物，送货费用的多少也是影响顾客购买决策的因素之一。

③商品质量、售后服务得不到有效保障是顾客担心的最大问题。在传统销售中如果商品质量存在问题，顾客可以找销售商要求退货、换货或保修，而网络销售进行的大都是异地销售，当顾客发现商品有质量问题时，退货和保修就成了问题。

④安全性得不到有效保障，顾客对网站的信誉缺乏足够的信任感。

⑤纯网上零售商很难或需要花费大量时间建立品牌。

NOTE

知 识 拓 展

销售模式实践

万通消糜栓是万通药业旗下妇科系列主打药品，但在市场上知名度一直不高，消费者认可度低。中麒推广在对其产品、销售市场、目标人群以及竞争对手情况做了系统的研究分析之后，将万通消糜栓重新进行了全面的品牌包装，意图通过影视、网络、平面三大媒介的整合营销传播，达到扩大其品牌知名度与美誉度并促进销售的目的。相关数据资料显示，中麒推广的网络销售运作是成功的，网络销售的效果是显著的：媒体报道高达 400 次，被门户网站首页推荐报道；热点话题浏览量高达 300 万人次；创意视频浏览量高达 100 万人次；万通药业官网浏览人数增加了四倍；万通消糜栓产品销量一年内翻三番。

（资料来源：根据网上资料整理而成）

4. 经销   经销是生产企业选择区域经销商作为开发区域市场的合作伙伴，利用区域经销商在当地市场的分销能力与终端促销能力来拓展市场。经销商与厂家签订经销协议，经销商以自己的名义在规定区域内销售产品。按照经销商和供货商之间签订的协议的要求，由供货商定时定量向经销商供应制定的商品，由经销商在所在市场上进行自行销售、自担风险的销售活动。

（1）经销商制销售模式的优点

①厂家可以降低网络建设费，并提高资金的周转率。

②利用经销商的销售网络和销售经验，迅速开拓市场。

③经营风险较代理商小，对商家和市场控制力较强。

（2）经销商制销售模式的缺点

①厂家和经销商分属不同利益主体，双方由于部分目标不同会有冲突。

②市场秩序较难维护，有时经销商会低价抛货，厂家难以控制市场价格。

③经销商原则是量少利厚，追求高利率，厂家原则是量大利薄，这种利润目标很难调整。

④经销商将市场支持费用视为利润补贴，不直接用在销售上，网点建设上经销商重点考虑的是货款回收风险，厂家希望全方位全系列铺货。

⑤企业在销售工作中容易产生惰性。如果经销制效果还可以，企业就懒于建立自身销售队伍。

⑥企业对市场的控制力较弱。

⑦为保证经销商的积极性，要保证给其一定的盈利空间，会给企业造成较大的利润流失。

⑧企业承担较多的渠道风险。

5. 目录销售   目录销售是将包括图案、质地说明、价格及订单等多项内容的商品目录印刷出来，按着选好的顾客名单邮寄或者通过目录柜台陈列架发送给来店顾客，顾客根据目录选择商品，将订单邮寄给目录营销商或打电话、发电子邮件回复订购，销售商再将商品寄送到顾客手中并收款的零售类型。

目录销售的优点是可以方便消费者，消费者只要对照目录选中产品就可以打电话订购等待送货，节省了消费的时间和精力；对于商家来说，通过目录销售可以节省实体店的经营成本，可以有的放矢的选择目标用户群体。

目录销售的缺点是消费者购买之前只能看到产品的图片，第一次购买时对于知名度不高的零售商很难做出购买的决策；另外目录销售无法给消费者带来商场中的真实环境与气氛；对于没有实体店的零售商在刚开始打开市场时会比较困难；物流配送相对落后和物流成本过高也制约了目录销售的发展。

6. 电话销售 相对于以上销售模式而言，其主要是通过电话作为销售媒介，获得与消费者之间的沟通，从而实现商品销售的过程。

（1）电话销售模式优点

①选择更精确的目标顾客。电话营销的人员通过特殊的渠道获得顾客名单或相关信息的数据库中有效的信息，筛选出最有可能成为自己的目标顾客，确定之后可以一对一的双向沟通。以电话营销的方式进行直接的相关信息交流，既准确又便于沟通。

②强调和顾客的关系。和顾客保持良好的关系，每个电话营销的工作人员在电话营销的活动过程中，分析顾客有什么不同的需求以及不同的消费习惯，从而进行有针对性的营销活动，双向沟通便于和顾客形成并保持良好的关系。

③激励顾客的反应。通过电话营销的手段，利用它的优势使得目标性顾客会有购买的欲望或是采取什么特定的行动，针对顾客的立即反映给予尽可能的方便和方式，实现更人性化的直接沟通。

④关注顾客售后服务。电话营销最重要的企业资源就是客户（包括最终客户、分销商和合作伙伴），通过完善的客户服务和深入的客户分析来满足客户需求，关注和帮助顾客实现终生价值。

（2）电话销售模式缺点

①相对脆弱，受同行的影响和制约。电话营销发展到当前，不少企业对电话营销滥用，甚至电话诈骗的层出不穷，直接对电话营销的良性发展造成巨大的负面压力。

②容易被客户拒绝。在客户对电话营销人员介绍的产品没有兴趣，或者对此产品不信任时，往往会直接挂断电话，几乎没有回旋的余地。任何时间、任何场所突然的来电，极易干扰客户正常工作生活秩序，引起客户的强烈反感。缺乏视觉交流，难以判断对方的反应。对于客户来说，由于看不到电话营销人员，也看不到产品，很难建立其对电话营销的信任感。而对于电话营销人员来说，仅通过语言了解到的信息非常有限，很难分析出客户的真实意图，除非是具备高超营销技巧的销售人员，否则通常会处于被动的局面。

③销售过程难以把控。在与客户沟通的过程中，一旦出现电话信号不好导致通话断断续续，或客户忽然被其他事情吸引精力分散的情况，都会使电话营销效果大打折扣。

二、销售模式选取的原则

每种模式都有其优势但也存在相应的约束性，没有绝对有效的一成不变的销售模式。企业应根据自身的状况以及外部的分析，确定合适于自己的销售模式，并且在发展的过程中随着诸多情况的改变而对其销售模式进行必要的调整。

1. 产品特征与市场特征匹配原则 生产企业分析产品的需求情况、产品类型和特征以及市场供应情况等，确认是否有必要改变现行的销售模式。以药品和药品市场为例，新特药模式为医药代表进行医院推广和医生教育，由商业公司配合进行销售，其销售过程比较漫长，但是收益比较稳定，其关注的问题在于市场占有率及增长、在重点医院客户中的占有率、重点推广产品指标的完成等。普药模式为委托其他医药公司进行终端操作，追求利润与效益，其关注的问题在于总体销量、总体费用、每个客户每笔交易的利润等。OTC 模式为强调通路概念，OTC 与处方药最大的区别在于，前者以消费者为中心，后者以医生为中心。OTC 药品必须通过市场营销手段进行推广，对消费者行为进行细分，寻找出自己的目标消费群体，分析其消费心理类型，并针对不同的消费类型采取更有针对性的定位和宣传策略。

2. 结合企业资金实力和品牌价值的综合原则　各种销售模式对品牌价值的要求也是有区别的，所以在选择适合企业的销售模式的时候，一定让资金实力和品牌价值出来说话。为了更好地选择适合的销售模式，同样还要结合企业自身的人力资源、管理能力、赢利技巧等来对某具体销售模式进行更仔细的衡量。

3. 试运行的稳定原则　如果是选择自己从未尝试过的销售模式，除了事前的消费市场及竞争对手渠道模式调研外，最好还能进行小范围与小规模的示范运行。一哄而上，孤注一掷的做法会给企业带来巨大的风险。市场销售方式的转变是企业管理提高的系统工程之一，切不可过于冒进，不能期待一蹴而就。因而行动上不能实行"急风暴雨"，而是要采用"温水煮青蛙"的方法来实施，这样才能保证原有销售队伍在一定时期的稳定性，保证原有市场不受到大的冲击，使企业的整体销售不受大的影响。

4. 投入产出的合理原则　任何经营方面的事情，都是要讲究一个合理的投入产出比，对销售模式的选择也同样如此。这样，就要求我们必须对自己所采取的销售模式进行综合的衡量，进行投入与产出的预估及渠道价值的评价。同时，是一哄而上，均匀铺开，还是采取循序渐进、重点市场优先或先培育样板市场的方式，进行某自营渠道模式的导入与推广，也直接地影响到一定时期内销售渠道成本及渠道风险的大小。

5. 物流、信息流、资金流的快速反应与匹配原则　一个好渠道的基本特征是物流顺畅，信息流反应机制快速并真实，资金流有保障并周转快。从这个方面来讲，企业的自营渠道模式就不能偏离物流、信息流、资金流的快速反应与匹配原则。

6. 事先的系统计划原则　在导入某具体销售模式或对该模式的实际执行前，就应该制定出详细的、实效的、对成本控制风险有预期和具体应对措施的系统计划的要求。

7. 执行的全面原则　执行力更是市场营销实施的重要核心。市场营销方案一经制订，管理体系中的各个环节都应该体现良好的执行力。决策者和领导者做到"宁可萧规曹随，不可朝令夕改"，执行者和操作者做到不折不扣执行。

第三节　销售模式选择的影响因素

一、外部环境因素分析

（一）经济环境的影响

企业选择销售模式时要考虑到经济环境的影响，经济环境是某一国家或地区的经济体制和经济发展水平的总体态势，对企业销售模式的选择有着决定性的影响，因此企业必须以宏观经济环境为出发点，才能制定正确的销售模式。具体而言，应当从经济体制、经济发展水平、地区收入水平三个方面综合考虑选择何种销售模式。在社会主义市场当中，国家的宏观调控仍然带有部分计划经济的色彩，销售模式的制定也要考虑计划体制的需求。因此，有学者指出一个国家的经济发展水平和销售方式的复杂性呈正相关关系。经济水平高的国家具有更强的市场购买力，而其他市场要素也受到实际购买力大小的影响，收入水平高则购买率高，

购买力高就会提出更多的销售模式需求；反之，经济发展水平低的国家销售模式相对较为单一。

（二）政治、法律环境的影响

政治环境主要包括国家的宏观政策和路线方针等，这是企业开展销售活动的基本指导原则，企业的销售模式也会受到宏观政治环境的影响。企业应严格遵循国家的路线方针，与国家政策保持高度一致，将其作为建立和改进销售模式的重要依据。例如连锁药店，它的出现就是药品零售业由国家政策导向并影响的典型案例。1995 年之前，我国政府对药品销售采取管制措施，因此连锁经营这一销售模式在药品销售领域是不符合国家政策的。1995 年之后这一规定被打破，药品企业开始建立更加灵活的销售模式，连锁药店才在这一背景下应运而生。

每一个行业都有相应的指导性法律、法规。法律、法规对企业的影响体现在其营销渠道建设方面，尤其是在销售起点的选择方面。企业必须严格遵照相关法律、法规的要求，保证营销渠道的质量，提高营销渠道每个节点上的经营管理水平，为人民群众安全高效地提供高品质的产品或服务。

（三）市场竞争环境的影响

市场竞争指的是在同一个销售渠道中不同企业之间的竞争，即彼此之间施加压力的过程，任何一家企业面临渠道中其他成员的竞争压力都可能导致市场份额的下降。任何企业要想赢得市场竞争应当以市场需求为出发点，通过打造特色销售模式获得更高的市场占有率。特色销售模式的特征体现为以下两个方面：首先以简化交易流程为主要措施，提高销售效率，不断扩大市场占有率；其次，满足各级顾客不同的、个性化的需求，拓宽销售渠道从而覆盖更多的客户群体，体现出更强针对性，逐步扩大产品覆盖范围。

二、内部环境因素分析

（一）产品自身的影响

1. 产品特性的影响　销售模式还受到产品自身特性的影响，销售模式的选择应考虑产品的三个方面的特性：专业性、健康关联性、高质量性。产品专业性、健康关联性越强，就要求产品销售服务必须要有专业人才队伍作为支撑，生产企业在选择供应商、中间商时就必须考察其专业知识，摆脱直接销售模式所造成的不便，同时也要避免低水平中间商影响产品销售，必须选择经验丰富的中间商，降低客户风险水平，切实提高其购买和选择产品的积极性。高质量性体现在产品是否直接关系到人们的健康与生命，如是，则对其质量标准要求极为严格，同时对产品的有效期也有严格规定。因此，高质量性的产品销售渠道不宜过长，因为长渠道会涉及很多中间环节，会影响产品的有效期，同时也为中间商销售假冒伪劣产品提供了便利，不仅会影响生产企业的信誉，同时也会危害消费者的权益。

2. 产品组合的影响　产品组合的基本构成要素是产品的宽度、长度、深度和相关度，以

NOTE

这四个要素为基础，通过不同方式将企业中的全部产品结合起来就形成了多种产品组合。其中宽度指的是产品组合所包含生产线的规模，长度指的是产品品种数量，深度指的是具体某一个产品中有多少不同的类型，而相关度则是各个生产线之间在产品用途、营销渠道、生产环境等方面的联系程度。产品组合方式主要有四种，即多系列型、市场专业型、产品系列专业型和有限产品系列。

产品数量较为丰富，产品线多的企业其生产组合形式较多，因此其营销渠道更广，占据更高的市场份额，这类企业为方便用户进行信息沟通，可以采用短渠道销售模式。当生产企业具备较少的产品组合情况时，可采用专卖店形式进行销售。如果产品组合具有较强的关联度，应采用类似的销售模式经营多种产品。如果生产企业采用多系列型组合方式，加之其产品品种较为丰富，这样与消费者的接触面会更广，短渠道营销方式更将适合；如果生产企业采用产品系列专业性的组合方式，其生产组合方式较为单一，一般只生产某一门类的产品，并且品种丰富，表明其产品组合具有深度大的特点，适合采用窄渠道或者专卖店销售模式；如果生产企业采用市场专业型的组合方式，向某一专业市场提供产品，可采用窄渠道网络和专卖店的营销模式；如果生产企业采用有限产品系列的组合方式，则企业只生产某一特定系列的产品，针对特定市场进行营销，因此其应采取窄渠道和专卖店的形式。

3. 产品生命周期的影响　产品生命周期以产品流入市场为起点，以退出市场为终点，根据产品流通各个阶段的特点，可以将其划分为起步、成长、成熟以及衰退四个阶段。在起步阶段，产品首次流入市场，需要较强的市场铺货能力。既可以采用直销，也可以通过经验和资源丰富的分销商进行销售两种销售模式。在产品成长期，其市场份额快速提高，销售规模持续上涨。这需要较强的市场推广和宣传，此时应采用区域多家代理销售模式或企业自建队伍销售模式，扩大销售渠道的覆盖范围，力争在最短时间内提高市场占有率，并且在售后服务上加大投入力度。在产品迈入成熟阶段，市场竞争激烈程度进一步提高，市场门槛提高使得新进入者面临着更大的困难。此时可继续拓展营销覆盖范围，采用短渠道营销方式提高市场占有率。处于成熟期前期和中期的产品，需要重新采用区域完全总代理制或企业自建队伍销售模式，如果可能，附以投标制等，以便于使用较少的资金，达到较高的销货量或者更好的市场秩序。最后是衰退阶段，此时产品的销售额和价格同步下降，利润空间被进一步压缩。在此阶段，销售人员的作用就很难发挥，因此可以采用选择性分销方式，严格控制渠道数量，对利润空间较低和亏损的渠道应及时撤销，保留低成本的外部渠道和企业自有渠道。将电子营销和电话营销作为该阶段的主要营销方式。

（二）产品生产企业的影响

对销售模式选择有影响的产品生产企业自身方面的因素也是多方面的，主要影响因素有企业的市场信用、渠道控制力度、管理能力、资金能力等几个方面，其中最为重要的是渠道控制力度和管理能力。

1. 产品生产企业的市场信用　当企业具有较高的市场信誉度时，其产品销售渠道会更加广泛，因此采用密集型销售方式能够快速提高市场占有率。反之，如果企业的市场信誉一般，则可委托经验和资源丰富的经销商代销。

2. 产品生产企业的渠道控制力度　渠道控制力度是企业选择销售模式考虑的重要因素之一。如产品企业具有较强的资金实力和较高的管理水平，则其渠道控制能力优于竞争对手，在此条件下可以采用自建队伍销售模式。资金不足的企业，只能采用其他模式，同经销商合作。

3. 产品生产企业的管理水平　管理水平高的产品生产企业，可根据自己的市场战略，采用区域经销商模式或企业自建队伍销售模式等多种销售模式；而管理水平低的企业，不适合采用企业自建队伍销售模式，只能采用区域完全总代理销售模式或区域多家代理销售模式。

4. 产品生产企业的人员素质　企业人员素质主要影响企业是否可以采用企业自建队伍销售模式。产品生产企业的销售模式根据人员素质的高低而有所分化。企业人员素质高可以采用企业自建队伍销售模式，人员素质低则不能采用，只能采用其他销售模式。

（1）销售人员素质　根据产品销售的实际情况以及销售人员的工作模式和社会认可程度，销售人员目前可以划分为三种类型：一是产品讲解员，大多是刚从事销售工作的工作人员，由于缺乏行业销售经验，人际沟通能力又不足，导致其只能将产品有关知识介绍给消费者；二是产品销售专家，他们是从事本行业时间较长，具备了较强专业知识和人际沟通技巧的从业人员；三是专业化销售人员，他们在专业知识和营销能力方面有突出的专业能力。专业化销售人员是专业知识水平和营销能力最高的一种。他们具有管理销售渠道的能力，保证消费者维持一定数量的产品购买数额，实现生产企业和消费者之间的信息高效率沟通。因此销售人员的专业化水平也会对销售模式选择产生重要影响，当生产企业拥有高水平销售人员时则可采用长渠道模式，反之则应采取短渠道模式，以避免因营销水平不足而影响销售渠道管理水平和信息沟通效率。

（2）其他销售人员素质　其他销售人包括销售经理和渠道管理者，他们同样对销售模式运作水平有着重要的影响，其销售能力决定了销售模式建立和运作情况，他们的薪酬待遇水平影响销售渠道成本。当生产企业已建立了一批自己的优秀销售经理和渠道管理者队伍，则可以使用长渠道销售模式，反之则可以采短渠道营销模式，避免渠道建立之后出现运作能力不足的问题。

第四节　销售模式的管理策略

一、销售导向视角下的销售模式的管理策略

（一）竞争导向的销售模式的管理

采取竞争导向的销售模式，既要符合企业自身的实际情况，也要将市场营销组合的能力水平及其效率与竞争企业相比较，以适时地调整或改进组合。竞争导向销售模式下，把市场竞争看成一种零和游戏，即竞争对手多占领一个市场份额，自己就得相应减少一个市场份额，因此要把竞争对手看成是"敌人"，运用各种手段战胜对手。首先，分析评价竞争环境，选择目标市场。对竞争环境的研究分析是企业开展竞争性营销活动的前提和基础，有利于企业更好适应竞争环境，及时调整经营方向和生产结构，科学地拟定营销规划，以最小的代价占领市场，取得市场竞争的胜利。企业应该以系统的、动态的观点全面分析竞争环境，寻找目标市场。其次，对主要竞争对手的调查。市场营销竞争是彼此争夺经济利益的商业战争，企业只有"知彼知己"，才能在竞争中"百战不殆"。企业对竞争环境分析评价后，就应对目标市场上存在的

NOTE

主要竞争对手作重点调查。再次，正确制定营销方案，开展市场竞争。现代市场的竞争是以产品营销竞争为核心，并包括产品的质量、价格、服务以及企业形象等方面的全方位竞争。企业通过对竞争环境的分析评价，结合自己的营销目标，制定出科学的销售方案，以期在市场上击败对手，取得销售的成功。

（二）关系导向的销售模式的管理

关系导向销售模式认为买卖双方的交换本身就是一种合作，双方的密切合作可以降低交易成本，获取更大的利益。因为实践证明维持一个老客户的费用远远低于争取一个新客户的费用，因此关系导向模式强调合作比竞争更为重要。

首先，与客户建立长久伙伴型关系。以全心全意为顾客服务为宗旨，将渠道中心从分销商转移到顾客。企业与客户要共同树立"以消费者为中心"的经营指导思想，在制定渠道策略和进行渠道管理时，以顾客满足度为主要目标，以全心全意为顾客服务为宗旨。在此基础上，保持销售渠道策略与客户目标一致。企业在确定理想客户群之后，就应该提出如何去接触他们的问题，与客户协作协商，与客户荣辱与共。企业与客户彼此借用对方的企业能力，实现自身企业能力递增。

其次，对客户的工作重点放在营销规划上。企业在客户管理上已经从助销向助营方向发展。企业不仅仅要关注销售工作，还担当客户的顾问，为客户提供高水平的服务。企业应帮助客户制定销售计划，制定严格管理制度，为渠道成员提供更为广阔的赢利空间。同时，由重结果变为重过程，加强对渠道及其成员的过程管理是渠道管理的核心工作。通过建立和健全中间商档案，以加强对分销渠道的专门化、系统化管理。定期对分销渠道模式和分销渠道机构的经济效益进行评估，定期对分销渠道的履约率、资信状况、销售能力、合作态度、经营效率等进行评估，必要时可对分销做出调整。

再次，对客户的销售工作由推到拉转变。企业对客户的工作重点由推向拉转变。原来，企业为了完成销售目标，只注重向客户压货，而不管客户的销售情况。现在，企业为了完成销售目标，除了压货之外，更加重视客户如何消化产品，向下游客户疏导。所谓推，就是企业把产品销售给客户，向客户压货，注重产品销售额，在这个过程中，客户是产品的归宿。所谓拉，就是企业把客户仓库里的产品引导销售给中间商和零售终端，帮助客户解决销售中出现的问题和困难，在这个过程中，客户是产品的来源。

（三）创新导向的销售模式的管理

新经济时代对企业的销售模式提出了新的要求，为了顺应社会科技的发展以及消费群体的需求满足，创新导向的销售模式是企业对新经济时代最好的回应。创新导向的销售模式必须全面结合销售理念创新、销售方法创新、销售环境创新等各种因素，让其相互之间实现互相制约，相互影响，相辅相成，以此打造出具有特定创新功能的销售体系综合体。

首先，销售理念的创新。新经济时代，经济发展速度更快，顾客消费更加理性，其消费需求逐步个性化、多元化。因此，企业的销售思维必须以顾客需要的实现这一点出发，以顾客至上为原则，以满足客户需求为出发点展开企业销售。与此同时必须跟得上时代的步伐，对社会、企业自身的需求进行充分的表达与完成，把专业知识与资源消费以及顾客需求进行有效结合，引导时代消费趋势，依据环境转变，完成持续的销售思维升级，确保企业销售意识和时代发展同频共振，以此对企业发展进行引导。

NOTE

其次，销售方法创新。买方市场背景下，市场竞争激烈，大量的消费者持币待购。某种程度上说，谁拥有了更多更新颖的销售手法，谁就拥有了更多的目标顾客。因此创新销售方法就显得十分重要，诸如采用绿色营销、网络营销、俱乐部营销等新的销售方式来吸引消费者的眼球。

再次，销售环境创新。发展、生存的土壤是商业环境，企业管理、销售模式等会受到商业环境的影响。内外环境的同步创新是创新导向销售模式的基本，必须确保企业具有与自身情况相契合的销售模式。但是，对于客观环境来说，企业不必过于被动应付，进行环境改造，展开主动创新，构建对企业发展有利的环境发展模式，对顾客形成主动性的引导。

二、销售渠道视角下的销售模式的管理策略

（一）直销模式的管理

直销是一种基于最终客户需求的模式，此模式侧重于缩短订单的执行时间以及减少库存。企业需要建立一套与客户联系的渠道，在明确客户需求后迅速做出回应，并向客户直接发货。

首先，细化消费者需求。直接和每个客户打交道，力求掌握所有客户的资料，从而能够最大限度地细化消费者需求，捕捉任何微小的变动，并把对消费者的理解体现在产品战略上，从而始终保持对市场的敏感和快速反应。

其次，高效的"虚拟整合"。"虚拟整合"实质上就是基于客户需求的渠道扁平化。企业需要基于供应链管理平台对渠道流程进行优化。高效的供应链管理平台是直销模式下的途径，直销模式需要供应链管理平台的支撑，而供应链管理平台无疑促进了直销模式的进一步完善。

（二）代销模式的管理

首先，要确立规范的代销运作体系。确立一个正式的代销制度，不仅会减少作为供货商的企业的工作量，而且会减少企业与代销商之间的矛盾纠纷，从而提高双方的合作诚意。

其次，确立代销商时，严格审核代销商的资质。代销模式下，企业不能盲目地发展代销。要审核他们的资质、品质、销售管理能力等，看符不符合代销制度所规定的要求。代销商一旦代销企业产品，代销商的出现即代表了品牌，他的形象也就或多或少地影响着企业品牌形象。

再次，加强对代销商的业务技术指导和培训工作。注重业务培训，帮助代销商提高开展技术服务水平和销售能力；注重职业道德和法律法规的培训，营造公平竞争和守法经营、诚信经营的良好氛围。

最后，加强对代销商的监督检查和信息反馈。企业除了在管理上对代销商实行责任到人和一定的约束机制以外，还定期抽调人员检查，指导产品的销售工作。

发现问题，随时给予批评、纠正，严重者则坚决予以取缔。监督检查工作的同时，也要认真倾听代销商的意见，采纳代销商的合理化建议。

（三）网络销售模式的管理

网络销售模式潜力巨大。企业经营者要转变观念，把握市场趋势，充分认识网络销售的优势和意义。通过加强网站的建设，网络销售人才的引进，提高网上销售服务水平、做好售后服务工作。完善物流配送体系，引导和吸引消费者进行网络购物。

首先，加强网站的建设。在网站建设过程中，应当考虑两个问题：一是产品的更新。对于顾客来说，新产品对于他们更加具有吸引力；二是网站界面的设计。在网站的设计方面，应当

NOTE

注意产品与界面色彩的搭配。

其次，网络销售人才的引进。网络销售人才是企业能否更好应用网络销售模式的主要因素。在人才的引进方面可以通过与当地高校的合作来完成。在进行合作期间，企业可以为高校学生提供网络销售方面的实习岗位，使其加入到自身的网络销售工作中。相对于市场人员来说，高校学生的理论知识更加的丰富，同时，其在网络销售方面的认识还没有局限在市场需求中，他们更能提出一些较为新颖的想法，从而使企业的网络销售效果更好。

再次，提高网上销售服务水平、做好售后服务工作。网络销售的最主要优点是快捷，顾客在追求快捷的同时，同样关注服务和可靠。企业开展网络销售不应以低价作为唯一诉求，而应在适当保持价格优势的前提下，努力在品质保障、高效快捷方面吸引顾客。提高网上销售服务水平，保证产品和服务质量，提高售后服务的管理水平和服务水平，提升网站信誉度，努力弥补消费信任缺失，化解消费者后顾之忧。在支付手段方面，要推广和完善第三方支付平台，逐步实现网上支付的安全和快捷。

最后，完善物流配送体系。在物流方面，除了数字化产品或服务可以过网络提供外，商品的传送还需要通过物流系统，及时送达消费者手中。一般来说有几种选择，一是建立专门的物流部门负责商品的存储和传送；二是采用第三方物流；三是与传统中间商合作。企业应当根据自身条件和环境特点，选择适当的物流模式。一般而言，以依托第三方企业为最佳选择。在与物流企业的合作中，要科学管理与协作，做好网络销售系统与物流配送系统合理对接，协同发展，实现共赢。

（四）经销模式的管理

经销模式的管理要做到一个中心、两个基本点、三个原则、四个目标。一个中心即销售活动要以管理为中心。加强对经销商的统一管理，制定经销商管理制度，规范各区域经销商的行为，确保产品在各经销区域的顺利销售；两个基本点即企业要抓好两支队伍即销售人员及经销商队伍的建设；三个原则即做市场就是建立销售网络、帮助经销商赚钱、做好终端市场建设；四个目标即销售量最大、费用最低、控制最强、消费者最多。

（五）目录销售模式的管理

首先，注重目录会刊设计与制作的外在品质，并植入时尚理念。在目录购物中，目录会刊是最重要的中介，是目录销售成功与否的第一步。顾客能否接受、认同、参与到目录购物中，很大程度上取决于目录会刊能否在顾客心目中树立一种"可信"的形象，激发出顾客的购买欲望。因此，目录会刊在设计、印刷等细节上都不能忽视。在控制成本的前提下，必须注重目录会刊的质量，纸张选择上乘、印刷质量良好、图文描述真实可信。目录会刊同时需要植入时尚理念，通过时尚的外观和其中传递的时尚理念，迎合消费者的价值取向，之后再传播产品信息，这样才会吸引顾客，给顾客留下良好的第一印象。

其次，与网络联动发展，注重信息化进程。随着国际互联网的出现，目录销售已经从邮寄印刷品发布商品信息，发展成为利用因特网进行在线商品信息传播的方式。IT 和通信技术的发展要求目录销售必须注重信息化进程。调查发现，许多顾客在看完目录之后，往往不会通过电话订购，而是更习惯到网上下订单。因此，目录销售应借助网络平台来推动自身发展，尝试"目录 + 网络"的新模式，以实现"目录销售"与"在线销售"的互补。另外，通过营销数据库的建立和收集，尽可能多地收集顾客和潜在顾客的信息数据，并在此基础上邀请专业的数据分析人员对采集之后的信息进行管理和分析，以保证更精准和高覆盖的目录投放。

再次，建立完善的退换货制度。目录销售的局限性之一是顾客在购买时不能直接面对企业及其商品，不能亲自检查商品，以评价产品质量、规格、颜色、款式等方面的特征，其主观上会产生一种顾虑。因此完善的退换货制度让顾客有机会选择退货，是降低顾客顾虑的有效途径。

（六）电话销售模式的管理

目前在企业中，实施电话销售的形式主要有三种：企业自建自己的呼叫中心，通过自己的电话销售人员来完成销售；企业有自己的电话销售人员，但没有呼叫中心，只有几条电话线；企业与一些呼叫中心运营商合作，将自己的产品委托给呼叫中心运营商进行销售，属于电话销售外包。不管采用哪种销售形式，对客户数据的管理决定着电话销售的绩效高低。可以说，企业在采取电话销售模式时的一项基本职能就是实现数据的科学管理。要确保电话销售模式取得成功，首先应当确保数据库质量合格。也就是说高品质的数据库是电话销售的基础。目前市场上数据库种类名目繁多，品质参差不齐，但何谓高品质数据呢？数据品质的评价不能只看一个数值或一方面的表现，而应该综合分析，制定标准化的数据指标体系是电话销售项目取得成功的关键因素之一。其次，对数据进行更新清洗。在充分利用公司存量客户数据开展电话销售业务的基础上，企业的电话销售还需要通过各种方式获得其他数据，来满足人力发展和业务发展对电话销售数据带来的持续增多的需求。而对于主要来源的外部采集的数据有效性就存在很大的问题，因此企业必须积极研究各种创新性的工作方式，确保电话销售数据能够与企业业务的发展需求一致。在开发外部数据工作中，必须注意几个问题：一是要通过合法合规的渠道取得数据，避免对客户隐私权的侵犯；二是要取得合法的销售名义，将准客户转变为公司存量客户后再进行二次销售的方式开展业务；三是要及时对数据库进行维护和挖掘，不断根据拨打情况更新数据信息。另外，电话销售数据从使用成效上可以分为有效数据和无效数据两种。有效数据，指的是客户信息真实有效，并且能够联系到客户本人，电话销售人员通过有效数据与客户联系，并且客户接受了公司产品并进行了购买，线上成交后就可以享受公司的产品和服务。

【本章小结】

所谓模式是指长期稳定使用的并由不同要素所构成的事物的结构样式和适应形式。模式具有以下的特性：稳定性、长期性、重复性、由许多要素构成、适应性。

销售模式是指产品或服务转移所经过的路径，这一路径是由参与产品或服务转移活动的所有组织来实施，目的是使产品或服务便于使用或消费。销售模式本质指的是把商品通过某种方法传递至消费者，完成"生产→物流→用户→售后服务"这样一个完整的环节。

根据销售导向的不同，销售模式可以分为竞争导向的销售模式、关系导向的销售模式和创新导向的销售模式；根据销售渠道的不同，销售模式可以分为直销、代销、网络销售、经销、目录销售、电话销售六个类别。

每种销售模式都有其优点和缺点，适用的条件也各不相同，选择销售模式关键在于适用而没有选择的优劣之分。销售模式选取时应遵循以下几个原则：产品特征与市场特征匹配原则、结合企业资金实力和品牌价值的综合原则、试运行的稳定原则、投入产出的合理原则，物流、信息流、资金流的快速反应与匹配原则、事先的系统计划原则、执行的全面原则。

销售模式选取时的影响因素分为外部环境因素和内部环境因素两大类。外部环境影响因素包括：经济环境的影响；政治、法律环境的影响；市场竞争环境的影响。内部环境影响因素包括：产品自身的影响、产品生产企业的影响。

每一种销售模式都有自己对应的管理策略，这样才能尽可能地发挥每一种模式的销售效应。

【重要概念】

销售模式；直销；代销；网络销售；经销；目录销售；电话销售。

【复习思考】

1. 销售模式的定义？

2. 销售模式有哪些分类，每一类模式有什么优缺点？

3. 选取销售模式时应遵循哪些原则？

4. 销售模式选择的影响因素有哪些？

5. 以网络销售模式为例，谈谈该模式的管理策略是什么？

【案例分析】

困境中变革的 JY 医药公司

JY 医药公司是国内第一家以生物基因工程为基础的制药高科技公司，拥有极强的研究开发实力和产品质量控制能力。所研制开发的第一个国产基因制药产品 G－CSF，主要用于肿瘤病人和血液系统病人放疗、化疗后辅助用药，对白细胞减少症有显著疗效，而且有见效快，白细胞提升效果持久，停药后不下降等特点。同时产品上市时只有国外进口产品，价格也是 JY 公司同类产品的 1.5 倍。产品具有科技含量高，品质好，市场前景广等特点。

应该说 JY 公司的发展机会非常好，抢到了领先进入国产同类药品的市场机会，可以利用与进口竞争产品的价格差，大打"性价比"的市场战略，占领市场，完善销售网络，打造公司品牌。但是，由于公司高层大多是研发、生产背景出生的人员，加上公司产品的独特优势和良好的市场机会，公司一直坚持产品为导向的市场战略，错误地认为只要产品好，价格又便宜，市场就会很快启动，并能获得较大的市场占有率。所以，公司采用的销售模式是：区域完全总代理制，粗放运营、简单管理。经过约 3 年的市场销售，JY 公司的销售额从产品上市第一年的 1800 万元增长到第三年的 2500 万，但都远远低于产品上市时市场预测，同时市场增长率也不高。

由于 JY 公司的管理层的科技研发人员比例较大，就使公司对研发的投入居高不下，同时这也是国内制药企业向国外制药巨头看齐的一个方面。这就意味着销售收入只够摊销生产成本的利润模式，已经不适合公司的生存和发展。JY 公司每年对科研投入资金是比较大的，而现在的销售模式使公司的利润大多被流通环节挤占了。公司利润不能支持科研的全面展开，不能使公司走上技、工、贸良性循环的发展道路。

公司没有发展，倒是富了一大批区域完全总代理商，其中由于代理 JY 公司的 G－CSF 而成为百万富翁的已不在少数。公司的利益被区域总代理商严重侵占，区域总代理商获取丰厚利润后，不思进取，严重影响公司的发展和投资回收。

同时，国内有数家制药企业正加强 G－CSF 的研制与开发，也将在国内推出类似产品。独占国产品市场的日子，已经一去不返了。即将开始的是市场残酷的竞争，后来者必将投入更大力量参与竞争，抢占市场。面对内忧外患，JY 公司不得不变革，做好竞争的准备，否则，随着产品和价格优势的丧失，留在 JY 公司面前就只有死路一条。JY 公司的变革势在必行。

JY 公司经过三年的销售工作，目前已经拥有一定数量的用户群和消费量，用户也比较成熟，比较适合企业自建队伍销售模式。这样的市场的销量也可以支撑较大的市场推广费用，加上公司减少费用开支，使利润明显增加。由于 JY 公司的主要产品是标准化、无差异产品，与其他即将上市的同类国产相比，几乎没有区别，除了商品名和制造厂。这就要求 JY 公司的市场推广能力、品牌渗透力要很强，需要比较扎实的进行客户宣传、教育，这是除了企业自建队伍销售模式以外，其他方式所不能完成的。企业自建销售队伍的销售模式可以为企业提供高利润空间的可能。JY 医药公司高层决定改变销售模式，建立一支稳定、高效、务实、忠诚的销售业务团队（包括经销商、代理商），通过团队的稳定，保证客户资源的稳定，到达避免利润流失的目的。所以，为了使企业长期、均衡和全面发展，JY 公司选择了企业自建队伍的销售模式。

JY 公司顺利地实现了销售模式变革，并且到达了理想结果。变革当年，公司年销售额达到了 4200 万，并与第二年突破 5000 万，达到了 5300 万，尽管是在有很多国产竞争对手加入到竞争行列中来的条件下和产品单价下降 30% 多的情况下。同时，JY 公司的市场占有率也由变革前的 8.8% 上升到两年后的 29%。JY 公司通过对销售人员的管理到达对市场的控制，使 JY 公司为客户提供的服务更加标准化、人性化和完备化，使公司整体形象在客户中树立了良好的口碑，使公司整体上一个台阶，为公司赢得更多的利润。

（资料来源：根据网上资料整理而成）

思考与讨论：

1. 结合案例思考，好的产品一定能为企业带来好的效益吗？
2. 自建队伍销售属于那种销售模式？该种销售模式的优缺点有哪些？
3. JY 医药公司变革采取该种销售模式的原因有哪些？

NOTE

第四章　销售区域管理

【学习要点】

通过本章的学习，掌握销售区域的概念、区域设计的步骤和基本方法，熟悉销售区域的开拓与巩固策略，了解销售区域的时间管理。

【引导案例】

江中制药：以通为用

2008年下半年，曾创造了健胃消食片单品销售神话的江中，突然出现了多家合作十几年的商业客户解约的情况。究其原因，江中产品一直采取现款现货，但由于渠道混乱、窜货乱价，利润被消弭殆尽，经销8000万江中产品，利润竟然不到80万，甚至更低。不仅如此，终端药店也存在低价销售、负推荐等诸多问题，产品覆盖在二三级市场下降了5%～15%，直接造成企业业绩停滞不前，甚至下降。

江中对问题的本质进行分析后发现，企业给各经、分销商签订高额任务目标才是他们违规的动机，而且市场又缺乏规则，无人维护。这迫使江中开始了以大禹治水之"疏顺导滞"为"道"、以交通秩序的系统管理办法为"术"的渠道变革。

江中变革的第一步是梳理渠道：将之前的400多家渠道商缩减为23家，并取消了给各经、分销商签订的高额任务目标。接下来，针对问题对渠道进行整顿规范就成为工作重点。

为了加强对客户流向的管理，江中允许客户跨区域销售，但是规定经销商只能向指定的省外分销商发货，严格控制省内发货量，禁止分销商向外省发货。江中还实行了防止市场窜货的产品代码制度，在每一外箱盒上都打上定位码，产品出库就扫码，系统将自动识别定位码，出现问题自动报警。

加强对客户出入库的管理也是防止窜货的途径之一。签约经销商和分销商的仓库管理员都要做好每一天、每一箱货物、发往每一家分销商或下游客户及终端的流向登记。

针对倒票问题，江中专门建立了倒票区域管理系统，并对重点倒票区和黑名单客户进行分类特殊管理方法。例如，在河北、安徽、山西等倒票严重区域，江中会设置一家不倒票的规范经销商，下游签订几家规范经销商，同时，签订一家能够提供真实流向的倒票分销商，满足不需要票的终端；对于多次出现倒票、窜货的客户，江中将其列入黑名单，禁止所有签约客户向其发货。

为保证措施顺利执行，公司还建立了专门的督察队伍，全国巡查。并组建了500人的队伍专门管理终端，检查窜货、低价等违规事项。为保证最终的效果，处罚机制同样必要。同时，江中还建立了市场人员举报的激励和压力制度，避免不举报或市场之间私了而影响客户利益。

大禹变革不仅使窜货、倒票、低价等问题迎刃而解。而且成效直接显现在企业和客户的销售额上：变革3年，江中的销量增长了10.2亿元，年均增幅25%；客户业绩成倍增长，利润由原来的 0～1% 增长至 5%～8%，从而使客户满意度大幅提高。而江中 2010 年广告投放则减少 320%。

（资料来源：《2010 年中国医药营销十大案例》）

第一节　销售区域的设计

销售区域设计的目的是使企业合理使用资源，同时又最大限度的覆盖市场。其中，销售人员是企业最昂贵并且也是最重要的资源，因此，销售区域设计的另一个重要目的就是使每个销售人员的能力都得到充分的发挥，使目标区域内的销售人员能有一个相对公平的市场潜力和工作量，使所有区域的销售潜力和销售人员的工作负荷都相等。

一、销售区域的概念

销售区域也称区域市场或销售辖区，它是指在一段给定的时间内，分配给某个销售人员、分支机构或中间商（零售商或批发商）的一定数量的当前和潜在的顾客。这个区域可能存在地理界限，也可能不存在地理界限。因为，市场是由人而不是由地方组成的，企业一般将总体市场划分为多个细分市场，通过估计每一个细分市场的潜力及企业自身优势，选择目标市场，确定企业在竞争中的定位。一个销售区域可以被认为是一个细分市场。

销售区域的开发通常由组织内部更高一层的销售经理负责，例如：部门经理、大区经理或地区销售经理。他们有权在未经公司总部批准的前提下改变个别销售区域之间的地理界限。这一点非常重要，只有这样，所有受区域界线变更影响的现场经理才能积极地了解公司、顾客以及销售人员。

二、设计销售区域的目的

销售区域的开发和设计通常由销售组织的销售经理负责，他们有权决定销售区域的大小和地理界限，因为他们真正地了解市场、顾客以及能够为顾客提供服务的销售人员。合理设计销售区域对企业有十分重要的意义，主要体现在以下几个方面：

（一）全面了解市场

合理设计和划分销售区域，可以使企业对市场进行全面的了解，从而更好地开发企业在每一个区域市场的销售潜力。每一个销售区域都有专人负责，有针对性地满足顾客的需要，就不会有被忽视或遗忘的销售"死角"。而且，企业把整个市场划分为不同的区域市场，还可以使管理层根据顾客和销售额的变化情况更容易地对销售区域及时进行重新组合。

（二）明确销售人员职责

销售区域的设计和划分体现了权责一致的原则，各个区域的销售人员就是其所负责销售区域的业务经理，负责维持和增加企业的区域销售量。销售人员不仅要知道顾客在哪里以及需要隔多长时间拜访他们，而且要知道自己的预期业绩指标，这有助于提高销售人员的工作积极性，使他们更好地设计路线，更好地安排拜访频率，从而有效地为客户提供满意的服务。

NOTE

（三）降低销售成本

如果没有区域上合理的划分，销售人员不可避免地要穿梭在企业所有的客户之间。结果是销售人员都把时间花在出差上而非销售上，并容易出现重复访问的现象，造成了企业更多的开销。如果每一个销售区域都由指定的销售人员负责，就可以避免不同销售人员对客户的重复访问。销售人员也可以专心设计访问路线，尽量减少并合理利用访问及等待的时间，从而降低销售费用。

（四）考核和评价销售人员

借助于针对销售人员的潜力和工作能力进行的合适的区域划分，企业能够简单而且公正地评估销售人员的表现。企业将不同区域的销售额与市场销售总额相对比，就可以清楚地看到每个销售人员的个人业绩。同时，企业通过对各销售人员在不同销售活动中花费的时间和成本的分析，可以设计出更好的方案，为科学地规划销售队伍规模提供数据支持。

（五）提高访问质量，改善客户关系

销售区域的划分，使得销售人员努力的开发新客户，并对老客户进行定期拜访，这有助于提高企业在顾客心目中的商誉。同时，销售人员可以为自己的活动制订计划，定期访问客户，与他们保持长期联系，深入了解客户的需求，从而大大地提高客户服务的质量。

尽管划分销售区域对销售有诸多益处，但并非适合所有企业。如果企业规模小或受产品特点的限制，也可能不适宜进行销售区域的划分，因为销售区域划分后会增加管理的成本和管理的难度。另外，销售区域划分之后还容易出现销售人员与客户个人感情超过企业与客户的关系，从而引起一连串的潜在问题。

三、销售区域设计的基本原则

销售区域的目标是区域销售团队奋斗的方向，是企业评估销售区域业绩的参考标准。在销售潜力相等的时候，评价和比较销售人员的业绩就会变得更容易，因此，销售区域目标的制定一定要科学、合理，应当遵循以下基本原则。

1. 公平合理原则   销售区域设计的首要原则是公平合理，使每个销售人员的机会均等，这一原则主要体现在两个方面：一是所有销售区域应具有大致相同的市场潜力；二是所有销售区域的工作量应大致相等。只有当市场潜力相等时，不同区域的销售人员业绩才有可比性；所有区域工作量大致相等，才可避免苦乐不均，减少区域优劣之争，提高销售队伍士气。

2. 可行性原则   销售区域设计的可行性原则有以下两个含义：首先销售区域市场要有一定的潜力，具有市场开发价值；其次销售区域的目标应该具有可操作性，即销售的目标通过销售人员的努力可以在一段时间内实现。

3. 挑战性原则   销售区域的设置应该具有挑战性，体现出实现目标的过程，保证销售人员有足够的工作量，同时使每个销售人员能够通过努力工作取得理想的收入。

4. 具体化原则   销售区域的目标应明确表述，各类目标尽量数字化，便于理解。同时，销售经理要尽力使销售人员确切掌握自己要达到的目标，以便客观衡量现实与目标的差距。

四、设计销售区域考虑的因素

（一）区域销售的目标

一个企业为了成功的实现销售目标，为不同市场和顾客提供良好的服务，需要合理设计销售区域，对企业目标进行细分。一般来说，企业的销售目标包含销售额、销售成本、利润、顾客满意度等，这些目标都可按区域、销售人员、时间段被分解成各个子目标。在具体操作中，企业或销售经理应把目标尽量细化，细化到每个销售区域甚至到每个人。销售目标越细，就越能对销售活动、销售人员起到控制作用，也更有利于制定有针对性的激励方法和手段。

（二）销售区域的市场潜力

销售经理一定要了解市场潜力在哪里、有多大的市场潜力。只有这样，才能有针对性地制定相应的销售措施进入市场，才能将潜在的市场变成现实的市场，实现销售目标，才能保证销售人员有充足的工作负荷，有可靠的收入来源，并有一定的空间进行进一步的市场开发。

（三）销售区域边界

企业在设计销售区域时，必须明确各个销售区域的边界，即明确划分每一销售代表的责任范围。不同的销售区域有不同的销售人员，为了避免重复工作或业务摩擦，造成不必要的麻烦，就必须在设计销售区域时，明确销售区域的边界。

（四）销售区域的市场涵盖

一般来说，任何企业，即使是大公司都不可能很好地满足所有顾客的各种需求。为了提高企业的经济效益，企业必须进行市场细分，并且根据自己的目标任务、资源和特长等，权衡利弊，决定进入哪个或者哪些市场，为特定的顾客群体服务。销售区域经理还要确定其目标市场的涵盖战略，决定其所要进入的市场。

（五）销售人员的工作负荷

销售区域的设计基本上取决于公司的销售潜力和销售人员的工作负荷。因此，销售经理应该鉴别和度量影响销售人员工作负荷的因素。

1. 工作特点　和那些既要宣传又要销售的销售人员相比，只负责销售的销售人员每天可以进行更多的拜访。

2. 产品属性　购买频率高的便利品比购买频率低的工业品要求更频繁的销售访问。技术复杂的产品可能要求时间更长的销售访问和更多的服务访问。

3. 市场发展阶段　即使新旧市场的潜力相当，在进入新市场时，公司的销售区域比其实际控制的要大，此时为了取得足够的业务量需要设计较大的地理区域。

4. 市场覆盖密度　与选择性或独家分销的公司相比，广泛分销的分公司需要较小的销售区域。

5. 竞争　如果销售经理决定全力应付竞争，就需要缩小区域，指示销售人员增加拜访频率和延长每次的访问时间。同样，如果区域竞争过度激烈而使公司无法从该区域获得较多的利润，销售经理也可能决定扩展销售区域，只拜访该区域特定的客户。

五、设计销售区域的步骤

设计销售区域是在对目标市场较为全面了解、信息收集与处理基础上的一项工作，它的设

NOTE

计可以采用不同的设计步骤，但是公司的区域结构受到市场潜力和要求的工作负荷以及销售队伍的预计销售前景的影响。销售区域的设计主要包括了以下几个步骤：

（一）确定销售区域的基本控制单元

设计销售区域的时候，第一步就是选择控制单元。划分控制单元的目的是为了按照一定标准将它们组合成销售区域，常用的控制单元是省、市、县等行政区域或者是邮政编码区域单位。划分控制单元的第二个标准是现有客户数和潜在客户数，利用现有客户数可以很好地估计目前的工作量，而潜在客户数则只能是预测值。由于实际销售额不能很好地反映工作量及市场潜力，所以一般不用作划分标准。

在选择控制单元时，应尽可能地小一点，这样做主要是由于以下两点：小的控制单元有助于管理层认识到销售区域的销售潜力；同时也有助于管理层进行区域调整。但是，控制单元也不宜过小，否则会增加无所谓的工作量。

（二）确定顾客的位置和潜力

选择好控制单元后，管理层应该在所选的控制单元中确定现实顾客和潜在顾客的分布和购买潜力，应该在销售记录中指出每个销售区域的现实顾客分布。现有客户的识别可以通过以往的销售记录来获得，而潜在客户的识别可以通过外部渠道来实现。

识别了客户后，管理层应该评估企业期望从每个客户那里获得的潜在业务量；然后，按照可获得潜在利润的大小对客户进行分类。这为确定基本区域提供了很好的依据。

（三）合成销售区域

销售区域划分的第三步是将邻近的控制单元组合成销售区域。在这一过程中，设计者必须牢记划分标准。如果以客户数量为标准，在将邻近的控制单元组合到该区域中时，一定要考虑各区域之间客户数量的平衡。

要协调各个区域的销售量首先要做工作量分析，其中客户分析是基础。销售经理即使不能对所有客户逐个进行分析，起码要对大客户进行分析，具体的分析方法将在本书的客户关系管理部分介绍。

各类客户数量统计出来之后，按照企业客户政策规定的各类客户的访问频率以及每次访问的时间，可计算出整个销售区域的工作量。

（四）调整初步设计方案

要保证市场潜力和工作量两个指标在所有销售区域的均衡，还应对初步设计方案进行调整，使修正后的方案优于初次设计方案。比较常用的有两种方法：一是改变不同区域的客户访问频率，即通过修改工作量的办法来达到平衡。因为市场潜力已经达到平衡了；二是用试错法连续调整各个销售区域的控制单元以求得两个变量同时平衡。如果还要兼顾更多标准，调整过程就更加复杂了。这种情况下一般采用"渐近法"：先将标准排出优先次序，比如先满足工作量大致相等的要求，再考虑客户数或地理面积的平衡。然后遵循上述步骤设计出满足工作量平衡要求的初步方案，再用反复试错的方法满足第二、第三标准的要求，逐步接近目标。

（五）分配销售区域

销售人员所承担的是工作任务组合，除了销售之外（完成或超额完成销售定额），他们还将完成下述一个或几个特定的任务。

1. 寻找客户　销售代表负责寻找新客户或主要客户。

2. 传播信息　销售代表应能熟练地将企业产品和服务的信息传递出去。

3. 销售产品　销售代表要懂得"销售术"——与客户接洽、向客户报价、回答客户的疑问并达成交易。

4. 提供服务　销售代表要为客户提供各种服务——对客户的问题提出咨询意见，给予技术帮助、安排资金融通、加速交货。

5. 收集信息　销售代表要进行市场调查和情报工作，并认真填写访问报告。

6. 分配产品　销售代表要对客户的信誉做出评价，并在产品短缺时将稀缺产品分配给顾客。

六、销售区域的动态与调整

为了更好地管理销售区域，发挥销售区域管理的作用，销售区域有相对稳定的要求，但是销售区域与生俱来的动态性特点，要求销售区域的划分与管理应具备一定的弹性，以适应各种变化。

（一）销售区域相对稳定的要求

销售区域的划分是基于一定的市场基础和环境下进行的一项重要销售管理活动，稳定的销售区域有利于使销售人员产生区域认同感，把区域作为"责任田"下大力气"精耕细作"，以期待较长期的业绩回报；客户对较为固定的人员服务也较为认同，销售区域变更、销售人员更替，在客户面前会造成公司经营不稳定的印象，使公司形象受损，最终损害公司及销售人员的利益。因此，销售区域的稳定性要求是有一定依据，并得到大部分销售管理者认同的规范。

（二）销售区域与生俱来具有动态性的特点

销售区域是"顾客群"的定义决定了销售区域面临时间、环境、需求等因素的变化，生来具有动态性的天性。销售区域面临的很多动态因素不断变迁。

1. 时间动态　通常企业进行销售区域划定伊始即已经明确给定时间范围。

2. 公司内部环境变化　如公司规模的变化、销售队伍销售能力的变化、企业产品的变迁、产品新功能的开发与利用等。

3. 外部环境变化　客户需求内涵与需求量的增减变化、新市场的出现、大量潜在客户涌入市场、销售技术手段的改进，如电子商务技术的普及、竞争环境的变化等。

（三）销售区域的相对可调整性

销售区域是依据一定目标、参照一定标准人为划分的市场资源，当目标与标准变化或调整时，人为划分的销售区域也应该进行重新设计或调整，以适应新目标、新标准、新环境的要求。通常情况下为避免销售区域不稳定带来的诸多弊端或使其影响降至最低，一般建议对销售区域的调整尽可能的不动根本，适度在原有划分区域的基础上调整。尽量减少发生挫伤原有销售区域人员积极性、破坏企业信誉形象的状况的发生。销售管理者归纳了一些较安全的区域调整方法：

1. 保留地区核心，调整地区外延。原有销售区域核心不变，或在各区域交界处重新划区。

2. 保留绩效核心，从工作不积极的销售人员区域平均成若干等分，重新分配。

3. 保留初始区域，新增区域重新分配。

4. 人员离职，所辖区域部分或全部划分给现任销售人员，以鼓励销售人员忠诚。

【销售案例】

曲美，一次成功的市场启动

2000 年 7 月 20～23 日，重庆太极集团新研制成功的国家二类新药盐酸西布曲明胶囊（一种减肥药，被命名为"曲美"，以下称"曲美"）的招商会在重庆隆重召开，来自全国 20 多个省市的 120 多个商家纷纷前来投标，与会新闻媒体达 50 多家。经过为期 3 天的以保证金与销售回款作为竞标依据的拍卖角逐中，太极集团在全国划定的 39 个区域标的全部被夺走。

41 个商家获得 2000 年 8～12 月份"曲美"的区域独家经销权（其中上海地区的经销权由两家单位联合夺得）；北京某经销商以 200 万元保证金，2000 年 8～12 月份销售回款 1600 万元高标的夺得了北京地区的独家经销权。据会后统计，获得 2000 年 8～12 月份"曲美"的区域独家经销权的 41 个经销商共预交保证金 3800 万元，并保证从 2000 年 8 月份到 2000 年年底销售回款两个亿元。至此，太极集团通过对"曲美"区域独家经销权拍卖取得了如下实效。

当场得到了 3800 万的现金保证金，"曲美"产品的推广费用得到了保证；使"曲美"的市场风险由厂家单独承担转变为厂商共担，转嫁的部分风险迫使经销商积极主动迅速开拓市场，双方合力以期达到厂、商"双赢"的局面；"曲美"在保健类减肥药品中的市场地位得到经销商的充分认可并看好前景。

分析：曲美的销售区域设计成功的经验？

（资料来源：药品市场营销案例分析）

第二节　销售区域的管理

所谓销售区域管理策略，是指将销售区域管理的各个方面作为一个整体来加以考虑，从而制定出完整的战略计划以指导销售活动的展开。对绝大多数企业而言，一夜之间占领所有目标市场、"毕其功于一役"是不现实的。要想在目标销售区域中建立稳固的市场地位，必须"先谋而后动"，仔细筹划销售区域的定位、拓展与维护战略。

一、正确认识和划分销售区域

企业必学先求生存，再求发展，明确而稳定的销售区域是企业生存和发展的基础。将整体市场划分为销售区域就好比为市场竞争开辟了多个战场。这样一来，即使实力雄厚拥有整体竞争优势的企业，具体到各个区域市场，弱点也可能暴露出来，竞争者就有可能在这个区域与之一争长短。而缺乏整体优势的小企业则可以在竞争空隙寻找生存发展的机会，对这些企业而言，预期在整体市场占据极小的份额不如在某个或某几个区域市场占据较大的份额。不论是大企业还是小企业，牢牢控制几个有优势的销售区域，对于规避风险，保存实力以备再战是十分重要的。可以说，大企业的整体优势是若干局部优势之和。中小企业能求得稳定的一席之地，往往是集中力量深扎稳打谋求局部优势的结果。

我国是一个幅员辽阔的国家，各个地区的自然条件、风土人情、经济文化水平等各个方面都存在很大的差异。另外我国还是个发展中国家，有着特殊的二元经济结构，城市和农村相比有着巨大的差异。一般来说，销售区域的划分主要有以下几种方法：

（一）按地区划分销售区域

这是一种最简单的划分销售区域的方法，是指企业将目标市场按照地理位置划分若干个销售区域，每个销售人员负责一个区域的全部销售业务。我国目前大多数企业按地区进行销售区域划分通常可以采用以下方法。

1. 以行政区划分　　这是最常用的，也是最有说服力的方法，也是被批评最多的方法。在大多数情况下，以行政区为划分标准也是可行的。以行政区划分销售区域的主要原因有：一是行政区是最简单的、人们心里容易接受的方法；二是中国的传媒等大多数行业是按行政区覆盖的；三是在中国仍有一些地区存在贸易壁垒的情况下，在同一个行政区内商品的流动比跨区域流动更容易；四是大多数行政区域内，消费者消费特点的趋同性较强。

2. 以商圈划分　　这是较为科学的划分方法。尽管在大多数情况下商圈与行政圈重叠，但由于中国的版图如此之大，人们总是能找到无数个按商圈划分与行政区划分角度不一致的区域。如河南省信阳地区传统上属于湖北省武汉经济带，信阳的消费习惯更接近湖北而不是河南，再加上武汉的经济辐射力超过郑州，信阳与武汉间距离较近，信阳的经销商通常到武汉进货就不足为怪了。因此，当以商圈为基准划分销售单位时，经常会打破行政区划分的限制。

3. 以物流半径划分　　现在的信息流和资金流可以跨越时空传递，唯有物流无法超越时空。物流成为营销中近乎唯一需要考虑空间跨度的要素。再加上"物流是最后的利润源"这一西方理念在中国的传播，以物流为半径划分销售单元成为很多企业考虑的重要因素。

4. 以经销商的覆盖范围划分　　有些经销商已经在市场形成了自己的特定势力范围，除非取消其经销资格或大力度进行调整，通常情况下，我们不得不重视经销商势力范围这一客观事实。

按地区划分销售区域具有如下优点：①有利于调动销售人员的积极性。由于一个区域仅有一位销售人员，其职责清晰、任务明确，这样能激励销售人员努力工作，完成甚至超额完成所规定的工作任务。②有利于销售人员与顾客建立长期关系。由于每一个销售人员的销售范围固定，在销售区域与顾客的关系好坏将直接影响销售效果。③有利于节省交通费用。由于每个销售人员的销售范围较小，交通费用相应也较少。

（二）按产品划分销售区域

按产品划分销售区域是指企业将产品分成若干类，每一个销售人员或每几个销售人员为一组，负责销售其中的一种或几种产品。

这种划分销售区域方法的优势是销售队伍能给予每个产品系列以专门的关注。而且，由于每个销售人员负责特定的产品，每个产品系列还可能得到经理层更多的重视。但是，当企业的产品种类繁多，或相互间并无关联的产品被相同的顾客购买时，企业不同的销售人员有时可能会面对同一顾客群，这样不仅成本高，而且会引起顾客的反感，暴露出产品区域极大的不足。

（三）按顾客划分销售区域

按顾客划分销售区域是指企业将目标市场按顾客的属性进行分类，不同的销售人员负责向不同类型的顾客进行销售。

对顾客的分类可按照产业类别、顾客规模、分销途径等来进行。很多国外企业都按用户类型或用户规模来划分销售区域，并使用不同的销售人员。按顾客划分销售区域的好处是销售人员易于深入了解顾客的需求状况及所需解决问题，以利于在销售活动中有的放矢，提高成功率。其缺点是当同一类型的顾客比较分散时，会增加销售人员的工作量，从而增加销售费用，影响销售绩效。因此，按顾客划分销售区域通常适用于同类顾客比较集中的产品销售。

（四）按经济特点划分销售区域

根据我国二元经济特点可以划分为农村市场和城市市场。农村市场可按上述区域特征进一步细分，城市市场也可按规模及地区进一步细分。如按规模可以分为：一级城市市场（特大城市）、二级城市市场（除特大城市之外的其他省会城市）、三级城市市场（地区级城市）及四级城市市场（各个县乡城镇）等。

（五）综合划分销售区域

综合划分销售区域是指企业的产品类别多、顾客的类别多而且分散时，综合考虑区域、产品和顾客因素，按地区—产品、地区—顾客或者地区—产品—顾客来分派销售人员。在这种情况下，一个销售人员可能要同时对数个产品经理或几个部门负责。

在实际操作中，不同的企业可分别采用不同的划分销售区域的方法，同一个企业在不同时期也可采用不同的模式，甚至可以同时使用不同的模式。

【销售案例】

米勒啤酒

1969 年，美国啤酒业中的"老八"，米勒啤酒公司，被菲利浦·莫里斯公司（PM）收购。PM 公司，这个国际烟草业的巨人，在 20 世纪 60 年代凭借高超的营销技术取得了辉煌的战绩：在美国的市场份额从第四位升到第二，公司的"万宝路"牌香烟销售量成为世界第一。当时的 PM 公司，一方面有着香烟销售带来的巨大赢利，另一方面又受到日益高涨的"反对吸烟"运动的威胁。为了分散经营风险，他们决定进入啤酒行业，在这个领域一展身手。

那时美国啤酒业，是一种寡头竞争的态势。市场领导者安修索·布希公司（AB）的主要品牌是"百威"和"麦可龙"，市场份额约占 1/4。佩斯特蓝带公司处于市场挑战者的地位，市场份额占 15%。米勒公司在第八位，份额仅占 6%。啤酒业的竞争虽已很激烈，但啤酒公司营销的手段仍很低级，他们在营销中缺乏市场细分和产品定位的意识，把消费者笼统地看成一个需求没有什么区别的整体，用一种包装、一种广告、一个产品向所有的顾客推销。PM 公司兼并了米勒公司之后，在营销战略上做了根本性的调整。他们派出烟草营销的一流好手充实到米勒公司，决心再创啤酒中的"万宝路"。

在整个 70 年代，米勒公司的营销取得巨大的成功。到了 1980 年，米勒公司的市场份额已达 21.1%，总销售收入达 26 亿美元。米勒啤酒被称为"世纪口味"。

分析：米勒啤酒公司的市场细分标准及市场细分策略是什么？该公司主要占领了哪些细分市场？为了占领这些市场他们采取了哪些策略？

（资料来源：营销管理案例分析，MBA 智库文档）

二、确定目标销售区域

在企业依据一定的标准划分、设计好销售区域后，就要根据对这些销售区域的认识和了解，结合自身企业的营销资源状况，确定即将进入的销售区域。

（一）选择目标销售区域的因素

企业确定要进入的销售区域也叫作目标销售区域。在选择目标区域的时候，要考虑以下的因素：

1. 各销售区域市场容量及潜力 市场的容量究竟有多大，基本上是由人口数和收入水平（购买力）决定的，不同的生活方式及消费习惯在很大程度上又决定了产品的渠道选择及促销方式。

2. 地理位置 一般来说企业对本地市场及周边市场比较熟悉和了解，容易控制和管理，是上上之选。

3. 各个销售区域的竞争状况 各个销售区域的市场激烈程度是不一样的，一般应本着先易后难的原则，从市场的缝隙入手，逐步发展自己的企业。

4. 企业的自身资源状况 除了要考虑各个销售区域的市场特征之外，还要考虑企业自身的竞争优势，因地制宜，量力而为。

总之，企业要根据市场的实际情况和自身的竞争优势来选择目标销售区域。各个销售区域对企业的重要性是不同的，所以，在确定目标销售区域之后还要将各个区域的重要性排出优先次序：首先将存在现实需求与潜在需求的所有销售区域找出来，确定为首选区域，其余区域作为备选区域；其次，在首选区域中将企业目前营销能力所能达到的区域作为目标销售；再次，在目标区域中本企业存在局部优势的区域确定为重点区域；最后，将重点区域中的重点即企业当前的基础区域确定为关键区域。这样，各个销售区域的优先次序从低到高依次为备选区域→首选区域→目标区域→重点区域→关键区域，各个销售区域的重要性决定了企业分配自身营销资源的顺序。

（二）目标销售区域的连接方法

选定的目标销售区域必须通过一定方式连接起来，才能形成稳固的营销网络。比较常见的连接方法有：

1. "彩线串珠"法 "彩线串珠"法是将各个销售区域视为一颗颗珍珠，通过贯穿其间的交通干线（包括铁路、公路、水路及航空干线）串联起来。如京广线从北到南串联起北京、郑州、武汉、长沙、广州并延伸至深圳。长江干流则沿途串联起重庆、武汉、沙市、安庆、南京、上海等城市。

2. "点面结合"法 以某一区域市场中处于交通枢纽的城市为中心，以一定距离为半径，将分布在中心城市周围的区域整合在一起形成一个市场面。各个区域之间通过该中心城市协调销售活动。

三、目标销售区域的开拓

目标销售区域的开拓战略包括对销售渠道的选择、中间商选择以及开拓速度与节奏的把握等问题。销售渠道在后面会有专门的论述，下面我们来看看如何把握市场开拓的节奏与速度。

市场开拓要求企业目标敏锐，反应迅速，同时要考虑企业自身实力和可持续发展的要求。一个好的企业在开拓市场的时候是十分谨慎的，往往是成熟一个发展一个，巩固一个。比如可口可乐1985年在上海设立第一家合资企业时，将经销商严格锁在江、浙、沪三个地区，直到12年后才开始在东北设厂。

与此相反，缺乏严密的组织部署，逞一时之勇盲目冒进的企业，其生命力是很难长久的。一些企业"井喷"式的发展，不久之后"雪崩"式的倒塌的例子就是明证。如美国的柯维特

NOTE

连锁店，以及国内红极一时的三株、巨人、爱多等公司就有类似经历。所以，企业开发市场的速度和节奏既不能太慢，又不能太快，而是应该在企业的控制范围内。

四、区域市场的维护与巩固

栽树容易养树难，创业容易守业难。企业挤进某个区域市场已经很不容易了，维持住稳定的市场份额更是难上加难。一般说来潜在危险可能出现在人（销售人员、客户、经销商、代理商等）、财（货款回收、价格制定）、物（商品的存储、运输、调剂、配送等）管理的各个环节。近年来，我国企业在这一方面也出现了一些问题，主要有对销售队伍的管理和控制问题、铺货与审货、货款回收困难等问题。

（一）销售队伍及中间商的控制问题

销售队伍是一个公司最昂贵而又最重要的资产，建设一支高效率的销售队伍要花费巨额投资。如果不能灵活控制它，却又可能成为企业发展的沉重负担。三株公司曾是我国家喻户晓的生产经营保健品的企业。20世纪90年代中期的短短三四年内就把三株口服液的销售额做到了80多亿元。到1997年已成颓势，1998年后自由落体般垂直下降。三株公司因其庞大的直销网络而旋风般崛起，在鼎盛时期它拥有几百个产品销售公司，按层次分有总公司、产品营销中心、战区指挥部、子公司、分公司、工作站等六级组织，十几万销售人员。然而，后来在业务收缩时巨型的销售网络却成为其沉重的负担。

由于建立自己的销售网络要花费巨大的资金和大量的时间，要冒很大的风险，所以对大多数企业而言，选择通过社会分工以节约资源的中间商模式进入到各销售区域更为理智，但是在具体运作中要解决好以下几个问题：

1. 建立完整的中间商管理控制制度，清晰地管理层次　以格力空调公司为例，该公司有23名营销业务员，每人负责一个省，只负责协调，不负责发展网络。销售商分为一级、二级，每个地区只有几个有限的一级经销商。由一级经销商发展并监督二级经销商，一旦二级经销商出问题就停一级经销商的货。对一级经销商而言，不同规模有不同的返利标准线，这样一级经销商为了更多的返利，就倾向于努力发展二级经销商，扩大销售网络。格力经销网络得以迅速扩展，而且秩序井然。中间商管理包括了从选择中间商之前的调查研究，到选定之后与中间商合作过程中全方位的人、财、物、信息等方面的监督和控制，以及每隔一定时间对中间商的考核及评估。

2. 对中间商的支持与合作　合作既是支持又是监督。营销伙伴制即是一个可选用的方法。有的企业派遣协销人员和中间商一起工作，以加强与中间商的紧密联系并方便沟通。

3. 注重自身销售队伍建设　销售工作是一项十分繁杂细致的工作，不可能全部依靠中间商。从控制角度来说，牢牢抓住重要销售环节也就是取得了控制发言权。还可以采用分权制衡的办法，将各个销售环节仔细分解开来，封闭运作在各自的体系里，以制衡销售人员与中间商。

知 识 链 接

中美史克：从"PPA事件"中恢复元气

中美天津史克制药有限公司的"新康泰克"上市以前，该公司的拳头产品之一是"康泰克"。它凭借其独特的缓释技术和显著的疗效，在国内抗感冒药市场曾具有极高的知名度。中国 SDA 通告的发布正值 11 月感冒高发期，中国 SDA 也发布了《关于暂停使用和销售含苯丙醇胺药品制剂的通知》，暂停使用和销售"康泰克"在内的 15 种含 PPA 的药品，这对史克公司可以说是严重的打击，中美史克为此蒙受的直接损失达 6 亿多元人民币。同时，竞争者三九制药、海王药业看到市场的变化后纷纷上马感冒药项目，顺势强调不含 PPA 的成分，中美史克多面受敌，加之媒体争相报道，经销商纷纷来电，"康泰克"多年来在消费者心目中的优秀品牌地位陷入危机之中。

中美史克天津制药有限公司委托中国环球公关公司，迅速启动危机管理工作系统。首先，经过全面周密的调研分析，进行详细的项目策划，有效传播并强化史克公司在 PPA 事件处理过程中"坚决支持中国政府主管部门的决定，视消费者利益为上，视中国人民健康为上"的坚定态度。同时，以"迅速反应，争取主动；密切监测，防患未然；以诚相待，积极沟通"为指导思想，迅速成立危机处理小组，在第一时间开通热线电话，记录并回答记者来电，管理信息进出渠道；适时进行新闻发布（媒介恳谈会），对重点媒介进行重点沟通工作，提供充足的资料并尽量满足采访要求。具体的项目实施上，与媒体积极的沟通，向其传递积极合作的态度，广交朋友。

"康泰克"因 PPA 事件而遭受重大挫折，但市场调查也反映，由于一定的处理和努力，消费者对康泰克品牌仍怀有情结，因此，"新药"重返市场时仍取名康泰克，但加上一个"新"字。"新康泰克"广告语如是说："中美史克全新奉献""新康泰克抗感冒，再出击，更出色。"

"不含 PPA。OK！确认无误！""新康泰克还是早一粒，晚一粒。远离感冒困扰。"

PPA 事件后 289 天，史克公司将"新康泰克"产品推向市场，一周内仅在广东便获得高达 40 万盒的订单。这次事件中，中美史克牺牲了经济效益，却赢得了社会效益。

（资料来源：药品市场营销案例分析，http：//www.fjvcb.cn）

（二）铺货与区域重叠

1. 铺货问题。铺货也称铺市，是某种商品初次进入某一区域市场，厂家与中间商之间相互合作，在短期内把产品推向市场的活动。铺货具有时间短、速度快、手段多样等特点，有利于产品快速上市并初步形成市场价格，有利于形成"以点带线，以线代面"的销售网络。一旦铺货失败，会打击销售人员及中间商的积极性，给后续销售工作增加难度。

铺货一般可以分为三个连续的阶段：准备阶段、实施阶段、服务以及反馈阶段。在准备阶段要做好组织准备、调查研究以及了解情况，同时制定好铺货计划和安排；在实施阶段要计划好铺货路线，做好促销手段；在反馈阶段，要针对实施情况，写好书面性总结报告，根据地区的铺货情况来制定计划，同时要履行商业承诺，妥善处置各种纠纷。

总的来说，铺货前的促销支持和周密计划，铺货时的人员士气，以及铺货后的兑现承诺与及时反馈等对铺货成功有决定性影响。

区域重叠。铺货任务完成以后，有的企业产品在各个销售区域井井有条，有的却可能出现混战局面，这就是许多企业头痛不已的窜货问题。根据窜货的区域，窜货可分为同一市场内的窜货、不同市场之间的窜货、交叉市场之间的窜货。

而交叉市场之间的窜货，即市场趋于重叠而发生了抢占市场的竞争情况。这是最令人头疼的问题，因为只要市场一交叉，就可能出现窜货现象，并且还不容易解决，也称之为经销区域重叠。

经销商区域重叠的主要诱因是为了抢夺更多的市场，形成更大的销售，取得更多的利益。此种类型的窜货现象可以说是集中了前两类市场所有的窜货形式，包括总经销之间相互倒，分公司或业务员之间相互倒，批发商之间相互倒等。

交叉市场窜货采取的方法如降价、加大力度促销、送货上门等，货物来源也各有各的渠道，有大宗的，有小宗的，令人防不胜防。

当然，如果能有效控制此类局面，就是双赢，控制不好，就是两败俱伤，价格下滑，并影响到周边市场，形成连锁反应。

（三）回款问题

产品售出以后不能顺利的回收货款，是令许多企业头疼的问题。在销售实践中，企业逐步探索出了一些行之有效的办法：

1. 回款时间和信用额度管理　一般销售额较大的企业，在销售付款方式上都比较灵活，会给予中间商一定的额信用额度。企业在发放信用额度时，一定要慎重审查中间商的资信等级，量体裁衣，切忌不可盲目扩张。在中间商运营过程中，企业安排销售人员协助并监督中间商的工作。销售人员与中间商的营销员、财务人员密切合作，掌握中间商的产品流向、销售报表、回款报表等。一旦出现问题销售人员即与中间商配合解决。应定期审查调整各个中间商的授信额度，激励中间商遵守合同。

2. 将回款与销售结合起来　利用派驻人员监控中间商是一种直接控制的方法。有的企业采用间接方法解决回款问题，即将销售与回款结合起来。三株公司规定，信誉好的经销商完货后，欠款在30％以下可以再次进货，但欠款必须在15天以内结清。对于尚未建立起商业信誉的经销商以现款提货为主，了解信誉之后再做调整。格力公司的做法更简洁：凡是拖欠货款的经销商一律停止发货，补足货款后，先交钱再提货。

这些做法在短期内可能会影响销售量，但从长远来看，只要产品有市场就会有商人愿意销售它。建立在互相信任基础上的合作才能给企业赢得稳定可靠的市场份额。另一方面，绝不纵容不守合同、不重信用的商人，这对于建立良好的市场秩序是非常重要的。

【销售案例】

默沙东忍痛降价，究竟为何

舒降之（辛伐他丁）1994年进入中国市场，是首个进入中国的他汀类降脂药。在很多中国医生的印象里，中国降脂教育就是从默沙东开始的。他汀类药物在降脂药市场上占绝对主导地位，一个个来者不善的超级他汀相继问世，如：辉瑞的立普妥（阿托伐他汀）、诺华的来适可（氟伐他汀）等，使得舒降之这个已经上市二十余年的经典他汀在降脂的作用和安全性上都已不占上风，同时舒降之已经不能抢占学术制高点了。在立普妥出现之前，舒降之市场占有率一直是第一位的。属于第三代他汀的立普妥带来强效降脂策略，并依靠疗效和营销策划方面的优势，后来居上，成为全球最畅销的药物。

而随着中国冠心病预防循证医学研究（CCSPS）出炉，和谐调脂又成为国内专家推崇的降脂潮流。强效降脂舒降之不如立普妥和目前阿斯利康推出的风头正劲的超级他汀，和谐调脂又不如天然他汀血脂康，其定位略有些尴尬。而随着2006年全球专利的丧失，国内众多企业都在争相抢仿这个曾经的全球最畅销药品。目前，在SFDA官网上可以查到的辛伐他汀批准文号多达 159 个。广州南新、上海信谊、福建兴安、浙江京新是占有国内市场份额较多的企业。舒降之更是受到来自仿制药企业的低价冲击。

内忧外困之下舒降之的市场角色变得尴尬。既然已经不能再获取暴利,既然前有高效能新产品的堵截,后有低价非专利药的追兵,凭着长期积累的品牌口碑和医患多年的用药习惯,默沙东当然要利用好新医改基本药物制度实施所带来的市场增量的最后机会,以维持其市场影响力并寻求份额的突破。

默沙东率先直降。在 2009 年 12 月 5 日,北京各大三甲医院的药学部主任就收到了杭州默沙东制药公司发来的一份详细的说明,除了重点介绍辛伐他汀进入基本药物目录的消息之外,还附着一封致药学部主任的信。信中表示默沙东决定于 2010 年 1 月 1 日起统一降低舒降之的出厂价,并指出近期负责医院配送的商业公司将前来拜访,就舒降之降价后的库存问题进行沟通,提供相应的解决方案。

辛伐他汀是他汀类降脂药中唯一一个进入《国家基本药物目录》的品种,国家对基本药物的政策是统一招标、统一采购、集中配送。如果舒降之还维持原先单独定价的策略,肯定无法在各地基本药物招标中胜出,也势必失去广阔的基层医疗市场。在高端市场,舒降之在立普妥和陆续上市的超级他汀的夹击之下业已全无胜算,若再让出低端市场,就算短时间内可以依据以往打下的江山勉力维持,但前景可想而知。因此对于降价,默沙东其实已经酝酿了很久,高管们在得知辛伐他汀是唯一一个入选基本药物目录的他汀类降脂药物之后时就已经在讨论是否要降价以及要降多少的问题。

舒降之目前在中国有两个规格:20mg 7 片装和 40mg 5 片装。默沙东把两个规格的价格都进行了调整。20mg 7 片装的价格调整为 25 元;40mg 5 片装调整为 30.70 元。相比于发改委规定的最高限价,降幅超过 50%。有业内人士调侃:"这一次,舒降之直接把价格降到了地板上。"调后的价格比浙江京新药业生产的国产辛伐他汀片同样品规 27 元的价格还低。

据悉,2000 年时,舒降之占辛伐他汀市场份额的 83.8%,国内企业的产品份额占 16.2%。到 2004 年时,舒降之占辛伐他汀市场份额为 66%,其余 36% 的份额由国内 20 余家企业瓜分。因此,任何一家国内企业都无力挑战默沙东的市场地位。

默沙东此次降价举措,基本上就是把辛伐他汀仿制药企业都带入了价格白刃战。

分析:运用本节知识分析本案例。

(资料来源:中国医药经济信息网,www.menet.com.cn)

第三节 销售区域的时间管理

优秀的销售人员的一个特点是善于利用时间,每天都能够比别人做更多的工作,发挥更高的工作效率。要发挥时间的效率,必须善于计划和运用时间。

知识链接

华为成功之宝——时间管理

"华为"时间管理培训的第一部分,就是让员工们清楚了解时间管理的 2 大误区:

误区一：工作缺乏计划。

大量的时间浪费来源于工作缺乏计划，比如：没有考虑工作的可并行性，结果使并行的工作以串行的形式进行；没有考虑工作的后续性，结果工作做了一半，就发现有外部因素限制只能搁置；没有考虑对工作方法的选择，结果长期用低效率高耗时的方法工作。

误区二：不会适时说"不"。

"时间管理当中最有用的词是'不'。"华为人认为，人们组织工作不当中最常见的一种情况就是不会拒绝，这特别容易发生在热情洋溢的新人身上。新人为了表现自己，往往把来自于各方的请托都不假思索地接受下来，但这不是一种明智的行为。

量力而行地说"不"，对己对人都是一种负责。首先，自己不能胜任委托的工作，不仅徒费时间，还会对自己其他工作造成障碍。同时，无论是工作延误还是效果都无法达标，都会打乱委托人的时间安排，结果是"双输"。

所以"华为"一向强调，接到别人的委托，不要急于说"是"而是分析一下自己能不能如期按质地完成工作。如果不能，那要具体与委托人协调，在必要时刻，要敢于说"不"。

（资料来源：http://www.hrloo.com）

一、销售人员工作的时间特性

销售人员大部分工作在企业外面进行，外勤工作时间占绝大部分。如果销售人员能合理安排好外勤工作时间，提高其利用效率，将会大大提高销售绩效。就像车间生产工人的工作时间可以分为生产性时间和非生产性时间一样，销售人员的外勤工作时间也可分为生产性时间和非生产性时间。销售人员的生产性时间是指与客户洽谈的时间，洽谈时间是销售人员的"黄金时间"；而销售人员花在交通、等待会面、午休、寻找地点等方面的时间则是其非生产性时间。如果非生产性时间所占的比例很大，那么销售工作的效率就低，效果就差。因此，要提高销售工作效率就必须压缩非生产性时间，以相对延长与客户洽谈的时间。

二、销售区域时间规划原则

销售区域时间规划的原则是"确保重点，照顾一般"，根据"二八法则"安排时间和精力。

"二八法则"的含义是指销售人员要以80%的时间和精力去对付20%的重点推销对象（A类顾客），以20%的时间和精力去对付80%的次要推销对象（B类和C类顾客）。

知识链接

4D原则

1. Do it now（亲自做）　不能丢掉不管、不能拖一拖再办、不能授权的事，按照优先顺序自己亲自去完成。

2. Delegate it（授权）　学会授权，将能派出去的事尽量派给他人干，这样可以节约时间干最重要的工作。

3. Do it later（稍后再办）　把一些偏离目标的精神情绪活动，次要的工作、信息资料不全的工作，暂时挂在一边，有空再去处理。

4. Don't do it（丢掉不管）　　把一些与目标无关的事，无效益的事，应差的事丢掉不管。时间管理十一条金律。

（资料来源：看看新闻网，http://www.kankannews.com）

三、时间管理的影响因素

销售区域的时间分配就是指销售员如何支配时间，在区域内进行推销和访问客户。设计销售区域是为了使销售经理和销售人员更好的使用时间进行销售。时间就是金钱，指的就是时间的重要性。在销售实际工作中，销售员用于销售洽谈的时间正在减少，路途奔波、寻找客户、洽谈前的等待以及文书工作占用了一半以上的时间。因此，销售经理要运用时间工具来管理销售区域，要给销售人员合理分配销售区域，并对销售区域的时间进行有效管理。

美国销售管理专家富特雷尔认为，在时间分配时要考虑七个基本因素：①区域内的客户数目；②对顾客进行销售访问的次数；③每次进行销售访问所需的时间；④对顾客进行销售访问的频率；⑤在辖区内旅行的时间；⑥非销售时间；⑦投入时间的收益。

其中访问频率是随下述情况的发生而提高的：①销售额和潜在未来销售额增加；②年订单数增加；③所售产品线数目增加；④产品复杂性、服务和重新设计要提高。

知识链接

善用时间

许多销售人员每天都会浪费一些时间在不能带来销售业绩的事情上。以下的提示将会有助于销售人员减少在时间上的浪费，提高工作效率，提高销售的成功率。

1. 注意观察成功的销售人员的工作习惯。学习他们利用时间和安排工作的方法和技巧。

2. 尽量了解你的主要客户的需求，了解他们的要求，了解他们的采购程序，了解客户能够使你事半功倍。

3. 不要把时间花费在无关紧要的事情上，将时间尽可能地用在客户工作上。

4. 将工作按其重要性和急切性排序，主要的、必须在短期内完成的工作应先行处理。

5. 将时间和精力用在能够在短期内取得成功的工作上，用在成功机会较高的目标客户上，用在能够取得较大收益的工作上。

6. 要有具体的工作目标，详细的行动计划。掌握要达成目标所需要处理的工作事项。

7. 要设定完成工作目标的时限，不能让工作无限期地拖延。

8. 不断地学习，提升自己的工作能力，提升自己的知识水平。

9. 勇于面对改变、接受改变。顺应时势，改变自己的思维方式和处事方法。

10. 不断寻求新的、更有效的工作方法。

11. 做好每一项能够帮助销售的基本工作。

（资料来源：韦文，《销售管理》，华夏出版社，2001）

四、销售区域时间管理模式

美国著名管理学家亚历克·麦肯齐在《时间管理新法》一书中指出，有效利用时间的关键在于制定正确的区域推销计划，并提出了销售辖区时间管理模型。

NOTE

如表 4－1 所示，此表显示了区域推销计划实施和控制的全部过程，也包括了销售业务与销售员思考与行动的准则。

表 4－1　区域推销计划实施和控制过程

区域推销计划		实施		控制	
客户分析	识别 需求分析 分类 预计价值	推销区范围	销售日程表 销售路线方案 有计划的销售 识别决策人	行动标准	
目标	市场占有率 新生意 公司形象 客户数量目标 产量目标			收集资料	
工作量分析	客户数量 销售次数 销售时间 途中时间 非推销时间			分析	
时间分配	时间价值 时间投资成本 机会成本			矫正措施	
销售战略	产品配套 区域范围 销售频度模型 销售要求				

麦肯齐特别强调要进行有效的时间管理，销售管理者和销售员都需要按照规定的实施标准进行工作。销售员可根据图中"区域推销计划"表对销售时间和工作进行分析，活动栏目可适当调整。销售员在图中合适栏目做出记号表示该项活动花费的时间，汇总计算全天花费时间的百分比。对实施情况分析可显示工作的优缺点。对达不到标准的行为和不合适的时间分配提出所需要的改正措施，填在控制表内。

五、时间管理方法

时间对企业的销售效率如此重要，因此，无论销售经理还是销售人员，都要有效的管理好自己的时间。

1. 制定每日、每周、每月计划　许多销售人员制定出每日、每周和每月的访问计划，按照计划预约顾客、安排食宿等。日计划是在前一天晚上做出的，挑出第二天将访问的客户，确定同客户见面的时间，组织好事实和数据，并准备销售演示用的材料。周计划包括访问顾客的特定日期。

2. 对客户进行分析　销售人员应当确定所有的现在客户和潜在客户，估计客户的销售潜力，根据客户的购买潜力确定销售频度模型，制定销售次数时限等。

3. 销售经理应对销售员的销售工作给予更多的帮助　销售经理的具体指导应当包括搜集销售情报、识别决策人、安排销售宣传等。这样既能使销售人员节约销售时间，还能使它们的工作更富有成效。

4. 必须充分发挥计算机的作用，充分利用时间　销售额度确定、客户购买潜力及需求分析、销售路线模型、销售目标确定等，都可以借助计算机进行系统分析和计算。此外，还应该研究计算机在时间管理方面的作用以及销售人员的区域管理方法。

5. 销售经理要加以指导　销售经理可指导销售人员安排拜访的日程和设计销售区域的行动。日程安排指确定访问客户、洽谈生意的固定时间，行程安排指在区域内工作时采用的路线。一些销售组织通常会为销售人员设计一个正式路线，在这种情况下，管理部门必须要设计出对企业和销售人员可行、灵活、有利，能令顾客满意的销售拜访计划。

【销售案例】

一个药品信息沟通人员的一天

张磊是一家大型跨国制药公司的药品信息沟通人员，负责推介一种肿瘤病人化疗期间使用的特种药。他一天里平均要拜访十几位医生，"转战"1~2家医院。

早上没到7点，张磊就起床了。8点，他赶到一家三甲医院，在外科病房外等候。趁医生巡查完病房、上手术台之前的间隙里，与他们说上几句话。8点10分，张磊找到了科室的一位主治医师，开始询问他对这个药的使用感受和总体评价，顺便关注一下上周用药的几个化疗病人，各自效果如何，副作用在哪儿。询问医生用药感受的过程。随后，张磊找到了正在准备手术的科室主任，这位主任已经受邀出席张磊的公司当晚将要举办的学术研讨会，并且要作主题报告。张磊用几句话的功夫，与主任最后敲定了报告主题。大约8点半，张磊敲开了科室一线医生办公室的门。在10分钟时间里，他记下了这些医生在临床用药过程中的几个疑问，答应下周给出回复；然后，给他们留下公司市场部制作的小礼品。

差不多接近9点，张磊"转战"另一个科室——内科。内科一般没有手术，赶上医生不出门诊、又有兴趣谈的话，可以坐在他的办公室里，聊上一段时间。

这天张磊看到内科主任应该在办公室里"赋闲"。于是，他给主任带去了一份公司印发的论文汇编和内部医学刊物，顺便与主任聊了40分钟。"很多时候，医生会跟你像朋友一样聊聊家常，但是你不能一直被医生带着走，你得有意识地在谈话里，穿插进去你想传递的信息。"张磊介绍说，"比如我会在聊天当中，提到国外对这个药品的最新试验，提示医生这种药的优势又被证明了，或者它在某一人群身上可以使用了。总之，要带给医生一些新的东西。"

快到中午11点，张磊离开病房区，踱到门诊部，等着与快要结束门诊的内科副主任见上一面，给他送去一份肿瘤领域研讨会的邀请函。与门诊医生打个招呼。中午有时自己吃饭，有时邀请医生一起吃饭，有时在午餐时间预约一个"科室会议"。科室会议一般是把某个科室的医生全部聚在一个小会议室里，召开药品宣讲会。平时每个医生都太忙了，很难凑齐，所以科室会议多数会安排在吃饭时间。

每当此时，张磊会提前一天在医院附近的肯德基或吉野家，预定整个科室的盒饭，会议开始前，还要跟同事一起安装投影仪、散发PPT材料。当医生用餐的时候，张磊就站在台上，用10~20分钟时间，讲解公司在全球批准的一套药品宣传片，通过分析试验数据来介绍药品各方面的特性。讲完之后，医生会问各种问题，面对医生的提问，药品信息沟通人员要能运用专业知识回答，并让医生信服。科室会议的正常时间是半个小时，通常会在医生用餐结束前"撤离"会议室。

下午，张磊赶到了另一家医院，把上午的流程"复制"一遍。期间，他还偶尔帮医生影印文件，去邮局取包裹之类的私事，也归他负责。

傍晚接上主任一起驶往北京国际会议中心。主任作主题报告的时候，下面的张磊就负责照顾其他医生，顺便也给自己充个电。晚8点散会后，再安排车辆把主任送到家。指向晚9点的时针，结束了他的一天。

分析：张磊应该怎样才能天天成功地做拜访？

（资料来源：药品市场营销案例分析）

【本章小结】

本章讨论销售区域设计的重要性、销售区域设计方法和设计步骤、销售区域战略管理以及销售辖区时间管理的问题。

销售区域是分配给各个销售人员、销售分支机构或分销商的一群现实和潜在顾客的总和。良好的销售区域设计有助于鼓舞销售人员的士气，提高市场覆盖率，并有助于销售业绩的考评。

销售区域的设计一般分为几个步骤：划分控制单元；估计每一个控制单元的市场潜力；初步将控制单元组合成销售区域；分析每个区域的工作量；调整初步设计使之达到销售潜力与覆盖面积的双重平衡；销售人员配置。销售区域战略管理部分支要论述销售区域管理战略的概念、销售区域选择、区域市场开拓及销售区域维护等几个方面的问题。

销售区域的时间分配要考虑到7个基本因素：区域内的客户数目、对顾客进行销售访问的次数、每次销售访问所需的时间、对顾客进行销售访问的频率、在区域内旅行的时间、非销售时间和投入时间的收益。销售经理可依据麦氏销售区域时间管理模式对销售区域进行时间管理。

【复习思考】

1. 设计销售区域的作用和原则有哪些？
2. 销售区域设计一般应遵循哪些步骤？
3. 销售区域战略管理的主要内容是什么？
4. 销售辖区的时间分配应考虑哪些因素？
5. 如何进行有效的时间管理？

【案例分析】

"一个基地"上演全国攻略——百威启动盈利模式

百威实际上只有武汉一个生产基地，年销售能力10万吨左右，一个地地道道的中型啤酒厂的规模。在保鲜度要求极高的中高档啤酒领域，一个中型啤酒厂用一个生产基地支撑全国性的营销网络，百威的成功似乎又耐人寻味。

随着本届世界杯的开赛，程业仁就乐得合不拢嘴了，这位安海斯·布希公司主要负责中国啤酒业务的大中国区董事总经理称，自己来公司这么多年，还没有见过百威酒在这样短时间内有如此大的销量，程业仁说，世界杯给啤酒商带来兴奋点，在百威啤酒来到中国经过八年漫长等待之后，市场的味道变得好极了。2001年百威啤酒在中国首次实现了盈利，2002年仅凭借这世界杯，百威也能实现可观的盈利。程业仁拿出了2001年公司的相关数据说，安海斯·布希公司在中国拥有1500名员工，年工资总额达700万美元，上缴国家及省地税金额高达1200多万美元，在武汉市纳税大户中排名第七。程业仁说，相比于上缴税金，也许公司2001年的赢利还难以启齿，但这是百威来到中国后首次盈利，同时这也是外国啤酒品牌在中国纷纷落败之际百威的首次盈利，这对安海斯·布希公司来说，意义的确不一般。

1. "一个基地"上演全国战略　按照啤酒业的一些定律分析，百威当今的产业布局与它的定位有一些似乎是难以克服的矛盾。与在美国大众化的"百威"不同，中国的"百威"目前只能定位于"高档啤酒"，而且目前它最大的消费市场也在沿海的上海、南京、青岛、杭州、广州等消费能力强的大中城市，但它的生产基地却落到了华中地区的武汉。与其他商品很不一样的是，啤酒有一个销售原则是"就近销售原则"，这主要就是两点，一是就近销售可以节约大笔运输成本，瓶瓶罐罐的啤酒如果运输距离太远，豆腐也会弄成肉价钱；另外啤酒最重要的就是要保持"新鲜度"，如果存放时间稍微长一点，啤酒的口感和品质将大打折扣，所以这许多年来中国啤酒市场格局一直以地方诸侯割据为重要特征，鲜有全国性品牌，最直接的原因就是受到"运输成本"和"保持新鲜度"的影响。但是记者问程业仁，百威近期有在沿海主要销售市场投资生产基地的计划吗？程业仁的回答是，按照现在投资啤酒厂的投入规模，百威不可能马上投资新的生产基地。也就是说，百威在中国的整体攻略必须要以武汉生产基地为唯一的"根据地"。程业仁说，把生产基地设在武汉是有好处的，产品可以顺江而下，直达上海，而在中国内河水运是最便宜的。

但记者问，时间问题怎么解决，水运便宜，但运输时间相对也是很长的。而且不只是去上海，去到国内任何一个除武汉外的中心消费市场，时间成本和运输成本都不低。程业仁说，百威的确受到这样的制约，但在市场还不允许百威再投资其他基地的条件下，百威也就只能从品质管理、销售管理上努力了。首先在生产的整个过程中注重每一个细节，从选料到酿制、包装及发送层层把关。程业仁说，当然生产领域的品质管理只是克服困难的最基本的工作，而在整个运输、储存、销售过程中，百威是花了相当大的力气的。百威（武汉）国际啤酒有限公司目前还投资经营着三个下属仓库，投资下属仓库的主要目的，是在储存环节方面，百威要自己掌控，产品到岸后什么时间入库、什么时间入库、仓库的温度是多少，怎样才能减少产品库存和通路上的时间，怎样才能将产品最快捷地送到零售终端，自己有了仓库就方便很多。而在销售区域内，百威始终坚持在有市场基础的地区销售，在经销商实力不够，当地运输、仓储条件不够的地区，百威采取"不介入"的政策，同时严厉要求经销商也不要介入，这样就可以很大程度上避免品质问题给百威带来的负面影响。

2. 乱中求胜还是一步一个脚印　记者问程业仁，怎么看待中国中高档啤酒市场，又怎么看待百威在中国的发展。程业仁只是微笑着说："乱。"程业仁说，当初百威来中国，看中的是中国啤酒市场的巨大潜力，目前中国是世界最大的啤酒消费市场，而且马上要超过美国升格为世界最大啤酒市场，但没有料到如此大的市场却如此乱。随着中国经济发展，居民消费水平和层次的日渐提高，中高档啤酒市场空间越来越大。而大部分啤酒企业长期在中低档啤酒市场竞争；在目前低档啤酒市场无利可图的情况下，又开始把主要精力放到中高档市场。一些国产品牌如青岛、燕京、金星、珠江与一些本土化了的国外品牌百威、蓝带、嘉士伯等在中国中高档啤酒市场上稳稳站住脚跟后，扩张与争夺越来越激烈。目前中高档酒店和宾馆、大型超市、高档娱乐场所是中高档啤酒的主要争夺的销售终端，这些终端相对于低档啤酒终端来说终端数量极为有限。过多的竞争品牌和相对有限的终端市场导致了激烈的竞争，厂家就不断以比竞争对手更加优惠的条件争夺终端，终端也借机不断提高门槛，引发了越来越严重的终端恶性

NOTE

竞争。

记者问程业仁，百威啤酒在美国是一个大众化的品牌，为什么到中国却不能做到大众化？程业仁说，中国市场和美国市场有很大不一样，在美国市场，百威是一个大众化品牌，同时消费者也认同他是一个高品质的商品。而在中国消费者认为，大众化却必定是品质较低的廉价产品，在美国市场，不同档次的啤酒销售价格相差不过一到两倍，而在中国这个价格相差可以达到 10 倍。当然，百威在中国不会永远以高价位高品质的面目出现，但是要等到市场成熟后，百威将会重新回到大众化的形象，当然是高品质高格调的大众化，可能像可口可乐一样。

（资料来源：凌浩. 广州商报·赢周刊，2002 - 07 - 10）

思考与讨论：百威是如何克服地理上的困难而做到一个基地供全国市场的？

第五章　营销渠道管理

【学习要点】

通过本章的学习，掌握营销渠道设计的影响因素和一般程序，渠道冲突的原因及解决办法，掌握审货的含义、原因及整治方法。熟悉渠道冲突的含义、表现形式，营销渠道成员选择的标准、途径和方法。了解营销渠道的参与者和营销渠道的基本结构。

【引导案例】

奇正消痛贴的营销渠道建设

某医药集团创建于1993年，是集研、产、销为一体的大型民族药业集团，下属有四家GMP药厂、一家研究所、两家GSP经营公司等十余家企业，拥有员工1000余人。该医药集团致力于传统藏药的继承和创新，现已形成外用贴剂、涂擦剂、药浴剂以及传统藏药水丸剂四大系列精品藏药，拥有55个藏药品种，其中5种产品被列入"国家中药保护品种"。

打造自主市场渠道，展现三级网络优势，有自己的营销网络，有非常健全的销售渠道等都是许多企业运作的模式，该医药集团的奇正消痛贴膏也是从这一点上慢慢发展起来的。

在奇正消痛贴膏刚刚进入市场初期，通过一些经销商招商的办法，进行市场初级阶段的尝试运作，由于货物买卖的经销权在经销商，企业自己无法展开进行市场大规模的启动与良性运作，因此市场在无形中走得非常痛苦，这也是特定条件下许多企业共同所走过的历程，由于看不到市场的发展方向，奇正消痛贴开始寻找自主的市场渠道与营销网络。

从渠道上，奇正消痛贴充分发挥其产品特色，依据产品属于国家中药保护品种，跻身于国家医保产品目录，从而打开市场的关键性问题，使得市场销售趋于非常稳定的时期，在立足医保这个比较大的消费项目上，进一步开拓市场份额，向各级医疗体系进军，使渠道销售更加多元化，许多经销商都非常愿意做奇正牌消痛贴膏，终端渠道的销售有了非常强大的保证。

传统营销中的渠道网络展现优势的同时，奇正消痛贴不断根据市场的发展进行调整，OTC市场是近几年在我国快速发展的营销渠道之一，其中的销售份额也在急剧上升，奇正看清市场发展机会，花大力气打造一支自己的终端营销队伍，使其运作在网络的构架上更加趋于完善。

目前奇正消痛贴的营销自主网络已经分布三级市场营销网络，多种渠道构架也已经完成，从省级到地市级、到乡镇级均有其销售网点，为其销售的增长奠定了广泛的基础，也为销售的最终突破有了保障。

奇正消痛贴在市场的推进中寻求稳健推进的方法，在渠道的运作与市场营销上面，以点带面，把局部市场与重点市场作为突破口，在战略与战术上都采用稳重的做法，没有大张旗鼓地从媒体的广而告知，到终端的全面开花，而是先从消费使用开始，与销售点合理配合，细心介绍与定点推广，从一级经销商招商开始，稳固网络，然后集中优势加以推广，主要以外部终端的促销与医院、医保的共同作用，做好销售的疗效验证，使市场稳定上升。

（资料来源：http://wenku.baidu.com）

第一节 营销渠道设计

一、营销渠道的基本结构

营销渠道的结构是复杂多样的，没有一个永久不变的模式。但就其基本结构可分为三种类型，即长度结构、宽度结构和系统结构。

（一）营销渠道的长度结构

1. 渠道的级数 营销渠道可以根据中间环节的数量来分类，分为零级、一级、二级和三级渠道等。对于制造商来说，渠道级数越高，获得最终用户信息和控制营销渠道越困难；对于消费者来说，渠道级数越高，商品的价格也越高。营销渠道的级数结构如图5-1所示。

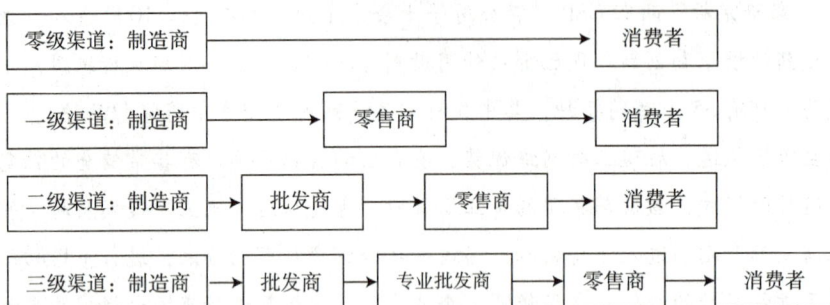

图5-1 营销渠道的级数结构

2. 直接渠道与间接渠道 直接渠道也称为零级渠道，指生产企业不通过中间商环节，直接将产品销售给消费者，如图5-2所示。直接渠道的主要方式是上门推销、展示会、邮购、电子通讯营销、电视直销和制造商自设商店等。直接渠道是工业品分销的主要类型，例如大型设备、专用工具及技术复杂需要提供专门服务的产品，一般都采用直接渠道。有些消费品也采用直接渠道类型，如鲜活商品等。

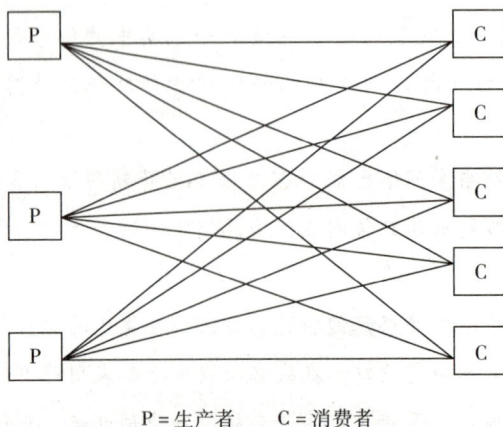

P=生产者   C=消费者

图5-2 没有中间商环节的市场

间接渠道，指生产企业通过中间商环节把产品传送到消费者手中。间接渠道是两个层次以上的渠道，如图5-3所示。间接营销渠道是消费品营销途径的主要类型，大多数消费品从生产者流向最终消费者的过程中都是经过若干中间环节转手的，有的生产资料（如单价较低的次要设备、零件、原材料等）也采用间接分销类型。在药品的流通过程中，若有中间商的参与，可以降低药品交易的次数。如图5-2和图5-3所示，如果没有中间商的参与，需要15次交易才能完成所有交易任务；但是若有中间商参与，则总体交易次数会减为8次。

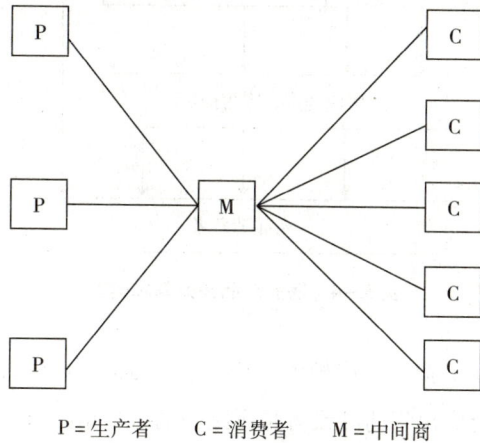

P=生产者　　　C=消费者　　　M=中间商

图5-3　存在中间商环节的市场

3. 长渠道与短渠道　分销渠道的长短一般是按产品在销售过程中流经环节的多少来划分，一般将零级渠道、一级渠道定义为短渠道，将二级渠道、三级或三级以上渠道称为长渠道。短渠道较适合在小地区范围销售产品和服务；长渠道则能适应在较大范围和更多细分市场销售产品和服务。两者的比较如表5-1所示。

表5-1　长渠道与短渠道的比较

渠道类型	优点及适用范围	缺点及基本要求
长渠道	市场覆盖面广，能减轻厂家费用，且可以将中间商优势转化为自己优势。适用于一般消费品销售	厂家对渠道的控制程度低，增加了服务水平的差异性，加大了对中间商进行协调的工作量
短渠道	厂家对渠道的控制程度高。适用于专用品、时尚品及顾客密度大的市场	市场覆盖面较窄，且厂家要承担大部分甚至全部渠道功能，必须具备足够的资源

4. 医药渠道结构　不同药品的销售方式是不同的，其渠道也各有不同。如图5-4所示。

由于药品是一种特殊的商品，按照《中华人民共和国药品管理法》（以下简称《药品管理法》）的规定，药品分为OTC（over the counter，非处方药）和RX（prescription drug，ethical drug，处方药）。对OTC药品来说，其药效确切、安全性较高，在使用中可以不需要专业医护人员的指导，消费者也可以通过自我诊断病情、了解适应证及阅读说明书后进行购买。对RX药品来说，由于毒性较大，安全性较低，稳定性较差，凭医生处方及医护人员指导才能用药。因此，这两类药品的分销渠道略有不同。OTC药品的销售渠道较为灵活，医院药房或社会药店均可出售；RX药品必须靠处方才能购买，其分销渠道只能是医院药房、处方药店或凭处方才能购买的社会药店。

（1）OTC药品分销渠道结构类型及特点　OTC药品分销渠道结构有以下5种。

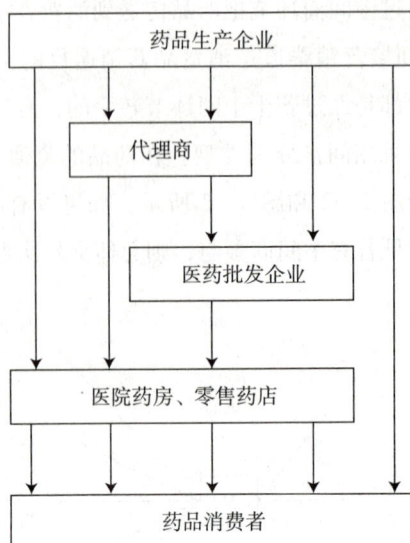

图 5-4　医药产品渠道基本类型

①OTC 生产企业→药品消费者：这种渠道模式有时也称为直销模式，主要是指 OTC 生产企业通过建立自己的零售药店出售药品或者是医院药剂科根据国家有关规定向患者出售自制的药品制剂等形式。随着药品市场竞争的加剧，很多药品企业越来越倾向采取前向一体化战略，通过自建、兼并或重组一些大型药品零售企业或大药房，达到控制药品销售终端的目的。这种渠道模式主要适用于大型制药企业（有实力建立销售公司或网络）。

②OTC 生产企业→医院药房或社会零售药店→药品消费者：这种渠道模式被称为终端销售模式。对规模不大、资金较少的制药企业或者是致力于研发或生产的大型制药企业来说，短时期无法完成建立自己的销售渠道以及完成铺货、送货、宣传、促销、汇款等营销工作，很难实现直销模式，只能采用终端渠道模式。

③OTC 生产企业→OTC 代理商→医院药房或社会零售药店→药品消费者：这种渠道模式被称为代理模式，比较适合中小制药企业。对这些企业来说，分销能力较弱，无法采用直销模式及终端模式。因此，要想尽快占领市场，选择代理模式是中小制药企业广泛采取的渠道模式。由于代理商不承担销售风险，加之医药代理商为数众多，比较容易建立渠道关系，通过药品招商的方式是中小制药企业一种明智的选择。

④OTC 生产企业→药品批发企业→医院药房或社会零售药店→药品消费者：这种分销模式也称为批发模式。由于药品批发企业拥有药品所有权，其销售风险较大，但也能够获得较大的收益，因此销售积极性较强，渠道效率较高。采用这种模式应具备以下条件：药品知名度较高，属于畅销商品；能够为批发商带来较大利润。

⑤OTC 生产企业→代理商→药品批发企业→医院药房或社会零售药店→药品消费者：这种模式被称为代理批发模式。对很多中小型企业来说，为了将自己的药品迅速推向全国市场，首先在全国范围内进行药品招商，寻求区域药品代理商；这些代理商再去寻找本地区内多家批发商，将药品转批给这些批发商；这些批发商负责将药品销售给医院药房或社会零售药店，进而销售给消费者。此种分销模式的优点是有利于企业快速将药品销售给全国各个药店及医院病房，方便消费者购买；缺点是增加了渠道层次，药品价格相对较高，渠道控制难度有所增加，

渠道稳定性可能较差。

（2）RX 药品分销渠道结构类型及特点　　按照国家相关法律规定，只能凭处方才能购买 RX 药品。因此，RX 药品分销渠道较少，需经过零售终端或医疗机构才能销售给消费者。一般来说，有以下三种模式。

第一种模式是 RX 生产企业→医院药房或社会零售药店→药品消费者。

第二种模式是 RX 生产企业→RX 代理商→医院药房或社会零售药店→药品消费者。

第三种模式是 RX→药品批发企业→医院药房或社会零售药店→药品消费者。

对中小企业或销售经验不足的大企业来说，直接向医院或社会零售药店销售其药品，难度较大，可以通过第二种或第三种渠道模式进行销售。第三种模式具有一定的优点，药品批发企业拥有药品所有权，销售积极性较强，渠道效率较高；但是也存在一定的缺点，制药企业容易受制于药品批发企业，沦落为生产车间。

（二）营销渠道的宽度结构

营销的宽度结构是指制造商在每一渠道层次里使用分销商的数目。一般渠道的宽窄取决于渠道的每个环节中使用同类中间商数目的多少。企业使用的同类中间商越多，产品的分销渠道就越宽。如一般的日用消费品，由多家批发商经销，又转卖给更多的零售商，能大面积接触消费者，大量地销售产品。企业使用的同类中间商越少，分销渠道就越窄，这种渠道一般适用于专业性强的产品或贵重耐用消费品，它使生产企业容易控制分销渠道，但市场分销面受到限制。

1. 宽营销渠道　　宽营销渠道是指在渠道的每一个层次中使用同种类型中间商的数目较多。如卷烟厂通过许多批发商、零售商将其生产的香烟推销到广大地区和广大消费者手中。

宽营销渠道由于中间商的数目较多，广大消费者容易买到企业的产品，且造成中间商之间的竞争。但也由于同类型中间商数目多，导致中间商推销产品不专一，不愿为企业付出更多费用。生产企业与中间商关系松散，中间商在交易中会不断发生变化。

2. 窄营销渠道　　窄营销渠道是指在渠道的每一个层次中使用同种类型中间商的数目较少。如摩托车生产企业只通过少数批发商或零售商推销其产品，或在某一地区只授权某一批发企业或零售企业经销其产品，这种营销渠道就比较窄。

窄营销渠道由于中间商的数目较少，适用于销售技术性强、生产批量小的商品，生产企业只选择那些熟悉本企业产品技术性能的中间商经销自己的产品。它的优点是生产企业和中间商之间的关系密切，相互间有较强的依附关系，销售和生产相互促进。缺点是风险较大，一旦双方关系出现变化，便会影响生产或销售。

3. 营销渠道的宽度策略　　营销渠道的宽窄是相对的。受产品性质、市场特征和企业的分销策略等因素的影响，营销渠道的宽度策略可分为以下三种类型。

（1）广泛式（密集）分销渠道　　制造商在一个销售地区直接动用尽可能多的分销商销售自己的产品。广泛式分销渠道是一种宽渠道结构形式。它的优点是可以广泛占领市场，市场覆盖面大，方便购买，及时销售商品，实现销售量最大化，并能够迅速提升产品及品牌知名度。其缺点是市场分散，难以控制，容易出现价格战并导致价格混乱，容易引发渠道冲突，导致分销商的叛离，对厂家的渠道管理能力是一个挑战。

一般来说，消费品中的日用品、鲜活商品和大部分食品，工业品中的一般原料、小工具、

NOTE

标准件等无品牌要求的产品，或者需要经常补充和替换的商品多采用这种形式的渠道。

（2）选择式（精选）分销渠道　制造商在特定的市场内按一定条件有选择地挑选若干个分销商销售自己的产品，以形成合理分工及高效合作的销售渠道。选择式分销渠道通常由实力较强的中间商组成，属于组合型渠道结构，也是一种宽渠道结构形式。它的优点是通过选择组合，一方面能充分发挥分销商的功能，实现市场覆盖面的最大化和销量最大化；另一方面有利于企业对市场的控制，成本较低，既可获得适当的市场覆盖面又保留了渠道成员的竞争，并能有效防止分销商的怠惰。其缺点是要选择到合适的分销商难度较大，同时，分销商之间的协调和资源整合也有一定的难度，对企业管理能力提出了较高的要求。

一般来说，品牌质量要求较高的商品需用这种渠道。比如可口可乐、麦当劳、福特等企业均采用这种渠道。除此之外，产品线较多的消费品市场、消费品中的选购品和特殊品、工业品中的零配件销售也都采用这种渠道结构形式。

（3）独家式分销渠道　独家式分销渠道又称为区域总经销，制造商在一定的地区、一定的时间只选择一家分销商销售自己的产品，属于窄渠道结构形式。它的优点是对于厂家来说，其分销管理工作比较简单，对渠道控制力较强，且渠道成本较低，有助于维持品牌形象和市场秩序的稳定，不容易出现渠道冲突；对于分销商来说，竞争程度较低，价格体系比较稳定。缺点是渠道内部缺乏竞争，企业对分销商的依赖过强，市场覆盖面小，且分销商若选择不当会造成损失。因此，选择独家式分销渠道有一定的管理风险和市场风险。

这种渠道策略适用于购买者十分重视品牌的消费品，如家电、高级服装、化妆品及工业品中技术性强、价值高、售后服务要求高的商品。对于产品或市场具有特殊性的制造商宜选用独家分销渠道，而大众消费品则不太适合。

（三）营销渠道的系统结构

按渠道成员相互联系的紧密程度，分销渠道还可以分为传统渠道系统和整合渠道系统两大类型。从企业渠道选择的复杂性来看，有单一的渠道系统和复合的渠道系统。

1. 传统渠道系统　传统渠道系统又称松散型的渠道系统，是指由独立的制造商、批发商、零售商和消费者组成的分销渠道。传统渠道系统成员间的结构是松散的。由于这种渠道的每一个成员均是独立的，他们往往各自为政，都为寻求其自身利益最大化而激烈竞争，不会顾及整个渠道系统的整体利益。同时渠道成员之间缺少信任感和忠诚度，自然就缺乏合作的基础，难以形成长期和稳定的渠道成员关系。随着市场环境的变迁，传统渠道正面临着严峻挑战。比较适合传统渠道模式的主要是小型企业。因为小型企业资金实力有限，产品类型和标准处于不稳定状态，不适合采取固定的分销系统形式。

2. 整合渠道系统　整合渠道系统又称为紧密型的渠道系统，是指在传统渠道中，渠道成员通过不同程度的一体化经营整合形成的营销渠道系统。整合渠道系统是渠道成员之间注重协作的结果，是营销渠道的新发展。整合渠道系统主要包括垂直渠道系统、水平渠道系统和渠道伙伴关系三种类型。

（1）垂直渠道系统　垂直渠道系统，是由制造商、批发商和零售商组成的一种统一的联合体，每个成员都把自己视为分销系统中的一分子，关注整个垂直系统的成功，如图 5 – 5 所示。

垂直渠道系统

制造商

批
发
商

零售商

消费者

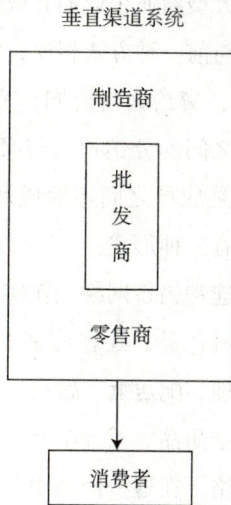

图 5 - 5　垂直渠道系统

垂直渠道系统有利于控制渠道行动，消除渠道成员间为了追求各自利益而造成的冲突。垂直分销渠道具有广泛的适应性，无论是大企业或小企业，无论是消费品或生产资料，都可采用垂直分销渠道模式。目前，这种渠道模式已覆盖了全美消费品市场的70%～80%。它的优点是能够合理管理库存，削减分销成本，便于把握需求动向，易于安排生产与销售，渠道控制力强，有利于阻止竞争者进入，商品质量有保证，服务水平高。它的缺点是维持系统的成本较高，经销商缺乏独立性和创造性。

垂直渠道系统根据系统安排的紧密程度，从弱到强可以分为公司式（统一）、契约式（合同）和管理式三种类型，如图5-6所示。

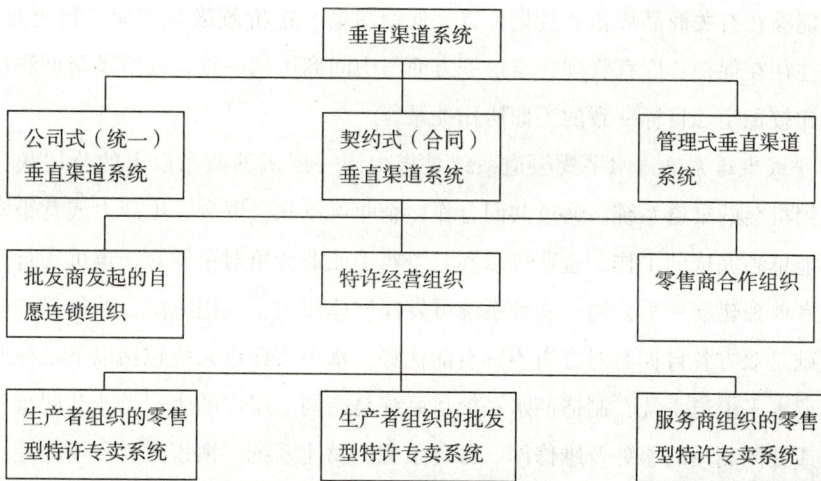

垂直渠道系统

公司式（统一）垂直渠道系统　　契约式（合同）垂直渠道系统　　管理式垂直渠道系统

批发商发起的自愿连锁组织　　特许经营组织　　零售商合作组织

生产者组织的零售型特许专卖系统　　生产者组织的批发型特许专卖系统　　服务商组织的零售型特许专卖系统

图 5 - 6　垂直渠道系统

①公司式（统一）垂直渠道系统：公司式（统一）垂直渠道系统是指一家公司通过建立自己的销售分公司、办事处或通过实施产供销一体化及横向战略而形成的分销系统。它是渠道关系中最紧密的一种，是制造商、经销商以产权为纽带，通过企业内部的管理组织及管理制度建立的。企业可以通过以下两种方式来建立公司式垂直渠道系统：

第一种是制造商通过设立销售分公司、建立分支机构或兼并商业机构的方式，采用工商一体化的战略形成销售网络。第二种是大型商业企业拥有或统一控制众多制造企业和中小商业企业，形成工贸商一体化的销售网络。与前一种方式相比，它具有更为强大的信息及融资优势。

②契约式（合同）垂直渠道系统：契约式（合同）垂直渠道系统是指制造商或分销商与各渠道之间通过法律契约来确定它们之间的分销权利与义务关系，形成一个独立的分销系统。它于公司式垂直渠道系统的最大区别是成员之间不形成产权关系。契约式（合同）垂直渠道系统近年来取得了巨大发展，它主要有三种形式：

第一种是以批发商为核心的自愿连锁销售网络。在实践中，许多批发商将独立的零售商组织起来，批发商不仅为零售商提供各种产品，还在许多方面提供服务，如销售活动的标准化、共同店标、订货、共同采购、库存管理、配送货、融资、培训等。这些服务往往是零售商无法获得的。这种分销网络往往集中在日杂用品、五金配件等领域。

第二种是零售商自愿合作销售网络。在这一网络中，网络成员通过零售商合作社这一商业实体进行集中采购，共同开拓市场。成员间最重要的合作是集中采购，可获得较大的价格折扣，所得利润按采购比例分配。相对于以批发商为核心组织起来的销售网络而言，这种关系网络成员间的联系程度要松散一些，合作事项也少。

第三种是特许经营销售网络。在西方，特许经营是发展最快、地位最重要的一种模式。它是指特许权授予人按协议准许被授权人使用自己已经开发出的品牌、商品、经营技术、经营规模等。为此，被授予人必须先付一笔首期特许权使用费，换得在一定区域内出售商品或服务的权利，并遵守合同中关于经营活动的其他规定。

③管理式垂直渠道系统：管理式垂直渠道系统是指一个或少数几个实力强大、具有良好品牌声誉的大公司依靠自身影响，通过强有力的管理将众多分销商聚集在一起而形成的分销系统。一般名牌制造商能够从再售者那里获得强有力的贸易支持和合作。例如，可口可乐、宝洁等公司，都能够在有关商品展销、货柜位置、促销活动、定价政策等方面获得再售者的合作。而渠道领袖往往在促销、库存管理、定价等方面与中间商协调一致，或给予帮助和指导，从而建立起关系比较稳定、目标一致的工商协作关系。

（2）水平式渠道系统　水平式渠道系统是指由同一层次的两家以上的公司联合起来开拓新出现的营销机会的渠道系统。通过共同合作，企业可以联合资金、生产力或营销资源来实现一个企业不能单独完成的工作。企业可以和竞争对手或非竞争对手联合，也可实行暂时或永久的合作，或者单独建立一个公司。这种系统可发挥群体作用，共担风险，获得最佳效益。成员间合作的基础是双方各自拥有对方所不具有的优势。水平式渠道系统包括以下三种形式：

①制造商水平渠道系统：制造商水平渠道系统是指同一层次的生产企业共同组建和利用的营销渠道，或共同利用的服务及维修网、订货系统、物流系统、销售人员和场地等。

②中间商水平渠道系统：中间商水平渠道系统的组织表现形式为：连锁店中的特许连锁和自愿连锁、零售商合作组织等。它与契约式（合同）垂直渠道系统中特许经营组织和零售合作社没有区别，只是视角不同而已。

③促销联盟：促销联盟是指与产品或业务相关联的多个企业，共同开展促销活动或其他有助于扩大销售的活动。促销联盟能使多个企业共享资源，节约渠道成本，提高渠道效率。其主要形式有：共享品牌、共同做广告、交叉向对方顾客销售产品、共同开展营业推广和公关活动等。其类型主要有：同类产品的促销联盟、互补产品的促销联盟、替代产品的促销联盟和非直

接相关产品促销联盟。

3. 复合渠道系统

（1）复合渠道系统的定义　复合渠道系统又称多渠道分销系统，是指对同一或不同的细分市场采用多条分销渠道系统分销其产品，如图5-7所示。复合渠道系统的产生原因：一是因为市场的复杂性和细分市场客户消费行为的差异性，单一的渠道模式无法覆盖到所有市场；二是因为社会的进步和技术的发展为企业提供了更多的渠道选择方案，比如企业既可以选择通过建立销售队伍、直邮销售、互联网营销等方法直接销售，也可以利用批发商、代理商和零售商等分销商间接渠道销售商品。企业通过选择整合不同渠道的优势，或不同地区采用不同渠道模式，利用多种渠道来销售自己的产品，以实现销量最大化和适应不同客户群的购买需求。

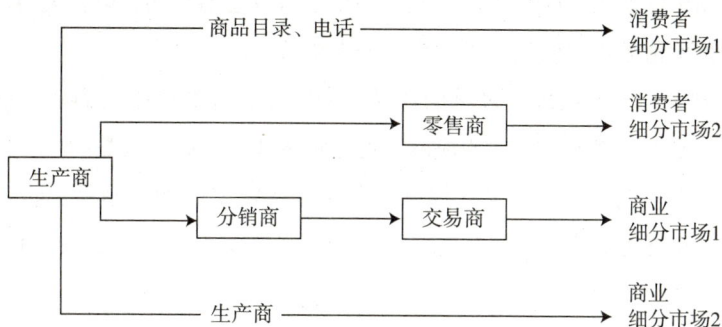

图5-7　复合渠道系统

（2）复合渠道系统的优点与不足　复合渠道系统的优点是可以增加市场覆盖面，多样化的渠道系统能为不同类型的客户服务；可以降低成本，企业规模扩大后开辟的中间商渠道或电话营销等渠道成本较低；可以提高渠道的效力，多渠道销售会使销售更加有效。

复合渠道模式最大的问题是渠道的管理难度会明显加大，并且容易产生不同渠道间的利益冲突，这对实施复合渠道的企业提出了更高的管理要求。

（3）复合渠道组合类型

①集中型组合方式：在单一产品市场组合多条分销渠道，这些渠道互相重叠，彼此竞争。

②选择型组合方式：对产品市场进行细分，对不同的市场选择不同的分销渠道，这些渠道不相互重叠，也不彼此竞争。

③混合型组合方式：综合运用集中型和选择型两种组合方式。通常选择型单一渠道用于某种优先权市场，集中型渠道用于较大规模的市场。

二、营销渠道设计的影响因素

企业在设计营销渠道时，必须充分考虑内外部多方面的约束和影响因素，然后在理想渠道与可行渠道之间进行权衡、比较和选择。渠道结构的设计属于渠道管理的战略问题，它关系到企业的生存和发展。因为渠道模式的选择既要适应变化的市场环境，又要能够发挥企业资源优势，还要最大限度地让顾客满意。要达成这个目标，首先就必须了解渠道设计的影响因素，并对目前企业的渠道状况、覆盖的市场范围及对公司的绩效、面临的挑战等方面有一个清醒的认识和把握，才能设计出适合企业的高效渠道。

1. 企业战略目标　企业的营销渠道设计首先取决于企业的战略目标。如果企业需要进入国际市场，就必须立足世界的眼光设计国际型的营销渠道；如果企业计划发展成为国内知名企业（或品牌），就需要立足全国市场的开发进行渠道设计，比如哪个市场为先，哪个市场为后，哪个市场为重点，哪个市场为补充，哪些需要分销，哪些需要直营等，都需要做出选择；如果一个企业只想在地方发展，只想成为地方品牌，其渠道选择又会不同，完全可以选择直营和连锁经营。

所以，企业在渠道设计前先要分析企业的战略目标，明确企业的战略方向，才能制订好营销渠道战略。

2. 产品因素　产品的用途、定位等对营销渠道的设计都是很重要的。

（1）**单位产品价值**　对单位价值低且需求量大的产品，如消费品中的便利品、工业品中的标准件以及药品中的普药、OTC 药品，其营销渠道可以适当长些，以扩大市场覆盖范围。一般而言，产品单位价值越小，营销渠道越多，渠道越长。

（2）**体积与重量**　体积过大或过重的产品，应选择直接的或中间商较少的间接渠道，如大型设备、水泥、矿石、谷物、饮料等应减少运输距离和重复搬运次数。

（3）**产品易腐性**　易腐（如蔬菜、海鲜）及保质期较短（如奶制品、熟食品）的产品宜采用较短的渠道，这样可减少中转过程不是产品变质或失效。如疫苗类药品宜选用直接渠道进行分销。

（4）**产品标准化**　高标准化产品应该比低标准化产品使用更长、更宽的渠道。而标准化低，尤其是定制的产品顾客数量少，可以进行直接销售。

（5）**产品技术性**　产品的技术含量越高，渠道就越短，常常是直接向工业用户销售，因为技术性产品，一般需要提供各种售前售后服务。在消费品市场上，技术性产品的分销是一个难题，因为生产商不可能直接面对众多的消费者，生产商通常直接向零售商推销，通过零售商提供各种技术服务。在医药行业，新药和医疗机械的科技含量较高，对售前、售中及售后服务的要求也高，宜选择直接渠道或短渠道进行分销，便于咨询与服务。

3. 市场因素

（1）**市场需求特征**　对需求比较旺盛的市场，企业应采取宽渠道策略，以满足最大限度的需求，快速占领市场；反之，应采用窄渠道。对需求变化较为复杂的市场，应采用短渠道或直接渠道，便于搜集市场信息、及时调整营销策略；反之，应采用长渠道或间接渠道，以扩大销售区域。

（2）**市场规模及集中度**　对市场规模较大、区域比较集中的市场，如大城市或发达城市市场，消费者比较集中，企业采用直接渠道或短渠道，如建立销售公司或办事处，从而及时搜集市场信息并了解市场变化；对规模较小、区域比较分散的市场，宜采取长渠道或间接渠道分销产品，如在药品第三终端市场中宜采用密集分销策略。

（3）**竞争激烈程度**　对市场规模较大、竞争较激烈的市场，企业采用直接渠道或短渠道，能够控制市场的变化，如第一终端市场；反之，则采用间接渠道。

4. 企业自身因素

（1）**企业的规模、实力和声誉**　企业规模大、实力强，往往有能力负担起部分分销职能，如仓储、运输、设立销售机构等，有条件采取短渠道。而规模小、实力弱的企业，无力销售自己的产品，只能采用长渠道。声誉好的企业，希望为之推销产品的中间商就多，市场商容易找到理想的中间商进行合作；反之则不然。

（2）产品组合　企业产品组合的宽度越宽，越倾向于采用较短渠道；产品组合的深度越大，也宜采取短渠道。反之，如果生产商产品组合的宽度较窄、深度较小，生产商只能通过批发商、零售商来转卖商品，其渠道是"较长而宽"。产品组合的关联性越强，则越应使用性质相同或相似的渠道。

（3）企业的营销管理能力和经验　管理能力和经验较强的企业往往可以选择较短的渠道，甚至直销；而管理能力和经验较差的企业一般将产品的分销工作交给中间商去完成，自己则专心于产品的生产。

（4）对分销渠道的控制能力　生产商为了实现其战略目标，往往要求对分销渠道实行不同程度的控制。如果这种愿望强，就会采取短渠道；反之，渠道可适当长些。

5. 中间商因素

（1）是否能找到合适的中间商。如在一定的市场区域内找不到合适的中间商，生产商则只能在该区域采用直接销售方式或放弃该区域。

（2）使用中间商的成本。如果中间商索取的佣金过高，则中间商的成本会影响整个渠道的成本，此时应尽量减少中间商。

（3）中间商的能力。如果中间商不能有效地提供服务或促进销售，生产商可以考虑建立具有保障服务的直销渠道。

6. 政策法规　企业在设计营销渠道时，必须遵守国家有关政策与法令的规定。国家的价格政策、税收政策、商品检验规定、出口法规等都会影响营销渠道的设计。此外，根据国家政策规定，某些产品需由国家政府部门严格管制或按计划进行分配，企业则不能自行销售或自行委托销售。比如，公费医疗制度、基本医疗保险药品目录、药品分类管理等法律法规，都直接影响或制约了药品分销渠道的选择与设计；一些特殊药物如麻醉药物、有毒药物，也要按照相关规定进行分销。

三、营销渠道设计的一般程序

斯特恩（Stern）等学者总结出"用户导向分销系统"的渠道设计模型，如图5-8所示。该模型将渠道系统设计过程划分为5个阶段，共14个步骤。5个阶段即当前环境分析阶段、制定短期的渠道对策阶段、渠道系统优化设计阶段、限制条件与鸿沟分析阶段、渠道战略方案决策阶段。

（一）当前环境分析阶段

当前环境分析阶段主要包括图5-8中的第1步到第4步，要求通过这些步骤对目前分销渠道的状况、覆盖的市场范围以及对公司的绩效和所面临的挑战，有一个清晰的认识和准确的把握。

第1步：审视企业渠道现状。通过对企业过去和现在销售渠道的分析，了解企业以往进入市场的步骤；各步骤之间的逻辑关系、后勤和销售职能；企业和外部组织之间的职能分工；现有渠道系统的经济性（成本、折扣、收益和边际利润等）。

第2步：了解目前的渠道系统。要对渠道所处的环境进行分析，如了解行业集中程度、宏观经济指数、当前和未来的技术状况、经济管理体制、市场进入障碍、竞争者行为、最终用户

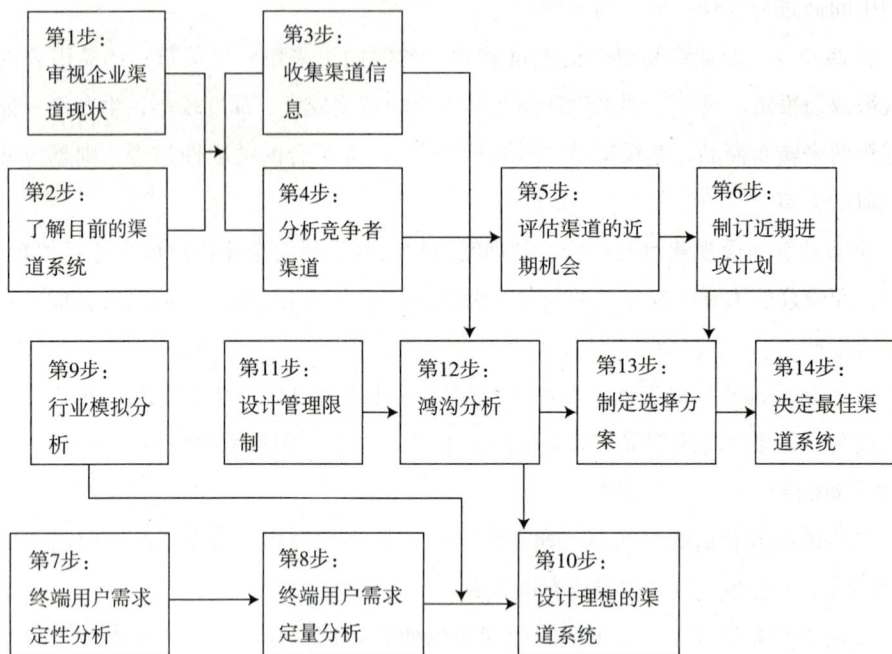

图 5-8   "用户导向分销系统"设计模型

状况（忠诚度、地理分布等）、产品所处的市场生命周期阶段、市场密度与市场秩序等环境因素的现状及其变化情况。

第 3 步：收集渠道信息。对企业及其竞争者的渠道环节、相关群体和渠道有关人员进行调查分析，获取现行渠道运作情况、存在问题及改进意见等方面的第一手资料。

第 4 步：分析竞争者渠道。分析主要竞争者的渠道特点，了解竞争对手的渠道策略，特别是对渠道成员的激励政策、回款条件、成员规划等信息。以便了解可能对自身的渠道所产生的威胁及反击策略，从而制定相关对策，将竞争对手的威胁降到最低。

（二）制定短期的渠道对策阶段

制定短期的渠道对策阶段主要包括图 5-8 的第 5 步和第 6 步，在这一阶段，设计者应根据前面的调研分析结果，把握渠道战略可能做出某些调整的机会，进行短期调整。

第 5 步：评估渠道的近期机会。综合前四步获得的资料，进一步分析环境变化，特别是竞争者的渠道策略变化带来的机会。如果发现企业的渠道策略执行中出现明显错误或竞争渠道有显而易见的弱点，就应当果断采取对策和措施进行改善。

第 6 步：制订近期进攻计划。这是一个将焦点放在短期策略上的计划，这种计划通常是对原渠道策略的适时、局部调整。其全面调整则要等 14 步结束后才能真正完成。

（三）渠道系统优化设计阶段

渠道系统优化设计阶段主要包括图 5-8 中的第 7 步到第 10 步，此阶段的渠道设计者要摒弃所有惯性思维，从终端用户角度设计渠道。

第 7 步：终端用户需求定性分析。此环节要了解终端客户的需求，一般要考察四个因素，即购买数量（产品是否需要拆分）、分销网点（是否要求就近购买，是否需要信息、技术支持，能否接受远程服务等）、运输和等待时间（运输费用是多少、最大的等待时间是多少）、产品多样化（消费者是否有挑选的可能）。

第8步：终端用户需求定量分析。在了解用户需要何种服务产出的基础上，进一步了解这些服务产出（如地点便利性、低价、产品多样性、技术专家指导等）对用户的重要程度，并比较、分析这些特定要求对不同细分市场的重要性。

第9步：行业模拟分析。这一步骤的重点是分析行业内外的类似渠道，剖析具有高效营销渠道的典型公司，发现并吸纳其经验与精华。

第10步：设计理想的渠道系统。这是关键的一步，目标是建立能最好地满足最终用户需求的理想分销渠道模型。首先要认真评估将调研分析得出的服务产出聚类特性整合到渠道中去是否可行。其次要论证渠道将上述服务产出传递到相应的细分市场需要做出哪些努力，即设置哪些渠道功能才能保证满足客户的期望。最后要确认各分销功能由哪种机构承担，才能带来更大的整体效益。设计渠道系统时，应考虑下列问题：有哪些没有价值的职能、环节可以剔除？有哪些职能可以合并？能否采用自动化系统以实现渠道的高效率？所设计的职能是否有合适的渠道成员来承担？

（四）限制条件与鸿沟分析阶段

限制条件与鸿沟分析阶段主要包括图5-8中的第11步到第12步，本阶段要对渠道方案的现实限制条件进行调研分析，为最后选定渠道战略方案提供依据。

第11步：设计管理限制。在此阶段要分析，回答以下几个问题：方案的执行人员是否了解方案？了解传统观念和做法的力量有多大？新方案的证据及逻辑性是否保证方案顺利通过？是否存在某个主管有足够的权利、威信保证渠道变革的执行？

第12步：鸿沟分析。此阶段要分析，要实现完美渠道所面临的差距有哪些、企业能否实现这些差距、实现这些差距要付出多大的成本等。

（五）渠道战略方案决策阶段

渠道战略方案决策阶段主要包括图5-8中的第13步到第14步，在这一阶段，要根据前面调研分析的结果选择营销战略方案，设计构建最佳的营销渠道系统。

第13步：制定选择方案。要制定几套不同的渠道方案，并请各类专家召开会议，评估其合理性，要讨论各种方案的适应条件，以及如何实施。

第14步：决定最佳渠道系统。最后一步是让理想的分销系统（第10步得出）绕过管理层保留或许可的目标与制约，形成充分吸纳了整个过程中的合理要求的最佳分销渠道系统方案。尽管管理层一些人员仍会有所保留，但他们必须对企业及企业面临的主要环境和竞争力形成一致意见。最佳系统可能并不是理想系统，但它将能最大限度满足管理层的质量（传递最终用户的满意度）、效率、效益、适应性标准。

在渠道设计时要防止走进一些误区，比如过于依赖现有渠道，或是为了节约成本减少渠道层次等。在渠道设计时也要注意一些渠道设计技巧，比如在选择渠道终端时，应注重市场影响力和进入难度两个方面的问题；在渠道设计完成后，为了避免渠道实施失败带来的巨大损失，应选择一典型市场进行试探性渠道进入，总结实施中的问题和经验，为全面实施渠道方案提供决策支持等。

NOTE

第二节　营销渠道的成员选择

渠道成员的选择可以从不同的角度进行考察，比如制造商选择中间商、批发商选择零售商、中间商选择制造商、零售商选择批发商，以及中间商之间的相互选择。因为制造商选择渠道成员的过程更为完整，所以我们从制造商的角度来介绍渠道成员选择的相关内容。从制造商的角度看，选择渠道成员十分重要。营销渠道能否发挥正常的功能，渠道策略能否贯彻，渠道目标能否实现，很大程度上取决于渠道成员的合作程度。

渠道成员的选择可以分为以下三部分：①明确渠道参与者；②渠道成员的选择；③渠道成员的评价。

一、渠道参与者

根据参与者是否需要就有关商品的买卖或所有权转移进行谈判以及商品所有权是否发生转移，渠道参与者可以分成两大类：一类是成员性参与者，如制造商、批发商、零售商以及其他中间商等；另一类是非成员性参与者，如运输公司、仓储公司、物流公司等。在营销渠道管理中，对渠道成员的选择主要是指对成员性参与者的选择，因为非成员性参与者的选择往往由企业更高一级的管理者或其他部门的管理者做出。

（一）制造商

制造商是指那些生产或制造产品的企业，包括各式各样从事采掘、提取、加工、种植和组装产品的公司。其作用是创造能够满足人们需求的财富或资源。作为产品的生产者，制造商常常是品牌的拥有者，也是营销渠道的源头。制造商的产品涉及范围十分广泛，但它们都是为市场生产，都要通过满足市场需求而获利。

制造商可以通过直接渠道销售自己的产品，但是当考虑产品的销售成本的情况下，制造商常常选择在经济上更有利的渠道，即把销售交给批发商、零售商或其他中间商来做。随着中间商实力的增强，一些制造商甚至放弃了对营销渠道的控制，只为中间商贴牌生产自有品牌产品。

（二）批发商

批发商是以经营批发业务为主的中间商。它们一头连着制造商，收购制造商的产品；另一头连着零售商、生产用户或各种非营利性组织，按批发价格销售大宗商品。在营销渠道中执行上（上游制造商）下（下游零售商和顾客）两种渠道功能。

1. 从上游制造商的角度看批发商执行渠道的功能

（1）占领市场　即制造商借助批发商的力量，能够更有效率地抢占市场份额。

（2）进行产品推荐和销售　批发商在销售上往往比制造商更为在行，制造商将商品以批发价交给批发商销售，可以节约销售成本，提高营销效率。

（3）承担库存任务　制造商为了满足市场需求，需要保持一定量的库存。批发商可以协助制造商承担库存的风险（如腐烂、霉变、破损等），为制造商解决库存难题。

（4）处理订单　零售商、消费者大多是多次、少量订货，制造商要满足所有订单需求很麻烦。批发商同时销售许多制造商的产品，订单处理成本可以分摊，成本比制造商更低。

（5）提供市场信息　批发商掌握很多重要的行业供求信息，它把信息及时传递给制造商，能够帮助制造商了解行业状况，更精确地进行产品设计、产能计划和价格制定。

（6）提供服务支持　零售商、消费者常常需要咨询产品的使用、维护和维修等事宜，甚至需要卖家上门安装和修理。在成本有利的情况下，制造商会请求批发商提供这些服务。

2. 从下游零售商和顾客的角度看批发商执行的渠道功能

（1）产品有效性　即产品适合购买者需求的程度。在进行商品采购时，批发商实际上是在帮助零售商、消费者挑选商品，因此批发商需要选择那些适销对路的产品。

（2）顾客服务　批发商在向零售商、消费者销售商品的时候，通常还要提供一些服务，如运输、维修、担保服务等。

（3）融资　批发商还可以为零售商或用户提供资金支持：一是赊销或分期付款；二是保持较大的库存量，使零售商或用户随时可以提贷，免去零售商或用户因为需要库存而增加的成本。

（4）分类便利　批发商把来自不同制造商的产品集中在一起，以供零售商或用户选购，简化了零售商或用户的采购过程。

（5）整批分零　制造商会设定一个最小订货量，将小订单者拒之门外。批发商一次从制造商那里订购大量产品，可以分成小份额满足小订单者的需求。

（6）技术建议和服务支持　批发商会帮助与自己有密切联系的零售商，培训推销人员、布置商店、建立会计系统和库存控制系统，提高零售商的经营效益。

（三）零售商

零售商是以经营零售业务为主的中间商。它们一头连着制造商或批发商，采购制造商或批发商的产品；另一头连着消费者，按零售价向消费者销售商品。

零售商执行的渠道功能有以下几种。

1. 提供商品组合　零售商为消费者提供丰富多彩的产品和各种各样的商品组合，节省了消费者选择商品和购买的时间和精力。

2. 分装货物　为降低运输成本，制造商或批发商给零售商的产品都是整箱或整盒的。零售商将整箱或整盒的产品分装成小包装出售给消费者。

3. 保有存货　消费者若储存产品，或面临占用现金及产品损失的风险，零售商用保有存货的方式，帮消费者承担了部分费用和风险。

4. 提供服务　零售商还为消费者提供了许多售前、售中和售后服务，为消费者购买和使用产品创造了便利条件。

（四）其他中间商

除了批发商、零售商以外，还有经销商、代理商、分销商、经纪人等中间商。在大多数情况下，这些中间商发挥的作用类似于批发商对上游制造商执行的功能，而且往往只是发挥其中一部分功能，如占领市场、推荐和销售产品、管理库存、处理订单、提供市场信息和提供服务支持。它们凭借自己的销售网络，可以较快地帮助制造商进入一个新的市场。

（五）消费者和用户

消费者和用户是营销渠道的终点。企业的所有渠道活动，都是为了在适当的时间、适当的地点、以适当的形式满足消费者和用户的需求。但是，其实消费者和用户也是营销渠道的一个重要的成员性参与者。这是因为消费者和用户也需要在渠道中承担一些渠道功能，如要负责付款后的提货、运输，甚至对商品的养护、维修等。

另外，消费科技和设备的发展，使得消费者和用户发挥渠道功能的成本正在降低，因此消费者和用户会发挥越来越大的渠道功能，如互联网的出现，消费者和用户可以直接在网上定制自己喜欢的商品。对此趋势，企业要适时调整自己的渠道功能，为消费者和用户提供性价比更高的服务。

（六）非成员性参与者

非成员性渠道参与者，指帮助成员性渠道参与者执行诸如购买、出售、商品实体转移，以及商品所有权转移等渠道任务的企业或机构［Rosenbloom，B. Marketing Channels（3rd ed.），Chicago：The Dryden Press，1987：26 – 28］。非成员性参与者承担很多渠道任务，是营销渠道中不可缺少的环节。非成员性参与者主要包括运输企业、仓储企业、物流企业、市场调研机构、广告代理商、保险公司等，如表5 – 2所示。

表5 – 2   非成员性渠道参与者

非成员性参与者	主要活动	渠道功能
运输企业	利用运输工具，帮助委托人专门从事有形商品的空间位移及其相关活动，如打包、搬运、装卸等	实体流（商品实体的流动）
仓储企业	利用仓储设施与工具，帮助委托人专门从事有形商品的时间滞留及其相关活动，如装卸、搬运、入库、商品养护、出库等	实体流
物流企业	专门从事各种物流活动，帮助委托人打理有形商品的空间位移和时间滞留及其相关活动，包括运输和仓储	实体流
市场调研机构	收集市场信息并进行分析预测，向制造商或中间商提供营销决策的依据	市场信息流（向制造商或中间商提供决策信息）
媒体与广告代理机构	帮助制造或中间商进行广告策划和设计、选择广告媒体、确定广告预算、刊载和发播广告信息，以及测量广告效果等	促销信息流（通过商品信息或企业信息的传播，树立产品的品牌形象或企业形象，诱导消费者购买）
保险公司	帮助制造商、中间商或一些非成员性参与者在业务经营中规避和转移可能遇到的风险和造成的损失	风险流（规避和转移风险和损失）
银行	通过存贷款业务、转账业务，为各交易方提供资金和进行资金融通，加速资金周转	资金流、风险流、融资流（为交易各方融通资金、支付与接收交易货款）

二、渠道成员的选择

（一）渠道成员的选择标准

1. 市场覆盖范围   市场覆盖范围即中间商覆盖制造商预期的地理范围的程度。中间商覆盖市场的范围要足够大，但是又不能与其他范围发生重叠。

2. 财务状况   渠道成员能否按时结算以及在必要时预付货款，取决于其财务状况。财务状况良好的中间商能够扩大广告宣传，吸引更多消费者；反之，财务状况不佳的中间商会经常拖欠货款，影响企业资金周转速度。

3. 促销能力   中间商销售产品的方式及运用促销手段的能力，直接影响其销售规模。同时，选择分销商时还要考虑其是否愿意承担一定的促销费用。

4. 人员、装备和设施 分销人员的数量和质量如何，是否具有良好的公共关系，以及分销商的设施与装备安置是否恰当，这些因素都可以直接反映出中间商的经营能力。

5. 声誉 声誉主要指中间商的信誉好坏、公共关系如何等。它不仅影响回款，还直接关系到市场的网络支持。所以，企业应避免选择信用不好的中间商作为渠道成员。

6. 经营历史 中间商经营的历史越长，周围的顾客对其越熟悉，其市场影响力越大，越有利于产品的分销。

7. 合作意向 如果中间商没有合作意向，其实再有实力，对企业来说也没有意义。相反，如果中间商愿意合作，就会积极主动地销售产品。所以，选择渠道成员也要考虑中间商的合作意愿。

（二）渠道成员的选择途径

1. 专业性批发市场 许多城市有小商品市场或各个行业的专业批发市场，到这种地方走一走，经常会看到店铺门口或店里有"××地区总经销、总代理"等招牌。大的经销商为了扩大自己的知名度，会要求厂家帮其在门面制作类似的招牌、条幅等。

2. 媒体广告 到达一个新的市场，可以通过当地的报纸、电视、广播、广告牌等媒体寻找同类产品的广告，其中有"某公司总经销、总代理"等信息，能有助于找到目标渠道成员。

3. 工具书 工具书包括当地的电话号簿、工商企业名录、地图册、手册、消费指南、专业杂志等。尤其是电话号码簿含有很多企业信息，一些当地有实力的经销商会在当地电话号码簿上刊登自己公司的名称。

4. 广告公司咨询 当地的广告公司对当地的媒体、市场情况通常比较了解，为了成为你公司的广告代理商，广告公司会详细告知你当地经销商的情况。所以，可以先找广告公司做广告代理，然后通过广告公司介绍合适的经销商。

5. 刊登招商广告 企业如果通过一般途径找不到合适的经销商，或者企业很有实力又想快速扩大影响力，可以通过刊登招商广告的方式寻找中间商。在招商广告中可以详细说明对中间商的要求，并进行挑选。这种方式见效快，但费用较大，不太适合小企业。

6. 参加产品展销会、订货会 各个行业每年都会举行各式各样的产品展销会、订货会，很多专业性的经销商都会参会。这是厂家展示产品、品牌的地方，也是很多企业寻找客户的有利机会和途径。

7. 顾客和中间商介绍 通过咨询同一行业里的顾客、员工、中间商，让他们推荐合适的中间商是有效的寻找客户的方法。因为同行间信息互通，比较了解，容易获得目标市场客户信息，而且朋友介绍的客户更值得信任。

8. 通过网上查询 随着互联网的发展，通过因特网，尤其是专业网站寻找筛选渠道客户，成为企业寻找合作伙伴的又一种途径。但是，企业也要学会甄别网上的真假信息，防止受骗。

（三）渠道成员的选择方法

在确定渠道成员时，可以使用的方法有两种：一是定量确定法，二是定性确定法。两种方法各有利弊，渠道管理者可以根据自己的实际情况进行选择。

1. 渠道成员的定量确定法 渠道成员的定量确定法，是基于对渠道成员的量化评估，并经过排序得出。比如，制造商可以根据产品的销售量和销售增长率，将零售商排序，然后由前至后依次选择。再比如，制造商还可以根据渠道成员的销售成本，采用三种销售成本的分析方法（表5-3），对中间商排序，然后由后至前或由前至后依次选取。

表5-3 销售成本的分析方法

分析方法	具体操作
总销售成本比较法	在分析候选渠道成员合作态度、营销战略、市场声誉、顾客流量、销售记录的基础上，预估各个候选渠道成员执行渠道任务的总费用。然后，选择其中总费用最低的
单位商品销售成本比较法	销售费用一定时，产品销量越大，单位商品的销售成本越低，渠道成员的效率越高。因此，在评价候选渠道成员的优劣时，需要把销售量与销售成本两个因素联系起来综合评价，计算出单位商品的销售成本，选择比值最低者
成本效率分析法	以销售业绩与销售费用的比值（称为成本效率）作为评价依据，选择渠道成员。成本效率的计算公式是：成本效率 = 某渠道成员的总销售额/该渠道成员的总销售成本

当然，最简单、常用的方法还是加权评分法。加权评分法对拟选择作为合作伙伴的每位渠道成员，根据其经营能力和条件进行打分，然后根据分数高低做出选择，方法如下：第一步，根据不同因素对完成企业渠道目标和渠道策略的重要程度，分别赋予一定的权数；第二步，根据在渠道成员评估阶段，对每一个渠道成员在每一个因素上所进行的评估，打相应的分数；第三步，将每一个成员在每一个因素上的得分与该因素的权数相乘，得出每一个成员在每一个因素的加权分；第四步，将每一个成员在所有因素上的加权数相加，得出每一个渠道成员的总分；第五步，按照总分从高到低选取渠道成员。

例如，某公司决定在某地区采用独家分销的渠道模式建立自己的营销渠道。经过考察，初步选出了三家比较合适的零售商。公司希望选取的零售商具有以下条件：理想的地理位置；有一定的经营规模；顾客流量较大；声望较高；较高的合作意愿和良好的合作精神；主动进行信息沟通；货款结算信誉好。每一位"候选人"都有一定的优势，但是没有一个在各方面均具有优势。因此，公司采用加权评分法对三位"候选人"进行评价和选择，结果如表5-4所示。通过打分计算，可以看出，第二个零售商得到了最高的加权总分。因此，该公司应该选择第二个零售商作为它在当地的独家分销商。

表5-4 用加权评分法选择零售商

评价因素	权数	零售商1		零售商2		零售商3	
地理位置	0.20	85	17.00	70	14.00	80	16.00
经营规模	0.15	70	10.50	80	12.00	85	12.75
顾客流量	0.15	90	13.50	85	12.75	90	13.50
市场声望	0.10	75	7.50	80	8.00	85	8.50
合作精神	0.15	80	12.00	90	13.50	75	11.25
信息沟通	0.05	80	4.00	60	3.00	75	3.75
货款结算	0.20	65	13.00	75	15.00	60	12.00
总计	1.00	545	77.50	540	78.25	550	77.75

注：打分时，每一个因素的得分区间为0到100分。

由此可见，定量分析法的优点是如果能够掌握较为准确的数据，对于渠道成员的选择会比较客观，较少受渠道管理员个人好恶的影响。然而，它的缺点也很明显：第一，有很多因素很难量化，如渠道成员的可控性和适应性。第二，搜集量化数据，需要进行较深入的市场调研，

NOTE

也需要较大的人力、财力、物力的花费。此外，市场调研时间较长，而企业不可能耗费过多时间去调研。第三，企业有可能是被选择者，而不是选择者。此时，定量测算的结果用处不大。

2. **渠道成员的定性确定法**　因为定量确定法有上述缺点，所以在实践中，企业往往采用定性确定法选择渠道成员。以下是一个营销经理的经验之谈，虽然是将中小制造商如何"倒过来作渠道"，但却讲出了采用定性确定法选择渠道成员的主要步骤和特点（杨荣华，贺军辉. 中小企业选择经销商的经验之谈. 中国营销传播网，2002 年 5 月 13 日，http：//www. emkt. com. cn/article/66/6689. html）。

第一，市场试运作。即厂家选派几个精兵强将，在当地建立办事处，自设仓库。可以直接由厂家向零售店铺货，也可以联系数家有意向的批发商同时向零售店铺货。如果是后者，事先要写明双方的责、权、利，明确说明是试销，厂家不承诺经销权。这就是所谓的"倒过来作渠道"。

第二，通过竞争把经销商选出来。几家有意向的批发商同时铺货，往往会形成竞争和相互牵制的局面。随着厂家对零售环节和批发商的熟悉，这时再来确定经销商就比较容易了。经过市场试运作，淘汰掉那些渠道能力较差或终端运作能力较差的经销商。对被淘汰的批发商，给予一定的补偿。如果初期，经销商都采取观望态度，那么厂家只好自己直接铺货，并且边铺货边谈经销事宜。

第三，选好经销商、初步铺货后再发动广告促销攻势。中小企业的广告费用有限，可以采取用"时间"换"金钱"的方法，先辅助经销商进行市场的第一轮铺货，当广告促销攻势发动后，再进行第二轮铺货。这样可以最大限度地节约广告费用。

第四，签订经销合同的期限不宜过长，最好不要超过一年。有人认为，签订长期合同有利于经销商与企业绑在一起，使经销商全心全意地投入市场开拓。实际上，这只是企业一厢情愿的想法。经销商可能会利用中小企业的弱势地位进行投机活动。签订短期合同，合同条款订得仔细一些，留给经销商投机的机会就会比较小。此外，经销商也会有随时被替换的压力，必会更加努力做企业的产品。

第五，不轻易承诺总经销权。即使市场上只有一个经销商在做，也只承诺特约经销权。因为很少有批发商能够覆盖区域市场的所有二级批发商和零售商，如果企业承诺总经销权就等同于放弃了经销商无法覆盖的网店。另外，承诺总经销权，也不利于厂家对市场的控制。虽然初期经销商会有意见，但是只要厂家坚持网点建设"谁开发，谁管理到位，谁所有"的原则，保证经销商已开发并管理良好的网店企业绝不插手，最终厂家与经销商是可以很好地合作的。

第六，选择不大不小用着正好的经销商。厂家的实力有限，不宜选择能力很强的经销商。这是因为实力强的经销商手上经营的品牌太多，对于知名度不够的新品牌不会全力经营。厂家也不宜选能力太弱的经销商，因为这样的经销商没有足够的能力把产品铺到销售终端。厂家选择与自己实力匹配而且能全力经营的批发商最好。

渠道成员的定性确定法有简便易行、灵活多样、省时省力的优点。它的缺点是有太多的主观随意性，往往面对同样的情况，不同的人会做出不同的选择。

定量确定法和定性确定法可以结合起来使用。比如，先用定性方法进行初选，经过一段时间的运作后，再用定量方法进行终选。这样做，可以使两种方法互补，最有可能选到合适的渠道成员。

NOTE

【营销实践】

沃尔玛眼中的最佳供应商

全球第一连锁巨头沃尔玛在上海的第一家店开业。当普通消费者争相涌进沃尔玛店铺选购商品的同时，许多制造商也在盘算着如何打入沃尔玛的采购体系。那么，怎样才能博得沃尔玛的青睐？

首先要弄清楚：进入沃尔玛采购体系对制造商来说会有什么好处？

沃尔玛全球采购中国区域杂品部总经理黄育才分析了沃尔玛的低价为啥还能让自己、让供应商赚钱的道理："沃尔玛会要求比较低的价格，但是就算采购的价格是一样的，沃尔玛可以比别人更有条件去赚钱，因为数量可以影响到你的成本，你给沃尔玛的货是一元钱，你给其他零售商也是一元钱，你在沃尔玛可卖一万件产品，跟你在其他店卖一件产品成本是不一样的。"

专门从事帮助消费品生产商与大型零售商建立业务合作的美国银矿咨询公司总裁保罗·凯利认为，那些让沃尔玛成功的因素，比如高效率、快速将货物销售出去、低成本等，也是制造商成功的要素。他说，与沃尔玛做生意最大的好处或许就是可预见性。促销和其他短期手段容易误导供应生产太多或者太少的产品，而沃尔玛通过每日的低价策略，使销售结果不再受此影响。这样，供应商就能更加高效和准确地安排计划、预测、购买原材料等，从而使利润更高。

其次，需要弄清楚你是哪类供应商？

按照沃尔玛目前的规模，它需要多达2万家供应商来提供各种产品。由于沃尔玛出售的产品五花八门，从针头线脑一直到庞大的机械产品，所以，很难用一个标准来说沃尔玛到底喜欢什么样的供应商。

黄育才也承认很难一语概之，但他将零售商、供应商都分成三种，阐述了沃尔玛的倾向。

三种零售商依次是从具有成熟度到不成熟的零售商。第一种零售商是有自己的设计能力、创新能力，可以引导时尚。另外它的管理结构非常完善，可以预见整个市场的趋势。这种零售商叫"具有成熟度"。

第二种零售商是有一部分的设计能力，对市场也有某种程度的预测能力，同时也有补货的能力。在零售店里面通常是分两种产品，一种叫作促销，这个产品买进后只是销售一段时间，卖完后就不再进货。另外一种称为补货的商品，即未来的六个月或者是一年内会不停销售的产品。这个类型的产品在一般具有规模的店里面占到75%～80%的销售额。补货能力听来简单，有人会说"多进点货就好了"，但是多进货会造成库存的压力、资金的挤压，会造成仓储空间不够，所以补货很重要。

最后一种是成熟度低的零售商，它没有什么样的设计能力，每一次产品采购的方向都是到供应商的样板间去选择，看到什么喜欢就挑什么。

所有的供应商也分成三种。最具有成熟度的供应商，可以很清楚零售商的补货，它会告诉零售商你现在的库存比较低了，你应该赶快进货，或者你现在库存太高，希望你暂时不要买，以免增加库存压力。另外它还有设计能力、有产品丰富的展示厅、提供售后服务。

第二种供应商，可以提供刚才讲的成熟厂商的一部分，它可能没有设计能力，但是它改进的能力很强。

最后一种厂商，它只做裁剪，它可能连原料都不用采购，它的供应商会把原料给他。

黄育才透露，沃尔玛正在积极发展产品设计部门，偏向于做"具有成熟度"零售商，那么它需要的供应商就是第三种。第一种供应商当然是最好的，但是成本往往是跟服务相连的，第一类型的供应商可能价格偏高，所以说，第三类的供应商不要妄自菲薄，你还有机会。

除此以外，黄育才说，沃尔玛还有一些杂货类的产品，因为牵扯的非常广泛，很难说有自己的设计部门根据每一种产品去做设计，所以这方面我们需要中间这种制造商。

保罗·凯利认为，沃尔玛一般乐意与具备以下特征的供应商进行合作。

首先，有强烈的决心致力于提高效率和降低成本的供应商；第二，愿意公开自己财务状况的供应商；第三，愿意在与沃尔玛业务相关领域投资的供应商；第四，对沃尔玛提供的产品服务具有创造性和排他性的供应商；第五，能给沃尔玛带来增值服务的供应商。

保罗·凯利认为，那些价格非常高、市场容量小的产品，如高端化妆品、珠宝等，如果通过沃尔玛这种类型的折扣渠道销售产品，就无法维持自己的高价。其次，生产市场容量小、容易被拷贝的产品的加工商，也要尽量避免沃尔玛。第三，资本不足的供应商也不适合沃尔玛。第四，只生产一种产品的供应商最好不要向沃尔玛出售产品。他强调，沃尔玛做生意的方式对大供应商有利，因为他们有规模经济。小型加工商为了满足沃尔玛的要求，必须愿意在技术和员工身上投资，这种投资可能会超过小型供应商的承受能力。

最后一点，工厂评价看什么？

沃尔玛始终坚持平价策略，强大的执行力让这一口号变成了深入人心的形象。但是，沃尔玛的低价还附有先决条件，那就是质量。另一点，现在在沃尔玛尤其强调，那就是供应商的社会责任感。黄育才说，沃尔玛的"工厂评价"重点不是看你的机器和生产设备，而是看你有没有符合国家法律，是否注意环保。黄育才总结说：我们最主要的指标，第一个还是要谈社会道德标准，第二个我们要看质量，再下来就是看成本，然后再是你的设计制造能力。

第三节　渠道冲突管理

一、渠道冲突的概念

"冲突"一词来源于拉丁文，表示抵触、冲撞。社会科学家刘易斯·科赛（Lewis A. Coser）认为："冲突就是在系统中的敌对者进行损害、排除或抵消竞争者的行为，即围绕价值、稀缺地位、能力以及资源进行的斗争。"

渠道冲突是指渠道成员之间产生对抗、抵触、报复等行为，唐纳德. 鲍尔索克斯和比克斯比. 库伯认为，渠道冲突是"某个渠道成员认为其他渠道成员有损害、妨碍该渠道成员利益的行为，或其他渠道成员有争夺稀缺资源的行为"，而路易·斯特姆（Louis W. Stem）等人则认为，"渠道冲突是指一个渠道成员认为另一个渠道成员参与了阻止或妨碍他达到目标的行为"。

因此，渠道冲突是指渠道成员意识到另一个渠道成员正在从事损害、威胁其利益，或者以牺牲其利益为代价获取稀缺资源的活动，从而引发在他们之间的争执、敌对和报复等行为。

二、渠道结构冲突

由于渠道成员之间的关系不同，导致渠道成员之间的冲突类型也不相同，呈现出多种表现

NOTE

形式。

1. 渠道结构冲突 按照渠道结构来划分，可分为垂直渠道冲突、水平渠道冲突和多渠道冲突。

（1）**垂直渠道冲突** 垂直渠道冲突是指同一渠道中不同层次之间的冲突，如生产商与批发商或批发商与零售商之间的冲突。

（2）**水平渠道冲突** 水平渠道冲突是指存在于渠道同一层次成员之间的冲突，如同一市场中批发商之间的冲突、同一商圈内零售商之间的冲突等。

（3）**多渠道冲突** 多渠道冲突是指生产企业建立多渠道系统后，不同渠道之间的冲突，如直接渠道与间接渠道之间的冲突。

2. 渠道冲突表现形式

（1）水平渠道冲突的表现形式

①窜货：窜货是指产品越区销售，有时又称"倒货""冲货"。窜货又分为恶性窜货和良性窜货。恶性窜货是指经销商为了获取非正常利润，有意向其他市场区域销售产品。恶性窜货是市场秩序的破坏者，扰乱了正常的渠道关系，并引发渠道成员之间的价格竞争和市场秩序混乱，破坏了渠道之间的约定规则，成为破坏渠道关系的首要因素。自然窜货是指经销商在获取正常利润的同时，无意中向其他区域销售产品，包括两种：一是相邻辖区的边界附近互相窜货；二是销售到更远的其他经销商势力达不到的区域。

②恶性价格竞争：据调查数据显示，国内一般的企业难以管理和控制价格。这是因为，一方面，当市场竞争进入白热化，各级经销商为保住市场份额和利润空间，可能会选择价格战，甚至导致恶性价格竞争。另一方面，通常年底经销商会获得生产商的年终返利、奖励。为了获得更多返利，某些经销商会进行"掠夺式"销售，销售价甚至低于厂家的批发价。恶性价格竞争的后果很严重，会导致渠道系统混乱，并且容易使品牌形象受损。

（2）垂直渠道冲突的表现形式

①制造商与经销商的冲突：在渠道管理中，生产商往往会面临以下问题：经销商只负责销售而未提供相关服务、市场信息反馈滞后、经销商越权管理、回款不及时、产品运输中的损失率较高、市场渗透不力、经销商不执行企业的整体销售政策、供货不及时、厂家支持不够等。这些问题一旦得不到良好的解决，会导致两者之间的冲突和矛盾。

②渠道成员的强势：由于整个医疗市场处于垄断地位，特别是一些三级医院用药量较大，形成一种终端强势现状。随着买方市场的形成，市场竞争的加剧，批发商和零售商的实力都在扩张，在当地市场中获得一定的渠道控制权后，他们会要求重新确认厂商关系，如大批发商希望能够获得更多的优惠，争夺渠道的控制权。

③信用危机：有些渠道成员的信用下降，如唯利是图、忠诚度低、透露商业机密等现象发生，甚至还发生随意降价、拖欠货款等现象。

（3）**多渠道冲突的表现形式** 对国内很多经销商来说，总认为生产商直接渠道的优惠政策好于对经销商制订的政策，因此会要求提供直接渠道的批发价，甚至攀比直营渠道的店面装修。

三、渠道冲突原因及解决方法

（一）渠道冲突原因

1. 渠道冲突的组织原因　渠道冲突的组织原因是指各个渠道成员由于自身组织之间的差异而产生的冲突，如认知差异、信息差异、目标差异产生的冲突，渠道成员之间的组织差异是渠道冲突形成的直接原因。

（1）认知差异　渠道成员对事情的判断往往从自身角度和价值出发，这会导致不同渠道成员对渠道政策的认识和理解不一样。

（2）信息差异　由于信息不对称以及信息的来源不同，不同渠道成员对信息的了解程度不同，容易引发争议和分歧。

（3）目标差异　由于渠道成员之间的目标不一致，导致渠道冲突。一方面在不同的生命周期内，生产商的营销目标是不同的，经销商的目标比较单一，即获取更多的销售利润。因此，在不同阶段由于目标存在不一致，是导致冲突发生的重要原因。另一方面，在财务和市场方面也会存在不同的目标，如表 5－5 所示。

表 5－5　生产商与经销商目标差异及可能引发的冲突

	财务目标	市场目标
生产商	更高的批发价； 更多的销售额； 更多的利润	提高市场占有率和覆盖率； 执行渠道策略； 获得较好的竞争优势； 提高产品品牌价值
经销商	更低的进价； 更多的费用支持； 更低的库存水平	只销售畅销的产品，不愿意销售新产品或非畅销产品；选择销售成本低的客户，对于偏远的客户供货不及时，购买量较少的客户服务不周到
渠道冲突的表现	批发价有歧义； 促销支持不够	市场覆盖面不够； 顾客服务不够； 渠道政策执行不力

2. 渠道沟通原因　大部分渠道冲突产生的原因是沟通不善的结果。沟通不善导致的理解偏差、噪声等问题会使信息不能有效传递。

3. 渠道权力与渠道冲突　一些学者认为，渠道冲突与渠道权力运用有着密切的关系。假设渠道中只有生产商和经销商，两者之间的依赖关系可划分为三种类型，如图 5－9 所示。

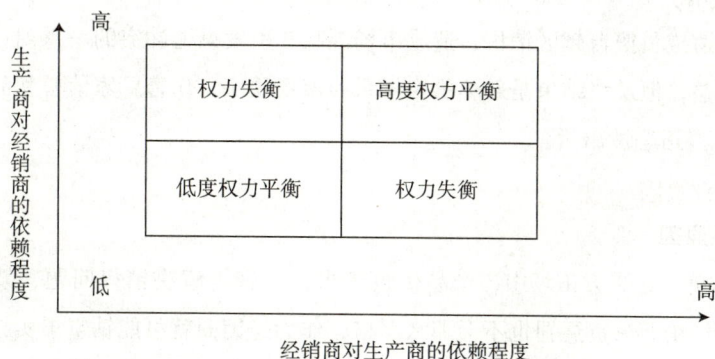

图 5－9　渠道依赖关系与权力平衡

NOTE

由上图可知，如果生产商和经销商都对彼此依赖程度很低，说明双方都缺乏对对方的控制，渠道成员之间关系很不稳定，这叫低度权力均衡，此时渠道冲突容易上升到公开冲突。如果生产商和经销商一方过于依赖另一方，这种情况叫权力失衡，此时表面渠道冲突较少，但是潜在渠道冲突较大。如果生产商和经销商之间处于彼此高度依赖的状态，这说明渠道关系处于一种均衡状态，且这种均衡状态比较稳定，渠道冲突较少。

（二）渠道冲突的解决方法

1. 沟通　渠道成员间有时沟通也难以解决误会，这时，可以互派管理人员到对方那里工作一段时间，让相关人员亲身体验对方的特殊性，才能更好地从对方角度去思考问题，更有利于双方的合作。

2. 劝说　通过劝说来解决冲突其实就是在利用领导力。从本质上说，劝说是为存在冲突的渠道成员提供沟通机会，强调通过劝说来影响其行为而非信息共享，也是为了减少有关职能分工引起的冲突。劝说的重要性在于使各成员履行自己曾经做出的承诺。

3. 谈判　谈判是营销渠道成员讨价还价的一种方法，谈判意味着某种程度的妥协，其目的是和平解决渠道成员之间的冲突。谈判能否成功的关键在于各成员是否愿意放弃自己的部分利益，以及沟通是否顺畅。渠道成员在谈判的时候，不光要维护自己的利益，也要兼顾整个渠道系统的整体目标。

4. 申请仲裁　当渠道冲突通过谈判不能解决，渠道成员又不想诉诸法院时，可采用申请经济仲裁的方法。仲裁的优势是程序简便、结案迅速、费用较少，且给予当事人足够的自治权。它的灵活性、保密性、终局性等特点使其在现实中应用越来越普遍。

5. 法律诉讼　当以上的方法都不能解决渠道冲突时，可以采用法律诉讼的手段来解决问题。法律诉讼具有强制性，当一方起诉，另一方必须应诉。当走到诉讼这一步，证明渠道成员双方的关系日益恶化、冲突升级，所以法律诉讼是解决冲突的最后选择。

6. 清理或退出　对不符合要求的、不遵守渠道规则的，甚至恶性销售行为的渠道成员，可以重新审查，必要时清除出渠道队伍。事实上，当水平性或垂直性冲突处在不可调和的情况下时，退出该渠道更为明智。虽然企业退出渠道会面临一些损失或负面影响，但企业可以重新调整渠道布局，将重心放到其他优势渠道或新兴渠道上去。

四、窜货

（一）窜货的概念

窜货是指渠道成员擅自越区销售，造成市场混乱、引发渠道冲突的一系列行为。其实质是为了追求眼前利益，但最终结果是破坏价格体系和市场秩序，伤害厂家信誉和品牌。平常我们所说的"窜货"多指恶性窜货。

（二）窜货的原因

1. 宏观环境原因

（1）经济环境　在买方市场中，产品供过于求，厂家为解决销售问题、鼓励经销商销售商品，即使发现经销商窜货惩罚也不会那么严格，作为经销商就可能钻空子实施窜货行为。

（2）技术环境　随着信息技术的发展，现在很多生产商对不同区域的产品采用不同的编码制度，一旦发生窜货，很容易追查到窜货的来源及经销商，从而有效地制止了窜货行为。但在没有实施编码制度的地方，窜货行为仍然存在。

（3）**政治环境** 随着国家及行业政策的约束力增强，恶意窜货行为也在减少。比如，新医改政策鼓励医药经销商之间的兼并、重组，严格控制经销商的销售区域，并加强信用管理，对那些缺乏信用的经销商实行退出机制，从而威慑了实施恶性窜货的经销商，有效缓解了医药市场的窜货行为。

（4）**文化环境** 我国地域广阔，各地区的文化、习惯都不尽相同，有时由于对窜货行为认识上的差异也会产生窜货行为。

（5）**行业环境** 一般来说，出现窜货问题的多是中小企业，他们获利能力较差，管理不规范，往往看重短期利益而做出窜货行为。

2. 渠道成员原因

（1）**生产商原因**

①渠道政策差异：生产商为了适应不同的市场，往往针对不同的经销商采用不同的渠道政策。比如，生产商给予经销商的不同批发价、一些特殊政策支持（市场推广费用、广告宣传费用、运费支持、促销费用支持等）都会一定程度上"助长"了经销商的窜货行为。

②销售任务过重：很多生产商会给经销商制订一年高过一年的销售任务，增加了经销商的压力。有些经销商完成销售任务有问题，就会通过窜货的方式来实现销售任务。

③不适合的激励手段：很多生产商过于重视销售量（额）的激励，而忽视在市场占有率、回款率、形象宣传等方面的激励。这也会导致经销商惟销量是举，甚至为了销量窜货。

④对销售队伍管理不严或激励不当：若生产商过于追求销售量（额），并把销售量（额）与销售人员的薪酬挂钩，但是又疏于对销售人员的管理，可能导致某些销售人员为了获得更高的薪酬，默许本地经销商的窜货行为，甚至参与窜货行为。

⑤处罚力度不够：一个区域的经销商做到一定规模相当不易，即使被发现窜货行为，生产商可能也只是进行警告、取消返利、取消政策支持等惩罚，不会轻易取消该区域经销商的资格。窜货行为的违规成本较低，会助长窜货行为的发生。

（2）**分销商方面的原因**

①注重短期利益：一些中小经销商更容易看重分销产品的短期利益，进行窜货行为。

②缺乏诚信：经销商的诚信参差不齐，总有些信誉不好的经销商甘冒失信的风险，恶意窜货获得短期利益。

③市场报复：有时候，经销商为了报复生产商的政策不合理，协商未果时可能采用窜货来报复生产商，胁迫生产商同意其条件。

（三）窜货的整治方法

影响窜货的原因很多，对于宏观环境因素难以控制，企业只能适应宏观环境制订相应的渠道系统。但是，从企业内部管理和经销商管理的角度，还是可以进一步完善，防范窜货行为的。

1. 企业内部管理

（1）**完善内部渠道管理制度** 一是加强内部人员监管，加强人员招聘、甄选和培训等人力资本方面的管理工作。制订销售人员的发展策略，对销售人员进行全面考核，建立合理的奖惩激励机制，将稳定价格、是否窜货等指标纳入销售人员的考核体系，并认真执行。一旦出现

NOTE

故意窜货行为，一定要严惩。加强企业员工的文化宣传教育，培养员工的荣誉感、归属感和责任感，严格遵守、执行企业的渠道政策。

二是加强企业信息管理制度，将各类经销商的销售数据纳入数据库，及时分析各个时点的销售状况。一旦发现异常情况，要认真分析，以防窜货。

三是建立渠道巡视制度，指派相关管理人员不定期市场巡视，以便及时发现问题、解决问题。

（2）制订合理的价格体系　要给各类经销商留出足够的利润空间，还要有效防止窜货，增加窜货的惩罚成本。必要时采用统一价格，由生产商承担运费，避免由于进价不同产生的窜货行为。

（3）制订合理销售目标　对经销商制订合理的销售目标，既要有一定挑战性，又要考虑经销商的实际情况，过大的压力会逼迫经销商通过窜货完成销售任务。另外，返利政策要把握好"度"。返利过小影响激励效果，返利过大容易诱发窜货。确定返利标准时要综合考虑价格体系稳定性、渠道维护、市场推广等多方面因素。

（4）采用合理的激励手段　运用合理的激励手段，全面考核经销商，尽量减少现金激励和费用支持，可将是否窜货作为激励的必要标准。

（5）实现产品外包装区域差别化　对不同区域的产品采用不同的外包装，有利于识别区域，可有效防止窜货。具体有产品编码、包装不同颜色、包装标示不同文字等方式来进行差别化。这样做，一旦发生窜货也能很快追查到窜货的来源和经销商，及时进行制止。

2. 经销商管理

（1）精心挑选经销商　生产商在挑选经销商的时候，就要进行详细考察，选择有实力、有信誉的经销商进行合作。优质的经销商可以帮助企业获得更多市场份额，也不会轻易窜货。

（2）签订合同约束经销商的违规行为　在合同中加入禁止跨区销售的条款，并制订严格的奖惩制度，对经销商造成威慑。一旦发现恶意窜货行为，绝不姑息，以儆效尤，以防事态进一步恶化、渠道全面失控。

（3）构建伙伴型渠道关系　生产商要加强与经销商的沟通与联系，建立伙伴型渠道关系，努力实现合作双赢的局面，及时解决经销商面临的各种问题，帮助经销商开拓市场、开展业务，协助经销商完成销售目标。

【本章小结】

营销渠道的结构是复杂多样的，没有一个永久不变的模式。但就其基本结构可分为三种类型，即长度结构、宽度结构和系统结构。营销渠道的长度结构包括：根据中间环节的数量分为零级、一级、二级和三级渠道等；根据生产企业是否通过中间商直接将产品销售给消费者分为直接渠道和间接渠道；根据产品在销售过程中流经环节的多少可分为长渠道和短渠道；根据药品的类别不同可分为OTC（over the counter，非处方药）药品分销渠道和RX（prescription drug，ethical drug，处方药）药品分销渠道。

营销的宽度结构是指制造商在每一渠道层次里使用分销商的数目。一般渠道的宽窄取决于渠道的每个环节中使用同类中间商数目的多少，可分为宽营销渠道和窄营销渠道。营销渠道的宽度策略可分为广泛式（密集）分销渠道、选择式（精选）分销渠道和独家式分销渠道。

按渠道成员相互联系的紧密程度，分销渠道还可以分为传统渠道系统和整合渠道系统两大

NOTE

类型。从企业渠道选择的复杂性来看，有单一的渠道系统和复合的渠道系统。传统渠道系统又称松散型的渠道系统，是指由独立的制造商、批发商、零售商和消费者组成的分销渠道。整合渠道系统又称为紧密型的渠道系统，是指在传统渠道中，渠道成员通过不同程度的一体化经营整合形成的营销渠道系统。整合渠道系统主要包括垂直渠道系统、水平渠道系统和渠道伙伴关系三种类型。复合渠道系统又称多渠道分销系统，是指对同一或不同的细分市场采用多条分销渠道系统分销其产品。

企业在设计营销渠道时，必须充分考虑内外部多方面的约束和影响因素，包括企业战略目标、产品因素、市场因素、企业自身因素、中间商因素和政策法规因素。斯特恩（Stern）等学者总结出"用户导向分销系统"的渠道设计模型，该模型将渠道系统设计过程划分为5个阶段，共14个步骤。5个阶段即：当前环境分析阶段、制定短期的渠道对策阶段、渠道系统优化设计阶段、限制条件与鸿沟分析阶段、渠道战略方案决策阶段。

渠道成员的选择可以分为以下三部分：①明确渠道参与者；②渠道成员的选择；③渠道成员的评价。根据参与者是否需要就有关商品的买卖或所有权转移进行谈判以及商品所有权是否发生转移，渠道参与者可以分成两大类：一类是成员性参与者，如制造商、批发商、零售商以及其他中间商等；另一类是非成员性参与者，如运输公司、仓储公司、物流公司等。渠道成员的选择标准包括：市场覆盖范围、财务状况、促销能力、人员装备和设施、声誉、经营历史、合作意向。渠道成员的选择可以通过专业性批发市场、媒体广告、工具书和广告公司咨询，还可以通过刊登招商广告，参加产品展销会、订货会，顾客和中间商介绍以及通过网上查询等途径。在确定渠道成员时，可以使用的方法有两种：一是定量确定法，二是定性确定法。两种方法各有利弊，渠道管理者可以根据自己的实际情况进行选择。

渠道冲突是指渠道成员意识到另一个渠道成员正在从事损害、威胁其利益，或者以牺牲其利益为代价获取稀缺资源的活动，从而引发在他们之间的争执、敌对和报复等行为。根据渠道冲突的结果，可以将渠道冲突分为良性冲突和恶性冲突。按照渠道结构来划分，可分为垂直渠道冲突、水平渠道冲突和多渠道冲突。

窜货是指渠道成员擅自越区销售，造成市场混乱、引发渠道冲突的一系列行为。影响窜货的原因很多，对于宏观环境因素难以控制，企业只能适应宏观环境制订相应的渠道系统。但是，从企业内部管理和经销商管理的角度，还是可以进一步完善，防范窜货行为的。

【重要概念】

营销渠道设计；渠道成员；渠道冲突；窜货。

【复习思考】

1. 营销渠道设计应考虑的因素有哪些？

2. 试述直接渠道和间接渠道模式的优势和劣势。

3. 简述营销渠道系统的设计步骤。

4. 渠道成员选择的能力标准包括哪些方面内容？

5. 企业寻找经销商需要考虑哪几个方面的条件？

6. 简述渠道冲突的类型；说明如何解决渠道冲突？

7. 造成窜货的主要原因有哪些？应怎样整治窜货问题？

NOTE

【案例分析】

HT 公司的渠道营销模式

HT 公司是一家医药保健品企业，其研发的疗效型系列医药保健品，迎合了现代快节奏生活中的各式人群的需求。其广阔的市场空间，以及相当时期内旺盛的产品生命力，正是许许多多持币观望的经销商们所希求的。

该公司从推出产品那一天起，就结合产品特点为一大批有实力、求长远、求发展同时又有着强烈成长欲望的发展中的经销商，制定了一套低成本的营销模式，以消除经销商的恐惧心理。该模式的最大好处在于不仅确保经销商现在赚钱，更能帮助经销商未来赚钱。

在选择经销商时，该公司尽量在同一地区仅选择少数几家中间商，这几家中间商都是精心挑选的，并且是最适合的。这样公司比较容易控制并且可以获得足够的市场覆盖面。

对于公司的经销商，为使其尽快地了解这一系列产品的独特个性及营销方式，HT 公司除了积极履行培训职责之外，还根据经销商的实际需求，将一套独特的营销推广方法提炼成以"贴心服务"为核心，以"模拟演练，实际操作，后续追踪"为主体的营销方法，毫无保留地教给每一位合作伙伴。

公司还为经销商提供了丰厚的折扣制度，规定一次性购买数量达到 100 套将获赠 10 套，而一次性购买数量达到 200 套将获赠 43 套。这一折扣方式极大地提高了经销商的积极性，而对公司来说既可以维持统一的价格秩序，又可以扩大产品的市场覆盖面。

但是，一样的产品和营销推广模式，在各地区的经销商当中却产生了不一样的效果。有的经销商当月进货当月售完当月第二批进货，有的甚至当月收回投资成本。可有的经销商手中的产品却不为消费者所喜欢。产生这种差异的原因何在？经过追踪调查分析，发现产生差异的根本原因在于部分经销商对这一系列医药保健品及其独特的营销推广模式的理解上存在问题，在实际操作时自然会有许多不同。有的经销商在 HT 公司培训时，自己亲自到场，但回去操作时，往往因理解不够而产生偏差；有的虽然派来一两个营销骨干，但培训结束回去传达时，就会因认识上的不足而走形。

经过决策层的数次研究，HT 公司做出了一个在国内企业界堪称创新的营销决策——向经销商输出职业经理人。这个创新的决策引起了经销商的强烈反响，完善了其营销渠道系统。

思考与讨论：

1. 请思考此案例中 HT 公司对经销商制定的价格折扣属于哪种折扣方式？
2. HT 公司对经销商的直接激励和间接激励有哪些方式？
3. 请判断此案例中 HT 公司的渠道类型？
4. 你觉得 HT 公司在选择分销商时应该考虑的最重要因素是什么？

第六章　促销策划

【学习要点】

通过本章的学习，掌握促销组合的基本方式和相关概念，熟悉广告、公共关系、销售促进和直复营销等促销方式策划的基本内容，了解促销沟通的基本内涵。

【引导案例】

"小快克"的新媒体推广策略

自 2003 年上市以来，小快克在原有快克超人的基础上打造小熊形象，提高了知名度和品牌认可度，尤其受众多年轻母亲的青睐。2010 年末，公司联手某网站策划实施节日温暖营销——"小快克送祝福温暖过大年"。在春节期间，采用春晚点播视频和资讯、娱乐频道相关视频前贴片＋暂停＋角标及娱乐频道、电视剧频道角标的形式，植入小快克最新广告和产品名称及商标。在口碑传播上，在春晚专题页面上设置"小快克温暖送祝福"一栏，由网友留言，传送新年祝福。另外，还设有"小快克投票"，引起网友心灵共鸣，传播小快克品牌。整个春节活动，小快克通过该网站的视频实现了 3 亿次曝光、1 亿人聚焦，在 22 天时间内，小快克的平均点击率为 0.14%，显示和唯一显示次数分别达 3.67 亿次和 1.44 亿次，并取得在医药行业第一次与网络视频媒体联合对春节进行直播的成功尝试。

（资料来源：傅书勇，孙淑军．医药渠道与促销管理．清华大学出版社，2012）

由于现代市场营销活动是以广泛的地域范围和复杂的人际关系为背景的，所以仅有优质的产品、合理的价格和适当的渠道，并不一定就能立即吸引大量消费者。俗话说"酒香也怕巷子深"，企业必须通过各种渠道，向消费者传递产品及服务的有关信息，激发他们的需求欲望，吸引他们购买企业的产品。这一系列做法，即为企业的促销策划。促销手段的合理利用，对产品的销售起着关键性的作用。本章主要介绍促销沟通理论、广告促销策划、公共关系策划、销售促进策划和直复营销策划等内容，人员销售将在其他章节专门阐述。

第一节　促销沟通理论

促销是市场营销组合的一个重要因素，有着极其丰富的内容和极为重要的作用，其实质是买方与卖方之间的信息沟通。整个促销过程，本质上就是营销传播的过程。企业营销人员了解和掌握沟通基本理论，有助于更好地制定和执行企业的促销方案。

NOTE

一、促销概述

（一）促销的含义

促销是企业市场营销活动的基本策略之一，它是指企业以各种有效的方式向目标市场传递产品信息，引发和刺激消费者的需求，促使目标顾客做出购买行为的一系列说服性沟通活动。这一概念包括以下三层含义：

1. 促销的实质是企业与顾客之间信息的沟通与传播　一方面，企业把与产品、服务、企业形象及其他相关信息传递给广大的顾客与公众；另一方面，企业要广泛搜集顾客与公众反馈的各种信息。只有通过这样的信息传播与沟通，才能拉近企业与顾客之间的距离。

2. 促销的目的是激发顾客的购买欲望　促销通过激发顾客的购买欲望并影响其购买行为，从而扩大商品的销售。

3. 促销可以分为人员促销和非人员促销两大类　其中人员促销主要指人员推销，非人员促销主要包括广告、公共宣传和销售促进等方式。企业通常在促销活动中将非人员促销和人员促销结合使用。本章主要介绍非人员促销策划。

（二）促销的基本方式

企业的促销工具多种多样，但主要有五种基本方式，即人员推销、广告、销售促进、公共关系与直复营销。由于每种促销方式都有各自的优缺点，因而企业开展促销活动时可以单独使用，也可以把它们组合起来运用。

1. 人员推销　人员推销指企业派出销售人员与目标顾客面对面地交流，向顾客介绍产品知识，宣传企业形象，说服顾客购买本企业产品的促销方式。人员推销是以一种直接的、生动的、与客户相互影响的方式进行推销活动，销售人员可以通过直觉和观察，探究消费者的动机和兴趣，从而有的放矢地调整沟通方式。在沟通的过程中，人员推销在增强信任感、建立消费者对产品的偏好及促成行为方面极其有效。但是它的缺点是成本比较高，是一种昂贵的促销手段，且优秀的销售人员也不是随处可觅的。

2. 广告　广告是指企业支付一定的费用，通过电视、广播、报纸、互联网等大众媒体，把产品、服务及企业介绍给广大目标顾客的促销方式。在信息化程度越来越高的现代社会中，广告的高度公开性、大众普及性和情感表现力的种种特点决定了它是企业促销活动中最有效和最常用的手段，既可以用来快速促进销售，也可以用来建立企业和产品的长期形象。但是广告仅仅是单向的信息流通，缺乏与消费者的双向沟通，在沟通效果上，也不能让消费者直接完成行为反应，短时间内难以衡量其对销售量的影响。

3. 销售促进　销售促进，又称营业推广，是指在短期内采取一些刺激性的措施来促使消费者实施购买行为的一种促销方式，如赠券、折扣、有奖销售、免费试用等，可以起到迅速沟通信息、强烈刺激消费的作用，在短期内通常效果较好。在企业推销新产品和服务，或与竞争对手进行直接竞争时，销售促进的作用非常显著。其缺点是只能配合其他促销手段使用，也不宜长期或频繁使用，否则易引起消费者的不信任，不适于形成产品的长期品牌偏好。

4. 公共关系　公共关系一般是利用各种公共媒体传播所希望发布的信息的营销手段，如召开新闻发布会、赞助公益活动等。其优点在于接触面广，由于利用的是公共媒体，较能取得消费者的信任。而且公共关系宣传潜在效果明显，每一次有利的公共关系不一定会带来企业产品销量的陡增，但它能提升企业在社会公众心目中的形象，提高企业产品的知名度和美誉度。如果将一个恰当的公共关系活动同其他促销方式协调起来，可以取得极大的效果。

5. 直复营销　直复营销源于英文 Direct Marketing，意"直接回应的营销"。直复营销是以赢利为目标，通过个性化和大众沟通媒介向目标市场成员传播信息，以寻求对方直接回应（问询或订购）的过程。直复营销的定义有许多种，其中最具权威性和普遍接受的是美国直复营销协会的定义：直复营销是一个与市场营销相互作用的系统，它利用一种或多种媒介对各个地区的交易及可衡量的反应施加影响。典型的直复营销媒介包括：直邮营销、电话营销、直接反应印刷媒介、直接反应电视、直接反应广播等。

二、沟通过程模式

促销实质上是一种沟通活动。沟通是指信息发送者发出作为刺激物的信息，并把信息传递到一个或更多的目标对象，以影响其态度和行为。在市场经济条件下，企业必须与其客户、供应商、政府和社会公众等进行广泛的信息沟通。在这些沟通活动中，企业最关注的就是与目标客户之间进行的说服性沟通。说服性沟通是指沟通者有意识地安排有说服力的信息，通过特定的渠道，对特定沟通对象的行为与态度进行有效的影响。促销就是这样一种说服性沟通活动，在把产品及相关信息传递给目标客户的同时，试图在特定的目标客户中唤起沟通者预期的意念，从而对目标客户的行为与态度产生有效的影响。一般来说，一个有效的沟通过程包括九个要素（图6-1）。

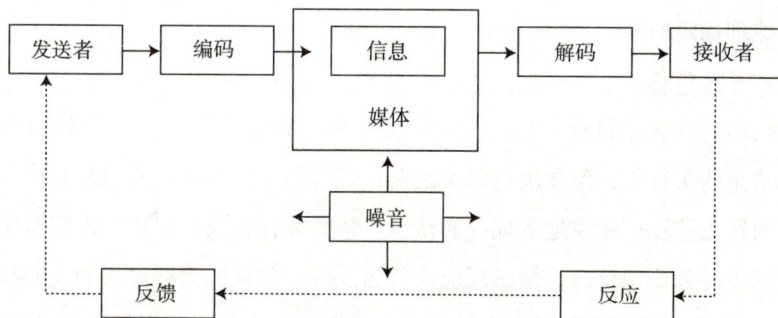

图6-1　沟通模型

图6-1所示的九个沟通要素中，发送者与接受者表示沟通的主要参与者；信息和媒体表示沟通的主要工具；编码、解码、反应和反馈表示沟通的主要职能；噪音表示沟通系统中的干扰因素。

这些要素的含义如下：

发送者——又称信息源，是指把信息发送给另一方的主体。在沟通的过程中，企业往往扮演这个角色。

编码——把沟通内容编成符号形式的过程。符号的形式可以是语言、文字，也可以是音像、图片等，因不同的传递途径而有所不同。

信息——发送者传播的一组符号。

媒体——发送者向接收者传播信息所通过的沟通途径。

解码——接收者确认发送者所传递的符号含义的过程。

NOTE

接收者——接收另一方所发送信息的人，又称目标对象。

反应——接收者在获得信息后所采取的行动。

反馈——接收者向发送者传递回去的那部分反应。

噪音——在沟通过程中会使所传递的信息失真的意外干扰。

该沟通过程模式强调了有效沟通过程中的关键因素，从而揭示了有效沟通过程决策的内容。有效的沟通过程要求发送者必须知道要把信息传播给什么样的沟通对象，期待目标沟通对象做出何种反应；他们必须是编辑信息的能手，要考虑目标沟通对象如何解译信息；必须通过能触及目标沟通对象的有效媒体传播信息，而且要减少沟通过程中的噪音影响；必须建立信息反馈渠道，以便了解沟通对象对信息做出的反应。

三、沟通过程决策

要设计一个有效的促销沟通过程，要求市场营销沟通者必须做出如下决策：确定沟通对象、决定传播目标、设计沟通信息、选择传播渠道、确定促销组合、建立反馈系统。

（一）确定沟通对象

这是进行促销决策的首要步骤。营销沟通者必须从一开始就明确其目标沟通对象是谁，因为目标沟通对象将会极大地影响营销沟通者实现有效营销沟通的一系列决策。在市场营销沟通中，目标沟通对象可能是企业产品的现有使用者或潜在购买者，也可能是购买决策过程的影响者或决定者，还可能是某些团体、个人、一般公众或特殊公众。目标沟通对象是由营销沟通者根据市场细分原理确定的。

（二）决定传播目标

市场营销沟通者在确定目标沟通对象后，必须确定试图期待目标对象做出何种反应。当然，最初的反应是购买行为，但在决定购买之前，顾客还需要经过一系列准备阶段，如认识阶段、情感阶段与行为阶段，相应地形成一套认识、情感和行为反应层次。市场营销人员期待从目标沟通对象那里得到认识反应、情感反应或行为反应。但目标沟通对象的反应模式、反应组合是不一样的。图 6-2 表明了四种主要的反应层次模式，这些模式都假设顾客依次经过认知、情感和行为三个阶段。其中，AIDA 模式表明顾客要经过知晓（Awareness）、兴趣（Interest）、欲望（Desire）和行动（Action）的连续反应阶段；效果层次模式表明顾客经过知晓、认识、喜欢、偏好、确信及购买阶段；创新采用模式表明顾客经过知晓、兴趣、评估、试用、采用各阶段；沟通模式表明顾客要经过展露、接收、认识反应、态度、意图以及行为阶段。尽管这四种模式存在语义上的差别，但在实际应用过程中区别并未清楚地划分。

（三）设计沟通信息

在研究了目标沟通对象的反应后，沟通者进而需要设计一个有效的信息。一个有效的信息设计必须将引起购买者注意、唤起其兴趣、激发其欲望、导致其行动的意识贯穿于整个设计过程。沟通者需要解决好四个问题：表达什么（信息内容）；如何有逻辑地表达（信息结构）；以何种形式表达（信息格式）；由谁来表达（信息来源）。以信息来源为例，企业常请名人做广告，就是因为这种信息源更容易引起受众的注意与回应。信息设计是将沟通者的意图用有说服力的、合乎逻辑的、有情感的、个性化的信息表达方式表现出来的过程。

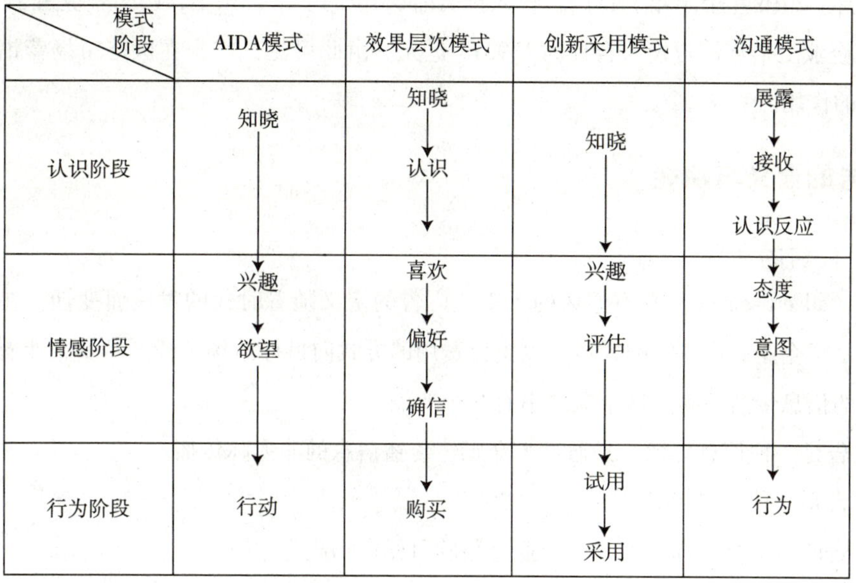

模式＼阶段	AIDA模式	效果层次模式	创新采用模式	沟通模式
认识阶段	知晓	知晓 ↓ 认识 ↓	知晓 ↓	展露 ↓ 接收 ↓ 认识反应
情感阶段	兴趣 ↓ 欲望	喜欢 ↓ 偏好 ↓ 确信	兴趣 ↓ 评估	态度 ↓ 意图
行为阶段	行动	↓ 购买	试用 ↓ 采用	行为

图6-2　购买者反应层次模式

（四）选择沟通渠道

信息沟通渠道大致上可以分为两大类，即人员渠道和非人员渠道。人员信息沟通渠道是指两个或两个以上的人相互之间直接进行信息沟通。他们可以面对面，或通过电话、电视媒介，甚至邮寄个人函件等方式进行信息沟通。人员信息沟通渠道又可进一步细分为提倡者渠道、专家渠道与社会渠道。提倡者渠道由销售人员在目标市场上与顾客接触组成；专家渠道由具有专门知识的独立个人对目标顾客进行讲述组成；社会渠道由邻居朋友、家庭成员与目标顾客的交谈组成。

非人员信息沟通渠道是指无需人与人直接接触来传播信息或影响的媒体。非人员信息沟通渠道又可分为大众性的与有选择的媒体、气氛和事件。大众性的与有选择的媒体由印刷媒体（报纸、杂志）、电子媒体（电视、广播、互联网）和展示媒体（广告牌、招贴）组成。气氛是为促进或加强顾客对产品的了解而设计的环境。事件是偶然用来对目标沟通者传播特别信息的手段，如举办新闻发布会或开业庆典等。

（五）建立反馈系统

市场营销沟通者在广泛传播信息以后，还必须调查所传递信息对目标沟通对象的影响，通常是与目标沟通对象中的一组样本人员接触，问询他们对所收到信息的反应、对产品的态度和购买行为的变化等。营销人员应根据样本反馈信息，决定是否需要调整营销策略。

第二节　广告策划

广告是企业促销组合中十分重要的组成部分，是运用得最为广泛和最为有效的促销手段。正所谓"家有千金艳若仙，养在深闺人不识"，成功的广告可以使默默无闻的企业和产品名声大振，广为传播。当今，广告宣传也是医药企业普遍重视和应用广泛的促销方式。据有关资料显示，2015年上半年，药品及健康产品行业以所有行业中最高的广告投放增速，登顶行业广告花费之首。2016 年上半年，在广告投入排名前 55 位的上市公司中，医药企业占了 19 席，这 19 家医药企业上半年广告投入合计为 139.73 亿元。由此可见，广告在医药市场营销中发挥着极其重要的作用。

一、广告的含义与功能

（一）广告的含义

广告（advertisement）具有悠久的历史，广告的定义随着时代的发展而变迁。在营销活动中，广告是指企业通过一定的媒体，以支付费用的方式向目标市场传播产品及企业有关信息的有说服力的信息传播活动。这个概念中有几个要点：

1. 广告是一种信息传播，是通过大众媒体传播信息的非人际传播。

2. 广告是一种付费传播。

3. 广告的对象是有选择的，由企业产品的目标市场决定。

4. 广告是一门说服的艺术，要利用特殊的表现手法，吸引目标消费人群，潜移默化地影响对方进而促进其购买行为的发生。

（二）医药广告的功能

目前，随着国内医药市场的竞争日趋激烈，越来越多的医药企业把营销的触角伸向了医药广告。因为广告所产生的超越空间和时间的效用，是其他任何促销手段达不到的。医药产品广告的功能主要包括以下几方面：

1. 帮助认知，指导消费　消费者希望了解有关疾病和药品功能的事实和资料，进而对自身的疾病进行合理的自我药疗，使自身的健康利益得到保障。广告则可以起到信息提供者的角色，帮助消费者认识新医药产品的质量、性能、用途、使用方法和购买地点、手续等。

2. 说服顾客，创造需求　所谓创造需求，主要是指通过广告宣传，使潜在顾客的需求转向明显化。广告对顾客具有较大的说服力，可争取顾客的信赖，以吸引购买者。特别是当广告宣传将药品从一种治疗的手段演变为一种希望、一种生活态度或方式时就更会增强消费者的购买欲，促进消费者采取购买行动。

3. 促进销售，提升利润　国内医药广告的鼻祖当属哈药，通过巨额的广告宣传，三精制药和哈药六厂的补钙制剂规模已达全国产量的一半左右，三精制药销售收入从 1994 年的 1.4 亿元增长到 2005 年的 17.69 亿元。广告效应带来的销售利润增长由此可见一斑。

4. 树立形象，创立信誉　广告宣传，除了推销商品之外，还能为企业树立良好的形象。现代企业要参与市场竞争，必须确立长远的经营战略，而开展广告宣传，目的就是树立企业的品牌，创立企业的信誉，使企业的服务宗旨为广大消费者所了解和接受。比如大家一听到"健康成就未来"这句广告词，很自然地就会想起深圳海王药业。

二、广告的策划

广告的策划是企业在总体营销战略的指导下，对企业的广告活动进行一系列的规划和控制，主要包括明确广告的目标（mission）、确定广告经费预算（money）、设计广告信息（message）、选择广告媒体（media）和评估广告效果（measurement），又称 5M。

（一）明确广告目标

广告策划的首要步骤就是明确广告目标。广告目标，是企业通过广告宣传所期望达到的目的。毫无疑问，广告的最终目标是：通过宣传提高广告商品的知名度，促使消费者在购买同类产品时能提名购买，从而提高市场占有率，使企业获得更多利润。广告的最终目标虽然相同，但不同企业在不同时期，广告目标各不相同。通常而言，企业广告目标可以归纳为如下三种类型。

1. 以提高产品知名度为目标　主要是向目标市场介绍本企业医药产品的质量、特性、功效等，以唤起消费者的初次购买欲望。以提高产品知名度为目标的广告，称为通知性广告。当产品处于生命周期的引入期时，企业通常会选择通知性广告，目的在于激发产品的初步需求。正如太太口服液刚上市时，推出了"做女人真好"的创意，从关爱女性的角度出发，极大增强女性的自信心，这种正面积极的诉求满足了现代女性的心理需要，让消费者先认同观点，再接受产品。

2. 以建立需求偏好为目标　这一广告目标旨在建立选择性需求，尽力为一个具体的品牌拓展有选择的需求量，致使目标购买者从选择竞争对手的品牌转向选择本企业的品牌。以此为目标的广告叫作诱导性广告或竞争性广告。当产品处于生命周期的成长期，为维持自身的地位而必须抵制竞争者时，企业就不得不做带有竞争性质的广告。现在越来越多的竞争性广告带有比较的性质，通过与一种或几种同类产品的其他品牌的比较来建立自己品牌的优越性。医药行业里著名的案例就是泰诺挑战阿司匹林。为了击败历史悠久的市场霸主阿司匹林，泰诺在广告中说："有千百万人本不应当使用阿司匹林。如果你容易反胃，或者患有气喘、过敏或因缺乏铁质而贫血，在你使用阿司匹林前就有必要先向你的医师请教。因为阿司匹林能侵蚀血管壁，引发气喘或者过敏反应，并能导致隐藏性的胃肠出血。很幸运有了泰诺……"结果，泰诺一举击败了老牌的阿司匹林，成为首屈一指的名牌止痛和退烧药。

3. 以提示、提醒为目标　当产品进入成熟期时，销售量逐渐达到顶峰，市场基本上趋于饱和状态，品牌的知名度和美誉度达到了稳定的水平，已拥有了比较忠诚的消费群体。此时的广告目标是要保持消费者对产品的记忆，使消费者对该品牌念念不忘。与此相关的广告形式是提示性广告，以企业与产品品牌形象或消费提示为主，目的就在于提醒顾客，产生一种"惯性"需求，继续购买产品。

医药企业究竟选择什么样的广告目标，需要具体分析以下一些重要因素：①医药企业的市场发展总策略，医药产品广告目标必须与之相协调；②医药产品的市场生命周期，处于不同阶段的医药产品，广告目标也必然不同；③消费者特征及所处的行为阶段。消费者对不同的医药产品有不同的购买特点，在购买过程中也有不同阶段的行为特征，医药企业必然要针对具体的情况和要求选择相应的医药产品广告目标。

（二）确定广告预算

在确定了广告目标后，企业可以着手为产品制定广告预算，即企业为从事广告活动而投入的费用。广告预算从财务上决定了企业广告宣传的规模和类型。

1. 影响广告经费预算的因素　企业广告经费的投入并不是越多越好，而是应该考虑影响广告预算的各种因素，采用科学的手段进行成本收益比较，尽可能以较低的成本达到最佳的效果。通常影响广告经费预算的因素有：

NOTE

（1）产品所处的生命周期阶段　在产品生命周期的引入期，为了建立产品的知名度，企业要投入大量的广告费用，以获得宣传效果。到了成长期，人们逐渐熟悉了该产品，这个阶段所需要的刺激因素有所减少，广告费用支出也可以有所侧重地递减。一旦进入成熟期，竞争者开始纷纷加入，为了维持消费者对本企业品牌的忠诚，企业有必要再次投入大笔广告费用，突出宣传本企业产品与众不同的特色。等到产品进入衰退期时，应适当减少广告预算。

（2）产品的特性　药品是特殊的商品，处方药不允许在大众媒体上宣传，因而无需通过大量广告来传递信息，广告费用相对较少；而非处方药面对的是广大缺乏医药知识的普通消费者，因此需要企业投入大量广告费用帮助消费者了解产品特性。

（3）目标市场规模　如果企业面临的目标市场规模比较大，潜在顾客人数多，相对地理位置又比较分散，则企业需要选择多种媒体进行广告投放。如果企业面临的目标市场规模不大，潜在顾客人数少，相对地理位置集中，只需要较小的广告投入就可以达到预期效果。

（4）竞争状况　如果市场上的竞争对手很多，企业就不得不维持一个较高水平的广告投入，以便宣传力度超过竞争对手的干扰强度，影响更多的消费者。那么如果企业是刚上市的新药，而且仍然在专利保护期，竞争对手不多，可适当减少广告预算。

2. 确定广告预算的方法

（1）量力而行法　即企业根据所能负担广告费用的能力来确定广告预算，企业量力而行，能支付多少就定多少的办法。这种方法的优点在于有利于大力宣传医药企业的医药产品，易于迅速提高知名度；缺点是忽视了广告与销售的因果关系，医药产品广告支出不一定符合市场开发的需要，广告费用随企业经营状况好坏时多时少，不利于企业长期的营销规划。

（2）销售百分比法　此即按销售额的一定百分比来计划和决定广告开支。其中因销售额的选择不同，如可选上年的销售额、本年计划的销售额等，销售百分比可能不同。这种方法简单易行，优点是，广告费与销售额挂钩，使医药企业的每一笔广告费支出都与医药企业盈亏息息相关；缺点是颠倒了广告费用与销售收入之间的因果关系，忽视了广告对销售的促进作用。

（3）竞争对等法　此即以竞争对手的广告支出或行业的平均广告费用作为参照来决定本企业的广告预算。其基本假定是竞争对手的支出行为在该行业中有一定代表性，同时自己的医药企业有能力赶上竞争对手的广告努力。这种方法的优点是有利于医药企业之间的竞争，造成与竞争者旗鼓相当、势均力敌的对等局势；缺点是竞争对手的广告费用不易确定，并且每个企业都有不同的背景，广告目标、资源等不尽相同，竞争对手的预算未必就适合本企业。

（4）目标任务法　即根据企业的广告目标来确定广告费用预算。采用此法首先是尽可能地明确广告的目标；其次是确定完成这些目标所要从事的工作；最后估计每项工作所需的成本，将各项成本相加得出广告预算。这种方法的优点是逻辑上合理，根据实际的目标及工作来制定预算；缺点是广告目标不易确定，预算也就不易控制。

（三）设计广告信息

广告策划的核心是设计有效的广告信息。一个理想的广告可以充分吸引消费者的注意力，唤起人们的欲望，促使人们采取行动。通常设计广告信息涉及信息的制作和信息的表达两方面。

1. 广告信息的制作　为了实现广告的目标，一个有效的、能吸引消费者注意和记忆的广告创意是十分重要的。在医药广告活动中，企业必须首先了解对目标消费者说什么才能引起消费者的注意并产生共鸣，这就是广告构思。常用的广告构思策略有：

（1）USP策略　USP（Unique Selling Proposition）是瑞夫斯在20世纪50年代提出的一种广告构思策略，强调产品的"独特销售主张"。在医药市场上具有相同功能的产品不止一种，广告必须强调差异性。USP策略就是给消费者一个明确的利益。这个利益点必须是该产品独具的，其他竞争对手不具备这样的特色或在广告中未曾表现过。比如白加黑的"白天吃白片不瞌睡，晚上吃黑片睡得香"就是产品的特色。通常当医药新产品、新功能出现时，或医药产品专业化程度高，企业实力雄厚，产品在消费者心目中有良好的信誉时使用USP策略比较合适。

（2）品牌形象策略　一般说来，单纯的产品广告着眼于销量的提高，作用是短期的；而品牌形象广告不仅可以提升销量，而且为今后产品线的延伸和新产品的推出做好准备，作用是长期的。如今，医药市场特别是OTC药品市场的日趋同质，要求企业必须注重自己的形象宣传。大型医药企业往往产品种类繁多，在广告中不可能对其产品逐一介绍，形象传播也就成为必然之选。

（3）感性诉求策略　广告的诉求主题是对本产品最具有竞争力的利益进行提炼和挖掘后得出的，通常可以分为理性诉求和感性诉求。理性诉求是直接向消费者说明该产品的特性或使用该产品带来的利益，比如"孩子不吃饭，快用江中牌健胃消食片"就直接说明了产品的功效。而感性诉求是通过激发消费者的情感，使消费者对产品产生好感。因为"以情动人"的广告往往比单纯宣传产品功效的广告更容易吸引人，只有通过情感纽带才有可能真正建立起消费者的品牌忠诚。比如美罗牌胃痛宁片在广告里大胆地说"胃痛，光荣！"，一下子就获得了有一定社会地位因为忙于事业而导致胃病的消费者的青睐。

2. 广告信息的表达　如果说信息制作是"说什么"，那么信息表达就是"如何说"。信息的表达方式要有一定的独创性和感染力，不能只是平淡无奇的客观描述。广告常用的表现方式就是运用口号。在纷繁的信息当中，大部分消费者唯一能够记住的或许就是你的口号。因此，可以运用简洁、易记且富有表现力的口号向消费者传达广告思想。

此外，由于药品的特殊性，国家药品监督管理部门对药品广告的信息发布做出了严格的规定，因而设计药品广告信息还需要注意国家法律、法规对医药广告的限制。我国《药品管理法》规定："药品广告的内容必须真实、合法，以国家药品监督管理部门批准的说明书为准，不得含有虚假的内容。"《药品广告审查发布标准》也规定，药品广告中有关药品功能疗效的宣传应当科学准确，不得含有不科学地表示功效的断言或者保证；不得直接或间接怂恿任意、过量地购买和使用药品，并具体规定了不得含有的内容，如免费治疗、免费赠送、有奖销售或含有评比、排序、推荐、获奖等综合性评价内容；不得含有利用医疗机构或者专家、医生、患者的名义和形象作证明的内容；不得涉及公共信息、公共事件或与公共利益相关联的内容；不得以儿童为诉求对象，不得以儿童名义介绍药品等。

（四）选择广告媒体

广告信息需要通过一定的媒介才能传达给消费者，不同的媒体对同一信息所起到的传播作用各不相同。因此，企业要根据自身广告目标和产品性质等寻求成本效益最佳的媒体。

1. 广告媒体的类型和特点　常见的广告媒体主要有报纸媒体、杂志媒体、广播媒体、电视媒体、户外媒体、互联网媒体等。每一类媒体都有一定的优点和局限性，认识到每一类媒体的特性，根据企业实际情况做到扬长避短是合理选择广告媒体的前提。表6-1比较了各类媒体的优缺点。

NOTE

表6-1　主要广告媒体的优缺点

媒体	优点	缺点
报纸	覆盖面广，影响广泛，易被接受和信任，灵活、及时	传递率低，保存性差，周期短
杂志	针对性强，选择性好，可信度高，有一定权威性，保存性长	发行周期长，灵活性差，覆盖面小
广播	传播信息迅速、及时，受众广泛，成本低	周期短，只有声音传播无图像导致信息展露转瞬即逝，难以记忆
电视	触及面广，声音图形并存，富有感染力，受众广泛	绝对成本高，干扰多，选择性、针对性较差
户外	反复诉求效果好，对地区和消费者选择性强，费用较低，展露时间长	传播区域小，创作力受到限制，表现形式单调
互联网	反复阅读率高，传播迅速，成本低，灵活，	容易被过滤

2. 影响媒体决策的主要因素　由于各种媒体客观上都存在优、缺点，医药产品广告在选择媒体时应着重考虑以下因素：

（1）产品的特性　不同的产品特性对媒体有不同的要求。技术性能高的，可采用报纸、杂志作详细的文字说明。对于特别需要表现外观和质感的商品，比如化妆品，需要借助具有强烈色彩性的宣传媒介，比如电视。

（2）目标受众的媒体习性　不同的消费者对杂志、报纸、广播、电视等媒体有不同的阅读、收视习惯和偏好。广告媒体的选择只有适应消费者的这些习惯和偏好才能成功。例如补钙产品若以老年人为目标受众，则最好在电视、报纸上做广告，而不要选用网络宣传。

（3）媒体的流通性　市场的地理范围关系到媒体的选择。目标市场是全国的医药产品，宜在全国性报纸杂志和广播、电视上做广告；向局部地区销售的医药产品，则可选用地方性的广告媒体。

（4）媒体的成本　不同的媒体有不同的广告收费标准。企业在选择广告媒体时应考虑企业的经济负担能力，结合媒体的受众范围与有效受众，力求在一定预算条件下，取得一定的冲击与持续效果。

（5）媒体的影响力　报纸杂志的发行量，广播电视的收视率，是媒体影响力的标志。媒体的影响深入到市场的每一个角落，但越出目标市场则浪费发行；广告需要一定频率才能加深消费者印象，如果消费者接触广告少就不易收效。

总之，医药企业需要结合自己企业和产品的特点，对报纸、电视、广播、网络等多种传播媒体进行选择，整合，从而达成消费者最大程度的认知。

【营销视野】

医药广告媒体选择的特殊性

医药企业在选择广告媒体时要同时兼顾医药产品的特殊性，遵守国家相关法律法规。2007年出台的《药品广告审查发布标准》明确规定，处方药只可以在卫生部和国家食品药品监督管理局共同指定的医学、药学专业刊物上发布广告，而不得在大众传播媒介发布广告或者以其他方式进行以公众为对象的广告宣传，而且不得以赠送医学、药学专业刊物等形式向公众发布处方药广告。药品广告也不可以在未成年人出版物和广播电视频道、节目、栏目上发表。因此企业要根据产品类别合理选择广告媒体，一方面可以充分利用专业媒体针对性更强的优势宣传处方药，另一方面可以通过大众媒体宣传非处方药，累积企业品牌形象，从而带动处方药的销售。

（资料来源：罗臻，刘永忠. 医药市场营销学. 北京：清华大学出版社，2013）

（五）评估广告效果

广告活动成功与否的关键在于对广告效果的衡量。商业巨头约翰·沃那梅克曾说："我知道我的广告费有一半被浪费掉了，可确不知道是哪一半。"如果能对广告效果进行经常评估，这种浪费就可以减少。评估广告效果，一方面可以检验现有广告活动，另一方面可以把评估结果作为改善将来广告投入的依据，制定增强广告效果的准则。一般评估广告效果，可以从广告取得的销售效果（对企业经营的影响）和广告的认知效果（对消费者的影响）两个方面来进行。

1. 广告销售效果评估　评估广告销售效果，就是测量广告播出之后产品销售额和市场份额的变化。通常广告销售效果的评估比较困难，因为销量的变化不仅仅受到广告的影响，还会受价格变化、营销环境变化等的影响。因此采用此法测算的广告效果，只能作为衡量广告效果的参数。由于影响因素比较多，常用的两个指标是：

（1）**广告费占销率**　指一定时期内企业广告费的支出占该企业同期销售额的比重。广告费占销率越小，说明广告的促销效果越好。

（2）**广告增销率**　指一定时期内销售额的增长幅度与同期广告费投入的增长幅度的比率，以反映广告费增长对销售带来的直接影响。

由于在诸多因素中要把广告因素单独抽出来很困难，并且广告不一定有即时效应，常常附有延迟性的影响，因此广告效果更多的是从广告的认知效果来测定。

2. 广告认知效果评估　评估广告认知效果，主要是判断广告是否达到了预期的信息沟通效果，是为了解广告对受众在认知度和偏好度方面产生的影响。通常可采取市场调查、实验法以及专家评价等形式测定。测定的指标主要包括：

（1）**接触度**　即在广告媒体的受众之中，有多大比例的人已经接触到该广告。

（2）**注目度**　即在看过该广告的人之中，有多大比例的人能够辨认出看过这个广告。

（3）**记忆度**　即在看过广告的人之中，有多大比例的人记住了广告重点内容，如医药企业名称、商品名称、商标、医药产品性能等，记忆度测定主要是知名度的测定。其目的是了解消费者对广告印象的深刻程度。

（4）**好感度**　即在看过广告的人之中，有多大比例的人对企业及其商品产生了好感。其目的是测定广告对顾客的购买动机形成究竟起多大作用。

（5）**综合评分**　即由目标消费者的一组固定样本或广告专家来评价广告，并填写评分表。评分表中对广告的注意力、认知力、记忆力、说服力、行动力等内容分别打分，将分数汇总后得出综合评分。分数越高，则说明广告的认知效果越好。

第三节　公共关系策划

公共关系作为促销的重要手段之一，在树立企业形象、提高产品知名度、增加销售方面，起着十分重要的作用。在目前医药行业广告受限、消费者对整个行业信任度降低的情况下，公关促销开始成为医药营销的新焦点和主流变革趋势之一。

NOTE

一、公共关系概述

（一）公共关系的特点

公共关系，是指企业利用各种传播手段与社会公众进行沟通，促进公众对企业及其产品的认可、理解和支持，树立企业的良好形象和信誉，为企业销售提供一个长期的良好的外部环境的营销活动。这里的公众指与企业经营管理活动发生直接或间接联系的社会组织和个人，包括顾客、中间商、社区民众、政府机构以及新闻媒介等。公共关系作为一种促销手段，具有自己的特点。

1. 促销间接性　与其他促销手段不同，公共关系具有间接性的特点，其直接目的不是推销某个具体的产品，而是把企业的经营目标和经营理念传递给社会公众，以扩大企业的知名度、信誉度、美誉度，为企业营造一个和谐、亲善、友好的营销环境，从而间接地促进产品销售。

2. 沟通双向性　公共关系的工作对象是各种社会关系，包括企业内部和外部公众两大方面。对内而言，公共关系人员做好上情下达和下情上达的工作，做各部门之间的情感沟通和心理认同的"桥梁"和"纽带"，避免各种摩擦的产生。对外而言，积极争取公众对企业的理解和信任。

3. 可信度高，影响面广　通常公共关系的宣传文稿是由独立的第三方撰写的，在新闻媒体上进行报道，体现了企业外公众的利益和看法，在客户心中可信度较高。并且这种公关宣传会随着新闻媒体的传播而扩散。如果企业的宣传真正具有新闻价值，许多新闻媒体就会争先恐后地报道，效果比广告好。

（二）公共关系策略

通常企业确定公共关系促销方式时，会采用以下几种常用的策略：

1. 宣传性公关　宣传性公关是指企业通过各种媒介和沟通方式向公众传递相关信息，使之了解企业经营方针、产品特色等，从而对内增强凝聚力，对外扩大影响、提高美誉度。它的特点是利用一定的媒介进行自我宣传，其主导性、时效性极强。常用方式有新闻发布会、开业庆典、周年纪念等。其基本手段是"制造新闻"，即企业为吸引新闻媒介报道并扩散自身所希望传播的信息而专门策划的活动，比如利用一些热点事件或突发事件的新闻价值。在众多免费宣传性公共关系手段中，它是一种最主动、最有效的传播方式。

2. 公益性公关　公益性公关是指企业利用举办各种社会性、公益性活动的机会，扩大企业的社会影响，提高其社会声誉，赢得公众的支持。公益性公共关系促销的最大特点是近期不会给企业带来直接的经济效益，但它的回报是长远的、间接的，能为企业树立较完备的社会形象，使公众对企业产生好感，为企业创造良好的发展环境。其主要形式是赞助公益事业。

3. 文化性公关　文化性公关是指突出产品的文化品位，宣传企业的文化背景，取得消费者的文化认同。"文化搭台，企业唱戏"，借助文艺形式间接推销产品，是近年企业采用的行之有效的促销手段之一。如神威药业冠名中央电视台《中国魅力名镇》，将《中国魅力名镇》的宗旨"展示全国名镇的本源、自然、生态和文化"与神威药业倡导的"引领现代中药，推进健康产业"的阳光、健康理念完美地结合在一起，两者相辅相成，相得益彰。

4. 征询性公关　征询性公关是指运用社会调查、民意测试等方式收集信息，建立与消费者的联系，为企业决策服务的公共关系活动。活动形式有民意测验、出访重点客户、开展信息征集活动、设立热线电话等。征询型公关既可以了解社会各界对医药企业形象的认识程度，以利于进一步改善形象，又可以在征询的过程中达到与社会各界密切联系、沟通信息的目的。

5. 服务性公关　服务性公关是指通过消费咨询、免费维修等形式，使社会有关人员获得服务性的实惠，增加社会各界对医药企业信誉的深刻体验，从而提升医药企业形象。

二、公共关系策划步骤

公共关系策划是企业在调查分析的基础上，针对存在的问题或企业的要求，确立公关目标、选择公共关系活动方式、制定公共关系方案、评价公共关系效果的过程。

（一）公共关系调研

企业通过民意调查、传媒监测等多种方式收集企业内部与外部环境变化的信息，以了解公众对企业及其产品的态度、意见及建议，了解自我期望形象与公众对企业的实际印象之间的差距，企业据此确定公共关系活动的目标。

（二）确定公共关系目标

在调研结果的基础上，企业营销人员要明确公共关系活动的目标。公共关系活动的目标应与企业的整体目标相一致，并尽可能具体，同时要分清主次轻重。一般来说，企业公共关系的直接目标是促成企业与公众的相互理解，影响和改变公众的态度和行为，建立良好的企业形象。具体的目标可以分为传播信息、转变态度和唤起需求。企业不同时期的公共关系目标，应综合公众对企业理解、信赖的实际状况，分别确定以传递公众急切想了解的情况，改变公众的态度或是以唤起需求、引起购买行为为重点。

（三）选择公共关系活动方式

选择公共关系活动方式即采用什么方式来进行公共关系活动。医药企业要围绕公共关系的目标，结合自身特点，选择合适的方式进行有效的公共关系传播。一般来说，企业开展公共关系活动通常可以采用以下几种方式：

1. 发行企业刊物　企业刊物是沟通信息、凝聚人心的重要工具，企业可以利用各种介绍本企业及其产品的刊物作为信息载体向公众传递信息，吸引消费者对企业及其产品的注意，帮助企业在公众面前树立良好的形象。如默沙东的书籍就是公司价值观的很重要的体现。《默克诊疗手册》常被称为"医生的圣经"，已出版发行了一个多世纪，现有17种语言的版本，包括日文和中文版本。默沙东正是通过向医生赠送科学、权威的书籍帮助医生进行疾病的诊断和治疗，帮助患者获得健康。

2. 新闻宣传　新闻宣传，即企业争取一切机会和新闻媒介建立联系，及时将有新闻价值的信息提供给电视台、报纸、杂志等新闻媒体，借以扩大企业影响，加深消费者印象。由于新闻媒体对大部分公众都具有亲和力，而关于企业产品的正面新闻报道的可信度远远高于广告，因此能取得有效的宣传效果。例如2016年两会期间，全国人大代表、天士力控股集团董事局主席闫希军在接受《企业家说》访谈中透露，天士力的复方丹参滴丸，在美国FDA的三期临床试验已经完成，有望成为第一个成功闯关美国FDA的复方中成药。随着这一消息被各大媒体转载，天士力及其拳头产品复方丹参滴丸的品牌认知度又一次被大大提升。

3. 利用热点事件　所谓热点事件，就是生活中发生的对社会公众影响非常大的事件。全

NOTE

社会广泛关注的热点事件常常被企业用来宣传、提升企业形象。比如"中国神舟五号载人飞船发射成功"之时，蒙牛关于此次飞行事件的电视广告、户外广告以第一时间在各大城市"成功对接"，以超强的冲击力，为蒙牛品牌带来了强势的效果。越来越多的企业在用心挖掘，巧妙地利用热点事件来吸引公众对新产品的注意。利用热点事件进行公关活动需要特别注意的是，企业对热点事件要有高度的敏感性，事件公关的策划也要尽可能把公众关注的热点，转移到对自己的产品和品牌的注意上。

【营销实践】

雪地攻关——医药企业的事件营销

2008 年伊始，中国南方大部分地区遭遇五十年不遇的低温、雨雪和冰冻天气。双鹤药业在最短时间内与北京市慈善协会取得联系，表达了"捐赠药品，慰问灾民"的愿望和决心，并迅速组织人力加班加点生产出增效联磺片、新速效感冒片、黄连素、儿泻康等消炎、解热、抗腹泻药物；双鹤药业工会同时组织北京地区员工捐款，并以最快速度将药品和救灾捐款送到灾区人民手中。

应中国红十字会要求，以岭医药集团 2 月 2 日组织民航专机，将捐赠的防治流感药物连花清瘟胶囊紧急运往南方受灾地区，支持雪灾中被困的群众。为了应对这一紧急事件，以岭医药集团连夜召开总经理管理委员会，组织生产、质检、物流各部门加班加点，满足灾区需求，运输确有困难的省份，则联系当地商业公司从库存的连花清瘟胶囊中调货，先保证灾区用药。

在药品同质化的今天，事件营销的优势逐渐显现。在雪灾这个全国关注的事件上，医药企业能第一时间和顾客接触，借媒体的口笔，大大提高曝光度和知名度，效果可能比投大把的钱做电视广告的性价比高得多。并且医药企业可以借此树立自己"关心社会，有强烈社会责任感"的企业形象。

(资料来源：雪地攻关. 医药企业事件营销"仁者无敌"，中国制药网，2008 年 2 月 18 日)

4. 热衷公益活动　身处一个与健康密切相关的行业，几乎所有的医药企业都将维护生命健康作为自己的企业宗旨，在生产优质药品的同时也要将这个宗旨进行延伸和拓展，将各种社会公益活动的开展作为对这个宗旨的补充。目前，很多医药企业都积极参与社会公益活动，表现出越来越成熟的企业公益形象。由步长制药赞助"共铸中国心"自 2008 年以来，先后对四川、宁夏、山东、内蒙古及西藏、青海、甘肃、云南等地安排了 8000 多名志愿者，为三十余万群众进行了免费诊疗，挽救了 500 余名先心病患儿生命，让 600 余名白内障患者重见光明。公益行动在为社会提供价值的同时，对于企业品牌的提升也有着潜移默化的作用。

5. 赞助和支持体育、文化、教育事业　由企业提供经费赞助体育、文化、教育事业，建立一心为大众服务的形象，从而树立企业品牌。比如华素制药独家冠名国内首档健康美食栏目《幸福的味道》，巧妙地将节目倡导的健康饮食理念与企业品牌特性相结合，在节目热播的同时让自身的企业文化价值和产品信息也得到传播。不仅使原本家喻户晓的明星产品华素片销量提升，也帮助新产品华素愈创牙膏打开销路。

6. 特殊纪念活动　每个企业都有一些值得特殊纪念的活动，如开业典礼、周年纪念日、产品获奖、新产品试制成功等。利用特殊纪念日制造新闻，是影响公众的极好机会。

（四）制定公共关系方案

公关方案的实施必须仔细慎重。公共关系是一项整体活动，由一系列具体的活动项目组成。实施过程中要充分考虑医药企业发展阶段、公关目标及重点、公关预算、公关媒介等各种因素，实现有效的传播和交流，从而达到良好的公关效果。

（五）评价公共关系效果

企业应对公共关系活动项目是否实现了既定目标做出客观的、合乎实际的效果评估，以便为今后开展公共关系提供资料和经验。公关工作的成效评估必须以市场状况及公众印象的改善为尺度，可从定性和定量两方面评价。传播成效的取得，是一个潜移默化的过程，在一定时期内很难用统计数据衡量。而有些公关活动的成效，可以进行数量统计，如传媒宣传次数、赞助活动、覆盖面、接收到信息的目标公众的数量、他们的态度转变情况以及行为转变的情况来评价该次活动的效果。

第四节　销售促进策划

一、销售促进概述

销售促进，也称营业推广，是指企业在短期内采用特殊的手段对消费者实行强烈的刺激，以促进企业销售迅速增长的一种策略。常用的手段包括赠送样品、发放优惠券、有奖销售等。医药销售促进同其他促销策略的显著区别在于：它以强烈的呈现和特殊的优惠为特征，给消费者不同寻常的刺激，从而激发起消费者的购买欲望。销售促进不能作为一个经常的促销手段来使用，但在一个特定的时期内，对于促进销售的迅速增长还是非常有效的。

（一）销售促进的特点

1. 显著刺激需求　销售促进的各种促销手段往往是精心策划的，给顾客产生"机不可失，失不再来"的吸引力，造成一种千载难逢的机会的感觉，对顾客的刺激性十分强烈。

2. 经济效果显著　销售促进能以较少的推广费用，在较大且集中的市场中取得较大的收益。一方面，销售促进非常有可能吸引一部分新顾客的注意，使他们因追求某些利益方面的优惠而试用和购买。另一方面，价格折让、赠券、有奖销售等手段所体现的顾客利益让渡，使老顾客获得了更高的满意度，有可能增加这部分顾客的"回头率"。

3. 具有较大的局限性　虽然销售促进的特点明确，效果显著，但也有一定的局限性。如果持续时间过长，容易造成顾客对产品质量的怀疑，降低本企业品牌声誉，有损产品或企业的形象。因此，销售促进通常与其他促销工具配合使用，实现企业营销目标。比如同广告配合，可以强化广告的促销效果，促进消费者尽早采取购买行为。

（二）销售促进的方式

按照促销对象的不同，销售促进的形式可以分为三大类：对消费者的销售促进、对中间商（包括批发商、零售商和医疗机构）的销售促进和对推销员的销售促进。对消费者的销售促进是为了鼓励其产生购买欲望，提高重复购买率；对中间商的销售促进是为了鼓励中间商大量进货代销，加快货款回笼率；对推销员的销售促进则是为了鼓励推销人员努力开拓市场，增加销售量。

NOTE

1. 针对消费者的销售促进

（1）赠送样品　在新产品刚刚推出时，为了使消费者尽快了解新产品的性能、特点，往往向消费者赠送免费样品或试用样品。通常赠品会在产品上加印"赠品""样品"等字样，它变相地让消费者不用花钱就获取了产品，因此对新产品推广是非常有效的。很多化妆品的促销会采用这种方式。

（2）发放优惠券或积分卡　企业向目标市场的消费者发放优惠券，凭券可在实际销售价格的基础上进行减让。或者用积分卡的方式，消费满一定积分，给以相应的价格优惠。医药企业采用这种方法时一定要声明并非由于药品质量问题而折价销售。

（3）附赠礼品　礼品是和出售的医药产品有着不同的、但相关的使用价值物品，比如促销减肥类药品时，派送可以称体重的人体称作为礼品。这种形式对居家旅行日常必备药品的促销较为适合。还有一种赠礼品的方式是赠印花，是指消费者通过收集赠券、标签、购买凭证等印花获赠有关物品的促销方式。采用赠印花的方式可以促使消费者持续购买、培养顾客的忠诚度。

（4）现场示范　企业派人专门在销售现场大量陈列某种产品，并当场示范以吸引消费者注意。这种方式一方面可以把一些技术性较强的产品的性能特点和使用方法介绍给消费者；另一方面也可以使消费者直观地看到产品的使用效果，刺激消费者的购买欲望。比如某些医疗器械像血压计、按摩器、理疗仪等就可以进行现场示范促销。

（5）以旧换新　以旧换新是指消费者在购买新商品时，如果能把同类旧商品交给商店，就能折扣一定的价款。在医药行业开展以旧换新活动更体现了一种健康服务的理念，向消费者传递过期药品对健康有害、随意丢弃也会对环境造成污染的思想。如白云山和黄中药2005年在全球首创了"家庭过期药品回收（免费更换）机制"。

2. 针对中间商的销售促进

（1）经销折扣　制药企业为了争取中间商多购进自己的产品，在某一时期内可按中间商购买企业产品的数量给予一定的折扣，从而促进与中间商的长期合作。

（2）推广津贴　制药企业为促使中间商帮助企业推销产品，可支付一定的推广津贴，以鼓励和酬谢中间商在推销本企业产品方面所做的努力。推广津贴对于激励中间商的销售热情很有效。

（3）展销会　制药企业可以举办或参加各种医药展销会向中间商推销自己的产品。由于这类展销会能集中大量优质产品，并能形成对促销有利的现场环境效应，对中间商有很大的吸引力，往往能促成交易。

（4）销售竞赛　制药企业如果在同一个市场上通过多家中间商来销售本企业的产品，就可以发起由这些中间商参加的销售竞赛活动。根据销量对销售成绩优秀的中间商给以奖励，如现金奖、实物奖或给予较大折扣等。这种竞赛活动可以鼓励中间商超额完成推销任务，提升企业产品销售额。

3. 针对推销员的销售促进

（1）销售红利　事先规定推销员的销售指标，对超额完成销售指标的推销员按照超额指标的多少提取一定比例的红利，以此激励其努力推销产品。

（2）销售竞赛　销售竞赛这种方式不仅仅可以针对中间商开展，也可以在企业销售人员中开展。对销售业绩领先的推销员给予奖励，以此调动起积极性。

二、销售促进策划步骤

销售促进策划就是企业对销售促进活动及其相关因素进行分析决策的过程，包括确定目标、选择工具、制定方案，并进一步加以实施和控制、评价其结果等。

（一）确定销售促进的目标

销售促进应有明确的目标。一般来说，销售促进的目标是根据目标市场的特点和企业整体营销策略来确定的。如果销售促进的对象是消费者，销售促进的目标应该是鼓励老顾客重复购买，吸引新顾客开始使用，争夺同类产品和竞争者品牌的使用者；如果销售促进的对象是中间商，销售促进的目标就应该包括吸引经销商经营新的产品并维持较高的存货，鼓励他们进销售趋淡的产品或在淡季进货，建立并巩固经销商的品牌忠诚，并力求获得新的中间商的合作。如果销售促进的对象是销售人员，销售促进的目标可以确定为鼓励其支持新产品，激励其寻找更多的潜在顾客。

（二）选择销售促进的工具

医药企业在进行销售促进活动时，可以选择的方式有很多，要对多种销售促进工具进行比较选择并优化组合，以实现最优的经济效益。企业要围绕销售促进目标，根据市场类型、竞争状况、各种销售促进形式的特点等因素，做出适当的选择。

（三）制定销售促进的方案

在明确了销售促进的目标和销售促进工具之后，必须把销售促进活动的组织、计划、实施等环节确定下来，也就是制定出良好的销售促进方案。在具体制定方案时，一般要做出如下几方面的决策。

1. 销售促进的规模　销售促进的规模必须适当，规模过大需要的成本太高，规模过小难以吸引目标顾客的注意力，起不到激励的效果，因此可以通过成本—收益的分析方法获得最大效益的销售促进规模，也可以根据公司的目标并参考以往的经验来确定。

2. 销售促进的对象　销售促进的对象，通常是那些现实的或潜在的长期顾客，比如拥有会员卡的顾客。尽量限制那些不可能成为企业长期顾客的人。

3. 销售促进的渠道　决定通过什么样的渠道来推广企业的促销方案，比如把奖品附在药品包装中，在报纸或杂志上刊登优惠券，利用海报发布促销信息，配合免费测血糖、测血压等便民服务等。不同的渠道有不同的效果，也会影响销售促进的范围与成本。因此，企业选择渠道时，要综合考虑企业自身实力、消费者偏好以及各种渠道的成本收益，以求找到最佳渠道。

4. 销售促进的时机　时机的选择很重要，时机选择得当，则可以起到推波助澜的作用；相反，时机选择不当，销售促进的作用就会大打折扣。时机的选择要根据产品生命周期、顾客购买心理、市场状况以及季节等因素综合考虑。比如呼吸系统疾病具有典型的季节性，多发于冬春两季。医药企业可以根据季节，不定期地推出多项优惠政策，让消费者享受最直接的让利。

5. 销售促进的持续时间　持续时间长短可以影响到销售促进的效果，持续时间长，促销效果明显；持续时间短，促销效果较弱。但持续时间长会导致成本增加，并且可能让消费者认为产品是因为质量下降才导致变相降价。因此企业要确定一个合理的销售促进期限，这样既可

NOTE

以节约成本，也可以使促销效果最大化。例如某药店推出"十一黄金周"促销方案，将促销时间定为 10 月 1 ~ 7 日，共 7 天，促销主题定为"国庆聚会，七喜临门"。

6. 销售促进的成本预算　销售促进活动往往需要较大的支出，所以事先必须筹划预算。销售促进成本通常由管理成本（如印刷费、邮寄费）与激励成本（如赠品、折扣）组成。必须对所有的花费事先有明确的预算，以保障促销过程中的各项支出。

（四）测试和实施销售促进方案

销售促进方案制定完成后、付诸实施前，要先选择一些小规模的市场进行测试以验证方案是否合理。测试通过后，企业还应制定实施计划，以有效地执行推广方案并进行控制。实施计划包括两个关键的时间：一个是活动前置时间，即从准备到正式公布实施的时间。这段时间主要进行活动的设计、修改、制作、传达等；另一个是活动的持续时间，即从活动开始到推广的产品 90% 以上到达顾客手中的这段时间，其间主要进行的是实际推广运作和管理。在整个方案实施过程中，企业也要密切观察目标市场的变化，及时了解销售促进活动中发生的问题，对销售促进活动进行有效的控制。

（五）评估销售促进效果

销售促进活动结束后，应立即进行效果评估，总结经验教训，为今后的销售促进决策提供依据。常用的评估方法有两种。一个是阶段比较法，把活动前、中、后的销售情况进行比较，从中分析销售促进产生的效果。第二个是事后跟踪调查法。在活动结束后，对顾客进行调查，了解有多少顾客能回忆此次活动，看法如何，此次活动对顾客今后购买的影响程度等。

第五节　直复营销策划

直复营销最早起源于美国，是无店铺零售的一种主要形式。美国 1999 年直复营销的营业额为 2100 亿美元，占无店铺零售的 85%，占整个零售总额的 60%。将直复营销作为一种促销方式与传统营销方式相结合销售商品，已被越来越多的企业采用。

一、直复营销概述

直复营销，源于英文词汇 Direct Marketing，即"直接回应的营销"，它是以盈利为目标，通过个性化的沟通媒介向目标市场成员发布信息，以寻求对方直接回应（问询或订购）的社会和管理过程。

（一）直复营销的优点

1. 针对性更强　直复营销与传统的市场营销相比，一个最根本的区别就是前者能使直复营销人员和顾客之间建立起"一对一"的直接联系。这样，直复营销人员能够了解每一位顾客的偏好和购买习惯，更有针对性地开展营销。直复营销真正贯彻了消费者导向的基本原则。直复营销绕过复杂的中间环节，直接面对消费者，通过各种现代化信息传播工具与消费者进行直接沟通，从而避免了信息的失真，可以比较准确地了解和掌握消费者的需求和欲望。

2. 互动性更强　直复营销是营销者与顾客之间双向沟通与交流的方式。在传统的营销活动中，营销者通过各种媒介向目标市场传递产品和服务信息，受众并不立即反应，营销者无法了解这些信息究竟对目标顾客产生了何种影响，是一种单向信息交流方式。而直复营销者通过某个或几个特定的媒介，如电视、邮件、广播、电话、互联网等，向目标顾客发布产品信息，顾客通过电话、在线、邮件等方式直接对企业回应，或定购相关产品或服务，或要求提供进一步的信息。直复营销的这种互动性可以使营销者及时总结营销策略，调整今后的营销战略，提高营销水平。

3. 降低了消费者的满足成本　直复营销是渠道最短的一种营销方式，由于减少了流转环节，节省了昂贵的店铺租金，使营销成本大为降低，又由于其完善的订货、配送服务系统，增进了购物的便利性，使购物的其他成本也相应减少，因而降低了消费者的满足成本。

4. 营销效果的可测定性　在直复营销活动中，任何一种媒体使消费者产生的直接反应是很容易确定的。直复营销人员能确切地知道何种信息交流方式使顾客产生了反应行为，并且能知道反应的具体内容是什么。通过目标顾客的反应得到的信息，与这个目标顾客原来的一些相关信息一起存入数据库，作为直复营销人员进行下次直复营销活动的依据。因此直复营销活动的效率也大大提高了。

（二）直复营销的主要方式

典型的直复营销主要有以下几种：电话营销、直邮营销、印刷媒介营销、电视营销、广播直销和网络营销等。

1. 电话营销　电话营销是指经营者通过电话向顾客提供商品与服务信息，顾客再借助电话提出交易要求的营销行为。电话营销的优势在于：能与顾客直接沟通，可及时收集反馈意见并回答提问；可随时掌握顾客态度，使更多的潜在顾客转化为现实顾客。但是电话营销的劣势也很明显：营销范围受到限制，在电话普及率低的地区难以开展；因干扰顾客的工作和休息所导致的负效应较大；由于顾客既看不到实物，也读不到说明文字，易使顾客产生不信任感等。

2. 直邮营销　直邮营销是指经营者自身或委托广告公司制作宣传信函，邮寄给目标顾客，引起顾客对商品的兴趣，再通过信函或其他媒体进行订货和发货，最终完成销售行为的营销过程。这是最古老的直复营销形式，也是当今应用最广泛的形式。如早在 1982 年，美国的邮购总额已达 400 多亿美元，占整个零售总额的 8%。该种直邮的方式产品单一，题材广泛，运用起来很灵活。但缺点是这类邮件容易造成收件人反感。

3. 印刷媒介营销　印刷媒介营销是指利用杂志、报纸和其他印刷媒介，在这些媒介上印刷企业产品信息，做直接反应广告，鼓励目标市场成员通过打电话或者回函订购。比如在杂志里做内插活页或装订式明信片。这种内插活页或明信片图文并茂，容易获取消费者的注意，可以邀请读者通过寄回明信片的方式索取更多信息、订购商品等。其不足之处在于：活页容易丢失，不易长期保存。

4. 电视营销　电视营销是指营销者购买一定时段的电视时间，播放某些产品的录像，介绍功能，告示价格，从而使顾客产生购买意向并最终达成交易的行为。电视营销是电视广告的延伸，但它同电视广告又不同。普通电视广告的目标旨在通知和说服，并不寻求理解反应，而电视营销广告除了需要沟通和说服外，最重要的是要促使目标受众立即行动。电视营销的优点是：通过画面与声音的结合，使商品由静态转为动态，直观效果强烈；通过商品演示，使顾客注意力集中；接受信息的人数相对较多。不过，电视营销的缺点是：制作成本高，播放费用昂贵；顾客很难将它与一般的电视广告相区分；播放时间和次数有限，稍纵即逝。因此，为了克

NOTE

服上述弊端，有些经营者创造了一种新的电视营销方式——家庭购物频道（home shopping channels）。

5. 广播营销 广播既可以作为直接反应的主导媒介，也可以作为其他媒介的配合。广播与电视的不同之处在于，广播可以在人们做其他事情时（例如开车、行走）收听，而且广播广告信息的制作和发布非常迅速，这是电视所不具备的特点。但是传统上，人们并不认为广播是一种适宜做直接反应广告的媒介，因为人们往往并不方便停下从事的活动找到纸笔来记下地址或电话。因此许多直复营销者将广播作为一种支持性媒介，在某个直复营销活动中配合其他媒介的直接反应广告，以达到提高反应率或增加影响力的目的。

6. 网络营销 网络营销是近几年迅速发展起来的直复营销方式。企业通过在互联网上建立网站或在相关网页发布产品或服务信息来销售产品，并提供反应机制。目标市场成员通过点击相应的回应工具（例如订单）或打电话问询或订购。因此，网络营销的主要信息沟通媒介是网页，其重要特征之一是购物方便迅捷。现在很多连锁药店都有自己的网上药店，消费者不用去实体药店就可以在网上买到自己需要的药。不过由于药品的特殊性，国家法律规定目前只有非处方药可以在网上出售。

【营销实践】

六味地黄软胶囊的直复营销

六味地黄软胶囊在2004年上市之时，康盛公司将直复营销模式运用到药品的营销当中。首先通过市场调查了解到许多人对六味地黄方剂的特点有一定的了解，但是对软胶囊的了解还不够，所以产品的广告已经不是以往仅仅为了吸引眼球为目的的，内容是针对软胶囊独有的特点所制定的，涵盖了软胶囊的新的工艺，软胶囊某些成分含量较高对人体有哪些好处，软胶囊好服用、易吸收等这些信息。其次，公司和某电台合作健康之声节目，有20分钟是六味地黄软胶囊的专题，不仅介绍六味地黄软胶囊的特点，而且对患者的问题给予积极的回答。并不是一味地推荐患者服用，专家随时加入一些关于有效性、副作用、禁忌证的简要说明。

此外，公司为六味地黄软胶囊设计了产品单页，内容涉及了六味地黄处方由来，六味地黄药物发展的历史，六味地黄软胶囊产品药效，以及软胶囊本身独有的特点。和以往不同的是，在增加产品单页的知识性和趣味性的同时，还在最后附上了一张光盘，光盘内容是知名的医学专家讲述养生保健的知识，这样给消费者一种知识的传递，提高国民素质的同时让六味地黄软胶囊成为他们的首选。

[资料来源：洪骏，申俊龙. 医药营销模式的创新与DTC本土化研究. 南京中医药大学学报，2005，6（4）：242 –245]

二、直复营销策划步骤

在准备采取直复营销策略时，直复营销人员必须确定他们的目标、目标顾客、选择适宜的直复营销方式及衡量活动效果。

（一）确定直复营销的目标

直复营销的主要目标在于刺激潜在消费者立即采取购买行动。它的成功与否可以用顾客的反应率来衡量。通常，如果有2%的反应率，就可认为直复营销的销售活动获得了成功。当然，这并不是说其余98%的努力都已浪费，因为直复营销对产品知名度和日后的购买意图会产生影响。而且，并非所有的直复营销人员都要求顾客产生立即购买的反应，因为直复营销的主要作用之一，是为企业的销售队伍提供寻找潜在顾客的线索。

（二）瞄准目标顾客

直复营销人员必须了解现实顾客和潜在顾客的特征。通常，最好的顾客是那些近来曾大量购买产品，购买频率高的消费者。对于企业来说，有必要尽早地引入数据库营销，因为市场的优势取决于对消费者的了解，而通过数据库营销可以最大可能地了解消费者。通过建立数据库，在保留老顾客的基础上吸引新顾客，使顾客终身价值最大化。而保留老顾客是其中非常关键和重要的一环。因此，在直复营销的环节中，保持或培养顾客的忠诚度至关重要。而数据库的使用能使企业更好地了解掌握老顾客的需求，维持他们的忠诚度。

（三）选择适宜的直复营销方式

企业要根据产品的特性和目标顾客的需要，在符合企业预算的条件下，选择适宜的直复营销方式。比如直接邮购、电视营销、电话营销、印刷媒介营销、网络营销等。传统直复营销媒介中直接邮购所占比重最大。传统的直邮广告需要设计、印刷，还要为发送邮件支付费用，如果要提高直邮的定位程度以获得最好回应率，那么每封邮件的成本将进一步提高。对于电子邮件广告来说，不需要印刷费用，发送 E – mail 的费用远远低于传统邮件邮递费用。并且电子邮件广告活动周期可能只需要几天时间就可以获得反馈效果，可以根据用户的反应情况及时调整下一步活动，效率较高。因此，越来越多的企业开始运用这种方式，降低成本，提高效率。

（四）衡量活动效果

衡量直复营销活动效果的最直接指标就是反应率。但是仅仅依据反应率常常会使决策者低估该活动的长期效果，因为无法统计通过该活动了解产品的潜在消费者人数。因此，也有企业开始以认知率的高低来衡量直复营销活动的效果。

此外，顾客寿命价值也可以用来衡量直复营销活动的效果。顾客寿命价值的概念是从企业角度提出的，一个顾客购买某企业的产品越多，购买的金额越大，则对企业而言，顾客寿命价值也就越大。因此，顾客寿命价值并不在于他某一次购买产品的数额，而是他一生中购买该产品的总额，然后再用这个数额扣除企业为争取和维持与该顾客的关系所支出的成本。在估算出顾客寿命价值后，企业就可将其营销努力集中于更富吸引力的消费者身上，并与他们建立良好的关系，以更好地达到企业的目标。

【本章小结】

促销是指企业以各种有效的方式向目标市场传递产品信息，引发和刺激消费者的需求，促使目标顾客做出购买行为的一系列说服性沟通活动。企业的促销工具主要有五种基本方式，即人员推销、广告、销售促进、公共宣传与直复营销。为了进行有效沟通，营销者需要掌握沟通的基本原理，了解沟通的各个环节与要素。

广告是运用得最为广泛和有效的促销手段，是指企业通过一定的媒体，以支付费用的方式向目标市场传播产品及企业有关信息的有说服力的信息传播活动。通过医药广告，企业可以指导消费者认知产品，说服其购买，从而提升利润，并树立企业形象。医药企业广告策划是在总体营销战略的指导下，对企业的广告活动进行一系列的规划和控制，包括明确广告的目标、确定广告经费预算、设计广告信息、选择广告媒体和评估广告效果。

在目前消费者对整个医药行业信任度降低的情况下，公关促销开始成为医药营销的新焦点。公共关系，是指企业利用各种传播手段与社会公众进行沟通，促进公众对企业及其产品的

NOTE

认可、理解和支持，树立企业的良好形象和信誉，为企业销售提供一个长期的良好的外部环境的营销活动。由于公共关系在形成知名度和品牌认知度方面特别有效，越来越多的医药企业开始采用发行企业刊物、新闻宣传、利用热点事件、参与公益事业、赞助体育文化活动、特殊纪念活动等方式开展公关促销。

销售促进，是指企业在短期内采用特殊的手段对消费者实行强烈的刺激，以促进企业销售迅速增长的一种策略。按照促销对象的不同，销售促进的形式可以分为针对消费者的销售促进（赠送样品、发放优惠券、免费试用、以旧换新等）、针对中间商的销售促进（经销折扣、推广津贴、展销会、销售竞赛等）和针对推销员的销售促进三大类。销售促进策划就是医药企业对销售促进活动及其相关因素进行分析决策的过程，包括确定目标、选择工具、制定方案，并进一步加以实施和控制、评价其结果等。

直复营销是一种新兴的互动促销方式，运用一种或多种广告媒介在任意地点产生可衡量的反应或交易。典型的直复营销方式主要有以下几种：电话营销、直邮营销、印刷媒介营销、电视营销、广播营销和网络营销等。

【重要概念】

促销；沟通过程；广告；公共关系；销售促进；直复营销。

【复习思考】

1. 何谓促销？基本的促销方式有哪些？
2. 简述促销沟通的模式。
3. 医药广告有哪些功能，如何进行广告的策划？
4. 企业确定公关促销方式时通常采用的策略有哪些？
5. 医药企业进行销售促进的种类有哪些？
6. 直复营销的优点有哪些？主要有哪几种形式？

【案例分析】

云南白药牙膏的终端促销

2008 年 1 月，央视播出了云南白药牙膏最新的广告宣传片。

云南白药牙膏全新代言人濮存昕，带着中年人特有的坚定与智慧，从容淡定地谈道："人到中年，名利看淡了，健康看重了，口腔健康，关乎全身健康，选一支好牙膏，给自己加一份健康保障，云南白药牙膏，让健康的口腔享受生活的快乐，别忘了，给父母、爱人、亲友带去口腔健康的关怀。"

回首四年历程，此时的云南白药牙膏以单支 22 元的高价，用激情与智慧，打造了从 3000 万元到 10.8 亿元的营销奇迹！

2005 年，云南白药牙膏以超凡的胆识和魄力、势如破竹的姿态，在中国牙膏市场掀起了一场史无前例的风暴。2006 年年底，其市场销售额累计已飙升至 3 亿元，成功开拓了功能性牙膏高端市场的新大陆，确立了中国功能性牙膏的品牌地位。2008 年底，云南白药牙膏的销售额累计已冲破 10 亿元，一举成为医药产品进军日化领域的成功典范。

2005 年，云南白药在央视投放的第一个牙膏广告《出血篇》，就像一只"锥子"坚挺而又迅速地插入牙膏市场，与此同时云南白药牙膏获得了极高的关注度。2005 年 7 月，云南白药集团通过多次深度沟通，决定与凯纳策划机构开始进行全程、长线深度战略合作。2005 年 7～8

月，凯纳云南白药专案组成员深入各个超市，进行市场走访，及时了解牙膏的最新动态，并与消费者进行了深度访谈。最终不孚众望，专案组成员得到了两大市场发现：中国90%的成年人都或多或少地有一定的口腔问题；并且传统牙膏解决的大多是牙齿防蛀和清洁的问题，牙膏市场存在着"空白点"。这些"空白点"传统牙膏不能解决，但是消费群体又存在巨大潜在需求，而这恰恰就是云南白药牙膏能填补的。

云南白药集团为了迅速实现白药牙膏的销售目标，迅速制定出了"锁定商超，布局全国"的营销策略。其从云南白药牙膏医药产品本身挖掘出不同的新闻素材，以新闻的标题、新闻的行文方式、新闻化的排版，将产品全方位呈现给消费者。如《百年药企做牙膏·小题大做》《云南白药牙膏里的国家机密》《这是一支无法抄袭的牙膏》《这是一支2015年的牙膏》……挖掘医药产品诞生的背景，提升医药产品的附加价值。

在牙膏领域的促销上，其将云南白药牙膏的终端营销，定位于"终端传播"，即将促销活动当成一种传播活动，以富有新意和冲击力的终端活动，与消费者进行互动，在互动的过程中，推出赠品促销，最大化地实现终端购买。

2005年7月，其请10万市民作证，把简单的免费赠送变成了有策略的"主题活动"；同时，加大了电视广告的投放力度，拍摄了多条片子，从各个角度广开证言，进一步强化消费者的购买选择。这些证言包括：从医药企业角度证言——《证言篇》，从消费者角度证言——《牢笼篇》，从功效角度证言——《接龙篇》，从牙膏选择角度证言——《适用篇》。

经过四年的坚持奋斗，云南白药牙膏从3000万元到10亿元的崛起，成为业界的明星，赢得了各界的瞩目。

（资料来源：陈玉文. 医药市场营销学. 北京：人民卫生出版社，2016）

思考与讨论：

1. 云南白药牙膏是怎样进行促销策划的，运用了哪些促销方式？
2. 从白药牙膏的促销中我们可以得到什么启示？

NOTE

第七章　销售终端管理

【学习要点】

通过本章的学习，掌握处方药和非处方药（OTC）销售终端管理的工作内容，熟悉企业终端管理的具体内容及要求，了解销售终端管理的基本概念、销售终端管理的目的与意义及常见的问题。

【引导案例】

OTC 终端人员管理实例

某制药企业今年的工作重点是开发江苏医药零售市场，小刘是负责该区域的 OTC 代表，经过一系列前期的市场开发，终于成功开发当地最大的医药连锁企业 XX，这家企业门店数量将近 300 家，在当地享有很高的声誉。

在进行终端维护时，小刘遇到了这样一些情况。一次店面例行拜访时，有顾客来买药，说是胃疼，营业员简单问询了一些胃疼的症状，就向其推荐了荣昌的仕卫。

顾客看了一眼，问道：好用吗？

营业员：当然好用了，这是我们店现在卖得最好的。

顾客拿过来看了看，说：没听说过这个厂家啊！

营业员：这也是大牌子的。

顾客：算了，我还是买三九胃泰吧。

营业员：其实三九胃泰也就是个广告产品，跟这个都差不多的。

顾客：你这胃药太多了，都挑花眼了。我也就是胃不舒服，以前都喝三九胃泰，其实不吃药也行。

营业员：现在的胃病都可大可小的，疼起来还是很厉害的，尤其一开始的时候，必须要控制住，还是吃药省事，你就拿着我说的这个吧，效果很好。胃疼跟饮食、生活习惯有很大的关系，您是不是经常胃疼？

顾客：不经常，偶尔。

营业员：现在的人的工作、生活压力都很大，什么毛病都有，您看看再买点保健品，保护一下胃。

顾客：现在不都流行食补吗？喝这些东西，又贵，效果也不见得那么好。

营业员：您试试就知道了，一个疗程肯定有改善，而且也不贵，平均一天也就几十元钱。

顾客犹豫了一下：算了，还是三九胃泰吧，放心。

营业员：那您随便吧。

顾客结账走了。小刘走过去与营业员进行了简单的交流，发现营业员对仕卫产品不是很熟悉，尤其是产品的卖点，更是说不上来，于是就出现了前面发生的一幕。小刘联想起自己产品的销量一直提不上去，是否也是这个原因？小刘立即找到店长，与其进行了沟通。店长也向其倒起了苦水，由于现在很多营业员不是药学专业出身，专业知识匮乏，更别谈销售技巧了，企业也为此举办过多次培训班，但收效甚微，因为一次培训内容太多，根本记不住。了解到这些情况之后，小刘向店长提出请求，以后的每次拜访中，在允许的情况下都要对营业员进行短时的产品知识和销售技巧培训，店长很高兴地答应了。如此，小刘经过两个月左右的努力，通过对所有药店营业员的培训，使大家记住了产品的卖点。功夫不负有心人，产品的销量终于实现了增长。

（资料来源：丛淑芹，医药市场营销实务. 济南：山东人民出版社. 2016）

　　终端，是所有企业营销渠道的最后一环，是产品流向市场，形成消费的关键，是商品与消费者面对面的展示和交易的场所，直接代表了企业产品的最终营业表达，具体表现形式有商场专柜、专卖店、连锁店、零售店等。随着市场竞争的日益激烈，企业之间的竞争已趋于白热化，而竞争的重心则仍是销售终端，决胜终端已成为当今企业界的共识。因此，对企业而言，如何科学有效地掌控终端，是销售管理的一个重要组成部分。

　　药品与普通商品不同，销售市场相对集中。药品的销售终端主要表现为各种类型的医院、药店、个体诊所或社区医院门诊部、企事业单位卫生室（院）等。

第一节　销售终端管理概述

一、销售终端管理的含义

（一）销售终端的含义

　　销售终端（零售现场、零售点）是指商品与消费者直接见面的地方，是企业营销渠道的最后一环，它实现了商品与货币的交换，是完成销售行为的最终场所。在渠道各环节中，终端是企业决战销售的最后战场，是消费者、商品、金钱三项要素的联结点。

（二）销售终端管理

　　销售终端管理（Terminal management），是指企业产品与消费者直接接触的端面的管理。在这一端面上，各个竞争品牌短兵相接，厂家、商家将产品卖给消费者，完成最终的交易，消费者买到自己需要并喜欢的产品，进入实质性消费。销售终端是竞争最激烈的具有决定性的环节。企业通过积极开展商品陈列管理、销售促进管理、人员管理、理货管理等各项工作，吸引消费者并影响消费者的购买行为是终端管理工作关键所在。

　　对药品来说，终端在市场营销活动中主要指各级各类的医院、药店等，功能上主要指进货、陈列、销售、宣传、服务等，做好药品市场终端管理，与各级各类客户建立友好的业务关系，是医药企业价值链中不可缺少的组成部分，做好终端管理，为医药企业稳固自身的市场占有率可以提供强大的支撑。

NOTE

二、销售终端管理的目的与意义

（一）对于厂商和经销商

对于厂商和经销商而言，终端管理有助于树立良好的品牌形象，增加消费者对品牌的关注和信赖；提高货架占用空间和效率，避免断货脱销；争夺有限的终端资源，提高竞争力，打击竞品；便利消费者选择，刺激消费者冲动性购买，提升销量；建立良好的通路与客户关系等等。

（二）对于零售商

对于零售商而言，终端管理有助于高效利用空间；有助于改善卖场陈列形象；提高进货、销货、存货、补货等各方面工作的效率，从而增加商品的流量和利润等。例如，某连锁药店发展速度很快，随着药品种类和数量的增加，进、销、存管理中暴露出很多问题，如产品陈列单调、存货数据更新不及时、库存不当，影响了回转率，以致积压资金，造成营运困难。面对这些问题，企业及时加强了销售终端管理，从进货、陈列、理货、补货、退货等多个环节加强了管理，精确的记录销售情报，管理库存，经营效率有了很大提高。

（三）对于消费者

对于消费者而言，良好的终端管理有助于唤醒消费者对所需商品的记忆，便于找到所需商品；容易做出比较，促进购买；整洁、生动化的陈列使消费者感到物超所值等。

三、销售终端管理中常见问题

销售终端的管理，是激烈的市场竞争条件下对企业销售工作的基本要求。"赢在终端"是企业分销渠道的成功法则。但是，很多企业并没有把终端销售管理作为企业销售活动中重要的工作来看待，甚至有意或无意地忽略了这一环节，从而导致在终端销售管理工作中常常出现以下问题。

（一）终端销售意识不强

国内很多企业对终端销售的重要性缺乏认识，认为终端环节耗费精力过大，不愿为此做出努力。更有不少企业宁愿将大笔资金投放在广告上，过分依赖广告的轰动效应，也不愿采用更为节约的方式在终端销售上下工夫。这表明我国许多企业在销售工作上仍处于粗放式的经营阶段，因此，提高终端销售意识，是企业销售管理中需要解决的大问题。

（二）终端销售渠道设计不合理

终端销售的范围，包括针对企业产品销售所经历的一切终端环节，这些终端中有的是厂商可以直接控制的，而更多的则是中间商设立的但厂商很难控制的终端。从批发商来看，包括总经销商、一级、二级等各级批发商；从零售商看，包括各级各类百货商店、连锁商店、超级市场、便利店等。尽管各个企业选择的终端环节可能不尽相同，销售渠道的宽度也因人而异，但是作为厂商，既要提高终端分销的效率，也要保证各终端有利可图，不能只注重上层环节和销售大户，企业必须为此制定科学合理的计划。

（三）服务水平低，管理水平难以满足需要

终端销售管理不同于企业内部管理，面对各级各类终端，情况往往更为复杂，要求更高，这对于从事终端销售人员的基本素质、专业知识、服务水平和管理水平都提出了很高的要求。

例如在药店中，促销人员在终端促销中起到非常关键的作用。曾有调查显示，当店员向消费者推荐某种药品时，约有74%的消费者会接受店员的意见。这说明，终端销售人员的工作热情、产品知识、导购技巧等都能从不同的方面刺激消费者，促使消费者产生购买行为。但是一些企业为了节省开销，并未对促销员进行系统的培训，导致他们对商品、企业文化缺乏了解，专业知识和服务水平都有欠缺，从而导致顾客转向购买其他替代商品，甚至对促销员服务态度不满直至投诉。

（四）对终端商家选择不当、防范不严

终端商家是企业产品终端销售的主力军，企业选择终端合作伙伴的评价指标包括：销售业绩、财务绩效、竞争能力（销售能力、市场占有率）、回款能力、顾客满意度、服务水平和应变能力等。但是在实际操作中，一些股东人数较少的商贸公司、私营性质的中小型商场等，不遵守商业信用，甚至采用转移地点、蓄意破产、改头换面、故意拖欠等方式逃避债务，使企业的终端销售出现混乱，陷入困境。这就要求企业谨慎选择终端商家，时刻保持防范意识，并采取积极的措施避免各类风险的发生。

第二节　销售终端管理的内容

一、销售终端管理的范围

（一）终端产品陈列管理

良好的产品陈列是企业最直观的广告，通过精心设计产品在终端的陈列方式，可以在现场产生较强的品牌吸引力，展示企业的实力，让消费者容易找到并方便购买，能有效地打击竞争品。企业为了提高货品陈列的规范性和生动性，可以从货品陈列的位置、方式、动线效果、整体效果等方面考虑。

1. 陈列位置　产品的陈列位置对消费者的吸引力存在着显著不同。正常情况下，接触到产品的消费者越多，产品被购买的可能性就越大。因此，醒目和人流多（出入口或拐角）的地方是黄金位置。同类产品一般都应陈列在一起，便于消费者选购。此外，还应注意货品在货架的摆放位置，要与目标消费者群体的视线及高度相适应，由此位置往上往下为次之，最上、最下为最差。一般认为，普通货品陈列的黄金高度为0.8～1.4m。企业应当对销售终端积极开展公关活动，争取到有利的陈列位置。

2. 陈列方式　第一，陈列方式包括陈列宽度、陈列高度和陈列深度等指标，通常用数字表示，如6:3:8，则表示陈列宽度为6个陈列面，高度为3个单位，深度为8个单位。不同的陈列方式不仅会影响展示效果，也会影响到消费者的购买选择。第二，开展陈列时，应尽量占据更多的空间，显示厂家的综合实力和气势，一般要求产品集中陈列，不同品牌或型号所占空间有明确规定，同时还要考虑位置、产品次序、外观、广告品和价格标签等。第三，要按照一定的比例陈列企业不同规格的商品。消费者在不同的场合和时机所需商品的规格或包装不同，如果在现场找不到如意的商品就可能转而购买竞争对手的产品，这会使他们的满意度降低。

NOTE

3. 动线效果　在产品陈列中，一般说来，迎着动线的方向为最好的位置，背着动线的位置则较差，与动线平行的位置则为中等货位。因此，在选择货位的时候要充分考虑动线效果，尤其是端架更为重要。

4. 整体效果　当企业产品线丰富，产品项目较多时，终端陈列还应注意自己的产品组合在店中的整体效果，如产品颜色的搭配（如同色陈列、对比陈列、交叉陈列、渐进式陈列等），产品层次的搭配，产品规格的搭配等。

5. 特殊陈列

（1）堆头　也称堆箱，是指卖场中为突出品牌形象而对商品进行的单独陈列，有时是一个品牌产品单独陈列，有时会是几个品牌的组合堆头。一般都是放在花车上，或箱式产品直接堆码在地上。一般来说，厂商或供货商向零售商缴纳一定的费用才能申请到堆头。堆箱面积比较大，产品陈列的比较多，品牌的展示效果好。正常情况下，堆头要配以特价、买赠、礼品等促销活动，这样方能达到较好的效果。

（2）端架　是指货架两端的架子，主要用来陈列促销产品，能达到集中陈列、吸引顾客的目的。端架的货一定要丰满，陈列要美观、整洁、有特色。

（3）专架　专架是指某一产品的专有陈列架。

【销售管理实践】

药品经营质量管理规范（2015）

第一百六十四条　药品的陈列应当符合以下要求：

（一）按剂型、用途以及储存要求分类陈列，并设置醒目标志，类别标签字迹清晰、放置准确；

（二）药品放置于货架（柜），摆放整齐有序，避免阳光直射；

（三）处方药、非处方药分区陈列，并有处方药、非处方药专用标识；

（四）处方药不得采用开架自选的方式陈列和销售；

（五）外用药与其他药品分开摆放；

（六）拆零销售的药品集中存放于拆零专柜或者专区；

（七）第二类精神药品、毒性中药品种和罂粟壳不得陈列；

（八）冷藏药品放置在冷藏设备中，按规定对温度进行监测和记录，并保证存放温度符合要求；

（九）中药饮片柜斗谱的书写应当正名正字；装斗前应当复核，防止错斗、串斗；应当定期清斗，防止饮片生虫、发霉、变质；不同批号的饮片装斗前应当清斗并记录；

（十）经营非药品应当设置专区，与药品区域明显隔离，并有醒目标志。

（资料来源：药品经营质量管理规范. 北京：中国医药科技出版社，2015）

（二）终端产品促销管理

随着终端竞争的日益激烈，除了很好的产品陈列外，终端促销是提升终端竞争力的有效途径。终端促销的方式多种多样，各有所长，企业可以结合自身的实际情况来使用。主要表现在销售促进、人员促销和公关促销三个方面。

1. 销售促进　它是指企业为了鼓励顾客购买或销售企业产品，运用各种短期诱因而进行的促销活动。销售促进常用的手段包括赠送样品、发放优惠券、有奖销售、以旧换新、组织竞赛、交易折扣和现场示范等。销售促进有时也用于对中间商的促销，如转让回扣、支付宣传津贴、组织销售竞赛等。各种展销会和博览会也是销售促进经常采用的手段。

2. 人员促销　终端的人员促销主要表现为导购服务的方式，即通过导购人员的讲解、推荐和演示，激发消费者的兴趣，使消费者认可产品。近年来，商场、超市、会展等终端的导购服务已经被广泛运用，并在药品、日用化妆品、日用家居生活用品等行业获得了较好的促销效果。

3. 公关促销　与终端客户建立并保持良好的合作关系是企业终端销售的重要内容。现在，越来越多的企业开始意识到公关促销的重要性，纷纷采取各种方式对终端零售工作人员开展公关促销。公关促销的主要体现为企业的销售经理或终端工作人员与终端经理和业务人员展开全方位的充分沟通，相互理解，达成共识，实现双赢。如某制药企业派出产品经理或聘请专家，专门为零售药店培训销售人员。通过此类培训，能够提高销售人员的产品知识、销售技巧，并可对该企业的产品产生认同感，更加愿意向消费者推荐。

（三）终端工作人员管理

对终端工作人员的有效管理是终端管理中的重要组成部分。企业对终端工作人员的管理主要表现在以下几个方面。

1. 报表管理　通过工作报表追踪终端工作人员的工作情况，是规范终端工作人员行为的一种切实有效的方法。严格的报表制度，不仅可以使终端工作人员产生动力，督促他们克服惰性，而且可以使终端人员做事有计划、有规律、有目标。同时，报表也是企业了解员工工作情况与终端市场信息的有效工具。主要报表有：竞争产品调查表、礼品派送记录表、终端岗位职责量化考评表、工作日报表、周报表、月总结表、样品及终端分级汇总表等。此外还有主管要求临时填报的、用于反映终端市场信息的特殊报表。终端工作人员一定要准确、按时填写报表，不得编造、虚报，以客观反映终端人员的工作情况，避免不实信息误导企业决策者。

【销售管理实践】

某公司销售计划分析表

销售人员	本年度销售目标	月份		月份		月份	
		金额	%	金额	%	金额	%
合计							

某公司销售额与回款额管理表

客户名称	办理人	销售额明细			回收预定明细			回款明细		
		月	月	月	月	月	月	月	月	月

（资料来源：宋晓宇. 新编销售管理全书. 北京：中国法制出版社，2015：249）

2. 对终端人员进行培训　终端管理范围广、环节多，对企业管理人员的综合素质要求很高，对此企业要有计划地对他们进行在职培训，增强其管理能力。对于终端管理人员遇到的问题和困难，要及时了解，提供必要的指导和帮助，保持他们的士气和稳定性。

3. 进行终端工作监督　管理者要定期走访市场，对市场销售情况做出客观的记录，并公布评估结果。同时，企业要建立健全竞争激励机制，对成绩突出的终端销售人员，不仅要充分肯定其成绩，而且要鼓励他们向更高的目标冲击；对成绩一般的终端工作人员，主管不仅要协助他们改进工作方法，还要督促他们更加努力地工作；对那些完全失去工作热情的工作人员，要坚决予以辞退。

4. 搞好终端协调　企业一定要高度重视终端工作人员反映的问题，弄清情况后尽力解决。这样一方面可体现终端人员的价值，增强其认同感、归属感，另一方面可提高其工作的积极性，鼓励他们更全面、更深入地思考问题，培养自信心。企业要建立一套完整的终端人员管理制度，并通过它来规范终端工作人员的行为，保证终端管理的效果。

（四）终端理货管理

1. 终端理货主要工作内容

（1）整理产品，使陈列整齐　断货少货都要及时补上；对齐价签与产品；搞好卫生；按产品出厂日期的先后整理好产品。

（2）简单订货　对于中小药店来说，如果缺货，理货员就可以订货；但对于大型连锁药店来说，订货要有严格手续，理货员就不需要承担订货责任。

（3）补货　对于店中库房里有货，但货架上无货的品项，理货员要把货物从库房里取出来摆到货架上。对于那些电脑资料显示有库存，但由于卖场工作人员登记不及时而实际已经断货的品项，理货员应查明原因，及时地把货品补上。

2. 理货要点

（1）保证不断货　产生断货的主要原因有以下五个方面：第一，产品价签与单品不相符，使人容易产生错觉，以为货品丰富，其实早已断货。第二，理货员和业务人员巡店不及时或工作不到位，不能及时提出补货建议。第三，店内管理不严格，不及时订货。第四，店内为了盘点方便，少订货而造成断货。第五，店内存货摆放不规范，不能被人们及时发现，造成账面有库存，而实际货架无库存。对于各种原因造成的断货，理货员要深入地了解原因，采取相应方式加以补救。另外，理货员平时要与店内主管、工作人员和其他厂家促销员多联系，多沟通，以便随时掌握情况。

（2）保证价签与产品对应　价签标明是什么产品、什么价格，那么货架上陈列的就一定是对应的产品，切不可移位。常见问题表现为：当某一产品断货时，工作人员为了使陈列面好看一些，而用其他产品暂时填补这一位置，事后又把这件事忘记，直到引起消费者投诉才发现问题。

二、销售终端管理的要求

终端销售的实现往往需要企业通过整合各方面的资源来完成。尤其是竞争的压力使得终端销售的技术要求越来越高，对管理工作提出了严峻的挑战，所以终端销售管理必须做到以下几点。

1. 选择有利的终端类型　不同的业态，不同的商店或消费场所都具有不同特点，企业应该认真研究自己的目标与实力，选择合适的终端类型，可以针对不同业态或商店的商圈特征，如人口结构、生活形态、地理环境、竞争态势等进行认真评估，从而选择有利于提高销售效果的终端类型。

2. 增加人力的支持　许多终端销售活动需要大量的人力实现，但对于许多企业而言，在短时间内培训出一支符合要求的销售队伍绝非易事。为了解决这一问题，一些企业开始雇佣商业学校的学生或临时的专业人员来从事这一工作。实践证明，这是一种既经济又高效的做法。但企业必须加强管理与监督，通过合理的招聘、有效的培训来确保总体销售活动朝着自己确定的目标进行。

3. 提高促销的整体配合　强调终端销售的价值，绝非排斥其他形式的促销活动。终端销售的实现一般是以企业形象的确立与品牌价值的塑造为前提的，这也是知名品牌往往能在销售终端占据有利位置的原因。事实上，终端销售与其他促销形式是相辅相成的，若运用得当将收到意想不到的效果。

4. 争取店方的合作　这是改善终端销售效益工作的难点。通常情况下，店方更愿意把机会给予知名的企业或品牌，但新企业或新品牌也并非没有机会，这就要求企业必须掌握谈判的技巧，把自己的优势和特点准确地告知店方。同时，还要强化其他的促销形式，以最大限度地发挥终端的作用。

第三节　处方药的终端管理

处方药（RX）作为区别非处方药（OTC）的一种特殊商品，只有在医生的指导下才能使用，因此其销售额状况直接受到医疗机构中医务人员的影响，医药市场中，处方药的渠道终端主要是各种类型和级别的医疗机构，虽然也有部分处方药通过零售药店等终端进行销售，但仍需持有医生的处方才能购买。因此，本节主要以各级各类医院为例来探讨处方药的销售终端管理。

一、我国医疗机构概况

根据我国卫生与计划生育委员会统计数据显示，截至 2016 年 6 月底，全国医疗卫生机构数达 98.9 万个，其中：医院 2.8 万个，基层医疗卫生机构 92.7 万个，专业公共卫生机构 3.1 万个，其他机构 0.3 万个。与 2015 年 6 月底比较，全国医疗卫生机构增加 3160 个，其中：医院增加 1804 个，基层医疗卫生机构增加 5698 个，由此可以看出，我国医疗机构的数量呈现快速上升趋势。

（一）医疗机构管理等级和分类

对于医疗机构可以从不同的角度进行分类，常用的分类方法有两种：

1. 按专业性质分类

（1）综合医院　指提供全科或主要综合科目医疗服务的医疗机构。

（2）专科医院　专科医院则主要侧重于提供某专一病种，专用治疗方法等专门方式的医疗服务的医疗机构。如口腔医院、心血管医院、中医医院、精神卫生中心等，以及以专属病患人群为服务对象的医疗机构，如儿童医院、老年医院，妇幼保健院等。

（3）教学医院　既能为病人提供治疗，同时承担医学生和护理学生的教学工作的医院，

NOTE

被称为教学医院。教学医院可以是综合医院，也可以是专科医院，通常是医科大学、医学院或综合性大学医学院的附属医院。

（4）诊所　提供针对常见疾病门诊服务的医疗机构。诊所的规模一般都比较小，主要包括公立诊所（社区卫生服务中心）和民营诊所两种。

2. 按规模和服务质量分类　根据《医院分级管理标准》，我国现行医院分为一、二、三级，医院的等级划分是依据其医疗功能、设施、技术实力、管理水平等进行考评。一、二、三级医院的划定、布局与设置，要由区域（即市县的行政区划）卫生主管部门根据人群的医疗卫生服务需求统一规划而决定。医院的级别应相对稳定，以保持三级医疗预防诊疗体系的完整和合理运行。

一级医院是直接为社区提供医疗、预防、康复、保健综合服务的基层医院，是初级卫生保健机构。其主要功能是直接针对人群提供一级预防，在社区管理多发病、常见病并对疑难重症做好正确转诊，协助高层次医院搞好中间或院后服务，合理分流病人，提供床位一般在 20 ~ 100 以内。

二级医院是跨几个社区提供医疗卫生服务的地区性医院，是地区性医疗预防的技术中心。其主要功能是参与指导对高危人群的监测，接受一级转诊，对一级医院进行业务技术指导，并能进行一定程度的教学和科研，一般提供床位在 100 ~ 499 张。

三级医院是跨地区、省、市以及向全国范围提供医疗卫生服务的医院，是具有全面医疗、教学、科研能力的医疗预防技术中心。其主要功能是提供专科（包括特殊专科）的医疗服务，解决危重疑难病症，接受二级转诊，对下级医院进行业务技术指导和培训人才；完成培养各种高级医疗专业人才的教学和承担省以上科研项目的任务；参与和指导一、二级预防工作。住院床位在 500 以上（专科三级医院则在 300 以上）。

各级医院经过评审，按照《医院分级管理标准》，每级再划分甲、乙、丙三等，其中三级医院计划增设特等，因此医院共分为三级十等。我国现行的医院分等标准，主要是以各级甲等医院为标杆制订的。甲等医院的标准，是现行的，或今后 3 - 5 年内能够达到国家、医院管理学和卫生学有关要求的标准，是同级医院中的先进医院标准，也是今后建设新的医院标准。

医院分等的标准和具体指标，见下表 7 - 1。

表 7 - 1　医院等级标准划分表

医院等级划分标准	具体指标
医院规模	床位设置、建筑、人员配备、科室设置
医院技术水平	按科室提出要求与指标
医疗设备	设备数量规模
医院管理水平	院长的素质、人事管理、信息管理、现代管理技术、医院感染控制、资源利用、经济效益等
医院质量	诊断质量、治疗质量、护理质量、工作质量、综合质量等

（二）医院药品管理部门

医院里负责管理药品的部门称为药剂科，也是制药企业销售终端管理的重要目标客户。药剂科业务内容如下：①根据医院医疗、科研和教学的需要及基本用药目录编制药品计划，查询掌握药品科技和药品市场信息，向临床提供安全有效、质优价廉的各类药品。②根据医院医师处方，及时、准确地调配各类药品。③有计划地生产普通制剂、灭菌制剂和中药制剂。④开展药品检验工作，建立健全药品监督和质量检验检查制度，对外购药品和自制制剂进行全面控制。⑤开展临床药学、临床药理工作、配合临床做好新药临床试验和药品疗效评价。⑥提出改进或淘汰药物品种意见，开展中西药新制剂、新剂型药代动力学和生物利用度等科研工作。因此，医院的药剂科可以说是一个医院负责药品总体规划的物流中心，从临床用药的监控到最后药品的配备等工作均属于药剂科的职责范围。制药企业和处方药代表应十分重视与药剂科的客情维护，做好终端服务，与其建立友好的业务关系。

二、处方药进入医院的一般程序

（一）医院外程序

处方药送达医院一般通过以下两种方式：一是厂家到经销商再到医院，由经销商与医院之间开展药品的进入、促销、结算收款、补货等具体工作，这种方式的优点在于利用当地经销商的力量，可将产品迅速铺开市场，但由于经销商全部要参与利润的分成，因此这种方式成本较高。二是厂家成立自己的销售公司直接开展销售活动，不依靠相关的医药经销单位（或仅通过经销商过票），直接派出医药业务代表去医院做开发工作，从而完成产品进入、促销、收款的全过程，这种方式对公司实力及管理水平要求较高，但成本较低。

（二）医院内程序

1. 医院自主采购　按照相关政策法规要求和发展趋势，越来越多的医疗机构用药已经纳入集中招标，但由于医疗机构的性质、用药种类不同，除按照规定需要统一招标外，医疗机构可以选择自主采购，程序如图7-1所示。

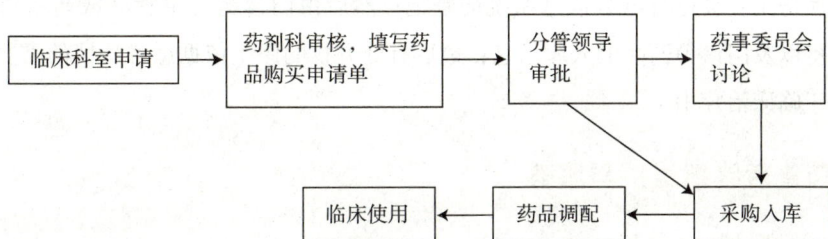

图7-1　医院自主采购程序

2. 药品集中招标采购　为了保证药品质量、促进药品采购工作程序的规范化、优化流通渠道、净化医药市场、控制药价虚高、整顿购销秩序等，根据我国目前相关政策法规，非营利性医疗机构的药品采购必须参加集中招标采购，集中采购周期原则上一年一次，实施政府主导，以省为单位的网上药品集中招标采购方式。

（1）**药品招投标原则**　药品招投标是指招标采购机构发出药品招标通知，说明采购的药品名称、规格、数量及其他条件，邀请药品投标人（卖方）在规定的时间、地点按照一定的程序进行投标的一种交易行为。招标的药品一定要先按照国家有关规定履行项目审批手续，取得批准，在一定范围内公开采购药品的条件和要求，邀请众多投标人参加投标，并按照规定程序从中选择交易对象。

《医疗机构药品集中招标采购工作规范》和《中华人民共和国招标投标法》中表明药品招标采购必须坚持质量优先、价格合理，遵循公开、公平、公正和诚实信用原则。

NOTE

（2）药品招投标工作内容及流程　药品集中招标主要涉及五方面工作：①招标准备工作。首先，由省（区、市）药品集中采购平台制定集中招标采购实施方案；其次，公布集中招标采购目录，包括由政府确定的采购目录以及汇总各医疗机构上报的采购目录两大类；再次，组织专家委员会，省（区、市）设立药品集中采购专家库，根据招标药品的类别，从专家库中按照专家类别随机抽取产生，并组成专家委员会；最后，发布招标公告以及相关文件要求。②审标，根据招标公告要求，对投标企业的投标资质条件和申报资料进行审核，审核投标人的合法性和信誉，以及投标药品的相关批准文件和企业有关情况的证明文件。③组织专家委员会评标和议标。④确定中标企业并公布中标结果。⑤签约并履约。各医院根据中标结果，结合本单位临床用药，在招标办规定时间内，与中标企业签约，中标企业按照合同履行供货职责，医院按照购销合同及时与中标企业结算货款。

3. 药品入库验收　药品入库验收是药品进入终端环节的第一道程序。验收的目的是要保证入库药品数量准确、质量完好，防止不合格的药品、不符合包装规定要求的药品甚至假药劣药入库。验收内容包括：①确认合法购药渠道，生产企业应该具有《药品生产许可证》，供应商应具备《药品经营企业许可证》。②验明药品合格证明，国产药符合《中华人民共和国药典》和国家食品药品监督管理局颁布的药品标准。进口药品的验收依据是国家食品药品监督管理局授权的口岸药品检验所出具的"进口药品检验报告书"和国家食品药品监督管理局核发的"进口药品注册证"。③药品标识、包装、外观形状。④药品数量、包装批号、有效期、注册证号等与票据相符。

4. 药品在医院的主要流向　在药剂科主任的统一调配下，采购人员负责和医院有联系的制药企业等供应商（或是集中招标后的中标企业）沟通，开展药品供货和验货工作，而当药品入库后，库房主管会进行电脑信息系统的登记；然后由门诊药房主管（或药房司药）通知各科室、药房以及门诊等药品的入库信息；最后有处方权的医生依据患者病情的需要，将某种处方药应用于临床治疗中。

三、处方药售后终端维护与服务

（一）处方药销售终端目标客户组成

临床代表是药品终端销售的主力军，其工作场所就是各级各类医疗机构，其日常工作中接触到的目标客户如下。

1. 药剂科　药剂科在医院内的主要职能是临床用药的选购、储存、调配以及临床药学研究及药物咨询工作。目前药剂科已经越来越多地参与到临床用药的各个环节中。

（1）药剂科主任　负责药剂科日常工作安排，如人员职责分配、进入医院的药品评审等。药剂科主任监控医院药品销售渠道及流通主要环节，保证临床用药的整体水平，也是监督制药企业药品推广工作的关键人物。

（2）采购人员　负责商业进药渠道，根据每月进药品种、数量、金额、时间制定药品采购计划。工作繁杂，处理药品相关事务的大量信息。

（3）库房保管　负责药品库房的日常管理，统计每月用药情况，掌握药品具体发往部门、数量及时间，如门诊药房、住院药房、急诊药房的具体领药时间、方式与数量。

（4）药房司药　负责从库房向药房调配药品，监控药品有无断货。掌握分析处方流向，相关药品使用科室的品种与用量。

2. 临床科室

（1）临床科室主任　临床科室主任是该科室日常工作主持者，负责医疗科研教学等多方面工作，对临床用药有直接的指导作用。一般由工作成就突出、临床经验丰富的医生担任。科室主任根据多年的临床实践，都有自己的用药习惯及对不同公司产品的看法，而且还会将这种看法传递给该科室的其他人员。由于其经常主持科内科研课题，所以会特别重视新药或药品临床使用的研究进展。

（2）主治医生　主治医生是住院患者的直接负责者，在科室中承担具体的工作，为技术骨干，是科室主任治疗意图的执行与修订者。主治医生一般行医经验在 5 - 10 年左右，处于医生临床工作生涯中的发展阶段。他们一边学习前辈经验，一边开始形成个人的治疗观念与用药习惯。出于职业发展的考虑，主治医生们需要了解大量的学术信息来充实自我，同时也对专业领域的研究发展动向积极关注。

（3）住院医生　住院医生具体执行上级医生的诊疗方案，对患者病情做一线观察，对药物的疗效、不良反应随时做出记录与评估。住院医生为初级医生，处于医生职业生涯中的学习起步阶段，既要完成日常的诊疗工作，又需要参加大量继续教育课程，以获得晋升所需要的各种条件。

（4）护理人员　护理人员在临床科室的工作为执行各级医生的医嘱，监护患者的诊治过程，他们对患者的疾病情况进行随时的观察与记录，大多数药物的不良反应是他们发现的。

3. 医务科　医务科的主要工作是安排全院的日常诊疗工作，管理各科编制、人员变动情况、确定各项业务活动的时间、内容等。医药企业与医院的各项合作一般均是由医务科统一协调安排的，如临床试验、健康咨询活动、学术研究会等。

（二）处方药售后跟进工作

1. 药品品质保证　品质保证是指提供给客户药品质量相关的资料和依据，也要为客户提供关联的服务工作，提高客户信任，从而对产品的信誉有所保证。

2. 提供药品专业资料　结合客户实际情况，积极主动地提供商情报道的资料，或提供药品本身的资料，这样可以保持客户对产品的好感度，又能指导合理用药，拉近彼此距离，实现互利双赢。

3. 履行服务承诺　在推广过程中，处方临床代表会对客户有一些承诺，合作中要认真履行该承诺，做到诚实守信。

4. 妥善处理退换货要求　与普通商品不同，药品的运输、贮藏、有效期等都有其特殊要求，所以针对客户非主观因素的退换货的要求，要给予充分的重视，也应积极地采取措施加以解决。

第四节　非处方药(OTC)的终端管理

虽然同属医药行业市场，但是非处方药（OTC）销售的模式与处方药有很大的不同。与处方药主要通过对医生的专业推广，透过医生开处方来提升产品销量不同，非处方药及保健品因

NOTE

为目标顾客可以自主购买，信息的不对称有所减弱，其销售终端涵盖面要远大于处方药。OTC 药品营销终端场所主要包括：各类型零售药店、医院、个体诊所或社区医院门诊部、商场及宾馆药柜、企事业单位卫生室（院）、计生系统用药市场等。其中，各种类型和规模的零售药店是 OTC 主要的销售终端，也是本节内容讨论的重点。

一、OTC 药品的采购

（一）药店中 OTC 药品的采购流程

药店对 OTC 药品的采购过程，从建立采购组织到有规律的再评估，包括一系列整合而系统的步骤。具体流程见图 7 - 2。

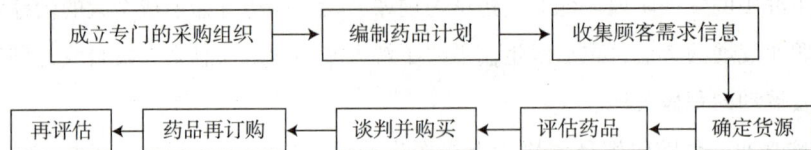

图 7 - 2　OTC 药品的采购过程

（二）OTC 药品进货程序

药店应根据 GSP 的要求制订进货管理程序，其目的是保证供货企业合法、购进的药品合法、购进企业的销售人员合法以及购进行为能保证药品质量。进货程序的基本内容包括：第一，确定供货企业的法定资格和质量信誉；第二，审核所购入药品的合法性和可靠性；第三，对与本企业进行业务联系的供货单位销售人员，进行合法资格的验证；第四，对首营品种，填写"首营药品审批表"，并经药店质量管理机构和药店主管领导的审核批准；第五，签订有明确质量条款的购货合同；第六，按购货合同中的质量条款执行。

（三）OTC 药品验收程序

药店的验收人员对购进的 OTC 药品，应根据原始凭证，严格按照有关规定逐批验收，一般情况下，药品应于到货后 15 天内验收完毕。如遇大批量到货，发现严重残损，需要清点整理，核实数量，挽救损失，按期验收完毕确实有困难时，可及时通知发货方延长验收期限，延长期不应超过 7 天，并提出查询，列明详细情况和处理意见。

具体验收程序包括：第一，审查书面凭证。验收人员对随货到达的书面凭证如合同、订单、发票、产品合格证等进行审查，确定单据的真实性、规范性，和所到货物的一致性。第二，目检外观。对照书面凭证从外观上逐项核对药品的名称、厂家、商标、包装是否完好，判定所到药品品质。第三，填写验收记录。验收员根据《药品验收单》上的内容进行逐项检查，并填写"药品入库验收记录"，包括药品的验收日期、供货单位、开票日期、发票号、品名剂型、规格、生产厂家、批号、批准文号、注册商标、有效期、应收数量、实收数量、质量情况、验收结论、验收人、收货人、验收单号等内容。第四，做出明确地验收结论。验收合格的药品可直接判定合格结论并签章，在《药品入库验收记录》中的验收结论栏内填写"接受"，验收不合格，则填写"拒收"。判定不合格或有疑问时，应报质量管理机构确定。

二、OTC 终端管理

OTC 药品终端根据功能可分为硬终端和软终端。

硬终端是指在一段时间内不会改变的设施，具体形式有路牌、车体、横幅、遮阳伞、灯箱、招贴、不干胶、海报、POP、台卡、宣传资料、包装袋、音像设备、展板、导购牌、价格表等。工作的关键是终端信息传播物的设计和制作等。

软终端则是指针对零售场所从业人员以及消费者进行的各项工作。工作对象主要包括：药店经理（或老板）、柜台长或者组长、药剂师、店员、坐堂大夫和目标消费者等。其中工作的关键是做好终端客户的联络、沟通工作。

（一）硬终端的管理

硬终端强调的是一种热销的氛围，在管理上主要内容包括以下三点。

1. 药品本身　药品本身其实就是一个最好的终端，它直接展示给消费者，并且通过消费者对药品包装和药品形式的解读，了解到药品的情况和企业的形象。这就是为什么越来越多的医药企业开始重视自己药品包装设计和附加产品的原因。消费者在购买的过程中，在选择药品的同时也是在选择一种归属感，当药品的设计和包装以及各种附件能够与消费者的心理吻合，产生理解和共鸣，就能够带给消费者归属感，选择药品的概率大大增加。

2. 生动化陈列与货架管理　市场调查统计表明，一般去超市购物的消费者所购买物品通常超过进门时打算购买数量的45%以上。另外一项研究发现，由广告所招徕的购买者当中，有33%在购买现场转而购买陈列及包装吸引人的其他同类产品。在OTC类产品销售中，消费者购买的主动性很强，因此，醒目的产品陈列是吸引顾客注意到企业产品的重要手段，也是促使其产生购买欲望、实现药店销售的关键所在。所以企业的OTC业务代表在进行终端管理时，要关注药品的陈列面、陈列位置、陈列类型以及辅助陈列用品的展示与布置。

3. 宣传物料　在促销活动中，人们第一眼看到的往往并不是药品本身，而是多种POP的陈列；在店内，人们除了对陈列的药品有兴趣外，对陈列药品DM单和海报同样具有浓厚的兴趣。虽然在消费环节中，药品自身是消费者消费动机的根本，但不能忽视的是，越来越多的消费者更愿意选择那些他们经常看到并有记忆的药品。每天乘公交车的上班族，他们购买药品时往往会选择到在公交站台和车体广告中看到的品牌，虽然他们并不记得是在哪里获得的记忆，但是在挑选过程中会记得这个药品。对于各种宣传物料而言，人们在看到它们的时候，并不会去主动阅读，但是它们确实会对消费产生指导性的记忆。

【销售管理视野】

OTC药品陈列展示（Display，缩写DP）策略

药品陈列被称为"眼球经济"策略，在达到GSP要求的前提下，要不断创新，美化产品陈列，这是吸引顾客的秘诀之一。

1. 满陈列　是指药品陈列种类与数量要充足，以刺激顾客的购买欲望。

2. 橱窗陈列　是利用OTC药品的空包装盒，采用不同的组合排列方式展示季节性、广告支持、新药品及重点促销的药品。吸引过往行人的注意力，诱发顾客的购买行为。

3. 量感陈列　如堆头、多排面、岛型等。量感陈列产生"数大就是美"的视觉美感及"便宜""丰富"等刺激购买的冲动。又分为规则陈列和不规则陈列两种。

4. 集中焦点陈列　是利用照明、色彩、形状、装饰，制造顾客视线集中点，将陈列的"重点面"面向顾客流量最多的通道。

5. 突出陈列　是将不同厂家的同类药品放在一起，着重突出某一种或几种药品，别的药

品起辅助性作用。

6. 悬挂式陈列   将无立体感的药品悬挂起来陈列，产生立体效果，增添其他特殊陈列方法所没有的变化。

（资料来源：王淑玲. 药品零售管理与实务. 北京：人民军医出版社. 2010）

（二）软终端的管理

软终端与硬终端之间有着先后和互动的关系，而且其内容和性质也存在诸多不同之处。只有做好了软终端，硬终端的管理和维护才是有效的，当然，通过出色的硬终端管理也能促进软终端的建设。企业做好软终端管理，主要包括以下内容。

1. 明确软终端的客户构成

（1）**药店经理**   是门店日常经营管理工作的负责人。有些小型药店在人员有限的情况下经理往往由药师兼任。

（2）**执业药师**   我国的 GSP 规定，药店均要求配一名具有执业药师资格驻店人员，负责药店药品质量管理、处方调配和管理以及患者的用药指导工作。执业药师属于专业技术人员，在店内有举足轻重的地位。

（3）**柜组长**   药店经理往往对店内销售工作实行分区分类管理，即一个药品大类由一个柜组长负责某几条货架或某几个柜组的产品销售、相关服务与管理工作。

（4）**一线店员**   是销售工作的实际执行人，负责药品的销售、店堂卫生等日常工作。目前，我国一些医药零售业比较发达地区的药店店员以医学或药学专业中专及以上学历为主。

（5）**库管员**   负责药品购进手续的具体经办工作，也是药品库存管理和进出库工作的直接负责人。

（6）**财会人员**   负责药店销售款项的接收工作，是药店财务收支情况的具体负责人员，同时也是医药商业公司与药店关于货物进销存情况的协同管理者。

（7）**临时促销人员**   药店除以上正式员工外，还会招聘部分临时促销人员，他们虽然不属于药店的正式编制，但他们同在一家药店为顾客服务，药店经理往往将其和正式店员一样管理，其一言一行也会对药店的销售和品牌形象产生一定的影响。这些员工的工作目标就是通过各种方式与努力影响与改变顾客最终的购买行为，在同类药物的市场竞争中帮助自己所在企业取得优势。

2. 店员教育与客情维护   OTC 产品与普通消费品有所不同，其药理、药效、适应证及副作用等情况一般消费者难以准确把握。这就为店员影响顾客的购买决策提供了非常好的契机。实践也证明店员的推荐对顾客的最终购买和品牌选择有很大影响。尤其是对一些新上市的产品，品牌效应和消费习惯尚未形成，目标顾客改变购买决定的可能性更大。所以说，在 OTC 产品的购买行为中，药店店员的推荐意见对目标顾客现场改变决定发挥着重要的影响。

面对一个药店销售的数千种产品，如何让店员能够记住本企业的产品，让他们接受顾客咨询或向顾客提出建议的时候首先推荐本企业的产品，要做到这一点就要求店员教育和客情维护工作必不可少。

店员教育是指将产品的相关信息传递给店员，使店员熟悉产品的知识，以期在柜台销售中增加该产品推荐率的一种药店促销方式，它是 OTC 药品一项重要的终端营销工作。做好店员教育的关键一是提高店员推荐率，二是店员要一切以目标顾客为中心，凭借过硬的专业知识说服目标顾客，不能强行推销，否则不仅会破坏产品形象，同时也是对目标顾客的不尊重。根据上述原则，结合药店不同人员的知识背景和在店内的角色，可采用形式多样的店员教育方式。比如：一对一的店员教育、店员集中教育、有奖问卷、电影招待会、店员答谢会等。所有这些工作既能实现相关知识与信息的传递，同时也可以起到维护良好的客情的作用。

3. 软终端管理的工作目标 常见的有销售量目标、渠道规划目标、理念认同目标、第一推荐目标等。企业通过对终端积极主动地帮扶，为终端的成长做出合理的规划，尽可能与终端共享各种资源，以实现提升市场壁垒和竞争力的目的。

【本章小结】

终端（零售现场、零售点）是指商品与消费者直接见面的地方，实现商品与货币交换的地方，在渠道各环节中，终端是企业决战销售的最后战场，是消费者、商品、金钱三项要素的联结点，是医药企业和消费者接触的最后枢纽。

随着市场竞争的激烈，终端已经由买卖结合处的商业终端发展演变为今天的营销终端。对药品来说，终端在市场营销活动中主要指药店、医院、活动场所，功能上主要表现为销售、宣传、服务等功能。

企业加强对销售终端的管理，可以增加消费者对品牌的关注和信赖；提高货架占用空间和效率，争夺有限的终端资源，提高竞争力，提升销量，建立良好的通路客情关系。

企业终端管理的内容主要包括终端商品陈列管理、终端产品促销管理、终端人员管理和终端理货管理四方面，企业通过合理又有效的终端管理，增加产品和品牌对消费者的吸引力，提升终端人员素质，促进产品销售。

处方药终端主要集中在各级各类医疗机构，按规模和服务质量，医院可以分为三级十等。加强处方药终端管理可以使企业维护良好的客情关系，巩固和扩大市场占有率。需要企业了解各级各类医院的分类，熟悉处方药进入医院的一般程序，掌握药品集中招投标的流程、验货内容以及药品在医院的流向，明确终端客户组成，积极开展各种活动与各类目标客户建立和保持良好的人际关系，做好处方药的售后服务和跟进工作。

OTC药品营销终端场所主要集中在各类型零售药店，OTC药品进入药店的采购、进货、验货都应遵循基本的程序，OTC终端根据功能可分为硬终端和软终端。硬终端的管理可以从药品本身、陈列与货架管理、宣传物料等方面加强对消费者购买行为的影响，软终端的管理则更主要体现为开展各种不同类型的店员教育活动，与各级客户维系良好的客情关系等方面。

【重要概念】

终端；终端管理；药品终端管理；陈列管理。

【复习思考】

1. 终端管理的概念？
2. 对企业而言，终端管理的目的和意义？
3. 企业终端管理包括哪些内容？
4. 商品终端陈列管理的内容有哪些？
5. 处方药进入医院的模式？
6. 处方药终端管理中，售后跟进工作都有哪些？
7. 零售药店对非处方药（OTC）的采购流程？

NOTE

【案例分析】

安徽药品招标模式的探索——"双信封制"

2010 年，安徽省在全国率先以国家基本药物在基层医疗卫生机构零差价销售为切入点和突破口，开展以省为单位国家基本药物网上统一集中招标采购配送，被称为"安徽模式"，其核心是实施"双信封制"。所谓"双信封制"就是药品企业分别编制技术标书和商务标书，分别放入两个"信封"同时投标，只有满足技术标准要求的企业才能进入商务标评审，并最终由价格最低者中标。通过"双信封制"集中招标，安徽省基本药物与国家零售指导价相比平均降价52.8%，省级补充药品平均降价51.7%，药价下降五成以上。"安徽模式"作为样板被多个省市基本药物招标所采用。

但"双信封制"也引发了争议。各省基本药物招标原则实际上是"质量合格，价格最低"，降价成为主流趋势，大量低价药中标。由于招标价格低很大程度上挫伤了药企积极性，甚至不再生产，也导致医疗机构无中标药可用。

2012 年，安徽省在县级公立医院招标采购中对"双信封制"进行了调整，采用把技术标的得分带入商务标的做法，采用商务标评审综合得分 = 技术评审得分 $\times 60\% + 40 \times N_{min}/N$（$N$ 为同组中某药品的报价，N_{min} 为同组中某药品的最低报价），这种做法有利于注重质量的药企中标。

完善后的"双信封制"，在有利于通过招标切断"医""药"之间利益链的同时，也促进药企注重质量，最终有利于正在推进的县级公立医院改革。

（资料来源：官翠玲，李胜. 医药市场营销学. 北京：中国中医药出版社，2015）

思考与讨论：

1. 药品集中招标的基本流程？
2. 试讨论安徽省药品招标"双信封制"的优点和不足。

第八章　销售过程管理

【学习要点】

通过本章的学习，掌握从寻找顾客、约见顾客、接近顾客、销售展示、处理异议到促成交易的医药产品销售全过程管理，熟悉顾客在这些环节的心理状态，了解应对的方法。

【引导案例】

医药代表成功开发医院

第一次拜访：准备好资料，兴冲冲地来到该院，打探到药剂科的办公室及主任的姓氏，到了药剂科，看到一个穿白大褂的男子，在一边喝茶一边翻看报纸。凭直觉他就是主任。我说了声：李主任，打扰了，我是某某公司的。顺势递上一张名片，他没有回答，也没有看我的名片。我只好尴尬地把名片放在他的桌上。我不死心，又拿出资料向他介绍，他还是默不作声，无动于衷。没办法，我只好悻悻地说声对不起，打扰了，就离开了。

第二次拜访：隔了几天，又一次去了药剂科。药剂科人员和主任闲聊，我找了个位置坐下。听着他们杂七杂八的新闻，偶尔也插几句嘴，终于也和主任说上了几句闲话。这次我没有亮名片，也没有亮资料，连来干什么的也没向主任说，坐了近一个小时，就夹杂在人群中离去了，但对主任是哪里人有个大概了解。

第三次拜访：过了几天，找到一个可能引起药剂科主任注意的新闻话题。于是来到药剂科，主任恰好在，又不太忙，我又一次递上名片，他看了一眼没有说什么，就把它放到面前的盒子里了。我坐下来装着随口说了一句："主任昨天的报纸看了吗？"于是顺着这个话题，与主任聊了起来，不到一小时，我装着有事情，起身告辞了，主任还说了句走好。这次我还是没有把资料递上去。

第四次拜访：又过了几天，我准备了一下他家乡的基本资料。来到药剂科，和主任打了个招呼，等他忙完，我有意识地说了句："主任，听说某地（就是他老家）的东西不错，不知道你知道否？"主任很兴奋地笑着说："我怎么会不知道，那是我的老家呀。"我装着很惊讶的样子，和他聊起了他的老家，虽然中间也有电话进来打断。突然有个电话进来通知他开会，他很自然地问我来有什么事情。我礼貌地站起来又递上一张名片，说就是来看看主任，拜访一下，认识一下，有个新品想请主任看一下。他说那你留一份在我桌子上，开完会他再看。我谎称资料没有带，下次带给他。

第五次拜访：几天后，我又一次去见主任，把精心准备的资料递上，并且详细介绍。他听得也认真，看得也仔细。但说了句同类的品种有啦。我很平静地问了那几个品种的名字，也默默地记下。我也将本品的优点说了几句，请他考虑考虑，他没有拒绝，感觉有戏。于是，我们又闲聊了一些报纸新闻，缓和一下气氛，看见有人来，我就礼貌地告辞了。

第六次拜访：我把上次在药剂科记下的品种资料收集来，对比整理，发现本品有一定的优

NOTE

势，也征求了一下临床主任的意见，心里有了底，于是，又一次来到药剂科。再次递上资料，详细介绍同类品种的优劣。主任居然比上次听得更认真，并且不断和我讨论品种。最后说了句："你再征询一下临床某主任的意见吧，行就打个报告。"我装着唯命是从的样子出了门（临床主任早就同意了）。

第七次拜访：出了门我并没有立即去找科主任打报告。因为不能太急，办得太快容易引起药剂科主任的怀疑。过了几天，我又进了药剂科，对主任说：某主任真的难找，好不容易找到了，把资料给他一看，他很赞同你的观点，我的品种还不错。他让我到你这里拿个单子。主任没有说什么，给了我申请单，我出门时他说了句："早点拿来，会要快开了。"

第八次拜访：在把报告交给药剂科主任后，我又去了多次，多是闲聊，偶尔打探药事会的消息，直到药事会召开，品种进入医院。

（资料来源：大卫·科利尔，杰伊·费罗斯特. 医药代表实战指南. 北京：电子工业出版社，2013）

销售过程管理是分解销售链的一连串的销售活动，并针对这些活动的作业流程进行管理。一个成功的销售主要包括寻找顾客、约见顾客、接近顾客、销售展示、处理异议和促成交易六个步骤和过程。

第一节　寻找顾客

寻找顾客是销售成功的开始，获得高质量的准客户是销售人员在市场中获胜的关键因素，在寻找顾客时要有的放矢，先确定顾客的范围，然后根据不同顾客的特点选择适合的拜访方法。

一、确定顾客范围

销售人员不可能将所有人都变成自己的顾客，而是需要在市场中寻找到需要自己产品和服务的个人和组织，即"准顾客"。而在寻找准顾客的过程中，根据产品的因素来确定准顾客的范围，进行全面分析，才能事半功倍。

（一）根据商品因素确定客户范围

在确定客户范围时，要考虑所销售的商品和服务是否能够满足顾客的需要。这种满足应从商品的性能、质量、规格、品种、包装上来考虑，进行全面分析。在追求高品质生活的今天，商品性能越好、质量越佳、品种越齐全、包装越优雅，相对吸引顾客的范围越广。而商品性能差、质量低下、包装粗陋使得商品和服务的需求量下降，客户范围变小。

（二）结合企业的特点确定顾客范围

1. 企业所经营的商品和服务的特点　企业所经营的商品和服务的特点是在确定客户范围时要考虑的重要因素。例如，对于提供健康保健服务的企业来说，企业的位置非常重要，因为顾客在选择保健服务时，首先考虑信誉问题，其次就是离家较近为首要考虑目标。

2. 商家的经营规模　商家的经营规模是确定客户范围时应该考虑的因素。例如大型超市沃尔玛、麦德龙这些国际型大超市，凭借良好的质量保障和售后服务，使顾客容易产生信任感和安全感，企业选择顾客的范围也相对广一些。

NOTE

一般来说，企业营销的力度和能力与企业的顾客范围呈正相关。企业的广告活动和促销活动做的越大，顾客的范围就越广。

（三）结合消费者状况确定客户范围

销售人员在寻找准顾客的过程中，应确定所要拜访的人群，低收入消费人群比较在意价格和品质，而高收入消费人群则相对在乎品牌和知名度。

二、寻找顾客的方法

（一）逐户访问法

逐户访问法是指销售人员在特定的区域内，挨门挨户地进行访问，以挖掘潜在顾客。在访问顾客过程中，可发放产品宣传单或者携带小礼品。这种销售方法也称"地毯式寻找顾客销售法"，主要针对特定区域内的个人、家庭或组织进行逐个寻找。此方法的关键是不遗漏可能的准顾客和提高销售人员在人际关系方面的素质和能力。

逐户寻访具有多方面的优点，它访问的范围广，涉及客户多，可借访问机会进行市场调查，了解客户的需求倾向并挖掘潜在顾客。对销售人员，也是练习与各种性格顾客相处的机会，培养自信心，观察这个地区在不同年龄层次的人对某些需求的关注度。但是这种方法有很大盲目性，一般家庭出于安全方面考虑多会拒绝访问，但在上下午的不繁忙时间段拜访临街商铺的商人和工作人员往往会获得较好的效果。

（二）广告搜寻法

广告搜寻法是指利用各种广告媒体来寻找顾客，又称"广告开拓法"。具体地说，它是利用广告媒体来发布产品信息，并对产品进行宣传，由销售人员对被广告吸引来的顾客进行销售。广告搜寻法具有传播速度快、传播范围广的优点，比较节约人力、物力和财力。但是这种方法费用较高，且企业难以掌握顾客的反应。

（三）连锁介绍法

连锁介绍法是指通过老顾客的介绍来寻找有可能购买该产品的其他顾客，又称"介绍寻找法"和"无限寻找法"。该方法已成为企业常用的一种行之有效的销售方法。

连锁介绍法的优点在于可以减少销售过程中的盲目性，而且由于经人介绍，易取得信任感，因而成功率较高。该方法一般适用于寻找具有相同消费特点的顾客，也可在销售群体性较强的商品时采用。另一种名人介绍法，是指在某一特定的销售区域内选择一些有影响的人物，使其成为自己的客户，并获得其帮助和协作，将该范围内的销售对象转化为目标购买，又称"中心开花法"。

（四）会议和电话寻找法

会议寻找法是指销售人员利用参加会议的机会，与其他与会者建立联系，寻找顾客。运用这种会议寻找法，在人际交往时要注意技巧，以获得对方的信任（可暂时不提或委婉地提出销售意图）。此法有时易引起对方的反感。

电话寻找法是指以打电话的形式来寻找顾客。采用该方法一定要注意谈话技巧。要能抓住对方注意力并引发其兴趣，否则极易遭到拒绝。注意通话的时机和时间长短也非常重要。

（五）资料查询法和市场咨询法

资料查询法是指通过查阅各种有关的情报资料来寻找顾客。目前，我国可供查询的有关资

NOTE

料有：工商企业名录、商标公告、产品目录、各类统计年鉴、专业团体会员名册、市场介绍、专业报纸杂志、电话号码簿、邮政编码册、电话黄页等。采用资料查询法，可以较快了解大致的市场容量和准顾客的情况，成本较低，但是时效性比较差。

市场咨询法是指销售人员利用市场信息服务机构所提供的有偿咨询服务来寻找顾客。现在社会上出现了许多专门收集市场信息的咨询机构，通过这些机构往往能获得许多有价值的信息。利用市场咨询法寻找顾客，方便快捷，可节省销售人员的时间，但要注意咨询机构的可靠性。另外，咨询费用也是一个重要的考虑因素。

（六）其他方法

1. 委托助手法　也可在市场中咨询与顾客相熟的人，即委托助手法。这是指委托与顾客有联系的专门人士协助寻找顾客，又称"销售助手"法。具体地说，在受托人找到目标后，立即联系进行销售访问和洽谈。委托助手法可节省销售人员的时间，减轻其工作量。但助手的人选不易确定，而确定适当的助手是该方法成功的关键。

2. 代理寻找法　是指利用代理人来销售商品、寻找顾客。具体地说，是由代理人代理销售主体寻找顾客、销售商品，并从中提取中介费用。

3. 个人观察法　是指销售人员通过自己对周围环境的分析和判断来寻找顾客。这种方法具有成本低的优点，但对销售人员的观察能力和判断能力要求较高，且要求判断时尽可能客观。

4. 竞争插足法　是指销售人员渗透到竞争对手的销售市场中与之争夺客户。该方法易引来竞争对手的报复行为。

5. 行业突击法　是指选择某些行业的群体作为销售对象，进行集中性访问来寻找顾客。采用该方法要求销售人员关注经济发展的态势、国民经济产业结构的现状及其未来的发展趋势。若选择得当，销售得法，能够挖掘出大批的潜在顾客。因为行业相同的人通常具有共同的需求特点。

第二节　约见顾客

约见顾客是指销售人员事先征得顾客的同意，在一定时间和地点，以一定方式接近或访问顾客。约见顾客是接近顾客的前奏，也是接近顾客的开始。

一、约见顾客的准备

（一）访问对象

在进行销售之前，销售人员先要确定具体的访问对象。为了提高效率，销售人员应设法直接约见有购买决策权的人。为了能够成功拜访准客户，销售人员要态度诚恳对待每一个人，包括门卫、秘书、普通员工等，要运用销售的规则和技巧，满足接待人员的虚荣心，让他们感到自己具有某种权威，即决定销售人员是否顺利地与上司见面，通过接待人员来引发顾客的兴趣，促使其接受访问。

（二）访问事由

1. 销售产品　大多数情况下，销售人员访问顾客的目的都是直接向顾客销售产品。但在实践中，直接销售之前要做大量的准备工作，比如顾客对销售人员已产生良好印象，对产品有一定兴趣。有些销售人员约见顾客采取欺骗或者不明说的方式，寻找种种借口请求对方接见，这种手段一旦被顾客识破，会引起顾客的反感，当时就可能予以拒绝。因此，为慎重起见，销售人员应向顾客说明访问意图，设法引起对方的注意和重视。在说明时应着重介绍产品的特点和能给顾客带来的实际利益，以此来吸引顾客，使其允诺见面。

2. 市场调查　市场调查也是现代销售人员肩负的重要任务之一。一般来说，销售人员以市场调查名义约见顾客比较容易被顾客所接受，因此市场调查常常成为约见顾客的一种借口，而且市场调查也可以帮助企业收集制定生产经营决策的依据。此外，还可以借此机会向顾客宣传介绍企业的产品，提高其知名度，可谓一举多得。

3. 提供服务　为客户提供服务也是销售人员的一项重要任务。在实际工作中，以提供服务作为访问事由来约见顾客，往往受到顾客的欢迎。如此不但有利于实现销售目的，还可以建立起销售人员的信誉，为今后的销售工作铺平道路。

4. 签订合同　销售人员在与顾客进行多次磋商、洽谈并基本达成一致后，还会约见顾客并与之签订合同，尽快达成交易。当销售人员以此为目的约见顾客时，应把握机会，尽快与顾客确定约见的时间和地点，否则，有可能失去成交的机会。

5. 收取货款　现代销售货款的支付方式越来越多，有现金支付、转账支付、延期支付、支付宝转账等；销售方式也趋于复杂，有内销、外销、代销、包销等。尤其是网络支付使销售人员收取货款的任务变得方便。但对于销售人员来说，只要货款未收回，销售工作就不算完成。销售人员要注意顾客的信用状况，加强售后服务，并选择恰当的时机，及时收回货款。

6. 回访顾客　走访用户在顾客购买商品或服务并将其投入使用后，销售人员还要回访顾客，与顾客保持密切联系。做好服务工作，可以随时捕捉顾客的新需求，也可以赢得顾客的好感，提高重复购买率，并为企业树立良好的形象。

（三）访问时间

1. 根据顾客的特点来确定访问时间　首先，销售人员要考虑顾客的作息时间和活动规律，避开顾客忙碌的时间段，比如周一上午。其次，销售人员应尽可能考虑到顾客的心情，不要选择顾客心情不佳时访问顾客，诸如顾客压力过大时，或者住院生病时等。

2. 根据访问的目的来确定访问时间　销售人员应尽量使访问时间的确定有利于访问目的的达成。对于不同的对象，访问的时间应有所不同。即使是同一对象，因访问目的的不同，访问的时间也应有所区别。若访问目的是正式销售，就选择较充裕的时间以便达成目的；若访问目的是为顾客提供服务，就应依顾客的需要确定时间，及时高效地为顾客提供服务；若访问目的是签订合同，应把握成交信号，及时约见顾客，切不可拖延；若访问目的是收回货款，就应尽量掌握顾客的资金周转情况，在对方手头比较宽松时约见。

3. 根据访问的地点和路线来确定访问时间　销售人员要出于方便顾客的考虑，拟定可行的访问地点和访问路线，以节省双方的时间。

4. 尊重访问对象的意愿，为对方留有余地　在约定访问时间时，销售人员可完全听从顾客的安排，也可提出几个时间供顾客选择。如考虑到意外情况，可确定一个时间范围，到时销售人员务必准时赶到约会地点，不可让顾客等候。

5. 守时守信　访问时间一经确定，销售人员就要严格守约，准时赴会，最好习惯提前五分钟到场，绝不能让顾客等自己。一旦出现意外情况，应及时通知顾客，说明情况，以求对方谅解，并推迟约会或另行约见。

6. 合理利用访问时间，提高销售的效率　在实际工作中，对销售人员来说等待是很平常的事情，利用等候的时间，做好准备工作，缓和急躁的情绪，有利于与顾客洽谈时呈现最好的状态。

（四）访问地点

在确定访问地点时，也要视具体的情况而定。应坚持以下原则：一是方便顾客；二是尽量避免干扰。一般来说，可以选择几个可供选择的访问地点。

1. 工作地点　对于集团消费的顾客或工业消费品顾客来说，最好的访问地点是工作地点。在工作地点会面，特别是在人来人往的办公室，极易受到干扰。销售人员可根据具体的环境情况建议换一个僻静的场所，如暂时无人使用的会议室或写字楼咖啡吧等，使双方可静下心来进行洽谈，保证访谈效果。

2. 家庭住所　不熟悉的顾客一般不愿意销售人员上门销售，感觉侵犯了自己的领空，如果能将顾客约到销售人员工作室或自己家中，在特定的环境下效果更佳。

3. 社交场所　餐厅、宴会、球场等社交场所也可作为访问的地点。在这些场合顾客较容易放松，容易拉近双方之间的距离，促进彼此之间的友谊。但在这些场合洽谈，对销售人员能力要求较高。

4. 其他场所　若在工作地点、家庭住所和社交场合都不方便，可选择公园、海滨等场所见面。但在约见时要确定具体的时间和地点，最好确定标志物建筑，以免误约。

二、约见顾客的方法

约见顾客时，销售人员因害怕顾客拒绝会比较紧张，生怕失败。因此做好心理准备和采取适宜的方法，是成功约见的保证。对顾客来说，约见销售人员难免耽误工作和休息，因而顾客一般是不太情愿的。因此，销售人员在约见顾客时，要以"笃诚以敬，心怀感激""不见是正常，约见是福气"的心理来看待是否成功约见，处处以顾客的利益为重，赢得顾客的信任。除了应有的态度外，销售人员还要掌握几种主要方法。

（一）当面约见

当面约见是指销售人员和顾客面对面约定访问的具体事宜。这种机会比较多，如在社交场所相遇时可互递名片，并借机约定访问事宜。

当面约见的优点：首先，在轻松场所相遇，顾客的防备心不强，容易成功；其次，当面约见可使销售人员近距离地观察、了解顾客，更准确地做出销售预测，从而进一步做好接近顾客的准备。

但是，当面约见也存在一定的局限性。首先，当面约见受地理区域的限制，在某一场合下，来参加该活动的人员只是某一区域范围内的。其次，即使销售人员及时赴约，但一般总要经过攀谈，效率比较低。最后，当面约见虽简便易行，但仓促之下难免顾此失彼。此外，在某些场合下，约见对象可能会敷衍了事，随口答应，过后就抛到脑后。

（二）电话约见

电话约见就是销售人员以打电话的方式来约见顾客。电话约见的重点应放在"话"上。销售人员要尽可能做到出言从容、语调平缓、口齿清晰、重点突出、说理充分。说话要简明扼要，不要浪费太长的时间。销售人员电话约见时，切忌让顾客感觉你是为了销售产品才约见。在确定约见的时间和地点时，销售人员要表现得积极主动，态度非常肯定，不要含糊其辞而给顾客以拒绝的机会。

为了培养销售团队中的新人，提高约访成功率，主管可以根据拜访顾客的职业和性格特点，设置一些"话术"，如：强调利益法、信件预寄法、社交应对法和心存感激法。

电话约见有不少优点。首先，电话约见迅速及时，单位时间里可以打很多个电话，提高约见顾客效率；其次，这种方式非常灵活方便，可反复约见；最后，还可及时获得意见并解答相关问题。

电话约见也有缺点。电话约见会干扰顾客的工作，且在短时间内不易说服顾客同意接受访问，遭到拒绝的比例比较高。

（三）信函约见

信函约见是销售人员通过各种形式的销售信函来约见顾客。在顾客对销售人员、企业或者产品都不熟悉，或双方距离遥远，或不能在电话里约定会面时间的情况下，最好不要单纯使用电话约见方式，而应用信函约见方式，在当今网络时代，尤以电子邮件效率最高。但有些销售人员的书信文辞不当，很难达到拜访的目的。信函约见应注意以下问题：

1. 引起兴趣　写信的目的是为顾客解决问题并引起顾客的兴趣，而不是直接销售。第一次去信，可以仅仅引起顾客兴趣，以顾客利益为中心，急顾客之所急，为其解决实际问题。72小时内追加所销售的产品和服务是如何满足该顾客需求的，时间太长，顾客的需求欲望减低，时间太短，顾客还没有反应过来。

2. 态度诚恳，内容要真实　销售人员要以诚为先，如果隐瞒和欺骗顾客，会为下一步的洽谈设置障碍。

3. 文辞生动　书信能否打动顾客，引起顾客的共鸣，关键在于销售人员的文字功底。文辞生动有力，能引起顾客的兴趣。如用"物美价廉"四个字虽然简洁，但不如"色艳味甜，鲜嫩多汁，每箱20千克，每千克5元"这样的字句更能打动顾客。

4. 简明扼要，重点突出　以书信方式约见顾客，最忌讳的就是长篇累牍，不知所云。面对这样的信，顾客不可能有耐心读下去。因而销售人员写信时必须做到简明扼要，重点突出，以节省双方的时间并提高效率。

5. 委婉礼貌，措辞恳切　销售人员可将一些个人的想法委婉地表达出来。以希望的语气，请求对方允许接见，并要对占用顾客的宝贵时间表示抱歉和感激，以博得顾客的好感从而改变对方有可能拒绝接见的初衷。

以信函或者电邮的方式约见顾客有许多优点。它适用的范围比较广，费用低廉；邀约信一般经销售人员反复推敲，能避免各种失误；邀约信能表达口头言语难以表达的意思，并能保存备查。此外，即使顾客拒绝见面，销售人员也不会感到难堪。

当然，信函约见也有一些不足之处，以信函约顾客相当费时，不适用于紧急约见；电邮可以批量发出，但要修改顾客的称呼。电邮很容易被当成广告邮件被立刻删除。

NOTE

（四）委托他人约见

委托他人约见是指销售人员委托第三方来约见顾客。销售人员若能通过顾客亲友的推荐、介绍进行约见，可以消除顾客心理上的疑虑，使约见顺利完成。

委托他人约见有诸多优点。首先，有利于拉近与顾客的距离，销售人员往往不能或不便亲自接近某些顾客，但这些顾客并非绝对不可接近。事实上在这些顾客周围会形成一定的圈子，销售人员可先接触圈内的人，再通过他们约见顾客。其次，这种方法节省时间、提高效率，这样做既节约大家的时间，也减少了接待和周旋的时间，一般成功率较高。最后，有利于克服销售障碍，促成交易。由于有第三方的介绍，在销售人员与顾客洽谈时，顾客会考虑介绍人的因素，能比较宽容，有利于减少销售中出现的障碍，且成功的可能性较大。此外，由于顾客与介绍人之间关系密切，能够直言不讳地提出异议，利于信息反馈，使销售人员可以重点进行说服，促成交易。

委托他人交易也有其缺陷。相比自己约见顾客，委托他人约见不太可靠，若受托人不负责任，常常会引起误约。而且，由于不是销售人员亲自约见，顾客可能误以为不是正式约见，不会给予足够的重视。

除了以上几种方法，还有广告约见、宣告通知等约见顾客的方法，销售人员应根据具体情况合理选择。

第三节　接近顾客

寻找到准顾客后，进入了销售活动过程的下一个阶段，即接近顾客。

一、拟定拜访计划

1. 确定拜访顾客名单　确定拜访顾客名单应考虑的因素有工作时间、销售产品的难度、销售经验等，销售人员从所拟定的潜在顾客名单中挑选具体人员，可以根据交通路线和顾客地点来选择几个走访方便的顾客作为一个顾客群。

2. 确定拜访路线　根据确定要走访的具体顾客名单来确定拜访的路线，做到统筹安排。既要保证无一遗漏，又要保证节省时间和路费，尽量提高效率。

3. 安排拜访时间和地点　根据顾客的要求来选择拜访时间和地点。如果顾客不能立即做出决定，可以二选一法，比如可以说"请问您是明天上午十点左右方便还是后天下午四点左右方便"，顾客会下意识地选择一个时间。拜访地点和环境尽量安静不受打扰。

4. 拟定行动纲要　即针对一些具体细节、问题和要求来设计行动纲要，拟定介绍的要点。设想对方可能提出的问题，并设计答案。经验不够丰富的销售人员要在这方面多花时间，做到有备无患。

5. 准备销售工具　在销售时要带上必要的产品介绍和各种资料，如样品、产品鉴定书、录像带等，还要带上介绍本人身份的材料，如介绍信、工作证、法人委托书、项目委托证明等。

如果面对的是一项较为复杂的销售任务或需要开发新的市场，可以成立销售小组。小组销

NOTE

售可以分散对手的注意力，有利于观察顾客，做出正确的反应。小组成员在知识、经验方面相互弥补，相互促进。如果准备组织销售小组来进行销售，那么必须制定小组销售的规划。

二、接近顾客的方法

接近顾客是销售洽谈的前奏，是销售人员与顾客正式就交易事件接触见面的过程。接近顾客有两层意思：一是指销售人员和顾客之间在空间距离上的接近；二是指销售人员和顾客之间消除感情上的隔阂，逐步趋于同一目标。销售人员接近顾客的方法很多，要注意将各种方法有机整合。

（一）商品接近法

商品接近法是指销售人员利用商品的某些特征来引发顾客的兴趣，从而接近顾客。这种方法对商品的要求较高，商品应具有某些吸引力和突出的特点，使销售人员能将有型实体商品展示给顾客。比如在大型医药学术会议上，生产中医脉诊诊疗仪的厂家在会场场馆外摆放设备，免费为参会人员辨识体质，不仅可以得到顾客资料，同时也起到将新产品介绍给消费者的作用。

（二）人际交往接近法

人际交往接近法是运用人际关系，使用介绍、社交、馈赠、赞美的方法来接近顾客。

1. 介绍接近法　是指通过销售人员的自我介绍或他人介绍来接近顾客。介绍的内容包括姓名、工作单位、拜访目的等。在介绍时应注意言语简练、语调适中。该方法的缺点是接近顾客太突然，双方没有感情基础和同化目标的中介，因此，销售人员的仪表和言谈举止显得尤为重要。由他人介绍的方式往往更有利于接近顾客，取得顾客的信任。

2. 社交接近法　是指通过与顾客开展社交活动来接近顾客。采用这种方法一般不开门见山说明来意，而是博得顾客的好感和激发顾客的产品需求。

3. 馈赠接近法　是指销售人员通过赠送的礼物来接近顾客。馈赠礼物比较容易博得顾客的欢心，取得他们的好感，而且顾客比较乐于合作。但赠送礼品不宜太贵重，注意符合国家有关政策规定。比如国际大型药品企业一般定做带有企业或者主打产品广告的储物盒、钢笔、笔记本或者家用日用品等小礼品作为销售人员的敲门砖。

4. 赞美接近法　是指销售人员以称赞的语言博得顾客的好感，来接近顾客。销售人员与顾客初次见面，可以从顾客的仪表、穿着和气质的细节入手，夸赞不太容易发现的优点，比如赞美女性顾客可以说"您的睫毛很美"或者"您今天的胸针非常适合您的气质，很高雅"等。

（三）反复接近法和服务接近法

1. 反复接近法　是指销售人员在一两次接近不能达成交易的情况下，多次进行销售拜访来接近顾客。此法显示了销售人员的诚意和决心，最终可能打动顾客。但是如果在交往过程中，明显引起顾客的讨厌，就不能使用反复接近法。

2. 服务接近法　是指销售人员通过为顾客提供有效并符合顾客需求的某项服务来博得顾客的好感，赢得顾客信任来接近顾客。具体的服务内容包括维修服务、清洁服务、信息服务、免费试用服务、咨询服务等。采用这种方法的关键在于服务应该是顾客所需，并与所销售的商品相关。

NOTE

（四）吸引顾客接近法

为了吸引顾客的注意力，销售人员可以运用引起顾客兴趣、利益接近、引起好奇、求教、提问、调查等方法来接近顾客。

1. 利益接近法　是指销售人员利用商品或服务能为顾客带来的实际利益引起顾客的兴趣并接近顾客。抓住顾客的消费心理引发顾客兴趣，增强购买信心。

2. 好奇接近法　是指销售人员通过引发顾客的好奇心来接近顾客的方法。好奇是人们普遍存在的心理。如一位销售办公用品的销售人员对销售对象说："我有办法让你每年花在办公用品上的费用减少30%。"

3. 求教接近法　是指销售人员通过请顾客帮忙解答疑难问题来接近顾客。销售人员采用这种方法主要是利用人好为人师的特点，特别是拜访医生或高层管理者可以用求教法。

4. 问题接近法　是指销售人员通过直接向顾客提问的方式来接近顾客。采用这种方法，要注意所提出的问题必须是对方所关心的。可以循序渐进地提出一系列问题，一般使用封闭性问题，引导顾客回答销售人员想要的答案。

5. 调查接近法　是指销售人员利用市场调查的机会接近顾客。这种方法现在被许多企业采用。它不仅可以帮助企业了解顾客需求的状况，也可以借调查之机提高企业产品的知名度。

三、顾客资格的认定

在找到准客户之后，需要对其进行分析和判断。主要是判断顾客是否具备购买所销售商品的条件，以确定是否有继续进行销售工作的必要。一种常用认定顾客资格的方法是"MAN 法则"。

1. 具有商品购买力（money）　即具有购买商品的货币支付能力。实践中，我们常常碰到这样的情形：对方虽然有强烈的购买欲望，但缺乏足够的经济实力，因此无法形成现实的购买。这类顾客不是准顾客，但是可以成为未来的潜在顾客。

销售人员在分析顾客的商品购买力时，还要考察经济环境，它是制约和影响顾客购买能力的"大气候"，主要指社会生产的发展状况、经济增长的速度和人们消费水平对市场供应的影响等。另外，销售人员还要分析客观的消费环境，即影响销售活动的消费因素，其中主要是人的因素，包括人口的收入、地理分布、性别差异、年龄分布等。

2. 具有商品购买决定权（authority）　即能够决策购买，有商品的采购权，可以支配资金的人。在实际销售过程中，销售人员应了解客户的组织机构运作状况，分析对方单位的管理机制，把销售努力主要放在购买决策权的人身上，同时善待相关人员。

3. 具有对商品的需求（need）　即顾客有购买欲望，销售人员所销售的产品能满足顾客的需求。

第四节　销售展示

销售人员在成功地约见和接触顾客之后，就要进入销售产品和服务的展示阶段，清楚并技巧地将产品的种种特性介绍给准客户，引发顾客的兴趣，是最后促成交易的重要一环。

一、销售人员理清五个"W"

通常，销售人员在策划如何介绍产品时，可以考虑以下五个"W"，接触顾客之前，销售人员要自己回答这五个问题，才可能做到思路清晰。

（一）为何来（why）

这个问题具体包括：①销售人员为什么来拜访顾客？②客户为什么要抽出时间听销售人员介绍所销售的产品？③顾客为什么要买产品？

对这几个"为什么"，销售人员在去见顾客之前就必须加以注意。若在拜访开始时即让顾客明白拜访原因，往往会产生较好的效果。

（二）产品是什么（what is it）

销售人员向顾客销售产品，必须让顾客了解产品、向顾客说明产品能给顾客带来的利益。因此，销售人员在与顾客面谈时，应向顾客说明产品与顾客利益之间的关系及其重要性，顾客才有可能静下心来倾听销售人员的介绍。

（三）谁谈的（who says so）

在销售工作中，销售人员要使顾客对自己所销售的产品有信心，并认为与自己交易是可靠的、有保障的。顾客对销售人员的人格非常重视，他会细心体察销售人员的谈话，并对"谁谈的"这个问题相当感兴趣。因此，企业的名誉、经验、信用等是非常重要的问题。销售人员应善加运用，不要以为顾客对销售人员所属企业已十分了解而忽视这一环节。

（四）谁曾这样做（who did it）

这里的"谁"指曾购买销售人员的商品并从中获益的人。若这个顾客与销售人员原先的顾客是旧识，这种方法往往更能发挥作用。当然，销售人员也可列出顾客名单、获得的表扬奖状等，以获得顾客的信任。

（五）顾客能得到什么（what do I get）

这个问题是销售人必须回答的。他要告诉顾客可以从这笔交易中获得利益的具体内容，让顾客相信该交易是值得的。利益是多重的，比如所节约的时间、所能降低的成本、所能带来的便利、所能增加的安全性、所能扩大的销路等。

二、聚焦顾客的兴趣点

销售人员的产品和服务能够打动顾客的通常是一两个兴趣利益点，销售人员如果能够迅速捕捉到真正吸引顾客的兴趣点，来推动销售，就可以做到临阵不乱。一般来说，顾客的兴趣点集中在：

1. 商品的使用价值　对大多数顾客来说，商品的功能是顾客购买最主要的原因，比如药品是用来治病的，空调是用来降温的，因此详细地介绍产品的功能是必不可少的。对于经济上不是很宽裕的顾客而言，强调商品的多种功能显得尤为重要。

2. 流行性　对于爱好时尚的顾客来说，比较注重商品的流行性，销售装饰品和高档日用品都应突出顾客尊贵的身份和不俗的气质。根据顾客的着装以及家庭用品可以判断出其兴趣是否集中于此。

3. 美观性　随着生活水平的提高，顾客的审美修养也越来越高，年轻顾客尤其是女性顾

NOTE

客更为重视产品及包装的艺术性。如果销售的产品在外观上有缺陷，不妨刻意回避一下。

4. 安全性　对于食品、母婴用品、电器、护肤品等显得比较重要，随着医疗保健意识的提高，更多的顾客重视产品的安全性。销售人员遇到这样的顾客要着重介绍产品安全性能方面的优势。

5. 环保　随着全球气候变暖、环境污染和全球化的影响，大多数顾客环保意识越来越强，特别是高层次的顾客比较注重产品是否环保，生产企业是否承担社会责任。

6. 保健作用　过去只有老年人比较注重保健，当今社会青年人面临巨大压力，很多人处于亚健康状态，癌症的发病率也更为年轻化，特别是女性生育问题更值得重视。如果销售的是食品、服装、生活用具、家具等与生活密切相关的产品，销售人员要特别关注顾客的保健需求特点。

7. 耐用性　它作为使用价值中的一个特殊方面受到大多数顾客的重视，尤其是受到经济全球化的冲击，中国加入世界贸易组织之后，顾客接触到更多的质优、耐用、廉价的商品，顾客对耐用性的要求也在提高。

8. 经济性　强调商品的性价比优势会使那些经济上不宽裕的顾客的承受能力有所增强。

另外，商品数量有限，往往会促使犹豫型的顾客做出决策。同时，"物以稀为贵"的思想为大多数人所认同，因此不妨稍加利用。

三、激发购买欲望

做了一系列的努力去引发顾客的兴趣之后，下一步就是激发顾客的购买欲望。顾客从感兴趣到具有购买欲还有相当长的一段路程。在这一个阶段，总体来说，销售人员和顾客进行的是一场心理博弈。销售人员迅速把握顾客的心理，在适当的时机点破顾客的疑虑是很重要的。

（一）适度沉默，让顾客说话

沉默在销售中有很多不同的功效。在做完产品介绍与示范后，不妨停止说话而开始聆听，这时沉默是高明的选择。总体来说，它起到两大作用：让顾客有说话的机会；无形中强迫顾客说话。这样就会了解顾客对产品的看法。许多人对销售人员的认识是能言善辩、喋喋不休。销售人员与顾客面谈时要多听少说，切忌多语。

销售人员在刚刚接触到顾客时，必须迅速打开局面，这时当然不能沉默。在介绍产品时要适当地减少语言，尽量用事实说话，同时要不时地引导顾客参与。如果经过一段时间的交流，已经将不少自我信息和产品信息传递给顾客，之前阶段的工作一切顺利，就应该花时间倾听顾客的意见。倘若顾客是内向型或沉默型的，销售人员要对其兴趣集中点加以引导。一旦他们开口，要认真倾听，为表示尊重和重视，还可以记录。在对方讲话的过程中千万不要打断，最好经常点头示意，眼神交流，心态放松，不要太过在意是否能够成交，而是聚焦销售的产品能够帮助顾客解决的问题。对于顾客所提问题一定要耐心回答；对于准备不充分或确实不了解的问题不要回避或者不懂装懂，而是要敢于承认自己"不了解"，但不可过多，以免顾客对销售人员的专业性产生怀疑。对顾客错误的或于己不利的说法，如果不重要就保持沉默，切记不可当面纠正。如果顾客的错误想法严重影响了他对企业或产品的看法，销售人员要运用智慧委婉地予以纠正。冲动是销售人员的大忌。一定要设法约束自己，不能与顾客发生争论。

此时保持沉默还有一个重要作用，那就是给自己一个缓冲的机会，整理一下思路，如有漏洞则应在下一阶段加以弥补。在整个销售过程，应该由销售人员把握主动权，控制节奏，切入主题，有张有弛。

（二）挖掘对方的需求

刺激对方的购买欲就是让顾客明确地认识到他的需求，而销售人员的产品刚好能满足顾客的需求。主动找到顾客去销售与顾客去商店选购是不同的，去商店寻找商品的顾客通常是有明确的需求，而销售人员主动上门时他们往往没有想清楚是否需要这种产品，有许多顾客确实不需要，有些顾客则有潜在的需求而不自知。销售人员要根据顾客的兴趣来挖掘他的需求，甚至创造需求，然后将其需求明确地指出，通过向顾客描述拥有你的产品能获得的好处和快乐，以此激发顾客的想象力。

向顾客指出他的需求时应注意，不可过于直截了当，最好不要用诸如"我想，您一定需要"或"买一件吧，不会有错的"这样的言语，这会使对方感到你强加于人，可能引发逆反心理。

（三）用言语说服顾客

如果你指出了顾客的需求，而顾客依然表现得不是很积极，购买的欲望仍不是很强，这时不妨再略施小计，刺激他的购买欲。

1. 引用别人的话　销售人员可以用顾客的亲朋已经购买的事实来引导顾客，激发顾客的攀比心。此种方法仅限基于事实的情况，不能编造。

最有说服力的语言莫过于顾客周围某位值得信赖的人所讲的话，所以先把一个团体中颇有影响力的人变成自己的顾客，有助于开发这个市场。

2. 用广告语　用广告语言来形容销售人员的产品可收到独特效果。广告语言具有简练、感染力强的特点。比如销售一种特别锋利的齿形餐刀，"您和您的家人用这种餐刀品尝鲜嫩的牛排，感觉一定好极了"会比"这种餐刀的齿形设计锋利无比"要好得多。因此，注意语言生动是极其重要的。

3. 帮顾客出谋划策　帮助顾客出谋划策，使其感到有利可图。利用一些小礼品，或者其他一些优惠条件，促使顾客购买。

销售人员在销售的过程中，不要过多使用专业性过强的词语，以炫耀自己的知识丰富，相反，顾客会因不能理解销售人员的介绍而感到厌烦，对销售人员的专业性质疑。应采用平实而通俗易懂的语言，以易于被顾客理解和接受。

（四）有计划地推进

销售人员在向顾客介绍产品之前，要做好计划。计划内容包括介绍产品各方面性能的先后次序。产品具有的性能特点很多，做计划一方面可保证介绍时不会有所遗漏，并有效地安排先后次序，及时调动顾客的积极性，避免顾客产生倦怠心理。

事先做计划还包括对顾客可能提出的各种疑问做好充分准备，使真正面对顾客时不至于手足无措，回答顾客提出的各种问题，使顾客感到销售人员能想自己之所想，从而对销售人员产生好感。

做好计划还包括销售人员应事先计划如何控制好销售的节奏，做到有张有弛。要充分调动顾客的积极性，并在顾客注意力分散时重新吸引到销售人员希望的方向上，在销售过程中始终把握销售的主动权。

NOTE

第五节 处理异议

销售人员在与顾客洽谈到达成交易的整个销售过程中,不可避免地会遇到顾客的各种异议。销售人员应当随时做好心理准备和思想准备,善于分析和处理各种顾客异议,努力促使顾客产生购买行为。

一、顾客异议的类型

在不同的销售环境、时间、地点条件下,销售人员所面对的也是不同的顾客。他们因各种因素的影响,会提出各种不同的异议,销售人员必须熟悉并善于应对顾客的种种异议,做到心中有数,才能提高销售效率。一般来说,顾客的异议主要表现为以下几种类型。

(一)需求方面的异议

顾客认为产品不符合自己的需求而提出异议。当顾客说"我不需要"或"我已经有了"之类的话时,表明顾客在需求方面产生了异议。究其原因有两种:一是顾客确实不需要或已经有了同类产品,这种情况下销售人员就应该立刻停止;二是这只是顾客想摆脱销售人员的一种托词。面对这种情况,销售人员应稍放一段时间,隔段时间再来拜访,再次探寻顾客需求。

(二)商品质量方面的异议

顾客针对产品的质量、性能、规格、品种、花色、包装等方面提出异议,也称产品异议。其原因比较复杂,可能由于产品自身存在的不足,也可能源于顾客自身的因素,如顾客的文化素质、知识水平、消费习惯等。此种异议是销售人员面临的一个重大障碍,且一旦形成就不易排除。

(三)价格方面的异议

顾客认为价格过高或价格与价值不符而提出异议,这也是顾客最容易提出的问题。一般说来,顾客在接触到产品后,都会询问其价格。即使销售人员的报价比较合理,顾客仍会抱怨:"你们的价格太高了。"在顾客看来,讨价还价是天经地义的事情。反之,顾客对价格有异议是购买兴趣的一种信号,说明顾客对产品的其他方面,如性能、质量、款式等比较满意。因此,销售人员应把握机会,可适当降价,或从产品的工艺、材料和服务等方面来证明其价格的合理性,说服顾客接受其价格。

(四)服务方面的异议

顾客针对购买前后一系列服务的具体方式、内容等方面提出异议。这类异议主要源于顾客自身的消费知识和消费习惯,处理这类异议的关键在于提高服务水平。

(五)购买时间方面的异议

顾客认为现在不是最佳的购买时间或对销售人员提出的交货时间表示的异议。当顾客说"我下次再买吧"之类的话时,表明顾客在这方面提出了异议。这种异议的真正理由往往不是购买时间,而是价格、质量、付款能力等方面存在问题。在这种情况下,销售人员要分析异议背后的真正的原因,并进行说服或主动确定下次见面的具体时间。此外,由于企业生产安排和运输方面的原因,或正处于销售旺季,可能无法保证货物的及时供应。在这种情况下,顾客有可能对交货时间提出异议。面对此种异议，销售人员应诚恳地向顾客解释缘由，并力争得到顾客的理解。

（六）销售人员的异议

顾客对销售人员的行为不满意。这种异议往往是由销售人员造成的。销售人员态度不好，或自吹自擂，过分夸大产品的优点，或礼数欠佳等，都会引起顾客的反感，从而拒绝购买产品。因此，销售人员一定要保持良好的仪容仪表，言谈举止得体，并注意自身素质的提高，争取给顾客留下良好的印象，从而顺利地开展销售工作。

（七）支付能力方面的异议

顾客由于无钱购买而提出的异议。这种原因一般不直接表现出来，而是间接地表现为质量方面的异议或进货渠道方面的异议等，销售人员应善于识别，一旦觉察到确实支付有问题，应停止销售，但态度要和蔼，以免失去其成为潜在顾客的机会。

二、处理顾客异议的一般程序

（一）认真听取顾客提出的异议

认真提取顾客的意见，是分析顾客异议，与顾客形成良好人际关系，树立专业形象，提高企业声望的前提。

销售人员在顾客提出异议时应采取以下态度：

1. 注重倾听 在顾客提出异议时，销售人员应认真、专注并耐心地倾听顾客的不满，表现出对顾客的重视和尊重，在使顾客感到自我满足的同时，认真体会顾客真实的心理状态和意图。这样有利于与顾客建立良好的人际关系，顾客也会采取合作的态度。因此，当顾客提出异议时，销售人员切忌匆忙打断对方的话或急于辩解，这种做法很容易使异议演变为争吵，导致销售失败，有损企业和产品的形象。与顾客争吵，不管谁对谁错，销售人员都会失去顾客。

2. 分析原因 仔细分析在回答顾客异议之前，销售人员一定要仔细分析顾客提出异议背后真正的原因。有经验的销售人员在摸不清顾客的真实意图时，往往会引导顾客讲话，从而逐步从其话语中摸清顾客的真实想法，然后对症下药，消除顾客的异议。

3. 先接受再处理 转化顾客的异议当顾客提出异议时，销售人员一方面要表示接受顾客的异议；另一方面要运用销售技巧劝说顾客放弃其异议。具体说，销售人员在完成这项工作时，应注意以下几点：

（1）**虚心接受** 有些顾客提出的异议是正确的，这时销售人员要虚心地接受，而不要强词夺理，拼命掩饰自己的产品的缺点，这样会引起顾客的反感和厌恶情绪。销售人员应该在承认顾客意见正确的同时，不应放弃，力图使顾客了解并重视产品的优点，让顾客权衡得失。

（2）**避免争执** 销售人员应锻炼自己的忍耐力，讲究话语艺术，避免与顾客针锋相对，即使顾客提出的异议明显错误，销售人员也不要不留情面地直接反驳，这会使顾客恼羞成怒。因此，销售人员在劝说顾客时，应避免使用挑衅性的语言。举例来说：医院某主任对某医药代表负责的产品存在一些认知偏差，在遇到适应证患者的时候也迟迟不选择该产品，如果该医药代表强行劝说："主任，您认为我们产品的价格贵，感觉其他药物更便宜，也能达到同样的治疗效果，那您是否进行过对比统计或者有各大指南支撑您的观点呢，实际上您的观点是完全错误的，各大研究和指南都能证实我们的产品……"，那么主任通常会回答："我现在很忙，现

NOTE

在用的药疗效已经不错了，我觉得不是一定就要用你们的产品，你认为呢？"

（3）简明扼要　在回答顾客异议时，要尽量简单扼要。销售人员在处理异议时应越简单越好，这样一方面可以节约时间，提高销售效率；另一方面可以避免顾客抓住销售人员的话柄提出新的异议。当然最重要的是销售人员应站在顾客的立场上为顾客解决问题，而不是以局外人的身份提供个人的看法和意见。

（二）适时回答顾客的异议

面对顾客提出的异议，销售人员在什么时候回答最合适呢？应根据销售环境的情况、顾客的性格特点、顾客提出异议的性质等因素，来决定是提前回答、立即回答、稍后回答，还是不予回答。

1. 提前回答　有经验的销售人员从顾客的表情可以觉察出顾客可能提出的异议。比如根据以往的经验，销售人员判断顾客可能认为产品功能不全，这时，可以及时地将顾客可能提出的异议说出来："我们的产品功能确实不太多，但所有基本功能保证是齐全的，而且，我们的产品是便携式的，一般也不需要那么多功能。"这样回答的优点主要体现在：销售人员主动提出顾客可能提出的异议，可以先发制人，避免纠正顾客或反驳顾客而带来的不快；使顾客感到销售人员考虑问题非常周到，确实是站在顾客的立场上为顾客着想，营造友好的销售氛围；使顾客感到销售人员很坦率，将产品的优缺点一并告诉顾客，让顾客来判断，没有可以隐瞒缺点，从而增加顾客的信任感；同一异议，顾客提出异议比销售人员自己主动提出，回答起来难度要更大。因为人都不喜欢被否定；销售人员主动提出问题，可以节省时间，提高效率。

2. 立即回答　对比较重要并且容易解决的问题，销售人员应立即予以回答。一方面，显示销售人员重视顾客，并能立即消除顾客的忧虑；另一方面，若任由顾客提出异议而不予回答，顾客的异议增多，对产品的不满就会增加，以致局势很难扭转。因此，销售人员在销售洽谈过程中应有选择地及时解决问题，避免留下后患。

3. 稍后回答　以下情况可采取稍后回答：销售人员认为顾客提出的异议比较复杂，不是一两句话可以解释清楚的，故稍后作回答，等收集资料，胸有成竹再来回答；销售人员判断顾客的问题在业务进一步深入时将不答自解；销售人员认为立即回答会影响销售工作的顺利进行，若任由顾客在这一问题上纠缠下去，销售人员将不能进行下面的工作，不能充分展示产品的优点，可能导致销售失败。

【营销实践】

为什么你无须回应

如果一名医生这样跟你说："你们的产品听起来很不错。不过请告诉我，在第三阶段的试验中，当患者接受伴随而来的非顺铂化疗时，其肌肉内生血清促红细胞生成素基准水平是多少呢？"

当然，你对她所说的一切毫无头绪。（相信我，你时不时会遇上这种用上述类型的问题给你留下深刻印象的医生。）

如果你不知道答案，就大大方方地承认，并告知医生你会尽快把信息反馈给她。在销售拜访结束后，联系公司的医疗技术研发部门，将同样的问题反馈给该部门的代表，他将会将相应的回复发给医生（也会抄送一份给你）。

有些情况下，可以在适当的时候建议医生使用免费电话来直接咨询你公司的医疗技术研发部门。

（资料来源：大卫·科利尔，杰伊·费罗斯特．医药代表实战指南．北京：电子工业出版社，2013）

4. 不予回答　对于顾客由于心情欠佳等原因提出的一些异议，或与购买决策无关的异议等，销售人员可以不予回答。

（三）收集、整理和保存各种异议

销售人员对于顾客提出的各种异议应加以整理、收集和保存。通过这项工作，可以了解顾客可能提出的异议，并据此设计出令顾客满意的答案。只有这样，在日后出现类似问题时才不至于惊慌失措。另外，顾客的意见往往是中肯的，确实指出了产品的缺陷和应改进的地方，使企业有了改进产品的机会。此外，顾客的某些想法有可能激发企业的创新灵感，从而开发满足顾客需要的新产品。

三、处理顾客异议的方法

（一）转折处理法

这是销售工作中常用的方法，即销售人员根据有关事实和理由来间接否定顾客的异议。首先，要耐心倾听顾客的异议，承认顾客的看法是有道理的，然后用转折的方式来表达自己的观点，尽量少使用"但是"一词，而实际交谈中包含"但是"的意思，这样效果会更好。只要掌握了这种方法，就可以保持良好的洽谈气氛，为自己的谈话留有余地。比如某医院主任说："你们公司的升血小板的药效果不太好啊，我有一个病人用了四五天都没什么效果，可是换了一个厂家的药效果明显了。"

医药代表："主任，现在病人病情稳定了吗？他是因为什么导致血小板降低的呢？"（首先关心病人并了解原因）。

医药主任："现在血小板已经正常了。准备这两天出院。这个病人是肺癌化疗后导致的血小板减少。"

医药代表："您是肺癌方面的专家，很多化疗都是很伤骨髓的，而且升血小板的药物起效都比较慢，说明书推荐使用 5~7 天，所以一开始血小板升得比较慢，当病人的骨髓功能开始恢复以后病情就好控制了，所以您可以多尝试几个病号，再来对比一下这方面的产品哪家的更经济实惠。"

与转折处理法比较接近的是转化处理法，这种方法是利用顾客的异议自身来处理。顾客的异议既是交易障碍也是购买信号。比如销售人员在拜访主任医师后，主任说："你们的药疗效是公认的，就是还没有进医保吧？有些病人还是经济水平有限的，我这边想帮忙都帮不上呀。"销售人员可以这样回答："是的，产品暂时没进医保，但是疗效的话您是非常肯定的，对吧？非常感谢主任的支持，还替我考虑到销量的问题，还请主任一定挑几例经济条件较好的患者进行试用。"

（二）化解异议法

在日常工作中，顾客总是会提出很多拒绝销售人员的理由，处理的方式是多种多样的，比如以优补劣法、委婉处理法、强调利益法、比较优势法、价格对比分解法等等。

1. 以优补劣法　又叫补偿法。如果顾客的异议切中了销售产品或服务的缺陷，千万不可以回避或直接予以否定。明智的方法是先肯定，然后淡化处理，利用产品的优点来补偿甚至抵消这些缺点。这样有利于平衡顾客心理，进而做出购买决策。

2. 委婉处理法　是当销售人员在没有考虑好如何回答异议时，不妨用委婉的语气把对方的异议重复一遍，或用自己的话复述一遍，这样可以削弱对方的气势。有时转换一种说法会使问题容易回答得多，但只能减弱而不能改变顾客的看法，否则顾客会认为销售人员歪曲了他的意见而产生不满。比如医药代表说："主任，今天过来是想请您帮个忙！我们公司上市了一个新产品（产品介绍），您看看有没有合适的病人帮我们尝试用一下。"医院主任说："药倒是个好药，但是现在医患关系不好，用新药出什么问题担不起后果啊。"医药代表说："主任您放心，这个产品在外省已经开始普及了，很多专家都很认可，只是咱们云南这边稍微慢一些，才开始推广。而且之前做了大量的临床试验，我们有充分的临床数据支持。您有这方面的需求可以随时给我打电话，到时候我把相关的资料送过来。目前，云南在这方面的新药特别少，主任您要是率先尝试的话，到时候您就是咱们这个产品的专家啦，可以帮我们给其他的医生讲讲课，传授一下经验。"

3. 强调利益法　是指销售人员通过反复强调产品能带给顾客的利益来化解顾客的异议，一般适用于具有某种特点又能为顾客带来某种突出利益的产品。

4. 比较优势法　指销售人员将自己的产品与竞争产品进行比较，从而突出自己产品的优势来处理顾客异议。如在顾客提出某一异议时，销售人员可以如此回答："您说得很有道理，这是此类产品的通病，目前还没有哪家企业能够彻底解决这个问题，但是，与其他同类产品相比，我们的产品在这方面是做得最好的。"

5. 价格对比分解法　指顾客提出有关价格的异议时，销售人员进行横向或纵向的对比来化解顾客异议或者可通过化解计量单位，使顾客的心理压力骤减。比如，顾客说："一年缴纳三千元的保险费太贵了"，销售人员可以回答："每年缴纳三千元确实感觉是一笔不小的钱，但是一天也就是少用10元钱，一个月存300元对您一家人来说应该不算太难吧？"

（三）冷处理法

有时顾客的异议只是暂时表示顾客内心的不安，销售人员当分清楚顾客是否真的介意，还是只是掩饰内心的不安，需要缓一步再做考虑，这种情况下，可以用合并意见法和冷处理法。

1. 合并意见法　是将顾客的几种意见汇总成一个意见，或者把顾客的异议集中在一个时间讨论。总之，要削弱异议对顾客产生的影响。但注意不要在一个异议上纠缠不清，因为人们的思维有连带性，往往会由一个异议派生出许多异议。摆脱的办法是在回答了顾客的异议后马上把话题移开。

2. 冷处理法　对于顾客的一些不影响成交的异议，销售人员最好不要反驳，采用冷处理的办法。当顾客抱怨销售人员的公司或同行时，对于这类无关成交的问题可以不予理睬，转而谈产品的问题，销售人员应能够随时掌控洽谈的内容。

（四）反驳法和反问法

1. 反驳法　是指销售人员根据事实直接否定顾客异议的处理方法。一般应该尽量避免使用。直接反驳对方容易使气氛僵化而不友好，使顾客处于敌对状态，不利于顾客接纳销售人员的意见。但如果顾客的异议源于对产品的误解，或者手头的资料可以说明问题，就不妨直言不讳，但是要注意态度友好、温和，同时也可以让顾客感觉到销售人员的信心。

2. 反问法　是指销售人员对顾客的异议提出反问来化解顾客异议。这是在销售人员不了解顾客异议的真实内涵，即不知是寻找借口还是真有异议时，用于主动了解顾客心理的一种策略。采用反问法时，应注意营造良好的气氛。

第六节　促成交易

一、创造有利的成交环境

在销售成交阶段，周围环境对成交与否有重要影响。它会影响成交的气氛，并在无形中影响顾客的心情，甚至改变交易的结果。

1. 成交环境应干净舒适　安静的环境可因地制宜、闹中取静，比如在办公地点洽谈时，可选择接待室或会议室等不易受到打扰的地方。在商谈成交时，应尽量远离电话、门口和其他人员，以免被外界打扰，分散双方的注意力。

2. 成交环境要能保证单独洽谈　在协商成交的重大事宜时，最后应只有销售人员和顾客两人参与，避免第三方介入，以防第三方中途进入打断销售的正常程序。如果顾客与第三方的意见不一致，会导致顾客重新做出决定，改变本来的购买结果。当环境不利时，销售人员可以共进午餐为由约见顾客商谈。

3. 在安排成交环境时，要注意迎合顾客的心理　在条件允许的情况下，销售人员选择协商成交地点应按照顾客的需求和喜好，适当选择让顾客放松、消除心理防御的场所。一般应选择顾客熟悉的场所，如顾客的工作单位会议室、办公室或顾客的家中等。

二、善于捕捉购买信号

购买信号是指顾客在销售洽谈过程中表现出来的各种成交意向。有经验的销售人员往往擅长捕捉购买信号，这些信号稍纵即逝，而且是下意识的，销售人员当把握时机，但是如果顾客没有发出购买信号，急于求成会令顾客反感。购买信号一般分为表情信号、语言信号和行为信号。购买信号复杂多变，在很多情况下，往往会一起出现，销售人员要善于观察。主要有以下几种：

1. 当顾客认真比较时　当顾客显示出很认真的神情，并把销售人员提出的交易条件与竞争对手的条件进行比较时，销售人员要立即询问购买意向。

2. 以种种理由要求降低价格时　说明顾客已将价格与自己的支付能力进行了比较。销售人员应对时不能立即让步，而是反问顾客要多少数量，再考虑价格和折扣。这样会让顾客感觉到销售人员比较灵活，从而觉得自己有希望得到价格上的优惠。

3. 主动热情地将销售人员介绍给负责人或其他主管人员时　此时成功概率大增，因为这个顾客一定想让别人赞同他的看法，所以他会努力帮助销售，这时注意保持沉默，尽可能让顾客自己说。

4. 要求详细了解产品时　当顾客要求说明产品使用时的注意事项以及产品的维修等售后服务时，此时，销售人员除了耐心详细地说明外，还要诱导顾客提问，以彻底消除顾客疑虑，并且尝试促成销售。当顾客对已经解释的问题反复询问时，千万要耐心回答。

NOTE

5. 主动出示自己有关这种产品的情报和资料　这说明顾客潜意识中已经接受了这种产品。销售人员应勇敢尝试促成，如果对方资料中有些部分对自己不利，也不需要急于纠正，而应该充分地向顾客展示产品。

6. 诉说对目前正在使用的其他产品不满　这是成交的好时机，但不能过分附和顾客，批评其他厂家及产品，只要适时地强调自己产品的优点即可，体现销售人员的个人修养。

7. 对销售人员的态度明显好转　当对销售人员的态度明显好转，接待档次明显提高。这说明顾客已经信任销售人员并愿意听取建议，这时应该尝试促成。

8. 当顾客出现忽然变换一种坐姿　比如身体前倾或下意识地举起茶杯或摆弄钢笔、手表；或者眼睛盯着产品的说明书、样品；长时间沉默不语；身体靠近销售人员；询问旁人等行为时，这些行为表示顾客犹豫不决，销售人员可以尝试成交建议。

三、克服成交的心理障碍

在建议成交的过程中，气氛往往比较紧张，销售人员容易产生一些心理障碍，而有经验的销售人员通常有能力控制气氛和自己的心情。常见的成交心理障碍主要有以下几个方面：

（一）担心失败的心理障碍

刚从事销售工作的人，通常会害怕主动接近顾客，更怕遭到顾客的奚落和拒绝。大量的销售实践证明，大多数的销售努力由于种种原因都以失败告终，只有极少数达成交易。因此，销售人员应对顾客的拒绝时，要认识到"成交是福气，失败是正常"，不怕失败，有成功的自信，也有做好失败的心理准备，并适时调整心态。

（二）职业自卑感的心理障碍

有些销售人员认为自己的工作低人一等，有很强的自卑感，这也会形成心理障碍。职业自卑感主要来自社会对销售人员的极大成见，认为销售人员都是骗子。当然这也与销售行业门槛较低，确实有些销售人员的知识和修养水平都有限。但是职业不分贵贱，销售行业是通过提供专业知识和服务，为顾客提供解决方案。为消除自卑心理，销售人员应加强学习，丰富自己的知识，同时要注意着装和言谈举止，做到不急不火，彬彬有礼，对待顾客和蔼可亲但是不要卑躬屈膝，在必要的时候要不卑不亢、坚持原则，维护自己的人格和尊严。

（三）成交期望过高的心理障碍

销售人员对成交的期望过高也会构成成交的心理障碍。有些销售人员在成交前期的工作完成得非常出色，而且与顾客谈得比较投机，形成了良好的人际关系，因而认为成交是水到渠成的事，放松了警惕，不去主动促成交易，而是被动地等待顾客提出成交。但是，事实上，顾客主动提出成交的情况非常少，其一，顾客自以为有一定的优越感，不应主动提出成交而失了身份和面子；其二，销售人员主动提出成交，顾客就可掌握销售人员让步的主动权。因此销售人员应适时主动地提出成交，不要浪费时间，积极促成交易。

四、建议成交的策略

（一）选择成交法

选择成交法是针对顾客不能下决定一次性购买大批量商品，而选择的部分成交法、局部成交法、限期成交法和假定成交法等。

1. 局部成交法　也称小点成交法，指销售人员利用局部成交来促成整体成交。一般来说，顾客在做出重大决策时往往存在较大的心理压力，对于成交决策也比较慎重。而面对相对较小的成交问题，顾客做决策时心态会比较轻松。所以，某些时候销售人员可以用化整为零的方法，先促成一部分的购买决定，比如交定金或签订认购协议等。

2. 选择成交法　指销售人员向顾客提供几种购买方案让其选择来促成交易。这种方法的前提是假定顾客已下决心买，但尚未确定买哪一个。

3. 限期成交法　指销售人员通过限制购买期限敦促顾客购买。如当月购买享受折扣，或者一次付清优惠2%的金额等等。它利用顾客"机不可失，失不再来"的心理，推动顾客购买商品。

4. 假定成交法　也称假设成交法。即在尚未确定成交，对方仍有疑问时，销售人员就假定顾客已接受销售建议而直接要求其购买。

（二）促成成交法

在产品介绍之后，就要进入促使顾客成交的阶段，如果顾客的疑虑已经全部解决，则可使用请求成交法、从众成交法、保证成交法、最后成交法。

1. 请求成交法　也称直接成交法，指在接到顾客购买信号后，用明确的语言向顾客直接提出购买建议，以求适时成交。如果销售人员和顾客经过一番洽谈后，就一般问题已经达成一致的看法，这时销售人员应抓住时机，主动向对方提出成交请求。比如"既然没有什么问题，我看我们现在就把合同签了吧。"

2. 从众成交法　是指销售人员利用大众购买行为促进顾客购买。从众是一种普遍的社会现象。顾客在购买一件商品前，往往会询问销售人员买这种产品的人多不多，销售人员就可以抓住时机，举例说明购买产品的人数众多，如提及顾客熟知的同事或者亲戚效果更佳。

3. 保证成交法　是指销售人员向顾客提供某种成交保证来促成交易。顾客在考虑购买产品时，往往因害怕受骗上当而心存疑虑，比如在促成一份医疗保险的成交时，可以对客户承诺保单生效后十天内，顾客可能无条件撤销保险合同，以此打消顾客疑虑而最后临门一脚促成签约。

4. 最后成交法　指销售人员通过告知顾客现在是购买最有利时机来促成交易。一般在产品供不应求时，这种方法尤为有效。它利用了顾客害怕失去获得某种利益的机会的心理大做文章，变购买时的压力为成交动力，如"只剩下这几套房源，估计几天后就被抢光了"。

（三）优惠成交法

如果顾客已有购买意愿，只是希望再多得一些好处和保证，那么可以使用优惠成交法和让步成交法。

1. 优惠成交法　是指销售人员通过提供某种优惠条件来促成交易。它利用了顾客在购买时希望获得最大利益的心理，实行让利销售，促成交易。最常见的做法是："先生，如果你现在就签字并采购我的产品，我可以给你特别优待，再降价3%。"

2. 让步成交法　是指销售人员在成交的关键时刻退让一步来促成交易。例如，在最后双方僵持不下时，销售人员提出："这样吧，既然您是我们的老顾客，那我就让一步，优先给您发货总可以了吧"。销售人员退让一小步，就可能将谈判推进一大步而达成交易。销售人员可以采取先紧后松的方法，即先提出较高的条件，再逐步松口，这种方法一般不会给销售带来实际的损失，反而可以求得一个令双方都满意的结果。

NOTE

（四）激将和饥饿成交法

激将成交法是指销售人员用激将的语言刺激顾客购买来促成交易。这种方法利用了顾客自尊自强、要面子的心理，刺激顾客的购买欲望。

饥饿成交法是指通过让产品处于一种供不应求的状态来促成交易。这种方法一般只适用于名优产品，一般产品是没有这种吸引力的。因此，首先要考虑产品条件如何，其次要把握让顾客保持"饥饿"状态的时间，避免时间过长，导致顾客"饥不择食"而去选购其他产品，这就违背了采用此方法的初衷。

【本章小结】

销售过程管理是分解销售链的一连串的销售活动，并针对这些活动的作业流程进行管理。一个成功的销售主要包括寻找顾客、约见顾客、接近顾客、销售展示、处理异议和促成交易六个步骤。

寻找顾客是销售过程的起点，确定顾客范围可以根据商品因素、企业特点和消费者状况进行确定；在寻找顾客时可以采用逐户访问法、广告搜寻法、连锁介绍法等方法。

约见顾客时要做好访问对象、事由、时间和地点的周详准备，采取当面、信函、电话和委托他人的约访方式。

在接近顾客环节首先要拟定拜访计划，包括确定拜访顾客名单、选择拜访路线、安排拜访时间和地点、拟定现场行动纲要、准备销售工具等。采用商品接近法、介绍接近法、社交接近法等方法接近顾客。销售人员要注意根据顾客是否具有商品购买力和商品购买决定权和对商品的需求来判断其是否是准顾客。

销售人员在成功的约见和接近顾客之后，就要进入销售产品和服务的展示阶段，清楚地将产品的种种特性介绍给准客户，引发顾客的兴趣，这是最后促成交易的重要一环。

销售人员在与顾客洽谈到达成交易的整个销售过程中，不可避免地会遇到顾客的各种异议。顾客异议一般体现在商品需求、质量、价格、服务、购买时间、销售人员、支付能力等方面。处理顾客异议的具体方法包括转折处理法、转化处理法、以优补劣法等。

在促成交易阶段，首先要创造有利的成交环境，成交环境应干净舒适、要保证单独洽谈、选择地点要迎合顾客心理等；其次，善于捕捉顾客的购买信号；再次，销售人员要克服担心失败、职业自卑感和成交期望过高的心理障碍；最后，采用请求成交法、局部成交法、选择成交法等方法促成交易。

【重要概念】

寻找顾客；约见顾客；接近顾客；顾客异议；促成交易。

【复习思考】

1. 销售人员应结合哪些方面来确定准顾客的范围？

2. 销售人员约见顾客的方法有哪些？

3. 销售人员接近顾客的方法有哪些？

4. 顾客异议的类型主要有哪些？

5. 顾客表现出的购买信号有哪些？

6. 常见的成交心理障碍有哪些？如何克服这些心理障碍？

【案例分析】

医药代表成功运用销售技巧案例

某医药公司的医药代表刘辰将要开发的目标市场是一家县级医院，经过半年的多次拜访沟通，刘辰已经与医院药剂科达成了开发意向，但还需要得到临床医生的认可和申请报告。通过其他渠道的了解，妇科主任是一位女性并且德高望重，之前并不轻易接触医药代表，这也是为什么近两年该医院都没有妇科新药进院的原因。了解到这些情况后，医药代表刘辰进行了拜访。

"第一次拜访时间两分钟，介绍产品和企业，发现主任情绪不高，我便告辞等待下次机会。第二次拜访准备充分，等到十点主任下了手术，从她面部表情看来，她的心情不错，我就主动上前打招呼并随着主任进到办公室。这时主任的电话响了，从通话中隐约听到'……5米……手杆……鱼篓……'等字眼，这让我联想到钓鱼这项休闲活动。主任电话结束后，借助这个话题我们的沟通很融洽，话题不断延伸到家庭、生活、娱乐但没有涉及核心工作。下午我返回市区寻找渔具商店，为主任挑选了一套价格中等相对精美的渔具。第三次见面时是在第二天中午12点下班时间，我带着渔具在主任家属院门口见到了主任，一切都很顺利，简单交谈中，我暗示需求后再次留下电话。第四天我接到医院电话，医院会议通过了我们的产品，让我赶紧递送产品物价批文备案。余下的一切工作就这样水到渠成了。"

根据刘辰的叙述，不难发现刘辰第一次拜访妇科主任时发现客户情绪欠佳的环境下采取的应对沟通策略，所以"赶紧告辞撤退等待下次机会"。第一次拜访让客户对代表本人有感性认识，对产品，企业有了第一次接触和了解，奠定了第二次拜访基础"第二次拜访准备充分，从仪表、仪容、心态、资料、异议处理策略等都做好了充分准备。"从她面部表情看来心情不错"，"紧跟着进入办公室"。内外环境具备沟通条件，抓住机会开始第二次沟通交流。客户拜访沟通环境会极大地影响沟通效率，是影响目标达成的一个重要因素。这个环境包括内外两方面：内即双方的情绪心态，外即安全隐私沟通环境。熟练的拜访技巧需要在实践中摸索和总结，是销售职业中最基本的技能。

刘辰很注意关注细节。在进入办公室后，"主任的电话响了"，正常的沟通被电话打断，借助这个机会调整心理，发现需求，寻找共同话题。在主任接电话过程中，刘辰收集有用信息，并寻找出敏感的字眼，"钓鱼"立即被整理归纳为需求，寻找到了突破口。销售人员用职业的态度对待身边的每件事物，关注事物的每个细节，引导为需求，是一种职业行为。行为决定于态度，态度在于责任，责任重于能力！细节决定成败，关注细节，培养好的职业行为是对自己和企业负责的表现。通过满足客户隐含的需求，获得客户好感，"下午返回市区寻找渔具商店，为主任挑选了一套价格中等相对精美的渔具。"

发现需求，要立即赋予行动。第一，需求是有时限性的，不同时间阶段客户有不同层次的需求。"第三次见面，时间第二天中午12点下班时间"，及时跟进满足了客户的需要。如果时间拖越久，客户特定的需求如果被竞争对手满足，就失去了意义和价值。第二，客户需求有层次，医药代表能满足的条件受个人能力和企业的限制，不能盲目满足或者答应，要考虑到投入和产出效能比。第三，受传统文化的影响，客户表达需求比较含蓄，或者阅历的限制，对需求失真判断，直接影响工作开展达成。

满足客户需求后，返回到最初目标，暗示满足自我的需要。一般客户交流过程中，双方需

NOTE

求都很明确，切忌过于急功近利表露直白，给对方目的性太强，激发起对方自我防卫的本能。适当的时间和场合给予暗示，恰到好处，自然水到渠成。"第四天我接到医院电话，医院会议通过我们的产品。"在产品进医院后，继续加强客户服务，开发一系列客户，得到主任指点打击竞争对手，销售迅速提升。

思考与讨论：

1. 这个案例中，医药代表在销售过程管理的哪个环节处理得当，取得了医生的信任？

2. 请思考一般顾客的弱点是什么？如何利用人性的弱点促进销售？

第九章　客户关系管理

【学习要点】

通过本章的学习，掌握客户关系管理的定义和分类，能够结合企业实际应用理解客户关系管理的深层内涵。熟悉客户忠诚度的概念、作用和意义，能运用适当的客户关系管理策略和方法，应对客户投诉。了解客户满意度的概念及价值。

【引导案例】

罗氏制药公司的 CRM 系统

罗氏制药公司是国内领先的制药企业，致力为全国 100 多个城市的各大医院、药房及药品分销商提供优质服务。公司引入了专为制药行业定制的电子商务解决方案 Siebel Pharma，用来衡量和评估与客户、产品、销售和市场相关的业务绩效。利用掌握的信息和 Siebel Pharma 的功能，罗氏建立了中国制药行业首个准确的客户数据库，从而能规划目标更明确的市场活动。该项目于 2001 年正式启用，目前拥有 3000 多名用户。

目前公司为每一个一线的销售代表配备了苹果公司的最新产品 Ipad2，除了装有苹果的软件外，公司 IT 部门给每一台电脑上装有公司的软件，销售代表可以在家里、公司进入罗氏公司的内部网，在网上可以申请资料和礼品，申请活动或者会议，在线考试，学习公司的各种规章制度，进入罗氏论坛，查看公司员工的信息等等。这也是目前在我国所有的医药企业里，罗氏是第一个给一线的销售代表发 Ipad2 的公司，也是 CRM 系统做得最完善的，客户的数据最齐全的公司，这也就是为什么说罗氏从 2002 年来，每年都保持在 30% 以上的增长速度。他们对自己的产品、竞争对手的产品、目标客户都了如指掌。

CRM 是一种企业文化。罗氏自从上线 CRM 系统以来，销售代表的流失率也从 25% 下降到 12%，客户信息流失也减少了，从 20% 下降到了 5%。销售管理更加规范化、商业化，市场推广形成合力，拓展了业务。上线该系统后，成功地将客户信息保留率从 80% 提升至 95% 以上；由于减少重复客户拜访和推广活动而节约了 20% 的成本；新进销售代表的入职培训时间减低了 30%；同时销售代表拜访医生的次数提升了 30%。CRM 系统让公司尝到了甜头：业务可以做深做透，80% 的生意只集中在 200 家客户身上，销售额每年增长都是在 30% 以上。

当然客户关系管理的目标是改善面向客户的商业流程，技术只是实现这一目标的手段。以此看来，CRM 绝非仅仅是一项技术项目，其实它是一个完整的企业文化。上海罗氏制药有限公司目前员工平均年龄在 30.6 岁，大专以上文化程度者占 95%，销售代表占员工总数的 72%。员工年轻、素质高、接受快也是 CRM 项目得以顺利开展的保证。客户信息共享，彼此形成互动，公司与员工由此建立了更牢固的关系，目标一致，这样罗氏制药在实施项目过程中，踏踏实实走过每一步。过程可以拷贝，但企业文化和环境不能拷贝。

（资料来源：王艳彬．罗氏制药公司营销策略研究，2011 年 10 月）

NOTE

第一节　客户关系管理概述

一、客户关系管理的定义

客户关系管理（customer relationship management），简称 CRM。

关于客户关系管理的定义，不同的研究机构有着不同的表述和看法，总体分为三层含义：①是一种先进的企业管理的指导思想和理念；②是创新的企业管理模式和运营机制；③是企业管理中信息技术、软硬件系统集成的管理方法和应用解决方案的总和。

总之，客户关系管理是企业为提高核心竞争力，达到在竞争中脱颖而出并快速成长的目的而从事的一项管理手段。它树立以客户为中心的发展战略，以客户关系为重点，通过开展系统化的客户研究，提高客户满意度和忠诚性。

二、客户关系管理系统的产生

CRM 的出现和发展与政治、社会、经济、技术、法律等宏观环境关系密切，消费者行为的变化，管理理念的进步同时也对 CRM 的起源和发展产生了不可磨灭的影响。

1. 消费者需求和行为的变化　经济和信息技术的高速发展，使得消费者的行为产生了极大的变化，客户的需求变得更加个性化和多样化，购买行为也因此发生相应的变化，由于企业竞争的日益激烈，企业必须密切注视消费者不断变化的需求，并采取相应的措施来应对消费观念和行为不断变化。

2. 内外部需求拉动　一方面企业内部各个部门需要对有关消费者的各项信息和活动进行集成整合，实现对有关客户关系所有业务的统一集成管理；另一方面，消费者逐渐掌握选择权和主动权，买方市场的特征逐渐显现，同时消费者已经发展成为企业产品和服务开发的参与者甚至起到决定性作用，与企业共同创造价值，他们迫切需要与企业建立良好的持久的关系，从而创造更优化的价值。

3. 激烈竞争带来的压力　激烈的市场竞争使得低成本、高质量的产品已经不足以使现代企业立于不败之地，而强化企业与客户之间的关系已经成为成功与否的关键。企业的理念也逐渐从以利润为导向发展到保持持续竞争力为导向。越来越多的企业认识到 CRM 系统的实施将大大有利于企业保留老客户，获得新客户，提高客户的利润贡献度，从而提升企业的核心竞争力。

4. 信息技术的推动　客户信息是 CRM 系统的基础，随着信息技术中数据仓库、商业智能等技术的发展，数据的收集、整理、加工以及利用得到极大的提高。随着通信技术的发展，类似于呼叫中心的 CRM 模块也得以大力发展。同时互联网技术的飞速发展也在某种程度上推动了 CRM 实施的进程。

5. 管理理念的更新　在网络经济的浪潮的冲击之下，企业运营的模式将发生深刻变革，"知识管理"将成为现代企业适应网络经济而必要的新管理模式。网络经济是典型的知识密集型经济形态，网络经济中竞争的焦点在于如何准确的发现消费者的需求，并提供满足消费者需求的产品和服务。因此企业必须主动进行业务流程的优化，组织架构的重组与革新，同时集成面向客户的各项信息和业务，塑造以客户为中心的经营管理理念。

三、CRM 系统的发展历程

美国是最早研究 CRM 系统的国家。早在 20 世纪 80 年代初期，美国便出现了"接触管理"（contact management）的概念，专门用于收集客户与公司联系而产生的所有信息。然而到 20 世纪 90 年代初期，"接触管理"则演变成了包括资料分析和电话服务中心在内的客户服务部门。

20 世纪 90 年代前后，美国许多企业为了应对激烈的市场竞争，开始在联系人管理软件的基础之上开发销售自动化系统（sales force automation，SFA），而 SFA 系统之后又逐渐发展成为客户服务系统（customer service system，CSS）。

1996 年之后，一些公司开始把 SFA 和 CSS 两个系统合并起来，并添加了现场服务（field service）、营销策划（marketing plan）等功能，随后又结合计算机电话集成技术，最终形成集服务和销售于一体的呼叫中心（call center）。在此基础之上，逐步形成了我们所熟知的 CRM 系统。

2004 年微软第一次推出托管型 CRM（hosted CRM）服务，即在线托管的 CRM 系统、数据的维护管理等服务由托管的服务商提供，标志着 CRM 系统进入了发展的巅峰阶段。随后 ORACLE、SAP、Sales Force 等企业也相继推出托管型 CRM 的服务。托管型 CRM 系统的推广有效地刺激了市场需求。2007 年，Kensington House 的市场调研报告显示，全球 CRM 需求量实现了大幅度的提高。

CRM 被引进我国则是在 1999 年前后。截至目前，开发 CRM 软件的国内企业主要有 Turbo CRM、MYCRM 等企业，它们主要生产的是预置型的 CRM 系统软件。进入 21 世纪之后，CRM 又重新进入了一个飞速发展的新阶段，而各个厂商开始推出的各类 CRM 软件，CRM 在企业内的应用也越来越多，标志着 CRM 系统在国内进入高速发展阶段。

四、CRM 系统的分类

CRM 系统主要可以分为三类，即运营型 CRM、协作性 CRM 及分析型 CRM 系统。

1. 运营型 CRM 系统 销售部、客服部、营销部、呼叫中心、客户信用部等是企业内主要面向客户的部门，运营型 CRM 系统使得这些部门在日常工作中能够共享客户信息，减少信息流动的停滞，实现业务流程高效率以及某种程度上的虚拟自动化，并完善了企业与客户交流的能力。

2. 协作型 CRM 系统 协作型 CRM 系统能够实现客户与企业服务人员的协同工作。协作型 CRM 系统解决方案能够实现多种客户交流渠道（如传真、呼叫中心、互联网、面对面交流）的集成，使得双方的交流及时，同时使得收集的数据具有真实性和实效性。

3. 分析型 CRM 系统 这种类型的 CRM 系统主要利用数据仓库、在线分析处理（OLAP）和数据挖掘等计算机分析技术，将交易操作所产生的大量数据筛选过滤并抽取到数据仓库中，继而利用数据挖掘技术建立各种分析模型，最终通过可视化的方式展示分析结果提供决策支持。分析型 CRM 将客户信息通过共享的客户数据仓库进行连接，实现了来自企业内部及外部的多种分割应用的客户信息的集成和统一，企业管理者可以得到许多有价值的信息，从而更好地为客户服务。

NOTE

第二节　客户获取、识别和分析

一、客户获取分析

客户关系管理分为客户获取、客户价值分析、客户细分、客户保持等多个阶段。客户获取是客户关系管理的第一步，也是最关键的一步，能否获取到企业所需客户已经成为影响企业生存和发展的重要因素。只有获取到有效的客户，拥有全面准确的客户资料，科学分析客户需求，及时有效地满足客户需求，才能为企业创造更多利润，为后阶段客户关系管理奠定基础。

（一）客户获取的重要性

客户资源是企业最重要的资源，是企业赖以生存的基础，任何企业获取生存的第一步都是要根据客户的需求提供一种产品或服务，然后尽其所能努力去获取新客户，通过满足客户需求实现企业的生存和发展，没有一定数量客户的企业是无法生存的，所以，客户获取永远是企业摆在第一位的工作。

在当今这样一个经济全球化的信息时代，在互联网已经深入到人们生活的方方面面和社会的各行各业时，企业的客户获取面临着许多新的特征：

1. 产品中心已经向客户中心转化，产品与服务同质化现象日益严重，买方市场早已形成，市场面临的是产品的过剩，对客户资源的争夺日益激烈。

2. 互联网的迅猛发展和广泛普及，使全球已经成为一个地球村，企业推出自己的产品和服务后，理论上所面临的客户市场就是全球市场。当然，由于文化、语言、地域等差异，以及不同企业服务能力的局限，每个企业实际上的客户市场将会局限在一个特定的范围，即使是这样一个特定范围，也会使企业面临海量的客户市场。

3. 今天的客户只要在互联网上点点鼠标就可以获得大量的信息，就可以拥有丰富的选择权利，就可以更自主地选择自己需要的喜欢的产品和服务。

正因为如此，使许多人认为在目前的互联网环境下，企业获取新客户的代价越来越高，客户获取变得更加困难。与此同时，客户保持却越来越困难，客户流失越来越严重。一般而言，企业所拥有的客户是动态变化的，企业在获得新客户的同时也伴随着老客户的流失，但是，如果老客户的流失数量超过了新客户获取的数量，那将意味着企业客户份额的逐渐减少，企业目标市场的逐渐萎缩，随之而来的是企业销售额的降低，企业的产品或服务将面临滞销。如果不能采取适当措施，不能有效实施客户获取战略，并获得良好效果的话，客户资源的逐渐萎缩将直接威胁到企业的生存。可以说没有客户的企业是无法生存的，不能通过企业客户获取利润的企业也必将失败，换句话说并不是每个客户都能给企业带来利润，都值得企业去获取。

因此，在当前客户竞争日益激烈的互联网环境下，怎样有效地获取新客户，获取怎样的客户，逐渐壮大自己的客户资源，是任何一个企业生存、成长、发展壮大的关键。

（二）客户获取的过程分析

在新的互联网环境下，客户获取已发展成为一门科学。如果要取得成功，必须科学地制定客户获取策略。因此，为了更好地分析客户获取的过程，需要弄清潜在客户和目标客户两个概念，如图 9 - 1 所示。

1. 潜在客户概念　潜在客户（potential customers）不是一个新概念，传统意义上的潜在客户是指未来可能发生购买行为的对象，这样的潜在客户只有概念层面上的意思，没有理论和实践层面的实际意义。本章所指的潜在客户，是指在某一个特定时间段内，对某一企业的产品或服务有消费需求或者具有购买能力的个人或组织。这些潜在客户在内在需求和外在因素的影响下，比其他客户具有转化为企业购买客户更高的概率。

2. 目标客户概念　这里所指的目标客户（prospective customers），是指潜在客户中的具有购买意向的潜在客户，是潜在客户转化为购买客户概率最高的那一部分。目标客户不仅对该企业的产品或服务有消费需求和购买这些需求的能力，而且有购买这些产品或者服务的意向，甚至正在进行市场调查，只要一个触发因素就有可能购买该类产品或服务。目标客户最有可能成为企业的新客户，是客户获取工作中最重要的客户对象。

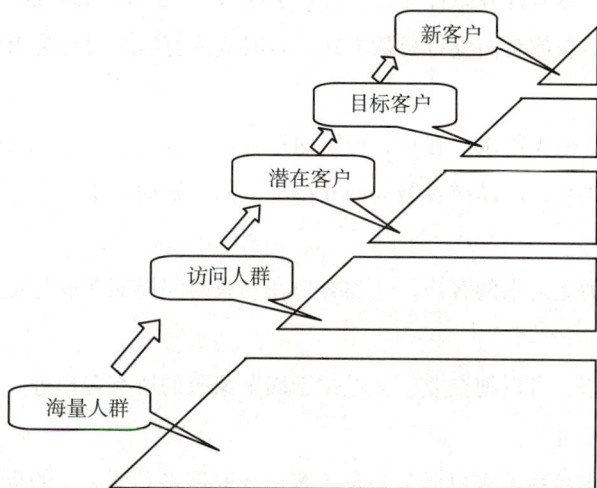

图 9 - 1　客户获取过程

二、客户的识别与分析

从广义上看，世界上每一个人都是企业的潜在客户。实际上，任何企业的产品和服务都只可能被一部分人所接受，那么谁更有可能成为该企业的客户呢？这就是潜在客户和目标客户要解决的问题。

如何发现潜在客户和目标客户呢？在特定的时间周期约束下，从潜在客户的两个基本特征即客户需求和购买力入手，运用一个潜在客户与目标客户的模型发现潜在客户和目标客户。如图 9 - 2 所示。

在该模型中，横轴为客户需求，纵轴为客户购买力，其箭头方向分别代表需求的强弱和购买力的强弱。该模型将广义上的所有潜在客户分为四类，即有购买力有需求的、有购买力无需求的、无购买力有需求的和无购买力无需求的，分别位于四个象限。

象限 I 是既有购买力又有需求的客户，是最有可能成为企业的新客户，即购买客户的潜在客户，可以将它们视为目标客户。

象限 II 是无购买力但有需求的客户，因无购买力，无法直接成为企业的目标客户；但是，

NOTE

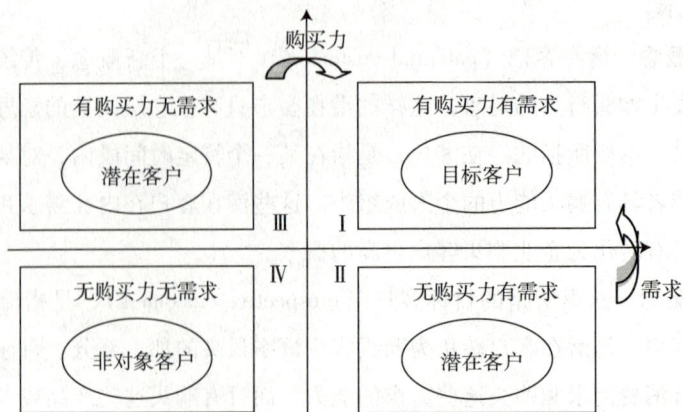

图 9-2 潜在客户与目标客户的识别模型

如果客户的需求强烈，或者外界条件允许，客户会积极改变无购买力现状。如大量客户购买房产，可以通过向亲友借贷或者向银行贷款方式，暂时成为有购买力有需求的客户，实现向第一象限的转化。

象限Ⅲ是有购买力但无需求的客户，可以通过客户需求引导激发他们的客户需求。如良好的环境激起客户的购买欲，产品或者服务的介绍使他们了解而产生需求等，促使其向有购买力有需求的象限Ⅰ转化。

象限Ⅳ是无购买力无需求的客户，这类客户在约束时间周期内成为企业购买客户的可能性非常小。

根据以上模型分析，可以把企业广义上位于四个象限的所有客户进一步分为三类：目标客户、潜在客户和非对象客户。

目标客户是转化率最高的客户群，是企业客户获取策略必须关注的重中之重，是企业新客户的基地。可以说目标客户是万事俱备，只欠东风。可能只有一个诱因，客户就会做出购买决策，成为企业新客户，能使企业以最小的成本、最短的时间实现客户获取。

潜在客户分布在Ⅱ、Ⅲ象限，因为缺少一个特征，转化率相对目标客户要低，所以需要企业投入更多的客户获取成本，并在合适的环境影响下，完成从Ⅱ、Ⅲ象限向象限Ⅰ的转化，企业将在相对长一点的时间周期内以更高的成本实现客户获取。

非对象客户位于象限Ⅳ，既无需求也无购买力，完成向象限Ⅰ的转化的难度很大，会耗费企业大量的资源但成功获取的概率又很小，这类客户就是企业要主动放弃获取或者说要排除在获取对象之外的客户。

第三节 客户满意度与客户忠诚度

一、客户满意

（一）客户满意的含义

客户满意（customer satisfaction），简称 CS，是 Cardozo 在 1965 年引入到营销学，此后学者

纷纷在不同领域展开了对客户满意的研究。

目前研究 CS 理论的工作者在文献中提出了相应模型，认为客户是否满意，取决于客户接受产品或服务的感知同客户在接受之前的期望相比较后的体验。通常情况下，客户这种比较会出现三种感受，如图 9 - 3。

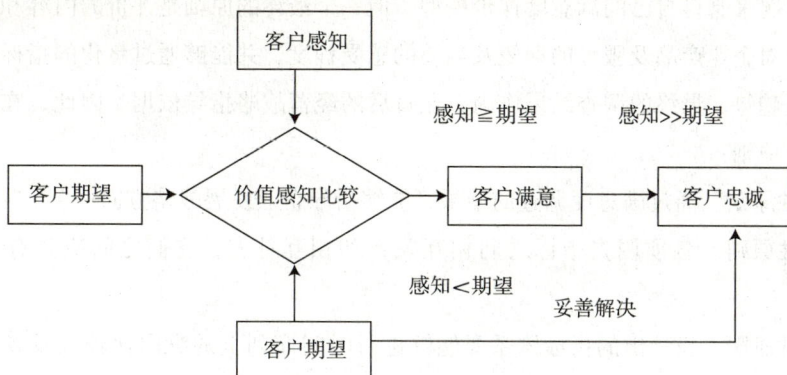

图 9 - 3　客户期望与感知比较后的体验 - 客户满意的因果模型

上图的含义是：①当感知低于期望时，客户会感到不满意，投诉、抱怨或要求索赔就会发生。如果对客户的抱怨积极采取措施并妥善解决，就可能使客户的不满感知转化为客户满意，直至客户忠诚；②当感知接近或稍大于期望时，得到的结果是客户满意；③当感知远远大于期望时，就会由客户满意转到客户忠诚；可见客户满意与否是消费后可感知的结果与事前的期望之间作比较后的一种"因与果"的差异函数，即：客户满意 = E（期望，质量感知，价值感知），其中客户对产品的期望、质量感知、价值感知是自变量，是客户满意与否的"因"，而客户满意意见、抱怨或投诉、客户忠诚是因变量，是客户满意与否的"果"的表征。

（二）客户满意的基本特性

1. 主观性　客户是否满意是基于其对产品和服务的使用体验上，感受的对象是客观的，而结论却是主观的。它与客户自身条件如知识、经验、家庭收入、生活习惯和价值观等有关。

2. 层次性　心理学家马斯洛指出人的需求有五个层次，处于不同需求层次的人对产品和服务的评价标准不同，同一个人在不同条件下对某个产品或某项服务的感受程度也不同。

3. 相对性　客户对产品的技术指标和成本等经济指标有可能不太了解，他们习惯于把购买的产品或服务和同类型的替代品相比较，或和以往的消费经验相比较，由此得到的满意或不满意具有相对性。

4. 阶段性　任何产品都有生命周期，客户对产品的满意程度来自过去的使用体验，是在过去的多次购买和服务中逐渐形成的，并不代表在以后还会忠诚于一家企业的产品和服务，呈现出一定的阶段性。

二、客户满意度管理

（一）客户满意度的概念

客户满意度（consumer satisfactional research）：反映的是顾客的一种心理状态，它用定性的语言反映顾客对企业产品和服务消费所产生的满意感受。对客户进行满意度研究，可以获得消费者对产品的消费缺陷、再次购买率与推荐率的态度，找出影响满意度的因素问题，是发现价值最大化的快捷方式。

（二）客户满意度评分原则

虽然客户对企业的产品或服务是否满意是可以感知的，但要找到一个显现且量化的指标，准确反映或描述客户的真实感受，也是有一定的困难。因此不同的行业、不同的企业可以根据自己的实际情况来制订自己的满意度评价模型。但一个最终的原则是评价的内容和指标尽可能地反映出客户对企业产品及服务的期望及当前的感受程度，并能够通过量化的指标表达出客户忠诚度的变化趋势，最终的调查结果作为企业日后的经营战略指导依据。因此，在设计调查表时应遵循以下原则：

1. 目的性原则   通过满意度调查的结果，能够指导企业发展战略方向；

2. 系统性原则   各项调查指标之间相互联系和相互补充，它们之间应具有一定的逻辑关系；

3. 可比性原则   设计出的指标体系要能够进行时间序列上的纵向比较以及各项指标之间的权重比较；

4. 可行性原则   设计的指标易于收集、便于评价和统计计算。

（三）影响客户满意度因素

在这里我们可以参考马斯洛的需求层次理论来构建客户满意度影响因素的模型，假定人的需求会逐步上升，从最基本的生理需求层次开始，经过安全、社交、自尊到自我实现，在这些阶段上满足不同层次的需求。由此建立的客户满意度模型可以将企业提供给客户的价值分为五个层次，如图9-4所示。

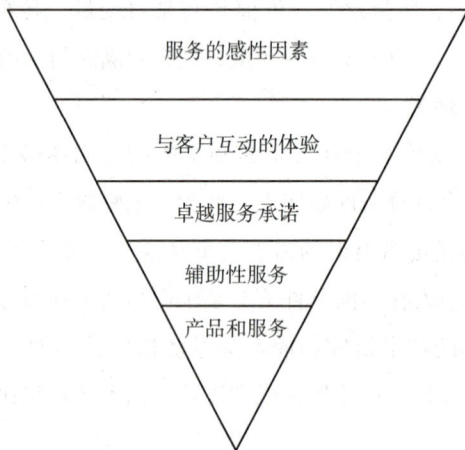

图9-4   客户满意度影响因素模型

第一层次：产品和服务。

这个层次指的是企业所提供的最基本的产品和服务，只有把企业提供的产品和服务做好，才能面对当前激烈的竞争市场，否则将会很快被市场淘汰，被客户放弃，这一点是毋庸置疑的。

第二层次：辅助性服务。

这个层次主要指的是外围和辅助性质的服务。客户在面对当前琳琅满目的产品和服务时，他们很难判断对企业的这些内容是否满意，企业也就很难取得差异优势。但企业可以提供如在价格、服务、沟通和分销等方面的辅助性服务，通过这些服务逐步提升将其转化为同他们的竞争对手的优势，最终可以为客户带来价值。

第三层次：卓越服务承诺。

客户会选择企业的产品或服务，是因为他们相信企业能够遵守承诺提供给他们令其满意的收益，并且期望这种诚信关系永远保持下去，它代表着企业在市场环境中的信誉、品牌价值。如果企业不能够提供卓越服务承诺，这种交易行为很难长期维持，最终的结果也是被客户所抛弃。

第四层次：与客户互动的体验。

在这个层次上，强调的是企业与客户在交易过程中进行的互动体验。在互动体验过程中，客户满意的程度可能完全取决于企业提供的服务的质量水平，以及对他们感觉的关注程度。比如说，客户在交易之前如何被企业接待的，如何介绍产品和服务的。企业在这方面做得不好，客户可能会选择竞争对手的产品和服务，这个层次上的客户，有时价格、产品质量并非决定客户是否满意。

第五层次：服务的感性因素。

客户在与企业互动过程中，一些微妙的信息可以让客户对企业的印象和认可度大大加分。比如说交易过程中，员工们的高涨的热情，充满自信的服务过程都会让客户深深体会到企业的活力，增加其对企业的信任感。但有时，其中一位员工的某些诋毁同事的话语，或者说漫不经心的产品介绍都会让客户产生负面的感情。

【营销实践】

美国医疗服务体系客户满意度的内容

客户服务会涉及许多方面的内容，因此，客户满意度是一个综合评价指标。客户满意度的调查，首先要将不同的客户所接受的服务分解为具体的服务内容和细节。例如，在医疗服务中，单纯的门诊病人（Outpatient）、住院病人（Inpatient）及急症病人（Emergency）的服务内容不同，因此，具体的调查内容也有所不同。这些内容，在具体的问卷中，表现为相应的不同问题或题目。这些题目，一方面直接反映出服务的理念，同时也反映出对具体的服务环节的理解。问卷调查题目确定后，通常会设计李克量表（Likert - Scale），由病人（客户）按照分级指标对各项服务进行评价，例如"很差（Very Poor）、差（Poor）、尚可（Fair）、好（Good）、很好（Very Good）、优秀（Excellent）"（注：不同问卷和同一问卷中的不同内容的评价体系可能有所不同）。

医疗体系的客户满意度调查，通常包括以下几方面领域和具体内容：

1. 医院的位置和就诊的便利性（Access to care） 这一服务领域包括的具体服务内容和相应的客户满意度调查内容包括以下几方面。

（1）医院的位置是否交通方便。

（2）病人的停车安排是否便利。

（3）医院内的指示是否清晰。

（4）医院饭菜的质量（温度、口味等）。

2. 候诊的条件（Procedural ease）

（1）与医生预约就诊是否方便。

（2）您与医生预约的时间和医生实际为您就诊的时间相隔多久。

（3）医院及诊室环境是否舒适、整洁（Physical comfort）。

（4）等候取药的时间。

3. 医疗技术（Skill and competency）

（1）医生（Physician）对该领域的最新成果和技术是否了解。

（2）医生对病情的诊断是否准确。

（3）医生对病人病症的治疗是否有经验。

（4）护士（Nurse）在医疗过程中是否能有效减轻病人的痛苦。

（5）医生在病人出院时，是否给病人防病和保养的建议。

4. 人际关系与交流（Relationship and communication）

（1）接待您的工作人员是否友好、热情。

（2）医务人员是否向病人解释医疗检查（如抽血与验血）的作用。

（3）医生或护士是否向病人详细解释药品的服用方法和注意事项。

（4）当病人出院后有疑难问题询问时，是否可以及时得到解答。

（5）如有多种不同的治疗方案，医生是否征求病人及其家人的意见。

5. 服务态度（Attitude）

（1）医生是否尊重病人的意见或选择。

（2）是否耐心与病人及其陪护人员交谈。

（3）医护人员是否给病人及其家属情感上的支持（Emotional support）。

（4）医院的各项医疗服务协调是否合理（Care coordination）。

在多数医疗体系客户满意度调查中，最后一题是"你是否愿意将你所去的这所医院推荐给你的家人和朋友？"这一题目的设计是为了了解病人对该医院的忠诚程度；同时，分析人员通过计算不同服务领域的调查结果与该题目的相关关系，了解哪些服务内容对于客户的忠诚度有显著的影响。客户满意度调查需要随着服务内容或客户期望的改变而不断改进，这一点，即使对于美国目前已被认为是比较成熟的医疗体系也不例外。客户满意度的调查内容最充分反映了服务的细致和体贴程度。其实，也只有设身处地、体贴入微的服务，才能听到客户最真实的心声，也才有可能不放过即使是最细小的服务环节的改善。而正是这种体贴入微的调查，体现了服务提供者的诚意并为改进服务质量提供有价值而且切实可行的参考，这就是为什么美国许多医疗机构能在激烈的市场竞争中，拥有一批忠诚、稳定的客户群体并由此得以生存、发展的根本原因。

（资料来源：郑福明. 客户世界. 2015 年 7 月 12 日）

（四）提高客户满意度的措施

1. 提高产品的质量水平　产品的质量水平是客户满意的基础，是客户选择购买的第一考虑要素。企业应从源头抓起，坚持不懈地增强员工的质量意识，着力提高员工的质量管理水平和质量保证能力，贯穿从原材料入厂、产品实现和售后服务等整个环节，追求"零缺陷"，形成质量就是企业生命的管理文化。虽然提高客户满意的途径有很多，但企业不应该放弃他们最应该提供给客户的产品和服务质量，不能舍本求末，突破客户的心理底线。

2. 为客户提供个性化产品和服务　在当前个性化消费时代里，市场上的商品品种繁多，产品差异化很小，商品的生命周期短，客户在选择对比过程中，很难实现长期的"忠诚"，而个性化服务可以帮助企业赢得差异性的优势，用"个性"或者"特色"来吸引客户。企业可以根据客户的需求来针对性的制定服务流程或产品，此过程中也可让客户参与决策，真正实现"客户就是上帝"。或者说，可以参考市场调研的结果来制定或生产客户潜在需求的产品，帮助客户引导消费的同时也为企业提高了知名度。

3. 建立品牌优势，树立企业形象　客户对大品牌的产品和服务有很强的忠诚度，原因在于客户对企业有信任，强势品牌可以帮助客户在选择过程中降低购买风险，简化购买决策行为，甚至可以满足消费者的情感和精神的寄托。有一些特色鲜明的品牌还能满足产品功能之外的客户潜在需求，这对企业吸引客户并建立长期客户有很大优势。据资料统计，领导地位的品牌获利能力要高于第二位的四倍，客户也情愿支付高价格去购买这样的产品和服务。据联合国工业计划署的调查表明，著名品牌在整个产品品种中所占比例不足3%，但其拥有的市场份额高达40%以上，销售额超过50%，由此可见，品牌就是企业的形象，就是客户满意。

企业的形象也会影响客户消费前的决策，某些企业之所以能够让客户满意并成为其忠诚的客户，原因在于企业的形象能够让客户得到认同感。比如说，2008年四川地震，广州王老吉凉茶当时捐了上亿的赈灾款，客户对它的好感突然之间高涨起来，同时王老吉的品牌和销量也取得了非常喜人的成绩。由此表明，企业的社会形象，也决定着客户对企业的满意程度。企业的文化、社会责任和市场信誉都会影响客户的购买行为，所以企业要树立正确的经营理念，让广大消费者对企业产生好感和信任。

4. 建立客户导向型的企业文化和组织结构　企业文化是企业的灵魂，凝聚着企业全部的员工。如果企业要把"客户就是上帝"的思想植根于员工的思想中，首先要把这种观念融入企业的管理文化中去。有了企业文化这个价值平台，员工们可以找到支持他们全心全意为客户提供卓越服务的理由，从而激发他们的工作热情。

企业文化是实现客户满意的软件保证，构筑了员工们的价值观和行为模式，但仅靠软件支持还不够，必须还具备客户导向型的组织结构、畅通高效的业务处理流程。比如说百事公司的组织结构，为了实现客户满意，他们将传统的金字塔式的组织结构给倒转过来，将一线员工置于顶层，组织的各部门全部为一线员工提供支持，这样做的优势在于把优先权赋予了一线员工，员工秉承客户至上的企业文化，接下来就可以与客户互动，为客户提供高效、标准和灵活的服务和产品，进而实现客户的满意。

5. 与客户建立互动的渠道　企业需要了解客户当前和潜在的需求，并据此与客户通过交易行为进行互动。如果客户得不到明显而有效的沟通渠道时，他们就不能充分地理解企业提供给他们的价值，企业也就存在被客户抛弃的风险。良好的互动渠道包括企业网站的宣传信息、热线电话咨询以及客户投诉的渠道，客户通过这些渠道与企业及时沟通处理他们所关心的问题，能够较大程度上的提高客户满意度。客户感受到的体验主要来自与其互动的企业一线员工。一线员工起着桥头堡的作用，承接了满足客户的巨大压力，因此员工的客户服务能力及态度对提高客户满意度起着关键的作用。企业应该多给予一些这方面的业务和礼仪培训，使一线员工在与客户互动的过程中展现企业的专业水准，提高客户感受的愉悦感。

6. 及时妥善地处理客户的抱怨与投诉　企业很难做到客户的抱怨为"零"，但这并不代表企业就此失去了客户满意的机会，如果企业能够及时妥善地处理好客户的抱怨与投诉，那将是提供给客户一个提高客户满意的又一次机会。企业应该珍惜这样的礼物，并通过服务补救转化成为客户的忠诚，同时也可实现清晰了解客户的需求，并在以后的产品和服务中得以不断改进和创新。相反，如果处理不当，那么他们很容易投向竞争对手，甚至与之形成联盟关系，成为企业强有力的对手。应注意的是，第一时间进行安抚和答复是消除抱怨的关键，例如海尔推行的"首问负责制"就是指客户的抱怨和投诉要求在第一时间得到关注，先从情绪上稳住客户，然后按照售后服务的标准流程来处理。据国外调查，如果企业能及时妥善地处理客户抱怨和投诉，70%的客户会成为回头客；如果能够认真倾听客户的心声，并给他们一个满意的解决方案，回头客会上升到95%；而且每一个满意而归的客户又会把他的满意结果传播给其他5个客户，这样企业就可以坐享免费广告的收益了。

（五）常用的客户满意度评价模型和方法

客户满意度评价的研究对社会、企业和客户都有积极的作用，由于满意度评价所要实施的行业和受众人群都有不同业务服务范围、特定环境和不同群体背景的要求，所以不能用单一评价模型和方法衡量比较，要针对不同的对象因材施教，才能达到评价目的和效果。本文主要介绍几种常用的评价模型和方法，如表9-1比较分析如下：

表9-1 常用满意度评价模型和方法优缺点比较

模型方法名称	优　点	缺　点
Kano模型分析法	按照层级指标确定客户的需求层次，对绩效指标分类处理，作为满意度测评前期的辅助研究工具，有效识别客户满意度关键因素	定性分析模型，不是测量客户满意度的模型，多用于对客户需求的绩效指标的分类
四分图模型	方法简单明了，分析方便有效，不需要太多的数学工具和复杂手段，设计、调研、分析方法易于掌握	孤立研究客户满意度，没有考虑客户感知和期望的影响。绩效指标人为主观因素多，可能存在指标不全现象。该模型不考虑误差，得到数据有偏差性
美国客户满意度指数ACSI模型	精确的经济数量模型，使客户满意在不同企业，不同行业和地区，或者纵向时间跨度的考量成为可能，它可以评估出企业所处的竞争地位	以企业为基准考量国家范围内的满意度，不涉及企业的绩效指标，缺失给企业提供具体的满意度诊断治疗的效果。一般不用于微观企业，而多用于监测宏观经济
层次分析评价法	把定性与定量有机结合起来，没有割断各个因素对结果的影响，每个单体的影响因素都可量化。计算方法和过程简单易懂，容易被企业管理者所接受	不能提供方案创新，只能从备选方案中找到最优。定量数据信息少，而定性的成分太重，指标过时时数据计算量大。适用于企业层面，无法进行宏观的跨行业比较
模糊综合评价模型法	科学的量化手段处理比较模糊的评价对象，能对隐藏的模糊性资料做出合理的量化评价。评价结果是一个矢量，不是一个固定的点值，蕴含的测评参考信息比较丰富，得到客户满意具体细节	因素多时计算相对复杂，指标权重的设置上人为主观因素过多，反映测评问题不完全客观。对行业定义模糊集以及选择模糊运算规则有一定难度

三、客户忠诚度管理

根据调查，90%~98%的客户不满意从不抱怨，他们仅仅是转到另外一家。不满意肯定就会转向别家，而满意却不一定保证就是忠诚。那么客户满意度和忠诚度有多大关联性呢？研究表明，客户忠诚度的获得必须有一个最低的客户满意水平。在这个满意水平线以下，忠诚度将明显下降；在该满意度水平线以上相对大的一定范围内，忠诚度不受影响，但是满意度达到一定高度，忠诚度会大幅增长。客户满意是导致重复购买的最重要的因素。客户满意度和客户忠诚度的关系如图9－5所示。

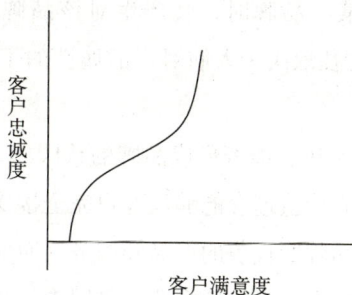

图9－5 客户满意度和客户忠诚度的关系

（一）客户忠诚度的含义

客户忠诚理论是在20世纪70年代的企业形象设计理论和80年代的客户满意理论的基础上发展而来的。营销领域中的客户忠诚度内涵的焦点在于降低和消除来自客户方面的抱怨和投诉，提高客户满意度，在此基础上与客户建立彼此信任的合作关系，提高客户的忠诚度。

基于前人对客户忠诚度的研究，其是指客户在交易过程中所感知到的产品或服务的价值，并因此对企业及其产品产生认可、信任和依赖，从而在心理和行为上表现出持续与之发生经济往来的意愿和行为。

（二）客户忠诚度的影响因素

国内外学者对客户忠诚度的影响因素都做了大量分析，通过整理前人的研究成果，总结了一些有借鉴意义的观点，如表9－2。

表9－2 客户忠诚度影响因素整理

作 者	观 点
Derek Allen 和 Tanniru Rao（2000）	服务质量和产品质量是影响客户满意度的重要因素，品牌形象则可能直接导致忠诚度，另外价格感知会影响其价值的心理效应
Agustin 和 Singh	将关系信任和企业价值作为变量添加到模型中
J·D·Powerand Associate	强调口碑行销对客户忠诚的影响
David，Patrick，Heine	社会关系及经济转换障碍对客户忠诚度均有显著影响，而习惯则是社会关系和经济转换障碍的先导因素
Flint，Blocker，Boutin	客户价值是客户满意度和客户忠诚度的强劲动力，而客户满意度是客户忠诚度的一个传递媒介
Salmiah，Norulkamar，Alumada，LinShuhui	转换成本、企业形象、关系信任以及感知服务质量，其中占主导地位的是感知服务质量
郑喜平	顾客感知价值、顾客信任、情景因素
周云	满意度、信任、转换成本

具体分析如下：

1. 品牌认知 综合学界研究的品牌认知度，主要有以下三方面：

（1）品牌质量 品牌质量是这个品牌本身所代表的产品质量和服务质量的一个综合体现，即客户对某一品牌背后所代表的产品或服务质量的一个整体感知。如果该产品的质量出现问题，那么客户必然会对该品牌所代表的质量产生怀疑，也很难会再有继续购买的行为。因此在谈品牌的时候，首先必须强调的是质量因素，因为没有质量做保障，品牌就变成一个虚的图案和符号，没有实际意义。

（2）品牌形象　客户看到某一品牌时，会产生对该品牌的产品和服务的印象和联想。Newman 曾提出品牌形象的树立往往取决于人们对产品属性的了解与在宣传活动中的一个总体认知。

（3）品牌认同感　对于企业来讲，能否形成品牌的认同感，是客户形成品牌信任的关键。品牌的认同感意味着该品牌的核心价值理念能够被客户完全接受和认同，并产生共鸣，这样客户在心理上就能很容易接受这个品牌所代表的产品和服务。而要建立这样的品牌认同感，需要企业能够考虑到不同地域群体其各自的文化社会背景等因素，在产品的设计和开发过程中，尊重客户的需求和感受。

2. 感知价值　感知价值表示客户在与企业交易过程中，对产品与服务价值的一种感知，从一定程度上显示出客户对产品和服务存在的一种偏好，并加上理性的综合考虑给出的一种价值评价。客户感知价值的内容包括客户对产品或服务特质的认识、使用结果以及使用过程的感受。如果客户对感知到的价值越高，那么就意味着客户能够从产品和服务中获得的满足感越高，越有可能产生重复消费行为。

3. 感知风险　消费者的行为是具有目的导向性的。如果客户在购买商品之前不知道如何消费或不知道是否能够满足其需求，就会产生感知风险。如果在购买后所感知到的价值并不能达到其预期目标，同样也会产生感知风险。感知风险是消费者在不确定状况下对情境的可控性的判断，是个体对情境风险的个人感知程度，如果情境的可控性较低，感知风险则较高，如果客户对情境的可控性较高，则感知风险度较低。国外学者对感知风险进行了深入的研究，指出构成感知风险的要素包括客户能够感知到的财务风险、功能风险、心理风险、社会风险、身体风险和时间风险。

4. 转换成本　转换成本的概念最早是在 1985 年被提出，其含义是指因放弃原来购买的产品、服务而需要对新产品、新服务重新做出选择所要付出的代价，包括经济与精神两大成本。通过归纳国内外学者对影响转换成本因素的研究，可分为以下几类：

（1）交易成本　即当客户选择放弃原来的产品和服务，选择新产品和服务所要承担的成本。在选择新的产品和服务的过程中，客户需要付出因为选择新的信息所带来的时间与金钱的损耗，这样的行为是为了降低新产品或服务所带来的未来的潜在风险。

（2）机会成本　对于客户来说，机会成本意味着因为放弃原来的产品和服务而可能产生的各种财富机会的错失，包括一些优惠、特权的损失等。

（3）风险成本　一般来说，当客户放弃原有服务选择更换成其他产品或服务时，可能面临各种情况的不确定性。包括产品和服务质量可能比原有的质量还要低，新的产品所带来的收益也可能相较于以前的产品有所降低等风险。

（4）学习成本　指在学习过程中产生的费用，是在学习过程中付出的金钱、努力和时间等代价。

（5）心理成本　是指客户因为转换产品和服务，需要重新适应新产品和服务的心理感受。

5. 关系品质　服务供给者与客户间的良好关系品质，往往可以有效降低客户的购买不确定性。对关系品质的衡量可以用客户关系保持度和客户信任度两方面。客户关系的保持主要通过及时与客户进行业务的沟通和主动提供增值服务来表现。

国内外学者针对客户信任和客户忠诚度的关系也做了相当多的研究，他们发现高度的客户信任会导致较高的忠诚度，从而使客户不会轻易地更换服务企业。国内学者针对客户信任与客户忠诚度之间的关系进行了定量和定性的研究，这些研究指出客户信任与客户忠诚度具有明显的正向关系，客户对企业具有较高的信任度时，其忠诚度也较高。

另外，研究还指出高信任度的客户还会主动宣传和传递企业的服务和产品的积极信息，在企业与客户的关系中起到一个正面积极的促进和推动作用。对于企业来说，如果企业与客户之间建立了牢固的信任关系，客户能更加容易对其所提供的产品和服务表现出接受和认可的态度，并且能够有效提高客户忠诚度。因此在客户忠诚因素的构成中，客户信任是其重要的核心因素，只有取得客户信任，才能让购买行为的实施变得简单易行，同时使客户产生客户忠诚。

第四节　客户投诉管理

一、客户投诉的概述

（一）客户投诉的内涵

客户投诉是指客户对企业产品质量或服务上的不满意而提出的书面或口头上的异议、抗议、索赔和要求解决问题等行为。

客户投诉是每一个企业都会遇到的问题，它是客户对企业管理和服务不满的表达方式，也是企业有价值的信息来源，它为企业创造了许多机会。因此，如何利用处理顾客投诉的时机而赢得他们的信任，把他们的不满转化为满意，锁定他们对企业和产品的忠诚，获得竞争优势，已成为企业营销实践的重要内容之一。

（二）客户投诉的价值

1. 阻止顾客流失　现代市场竞争的实质就是一场争夺顾客资源的竞争，但由于种种原因，企业提供的产品或服务会低于顾客期望，造成顾客不满意，顾客投诉是不可避免地的。向企业投诉的顾客一方面要寻求公平的解决方案，另一方面说明他们并没有对企业绝望，希望再给企业一次机会。

2. 减少负面影响　不满意的顾客不但会终止购买企业的产品或服务，而转向企业的竞争对手，而且还会向他人诉说自己的不满，给企业带来非常不利的口碑传播。但是，如果企业能够鼓励顾客在产生不满时，向企业投诉，为顾客们提供直接宣泄机会，使顾客不满和宣泄处于企业控制之下，就能减少顾客寻找替代性满足和向他人诉说的机会。

3. 免费的市场信息　投诉是联系顾客和企业的一条纽带，它能为企业提供许多有益的信息。顾客投诉一方面有利于纠正企业营销过程中的问题和失误，另一方面还可能反映企业产品和服务所不能满足的顾客需要，仔细研究这些需要，可以帮助企业开拓新市场。

4. 预警危机　企业要珍惜顾客的投诉，正是这些线索为企业发现自身问题提供了可能。很多的企业正是从投诉中提前发现严重的问题，然后进行改善，从而避免了更大的危机。

NOTE

二、顾客投诉的原因

1. 出于产品或服务的质量原因　产品的整体概念中最基本的就是产品或服务的核心利益部分，产品或服务的价值和质量是客户购买产品的首要考虑因素。如果顾客购买的商品存在功能缺陷、性能不全等质量方面问题，投诉必然产生。

2. 出于期望的服务落差的原因　实物商品属于有形的物质，而服务则是软性的"精神产品"。在当今买方市场的形势下，企业在做好产品质量的同时，还必须确立"服务制胜"的战略，以周到、优质的服务作为自己的竞争优势。

3. 出于诚信方面的原因　诚信投诉主要体现在商家不遵守合同或承诺，通过广告或推销员的口头宣传，夸大产品的价值功能，不切实际地美化产品，或者是随意承诺兑现不了的服务。

4. 出于顾客自身原因　顾客投诉也不一定全是商家的原因，有时是顾客自身的使用方法不当或者理解有误而造成的。顾客自身原因造成的投诉，如果处理得当，令客户满意，很容易培养提高客户的忠诚度，为商家积累客户资源。

三、客户投诉的处理

（一）客户投诉处理流程

要正确处理顾客的投诉，就必须站在顾客的立场上考虑问题，建立以"客户为中心"的顾客投诉处理流程，从企业文化、管理制度、营销资源、技术及系统工具等方面提供全方位的支撑，快速响应客户需求，并由此产生对投诉的重视，企业高层管理人员、一线执行人员都关心和热情对待客户投诉，形成全员接待投诉、全员处理投诉的企业氛围。具体而言，客户投诉流程包括以下几个步骤：

1. 登记投诉　利用客户投诉记录表详细记录客户投诉的全部内容，如投诉人、投诉时间、投诉对象、投诉要求等。

2. 判定投诉是否成立　了解客户投诉的内容后，要判定客户投诉的理由是否充分，投诉要求是否合理。如果投诉不能成立，可以委婉的方式答复客户取得客户的谅解，消除误会。

3. 确定投诉处理责任部门　根据客户投诉内容，确定相关具体受理单位和受理负责人。

4. 责任部门分析投诉原因　要查明客户投诉的具体原因及具体造成客户投诉的责任人。

5. 提出处理方案　根据实际情况参照客户的投诉要求，提出解决投诉的具体方案，如退货、换货、维修、折价、赔偿等。

6. 提交主管部门批示　对于客户投诉问题，领导应予以高度重视，主管领导应对投诉的处理方案一一过目，及时做出批示。根据实际情况，采取一切可能的措施，挽回已经出现的损失。

7. 实施处理方案　处罚直接责任人，通知客户，并尽快收集客户的反馈意见。

8. 总结评价　对投诉处理过程进行总结与综合评价，吸取经验教训，提出改进对策，不断完善企业的经营管理和业务运作，以提高客户服务质量和服务水平，降低投诉率。

（二）正确处理客户投诉的原则

1. 先处理情感，后处理事件。

2. 耐心倾听顾客的抱怨：只有认真听取顾客的抱怨，才能发现其实质性的原因。开始时必须耐心倾听客户抱怨，避免与其发生争辩，先听他讲。

3. 想方设法平息顾客的抱怨：对于顾客的抱怨应该及时正确处理，拖延时间，只会使顾客的抱怨越来越强烈，感到自己没有受到足够的重视。

4. 站在顾客的立场上将心比心：处理客户投诉时，服务人员必须诚心诚意地表示理解和同情，承认过失。对所有客户投诉的处理，无论已经被证实的还是没有被证实的，都不是先分清责任，而是先表示道歉，这才是最重要的。

5. 迅速采取行动：客户投诉的处理必须付诸行动，不能单纯同情和理解，要迅速给出解决方案。

四、强化客户投诉管理的组织改进策略

1. 明确客户投诉管理的主要内容　客户投诉管理主要包括客户投诉的受理、培训、筛选、受理追踪这四个方面的内容。其中，最重要的环节在于客户投诉的受理，通过受理掌握客户投诉的第一手资料，为后续的处理提供充分的信息；客户投诉培训是指导客户采取恰当的方式和渠道对其打算投诉的问题进行培训，以提高客户投诉的准确性和有效性；客户投诉筛选管理保证进入客户知识获取系统的客户投诉信息具有分析价值；客户投诉受理追踪管理监督客户投诉的受理情况和客户知识的获取过程。

2. 创造全员参与的客户投诉管理战略　肯定客户投诉管理的战略意义的同时，更为重要的是企业内部各个职能部门员工的战术执行。除了客户服务部门的员工以外，受理客户投诉对于其他部门的员工都是额外增加的工作，但是，要做到及时有效地处理客户投诉，必须要所有涉及产品质量的相关部门之间通力合作和上下级之间沟通顺畅。

因此，对员工进行绩效考核时，客户服务部门员工的主要考核指标应该是客户投诉处理的数量、质量，发现客户知识并促进其在企业的相关组织领域分享和传递的效果，也应该对那些协助客户投诉受理的部门员工的投诉业务受理的数量和质量，学习客户知识和促进知识创新的效果进行绩效考核。

同时，面对客户投诉时，作为产品价值链上的两个独立的业务单位，企业和经销商这二者作为战略合作伙伴，"利益均沾、风险共担"。基于获取客户知识、创造客户价值的目的，面向客户投诉时，企业和经销商之间可以建立一种战略联盟，以企业为核心，经销商为辅，经销商也必须承担受理客户投诉的责任，并且还要对经销商辅助客户投诉受理的执行情况进行检查和考核。

3. 建立企业客户投诉受理数据库　任何产品或服务都不可能是完美的，因此引发客户投诉的原因也很多。但是，在受理客户投诉之前，企业需要形成一套完备的客户投诉应对机制，即建立面向企业的客户投诉受理数据库，使得员工受理客户投诉能做到规范化、制度化、查有所据。客户投诉受理的数据库列举了所有可能引起客户投诉的原因，针对每种可能的投诉制定标准的处理的流程，明确规定客户和企业对于各种投诉问题所应当承担的责任和权益，避免由于权责不明而导致的推诿和争执。

客户投诉受理数据库的建立是一个动态过程，客户投诉受理过程中新增案例经过选择和整理后都将及时对数据库进行更新。另外，由于客户投诉所依据的政策、法律法规具有时效性，

NOTE

需要及时更新和维护客户投诉受理数据库。

4. 客户投诉培训   建立客户投诉受理数据库以规范客服部门的受理流程，同时还要培训客户的投诉方法与渠道等知识，以提高其投诉准确性和有效性。客户满意度理论认为，客户会用接受产品或服务之后的感知与接受之前的期望做对比，其不满意的程度与感知落差的程度呈正相关的关系，尤其是当客户最初对企业抱有信心，试图与企业进行沟通时。如果客户面对的投诉处理程序过于繁琐，甚至是根本搞不清楚如何开始有效的投诉时，低限制的转换成本和选择的多样性就使得客户忠诚度大大降低。

由于客户在购买产品时往往直接接触的是渠道的经销商，所以应该由经销商对客户提供最初的投诉培训。经销商应负责在客户购买产品时，将客户投诉指南随同产品一同交付给客户，并帮助客户理解投诉的方法与渠道。投诉指南必须详细列出常规的投诉问题和处理建议，客户可以进入企业的客户投诉咨询系统进行投诉并选择投诉处理方案。客户投诉培训在一定程度上避免了客户由于不了解投诉方法和渠道而轻易选择放弃投诉，甚至转向竞争者，同时也避免了客户资源的流失。

5. 对受理客户投诉员工予以必要的决策授权   客户服务中心人员位于处理客户投诉的最前端，其工作的时效性和准确性非常重要。通过向员工授权，一方面可以消除信息传输过程中的延时和误差。当面对客户投诉时，如果员工因为权力范围的限制而延误客户投诉的受理，或者由于组织要求逐级汇报而产生数据、信息的收集误差，都会使客户投诉受理的质量受到影响，使客户在对产品或服务不满意的基础上又增加对公司投诉处理的不满。在这种情况下，很难再去获取客户知识，客户也可能因此而流失并且向周围的人表达不满，传播公司的负面口碑。

另一方面，通过授权能够使客户投诉受理员工的工作积极性得到充分的调动。面对繁琐的客户投诉事务和不满的客户情绪，授权有利于缓解员工的工作情绪和压力，也会对其产生激励作用。所以客户投诉管理组织结构的扁平化有利于实现员工的责任和权力的并举。

6. 保证客户投诉信息及时   有效地双向沟通的目的可以归结为企业获取客户知识，培养客户忠诚，创造客户价值，因此，客户与企业之间的信息交换尤其重要。当客户发生投诉时，客户投诉数据库直接提供常规投诉的解决方案；对于非常规的投诉，客户服务中心将协调相关部门的相关人员及时对客户投诉的问题做出答复，建立并维护良好的客户关系。在此基础上，取得客户的信任并与客户沟通，通过客户知识的学习发现企业现有产品或服务存在的缺陷以及客户的潜在需求。

此外，还要建立客户投诉管理追踪系统，并对客户和企业相关部门的人员按照工作性质设置权限，使他们可以根据自己的权限通过该系统实时追踪客户投诉问题解决的进展情况和详细信息，信息的及时反馈使客户更加相信企业愿意并且有能力为其提供更好的产品和服务。

【本章小结】

客户关系管理是企业为提高核心竞争力，达到在竞争中脱颖而出并快速成长的目的而从事的一项管理手段。它树立以客户为中心的发展战略，以客户关系为重点，通过开展系统化的客户研究，提高客户满意度和忠诚度。

客户关系管理分为客户获取、客户价值分析、客户细分、客户保持等多个阶段，客户获取是客户关系管理的第一步，也是最关键的一步，能否获取到企业所需客户已经成为影响企业生存和发展的重要因素。

客户满意度（consumer satisfactional research）：反映的是顾客的一种心理状态，它用定性的语言反映顾客对企业产品和服务消费所产生的满意感受。对客户进行满意度研究，可以获得消费者对产品的消费缺陷、再次购买率与推荐率的态度，找出影响满意度的因素问题，是发现价值最大化的快捷方式。

客户忠诚度是指客户在交易过程中所感知到的产品或服务的价值，并因此对企业及其产品产生认可、信任和依赖，从而在心理和行为上表现出持续与之发生经济往来的意愿和行为。

客户投诉是每一个企业都会遇到的问题，它是客户对企业管理和服务不满的表达方式，也是企业有价值的信息来源，它为企业创造了许多机会。因此，如何利用处理顾客投诉的时机而赢得他们的信任，把他们的不满转化为满意，锁定他们对企业和产品的忠诚，获得竞争优势，已成为企业营销实践的重要内容之一。

【重要概念】

客户关系管理；客户识别；客户满意度；客户忠诚度；客户投诉。

【复习思考】

1. 通过本章的学习，谈谈你对客户关系管理的理解？

2. 获得客户的渠道与方法？

3. 客户满意度的影响因素有哪些？

4. 谈谈你对客户满意度与客户忠诚的理解及两者之间的关系。

5. 客户投诉有哪些原因？

6. 谈谈组织处理客户投诉的流程。

【案例分析】

普通员工如何处理顾客投诉

一天中午，药店营业员小张和小李利用空闲时间开始打扫卫生，店长助理刘姐在中药区做养护。忽然走进一位怒气冲冲的阿姨，冲着正在门口做卫生的小张问："店长在吗？叫你们店长出来！我要投诉！"。

小张是刚到店一个月的新员工，见到这个阵势，立即意识到是有顾客来找麻烦了，有些不知所措地站在原地，求助的目光望着身边的同伴小李。小李倒了一杯凉茶，面带笑容地走过去，对阿姨说："阿姨您好！您先别生气，先坐会儿，喝杯茶，告诉我发生了什么事情？我帮您解决。"阿姨没接话，眼睛盯着小李的工牌看了一会，接着说道："小姑娘，你不顶事，让你们店长出来，我只和她讲！"说完不再听小李的解释。

事情正要闹僵的时候，在中药区做养护的刘姐拿出店长的工牌戴在胸前，径直走到阿姨面前，说道："阿姨，您好！我就是本店的店长，请问有什么可以帮到您？"说着把工牌递到阿姨跟前，阿姨仔细地看了看工牌，确认站在自己面前的正是"店长"，情绪稳定了一些，说道："我昨天在你们这买了一盒痔疮栓，拿回家才发现里面的药全部都融化了，这种质量的药你们也敢拿出来卖么？这不是坑人吗？我要求你们赔偿我的经济损失和精神损失费1000块！"

刘姐看着周围的顾客投来好奇的目光，赶紧说道："王阿姨您不要着急，您的心情我完全可以理解，这样，外面天热，您先到休息室坐坐，吹吹空调，喝杯凉茶，我们好好聊聊。"说完，刘姐把王阿姨带到休息室。

在休息室，刘姐耐心地听着王阿姨的讲述，问清了事情经过。原来，昨天王阿姨在店里给老伴买了一盒痔疮栓，回家后，把药在客厅放了一天，等到今天上午准备用的时候，发现里面的栓全部融化用不了，因此还和老伴大吵了一架，情绪激动地她立即来门店讨要说法。听到这里，刘姐继续热情地对阿姨说："阿姨，我们确实有做得不到位的地方，忘记提醒您这么热的天，痔疮栓拿回家后要冷藏保管，为此要向您道歉！"说完站起身对王阿姨鞠了一躬，接着说："其实这并不是质量问题，只是储存方式不妥导致了药品融化，是可以补救的，您只要把这盒痔疮栓拿回去在冰箱放一会儿就可以正常使用了，为了弥补您的损失，我会向上级申请给您一定的补偿，保证让您满意。"

接下来聊天的过程中，刘姐发现王阿姨居然和自己是老乡，便用家乡话和王阿姨唠起了家常。一番闲聊之后，王阿姨逐渐平复了心态，刘姐告知她其实自己只是店长助理，但是可以全权代理店长负责处理此事，王阿姨没有介意，非常赞赏刘姐的处事态度，放弃了赔偿1000元的要求并答应了给她时间处理此事，随后高兴地离开了。

下午，店长上班后，得知了此事，给予刘姐高度表扬。经过请示，最终给王阿姨赠送了精美礼品一份，王阿姨领取礼品时，刘姐还给她办理了一张会员卡，从此，王阿姨成了该门店的忠实顾客。

思考与讨论：

1. 处理顾客投诉的时候，应该注意什么？

2. 通过案例中的客户投诉成功被化解，你得到什么启示？

第十章　客户服务管理

【学习要点】

通过本章的学习，掌握服务营销策略组合，熟悉服务质量差距分析及其评价与改善的基本方法，了解客户服务的基本内涵及类别。

【引导案例】

金日的"四心级"服务

国内保健品十强之一、在东南亚享有"西洋参之王"美称的香港金日集团，在推出了新一代的功能性心脑保健品——金日心源素后，采用服务营销手段，强化产品与消费者沟通上的亲和力，构建了互动式的情感交流平台，从而使金日心源素一上市便产生巨大的品牌效应。

金日集团提出了"诚心、耐心、细心、爱心"的"四心级"服务概念，实现了附加值的有形化，提升了品牌内涵。

诚心：金日集团根据客户的年龄、病情进行详细分析和分类，为客户建立健康档案，并指定专员进行定期的电话回访和联系。对于重症患者，工作人员则带上检测仪为其检查、诊断，长期进行健康跟踪。

耐心：金日集团专家组对消费者来电来信提出的各种心脑问题耐心、细心地给予解答，如碰到消费者有关其他症状的疑问，专家组委员会则会根据不同的需求，通过书信方式为其做出详细的解答。

细心：金日集团经常组织中老年客户开展各种文艺表演、健康知识大赛等趣味节目，并在活动现场配备"绿色使者"客服人员，精心考虑客户的各种需求，为客户提供遮阳伞、音乐、椅子、矿泉水和"心脑必读"手册等。

爱心：根据消费者资料，金日集团客户服务部对消费者进行定期回访，组成户外服务队上门进行健康检查。对一些经济较为困难的患者，提供免费的上门诊断，并赠送多个疗程的金日心源素产品让其服用。

以"数据构建服务体系，品质塑造品牌形象"的金日服务营销，透过"个性化"的接触方式，与目标消费者建立一对一的关系，通过持续的接触与沟通，加强与消费者的情感交流，从而提高金日产品的竞争力、附加值、差异化的地位。

优质的客户服务不但能为消费者提供良好的销售服务，实现售前、售中、售后的服务链接，而且还能起到树立品牌，实现与消费者面对面沟通、直接和高效地宣传企业形象的作用。

（资料来源：郑方华. 客户服务技能案例训练手册. 北京：机械工业出版社，2006）

NOTE

第一节 客户服务的含义与类别

一、客户服务的含义

营销学起源于 20 世纪初的经济学，有关服务的研究最早可追溯到亚当·斯密时代。营销学界对服务的关注大致是从 20 世纪五六十年代开始的，营销学者往往把服务作为一种产品来对待以区别于经济学界的研究。

1960 年，美国市场营销协会（AMA）最先给服务下了一个定义："服务是用于出售或者是与产品连带出售的活动、利益或满足感。"这一定义在此后的很多年里一直被学者们广泛采用。但其缺点也是显而易见的：它没有把有形产品与无形服务区分开来，因为有形产品也是用来出售并使购买者获得利益和满足的。

1963 年，著名学者威廉·J·里甘把服务定义为"直接提供满足（如交通、租房）或者与有形商品或其他服务一起提供满足的不可感知活动"；1974 年，威廉·J·斯坦顿进一步加以解释，认为服务是"可被独立识别的不可感知活动，为消费者或工业用户提供满足感，但并非一定要与某个产品或服务连在一起出售"；1990 年，国际知名服务营销学者克里斯廷·格罗鲁斯在总结前人定义的基础上，把服务的定义概括为：服务是指或多或少具有无形特征的一种或一系列活动，通常（但并非一定）发生在顾客与服务的提供者及其有形的资源、产品或系统相互作用的过程中，以便解决消费者的有关问题。

美国学者瓦拉瑞尔·A·泽丝曼尔和玛丽·J·比特纳在其著作《服务营销》中则提出：简单地说，服务是行为、过程和表现，由一方向另一方提供或合作生产。这种行为、过程或表现不仅存在于服务企业的活动之中，而且是许多制造商向市场提供的价值组合的一部分。泽丝曼尔等在其《服务营销》中还提及了另一个较为广义的服务定义：服务是包括所有产出为非有形产品的全部经济活动，通常在生产时被消费，并以便捷、愉悦、省时、舒适或健康的形式提供附加价值。

1990 年，国际标准化组织把"服务"定义为"为满足顾客的需要，供方与顾客接触的活动和供方内部活动所产生的结果"。虽然不同研究者、不同机构对服务的定义可能有所区别，但从其本质上看，都认为服务是以满足消费者的需要为目的、以人的活动为基础的、为消费者提供满足的过程。

荷兰学者汉斯·卡斯帕尔认为："服务是在本质上无形、易逝的一系列活动，服务交易并不存在所有权转移问题，服务过程是一个互动的过程，其目的在于为顾客创造价值。"

而菲利普·科特勒则将服务定义为："一方能够向另一方提供的任何一项活动或利益，它本质上是无形的，并且不产生对任何东西的所有权问题，它的生产可能与实际产品有关，也可能无关，由此，服务的本质是无形性和无所有权的转移。"

本书认为，服务是具有无形特征却可给人带来某种利益或满足感的可供有偿转让的一种或一系列（劳务）活动。该服务定义包含以下观点：

服务提供的基本上是无形的活动，可以是纯粹的服务，也可以与有形产品相关联。

服务提供的只是产品的使用权，并不涉及所有权的转移。

服务的重要性不亚于物质产品。

以上关于服务的界定，为客户服务概念的提出奠定了坚实的基础。所谓客户服务，是企业与客户交互的一个完整过程，包括听取客户的问题和要求，对客户的需求做出反应并探询客户新的需求。客户服务不仅仅包括了客户和企业的客户服务部门，实际上包括了整个企业，即将企业整体作为一个受客户需求驱动的对象。

二、客户服务的分类

由于服务活动及内容的广泛性和复杂性，服务可以进行如下多个视角或维度的分类：

（一）按顾客参与服务的程度分类

美国亚利桑那大学教授理查德·B·蔡斯在1978年根据顾客对服务推广的参与程度，将服务分为三个大类。

高接触性服务：是指顾客在服务推广过程中参与其中全部或大部分活动，如医疗、保健、公共交通、电影院、娱乐场所、学校等所提供的服务。

中接触性服务：是指顾客只是部分地或在局部时间内参与其中的活动，如律师、银行、保险、房地产经纪人等所提供的服务。

低接触性服务：是指在服务推广中顾客与服务的提供者接触甚少的服务，其间的交往主要是通过仪器设备进行的，如有线电视、电子银行、电子商务、邮电等提供的服务。

（二）按综合因素分类

1980年，菲利普·科特勒从服务的综合因素入手，分别从不同侧面对服务进行了分类。

依据个人需要和企业需要的不同分类：专对个人需要的专一化服务和面对个人需要、企业需要的混合型服务。

依据提供服务工具的不同分类：以人为基础的服务，包括技术性、非技术性和专业服务（如律师、会计师、旅行服务等）；以机器设备为基础的服务（如自动售货机、自动化汽车清洗等）。

依据顾客在服务现场出现必要性大小分类：必须要求顾客亲临现场的服务（如体检、美容、美发等）和不需要顾客亲临现场的服务（如汽车修理、服装洗烫等）。

依据服务组织的目的分类：以营利为目的的服务、非营利服务、私人服务和公共服务。

依据服务内容和流程的稳定性与变动性分类：标准化的服务与定制化的服务。

（三）按服务营销管理分类

美国服务营销专家克里斯托弗·H·洛夫洛克从五个角度对服务进行了划分，这种分类被学术界认为是目前比较全面的分类。

依据服务活动本质分为四类：作用于人的有形服务，如民航、理发服务等；作用于物的有形服务，如货运、草坪修整等；作用于人的无形服务，如教育、广播等；作用于物的无形服务，如法律、财产保险等。

依据顾客与服务组织的联系状态分为四类：连续性、会员关系服务，如银行、保险、汽车协会等；连续性、非正式关系的服务，如广播电台、警察保护等；间断的、会员关系的服务，如公园月票、年票等；间断的、非正式关系的服务，如邮购、街头收费电话等。

NOTE

依据服务方式及满足程度分为四类：标准化服务，选择自由度小，难以满足顾客的个性需求，如公共汽车载客服务等；服务标准化程度高但服务方式选择自由度小的服务，如宾馆、餐厅的服务等；服务标准化程度不高，但服务提供者选择余地大，而难以满足个性要求的服务，如教师授课等；服务标准化程度不高，服务方式选择自由度也大，而且服务提供者有发挥的空间，如美容、建筑设计、律师、医疗保健等。

依据服务供求关系分为三类：需求波动较小的服务，如保险、律师、银行服务等；需求波动较大而基本上能跟上的服务，如电力、天然气、电话等；需求波动幅度大并会超过供应能力的服务，如交通运输、饭店和宾馆等。

（四）显性服务与隐性服务分类

按照服务能否在账面上体现出来，可以将服务分为显性服务与隐性服务两类。

此分类最早是由服务管理学科创始人，芬兰瑞典经济与管理学院克里斯廷格罗斯于2001年提出的。在服务性企业中，有些服务是显性的，在账面上是可以体现出来的，如运输、售后服务等。但有些服务，企业传统上将其作为常规性的日常管理费用加以处理，如结账、质量问题处理、服务补救，等等。结账必须清晰和准确，而对服务失误和顾客抱怨处理的及时和有效性和雇员对顾客的"移情性"，对于提高顾客忠诚度、避免顾客流失，无疑具有十分重要的意义。所以，这些隐性服务无疑是企业建立竞争优势最重要的途径。

知识拓展

客户服务的特征

对于服务作为一种无形产品的特征或特性，学界包括格罗斯、科特勒、佩恩、艾格里尔、兰吉尔德等都发表了不同的观点，但将无形性、差异性、不可分离性和不可储存性作为服务的特征，已经得到国内外学界的广泛认同。其中无形性被认为是服务的最基本特征，其他特征都是从这一特征衍生而来的。事实上，正是因为服务的无形性，才使得生产与消费不可分离，而差异性、不可储存性在很大程度上是由无形性和不可分离性两大特征所决定的。

表 10 -1　服务的特征

商品	服务	服务的特殊性
有形	无形	服务不可存储 服务不能申请专利 服务不容易展示和沟通 难以定价
标准化	差异性	服务的提供与顾客的满意取决于员工的行动 服务质量高低取决于很多不可控的因素 无法确认提供的服务是否与计划或推广相符
生产与消费相分离	生产与消费不可分	顾客参与并影响交易 顾客之间相互影响 员工影响服务的结果 难以进行大规模生产
可存储	可存储	服务的供应与需求难以同步 服务不能转售或退货

（资料来源：郑锐洪．服务营销．北京：机械工业出版社，2014）

第二节　客户服务的营销组合

20 世纪 80 年代，服务营销在美国兴起，主要是研究解决服务企业、服务产品的营销所面临的问题。由于服务具有其独特性，服务的生产与消费常常是同时进行的，顾客会接触到企业的服务人员，并参与到服务的提供过程中，成为服务质量的评定者。由于服务的无形性，消费者经常依赖有形的线索来理解服务和判断服务质量。人员、有形展示和流程这些要素都会影响顾客对服务的感知和体验。正是基于这样的认识，美国服务营销学者布姆斯（B. Booms）和毕纳（M. Bitner）于 1981 年提出了服务营销 7P 组合理论，在传统 4P 营销组合的基础上，加入了人员（people）、有形展示（physical evidence）和过程（process）三个要素作为扩展的服务营销组合的核心构成要素，以解决服务企业面临的特殊营销问题。

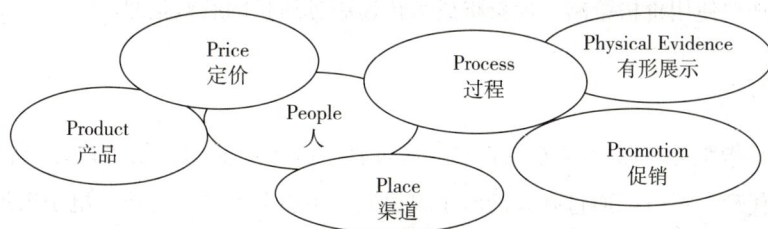

图 10 – 1　服务营销 7P 组合

表 10 – 2　服务的 7P 营销组合内容

产品	定价	分销	促销
实体商品特性	灵活性	渠道类型	促销组合
质量水平	价格水平	商品陈列	销售人员
附属产品	期限	中间商	广告
包装	区别对待	店面位置	媒介
保证	折扣	运输	促销活动
产品线	折让	仓储	公共关系
品牌		管理渠道	互联网/全球网战略

人员	过程	有形展示
员工	活动流程	设施设置
顾客	（标准化、定制化）	设备
	步骤数目	招牌
	顾客参与	员工服装
		其他有形物

（资料来源：改编自瓦拉瑞尔 A 泽丝曼尔等主编的《服务营销》，张金成、白长虹等翻译，机械工业出版社 2012 年出版，第 5 版）

一、服务产品

服务产品是指服务企业向目标顾客提供的有形与无形要素的结合体。尽管服务产品也包括有形要素，但无形要素主导了服务产品的价值创造。服务产品包括核心产品与附加性服务。例如，医院的核心产品是医疗服务，附加性服务包括预约挂号、健康体检、跟踪回访、健康咨

NOTE

询等。

服务产品是服务营销组合的基础。在服务产品策略中，要考虑提供服务的范围、服务品牌、服务质量和服务水准等因素。服务产品也是营销组合的核心，如果服务产品本身出现问题，其他的一切营销努力皆可能是沙滩上建大厦——一切枉然。

二、服务定价

服务价格体现服务企业向消费者提供服务所获得的回报，也是消费者购买服务产品而支付的货币成本。通过合理定价，服务企业可以与顾客实现有效价值交换。服务企业利用价格策略可以回收成本，从而实现赢利。对于顾客来说，货币成本只是他们支付的一部分。在购买服务时，消费者除了考虑货币成本之外，还会考虑时间成本、精力与体力成本等非货币成本。

价格也是顾客判断服务质量的依据，非货币成本通常会影响到顾客的购买决策。由于消费者难以评价服务质量，使得购买服务充满了风险，顾客将价格作为质量的依据，因此，服务企业要灵活、合理地使用价格策略，使价格成为传递服务质量的有效信号。

三、服务分销

服务分销是指服务产品价值传递的方式或过程。服务产品的分销可以通过传统的实体渠道，如直销、代理，也可以通过新兴的电子渠道或自主服务方式来完成。电子渠道主要是通过互联网向目标市场提供可利用的服务产品，包括通过智能手机、电脑、网络电视和互动媒体等所有服务提供形式。从目前情况看，电子渠道逐渐成为传统实体渠道的有力补充或替代性选择，越来越多的企业综合使用实体渠道与电子渠道来分销服务产品。

与有形商品的分销渠道相比，服务的分销渠道较短，企业可以直接将服务传递给顾客，也可以通过中间商向顾客提交服务。部分服务产品可以通过中间商分销，但需要加强对中间商的管理。

四、服务促销

服务促销是指服务企业传递服务产品或品牌并教育顾客的各种信息沟通活动。如果企业与顾客之间缺乏沟通，消费者可能不了解该服务企业，更不可能知道该服务企业能提供什么特色的服务产品。通过广告、人员推销、销售促进等促销方式，服务企业可以向顾客传递服务产品和品牌信息，吸引新顾客购买消费，并使其产生偏好。通过服务促销与沟通可以树立良好的企业形象，以增加顾客的安全感和信任感。

开展服务促销活动时，服务营销人员特别需要考虑到服务的特性，并注意以下方面：利用有形的要素来向顾客传达无形服务的特征与利益；教育和引导顾客使之能参与到服务的过程体验之中；通过促销调节服务需求使服务的供需达到平衡。

五、服务人员

广义的服务人员指参与服务提供并因此而影响购买者感觉的全体人员，即企业员工、顾客以及处于服务环境中的其他顾客。所有参与到服务提供过程中的人都对顾客认识服务本身性能提供了重要线索。他们的着装、态度、行为和外表都会影响顾客对服务的感知，服务提供者或与顾客接触的人员尤为重要。实际上，对于某些服务，如顾问、咨询服务、教练以及其他基于关系的专业服务，提供者本身就是服务。在其他情况下，与顾客接触的人员可能在服务提供中发挥相对较小的作用，如电话安装人员、航空行李包搬运工或设备发运人员。然而实践表明，这些提供者也可能成为对服务机构很关键的服务接触点。

在许多服务情景中，顾客本身也能影响服务的提供，从而影响服务质量和他们自己的满意度。例如，一家医疗机构的顾客，通过及时、准确提供患者所需的服务信息并促使其将建议付诸行动，从而影响他所接受的服务质量。此外，顾客不仅影响他们自己的服务产出，也会影响到其他顾客。在一个剧院、一场球赛或课堂中，观众表现会影响其他人接受的服务的质量——强化或减损其他顾客的体验。基于他们在服务质量和服务提供中的巨大影响作用，我们把员工、顾客和其他顾客纳入服务营销组合的人员因素中。

六、服务过程

服务过程指服务提供的实际程序、机制和作业流，即服务的提供和运作系统。顾客体验到实际的提供步骤，或者服务的运作流程，也是顾客判断服务质量的依据。有些服务比较复杂，需要顾客经过一系列复杂的行动来完成整个过程。高度程序化的服务一般遵循这个模式，但过程所涉及的逻辑步骤常常忽略顾客。向顾客提供的过程的另一个明显特征是服务是否遵循生产线/标准化方法，或者过程是否是授权赋能的。服务的这些特征在本质上并没有好坏优劣之分，关键在于这些特征是顾客用来判断服务的一种依据。

七、服务有形展示

服务的有形展示是指服务企业提供的环境、服务企业与顾客相互接触的场所以及任何便于服务开展和沟通的有形要素。服务的有形展示包括服务的所有有形表现形式，如小册子、公司信笺、名片、报表、招牌和服务设备。在有些情况下，它还包括服务提供的有形展示——服务窗口。当顾客无法判断服务的实际质量时，他们会依靠这些有形物的线索辅助判断。有形展示为企业提供了传递有关组织目标、希望进入的目标细分市场以及服务性质、服务质量方面的一致而有力的信息和线索。

第三节　服务质量差距分析

一、服务质量

（一）质量的界定

对于质量，目前还没有一个能概括质量研究的所有范畴的定义。采用较多的是美国质量学会对质量的定义：质量是一个产品或服务的特色和品质的总和，这些品质特色将影响产品去满足各种明显的或隐含的需要的能力。

美国哈佛商学院教授戴维·加文（David Garvin）对质量概念进行了深入的研究，总结出五种典型的质量观：

1. 基于产品的质量观　质量是对产品中的成分或特征数量与标准值的比较。这些变量是可以进行准确测量或衡量的，比较得到的数字差异反映了质量的高低，如使用寿命、成分含量等。这类定义客观、准确，但没有考虑顾客的品位和偏好，定义假定所有的顾客对变量的评价标准是一致的。

2. 基于用户的质量观　该定义认为质量是客户的满意程度，满足顾客的需求，其质量就是好的；否则，就是不好的。这里主要强调主观质量，只要是顾客希望的，我们就认为是质量好的。如对于老年人，餐馆的菜品少盐少油他们就认为好，年轻人则不一定。所以，企业在使用这种定义时应注意：一是如何决定产品或服务的属性以适合更多的人群；二是如何区分保证满意和保证质量，因为顾客满意一定是质量好，但质量好不一定顾客满意。

3. 基于生产的质量观　以生产视角来定义是将质量作为工程和生产过程的产出，产出与顾客的需求一致，质量就是好的。这种观点将质量与生产过程，甚至与设计过程联系起来，因为设计与生产决定了产出，也就决定了产品的质量。企业采用这种定义实施质量管理可能会演变成企业内部质量控制问题，重视的客观质量，对客户的需求则关注不够。

4. 基于价值的质量观　该定义把价值和价格融为一体，认为价格是价值的真实体现，质量是经营结果与顾客可接受的价格之间的平衡，好的质量就应该表现出高的价格。

5. 出类拔萃的质量观　这类界定认为质量是顾客通过反复的接触或在产品的使用过程中获得的经验而做出的评价，这种质量观可以应用于某些与艺术鉴赏相关的服务中，如文艺演出等。这种界定只是说明了一种产品或服务的卓越程度，无法对其进行准确的度量。

上述质量观实际代表了不同的界定视角，如基于用户的质量界定代表了营销人员的观点，基于生产的界定代表了生产管理人员的观点，基于产品的界定代表了设计人员的观点等。就服务而言，作为无形产品，需要采用特殊的方式来界定质量，因为服务质量实质上是顾客感知服务质量，具有显著的主观性。

（二）感知服务质量

服务质量是服务企业向顾客提供的服务产品或服务过程能否满足顾客期望的程度。因此，服务质量实际上是感知服务质量。

20 世纪 80 年代初，北欧学派代表人物，芬兰瑞典经济管理学院的格罗鲁斯教授提出了顾客感知服务质量概念并对其构成进行了详细的研究。他将感知服务质量界定为顾客对服务期望与实际服务绩效之间的比较。实际服务绩效大于服务期望，则顾客感知服务质量是良好的，反之亦然。同时，他还界定了顾客感知服务质量基本构成要素，即顾客感知服务质量由技术质量（即服务的结果）和功能质量（即服务过程质量）构成，从而将服务质量与有形产品的质量从本质上区别开来。

1. 感知服务质量的特点

（1）顾客感知服务质量的核心是顾客感知，具有极强的主观性，也具有极强的差异性。在不同的时间、不同的服务提供者所提供的服务是不同的，即使同一个服务提供者在不同的时间提供的服务质量也存在着差异。不同的顾客，乃至同一个顾客在不同的时间对服务质量的感知也不相同。

（2）顾客感知服务质量由顾客所追求的"结果质量"（技术质量）和"过程质量"（功能质量）两个方面组成。顾客对服务的消费，不仅仅是对服务结果的消费，更重要的是对服务过程的消费。服务结果与服务过程相辅相成、不可或缺。

（3）顾客感知服务质量是在服务提供者与服务接受者的互动过程中形成的。

2. 影响感知服务质量的关键要素

（1）服务态度 服务人员对待顾客的态度或情绪，包括是否热情、周到、认真。如一个医生，尽管其医术尚可，但其对待病人态度冷淡，不够耐心，也许就会影响病人对其医疗质量的整体评价，病人也许就不再找其看病。服务行业往往是人对人的服务，服务提供者的主观态度是影响服务质量和顾客满意度的首要而重要的因素，因此要求服务人员要具有热情友好、积极认真的职业态度，才可能做好服务工作。

（2）服务水平 服务人员在服务顾客过程中体现出来的专业服务水平。如某医生，其对待病人态度非常热情、耐心、不厌其烦，但就是判断不准病因，病人久治不愈，这样也会导致病人对其医疗质量的糟糕评价，病人以后也不再找其看病。可见，要做好服务工作，没有良好的态度不行，只有好的态度而没有过硬的专业服务水平也不行。

3. 服务质量不同视角的细分

（1）客观质量与主观质量 客观质量也就是技术质量是可以通过技术手段测量的质量。如咖啡店所提供的咖啡的纯度、浓度，电信公司信号的好坏、赠送通话的时长等，它决定和影响服务质量。而主观质量也就是顾客感知的质量。服务实践中我们发现，客观质量是顾客满意的基础，但不绝对，因为顾客个性偏好不同，其对质量的判断存在差异。如咖啡浓度高，有的顾客嫌太苦；咖啡放糖多，有的顾客嫌太甜。每个顾客心中都有一个质量标准，这正是服务质量难以把握和管理的所在。因此，服务企业的一项重要工作就是调研、了解目标顾客的服务期望与偏好，在保证客观质量的基础上，尽量做到投顾客所好。

（2）过程质量与结果质量 顾名思义，过程质量就是服务过程中体现出来的服务内容、流程及水平，而结果质量是对项目服务最终的要求和判断。因为服务的生产与消费同时进行，服务具有显著的过程性特征，因此，要注重服务过程每一个关键接触点的质量管理，才能保证整体质量的提高，而其中任何一个环节的失误都会影响服务的整体质量评价。

二、服务质量的测量

顾客普遍认为质量不是一个单一维度的概念，也就是说，顾客对质量的评价包括对多个要素的感知。美国服务管理研究小组的 PZB 对顾客感知服务质量进行了深入的研究，确定了五个适用于复杂服务情境的具体测量维度。

以下是服务质量测量五个维度的具体内容。

（一）可靠性

按照承诺行事的能力。在五个服务质量维度中，可靠性被消费者一致认为是服务质量感知最重要的决定因素。可靠性（reliability）被定义为准确可靠地执行服务企业所承诺服务的能力。从更广泛的意义上说，可靠性意味着公司有能力按照其承诺行事。顾客喜欢与信守承诺的公司打交道，特别是那些有能力保障顾客核心服务内容的公司。

（二）响应性

及时主动的服务提供。响应性（responsiveness）是积极主动帮助顾客及提供便捷服务的自发性。该维度强调在处理顾客询问、要求、投诉和问题时的准确和快捷。响应性表现为顾客获得服务的时间效率。为在响应性方面做到优异，公司应站在顾客角度而不是公司角度来审视服务传递过程的效率，考虑时间成本和精力成本。有时，公司内部要求的速度和快捷的标准可能与顾客对速度和快捷的要求有差异，需要了解顾客相关需求，尽量满足顾客意愿。为此，公司除了需要在所有顾客接触点配备能做出积极响应的一线服务人员，还需要有一个强有力的顾客服务部来调度和监理。

（三）安全性

激发顾客的信任感。安全性（assurance）被界定为员工的专业知识和职业态度，及其能使顾客信任的能力。在顾客感知的服务包含高风险或其不能确定自己有足够能力评价服务的产出时，如银行、保险、证券交易、医疗和法律服务，该维度可能特别重要。

（四）移情性

良好的服务产生美好联想。移情性（empathy）是企业给予顾客的关心和个性化的服务产生的美好联想。移情性的本质是通过个性化的良好服务，使每个用户感到自己是唯一和特殊的，自己的需求能得到理解，进而联想到以前的某种美好经历或感受，进而增加对服务提供者的好感。如公司的人员如果知道每个用户的姓名，并且与用户建立了密切联系以了解用户需求和偏好，在与其他公司竞争时，该公司可能获得移情性的优势。

（五）有形性

以有形物来昭示服务。有形性（tangibles）被界定为有形的设备、设施、工具、人员外观等。所有这些都展示给顾客，特别是新顾客经常用它来预测、评价未知服务的可能质量。尽管有形物经常被服务公司用来提升形象以及向顾客标示服务质量，但是大多数公司还是把有形性和质量维度结合起来建立服务质量战略。

PZB 小组根据上述五个维度，开发出服务质量的测量量表，即 SERVQUAL 量表。这个量表为全球服务营销界广泛认可和使用。如表 10 – 3 所示。

表 10 – 3　SERVQUAL 测量量表

测量要素	具体考察内容
有形性	有现代化的服务设施 服务设施具有吸引力 员工有整洁的服装和外表 公司的设施与他们所提供的服务相匹配
可靠性	公司对顾客所承诺的事情都能及时地完成 顾客遇到困难时，能表现出关心并提供帮助 公司是可靠的 能准时地提供所承诺的服务 正确记录相关的服务
响应性	告诉顾客提供服务的准确时间 提供及时的服务 员工总是愿意帮助顾客 员工立即提供服务，满足客户的需求
保证性	员工是值得信赖的 在从事交易时顾客会感到放心 员工是有礼貌的 员工可从公司得到适当的支持，以提供更好的服务

续表

测量要素	具体考察内容
移情性	针对不同的顾客提供个别的服务
	给予顾客个别的关怀
	员工会了解顾客的需求
	优先考虑顾客的利益
	公司提供的服务时间符合所有顾客的需求

三、服务质量差距模型

既然服务质量是一种顾客感知的服务质量，它与顾客的服务期望必然存在着差距。所以必须弄清楚这些差距表现在哪些方面，以便为服务企业改进和提高服务质量提供参考依据。为此，PZB 小组在深入研究服务质量要素及测量的同时，建立了服务质量差距分析模型。

从模型可以看出，预期服务与感知服务之间的差距（差距 5）是由其他 4 个差距的大小和方向所决定的：

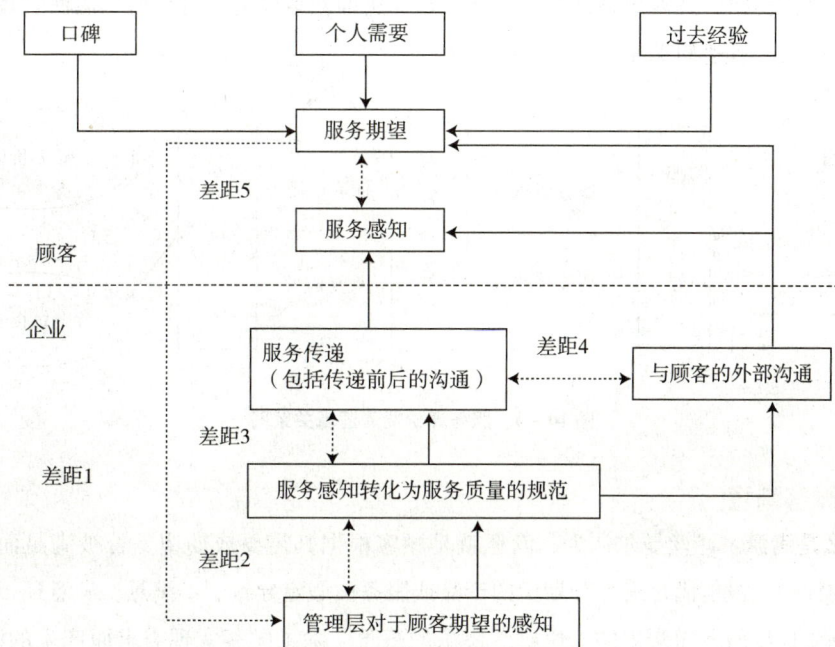

图 10 - 2　服务质量差距分析模型

差距 1：反映管理者对顾客期望的了解程度，即顾客期望与管理者对这些期望的感知之间存在的差距。减小差距的方法是管理者通过各种途径了解顾客的期望，如市场调研、多与顾客交流等。

差距 2：是在管理者把对顾客的了解转化为服务质量规范时形成的差距，产生的原因是目标不明确、计划安排不周、内部员工意见不统一等。减小差距的方法是建立正确的服务质量标准，加强员工与管理层间的协调。

差距 3：反映了服务的绩效，即服务传递者对服务质量规范的执行与服务质量规范之间的差异。该差距形成的原因很多，主要有服务角色不明确、流程设计不合理、缺乏团队精神、技术支持不够、服务理念未能很好贯彻等。减小差距的方法主要在人员、技术、制度及机制等方面加强管理，构建良好的服务环境和氛围。

差距4：实际传递的服务与对外宣传的服务之间的差距。原因主要有两个方面：一是内部沟通不够，员工对相应的服务承诺了解不多；二是对外宣传中承诺过度，实际效果低于承诺的效果。减小差距的方法是尽量使承诺的服务与实际的服务效果相匹配，既不过大宣传，也不有意隐瞒。

差距5：由上述4个差距综合而成，缩小差距5代表服务质量管理的终极目标及全部内容。

第四节　服务质量的评价与改善

一、顾客满意、顾客忠诚与顾客价值

顾客满意、顾客忠诚与顾客价值是评价服务质量的关键因素。服务营销的核心价值观就是要追求顾客满意、培育顾客忠诚和挖掘顾客价值，进而获取顾客终身价值，从而实现服务企业的经营绩效提升。其逻辑关系如图10-3所示。

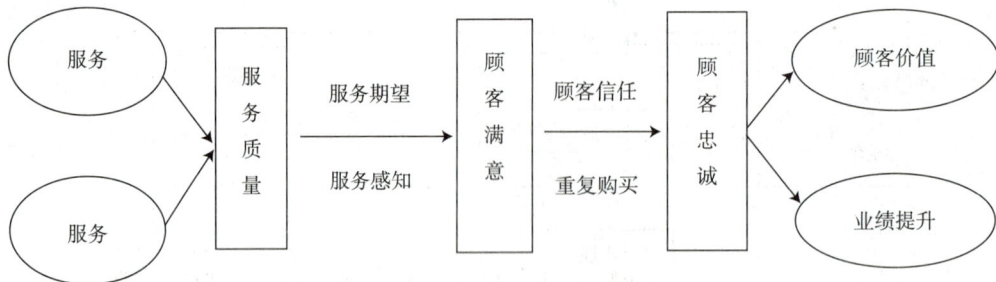

图10-3　服务评价要素逻辑关系图

（一）顾客满意

1. 什么是满意　泽丝曼尔认为，满意就是顾客根据其需要或期望是否被满足而对产品或服务进行的评价，没能满足需要和期望的产品或服务被假定导致了不满意。满意还可以是一种消费者因享受良好服务而产生的愉悦或者快乐的感觉。除了顾客实现需求而产生的满足感外，满意还可根据特殊情境或服务种类与其他类型的感觉相关。

满意可被看作一种满足——更多的是顾客对自己未多加考虑或日常时刻接受的服务所做的一种消极反应。满意还可以是一种顾客因享受满意服务而产生的愉悦或者快乐的感觉。对于那些令顾客惊喜的服务，满意即意味着高兴。在因排除消极因素而导致满意的情况下，顾客可能会把这种满意当作一种放松感。最后，当产品或服务中混合着积极和消极体验时，满意可能与正反感情并存相关联。

菲利普·科特勒提出，顾客满意"是指一个人通过对一个产品的可感知效果与他的期望值相比较后，所形成的愉悦或失望的感觉状态"。亨利·阿塞尔也认为，当商品的实际消费效果达到顾客的预期时，就导致了满意，否则，会导致顾客不满意。从上面的定义可以看出，满意水平是可感知效果和期望值之间的差异函数。如果可感知效果低于期望值，顾客就会不满意；如果可感知效果与期望值相匹配，顾客就会满意；如果可感知效果超过期望值，顾客就会非常满意、高兴，甚至特别欣喜。综上所述，顾客满意是一种心理活动，是顾客需求得到满足后的愉悦感或满足感。其中：

顾客感知：是顾客对产品质量、服务质量、价格水平、环境因素、人员因素的感觉状态。

顾客期望：顾客在购买决策前对所需求的产品或服务所寄予的希望或预期。

顾客满意度：是可感知效果和顾客期望之间的差异函数。

知 识 拓 展

顾客满意度的衡量标准

有人认为，顾客满意度的衡量标准应该是：

顾客重复购买次数及重复购买率。

产品或服务购买的种类数量与购买百分比。

顾客购买时的挑选时间。

顾客对价格的敏感程度。

顾客对竞争产品的态度。

顾客对产品质量事故的承受能力。

思考：你认为评价顾客满意度还有什么标准？

2. 影响顾客满意的因素　顾客的满意评价是一个综合的过程，产品或服务的具体特性、顾客对质量的感知、服务价格、服务品牌等因素都会影响到顾客的满意度，而且，一些个人特征，如顾客的情感状态、价值偏向以及家庭成员评价等情境因素，也都会影响到顾客的满意度。根据服务营销大师泽丝曼尔的研究，以下因素会影响到顾客的满意评价：

（1）产品和服务本身的特性　顾客对产品或服务的满意度会受到他们对产品或服务特性评价的直接影响。研究发现，大多数公司会通过焦点小组讨论等手段明确地找出其服务有什么重要的特征和属性，然后衡量顾客对那些特性的感知及对服务整体的满意程度。研究结果显示，顾客将依据其对服务类型的评价和对服务特性的评论，在服务的各种不同特性（如价格、质量、人员的态度等）之间寻找平衡，产品和服务本身的品质是顾客满意的关键。

（2）顾客的情感原因　顾客的情感同样可以影响其对产品和服务的满意的感知。这些情感可能是稳定的、事先存在的，如情绪状态和对生活的态度、价值观等。试想那些在你生命中感到非常愉快的时刻（如生日、聚会、旅游、晋升等）、健康愉快的情绪和积极的思考方式，这些都会影响你对所服务的情感体验感觉。反之，当你处在一种恶劣的情绪当中，消沉的情感将影响你对服务的享受和评价，会使你对任何小的失误都反应过强或极度失望。此外，消费过程本身引起的一些特定情感反映（如一次小的服务失误）也会影响顾客对整体服务的满意度，而员工的情感在展示和服务过程中直接影响到顾客的情感。

（3）顾客对服务成功或失败的归因　当顾客被一种结果（服务比预期的好太多或坏太多）震惊时，他们总是试图寻找原因，而他们对原因的评定能够影响其满意度。

（4）顾客对平等或公正的感知　顾客的满意度同样会受到对平等或公正的感知的影响。公平理论也是一种激励理论，古人早就有"不患贫而患不均"的古训。顾客希望得到公平对待，他们会经常问自己：与别的顾客相比，我是不是被平等对待了？别的顾客得到更好的待遇、更低的价格、更优质的服务了吗？与我花费的钱和精力相比较，我得到的服务足够好吗？

NOTE

顾客总是喜欢比较，公正的对待是顾客对产品和服务满意感知的关键，特别是在服务补救时。

（5）其他顾客、家庭成员的影响　人都具有从众心理，因此，除产品和服务特性以及顾客的个人情感与信念外，他人的评价也会影响到顾客的满意度。

知识拓展

顾客满意十戒

1. 绝不、永不欺骗顾客
2. 绝不要按毛利的百分比给员工支付薪水
3. 绝不要告诉顾客没法完成顾客提出的服务
4. 绝不夸口许诺，要始终出色地工作
5. 永不为利润额而担心，顾客的满意会使你得到回报
6. 永远待客如顾主，从顾客的需要出发
7. 永远公平对待每一位客人
8. 永远在绝对最低的管理阶层关照顾客
9. 永远努力使事情一次办成
10. 接受偶尔失败，不要因偶尔失败而沮丧

（摘自鲍勃·塔斯卡《蓝色绶带》）

3. 提高顾客满意度的策略　现代服务企业实施顾客满意服务战略的根本目标在于提高顾客对企业经营的满意度。而要真正做到这一点，企业必须制定和实施切实可行的有效策略方案。

（1）塑造以客户为中心的经营理念　以客户为中心的企业经营理念是服务营销的根本理念，也是为顾客服务的最基本动力，同时又是引导公司服务决策、维系公司所有部门共同为顾客满意努力的目标动力。

（2）开发令顾客满意的产品　顾客满意战略要求企业的全部经营活动都以满足顾客需求为出发点，把顾客需求作为企业创新服务的源头。因此，企业必须熟悉顾客，了解用户，全面调查、研究他们的消费走向，深入分析他们的购买动机、行为偏向、购买能力和季节性特征。只有这样，才能科学地顺应顾客需求变化，实现有效的满意服务提供。

（3）热情、真诚、为顾客着想的服务才能带来顾客的满意　企业必须不断完善服务系统，以方便顾客为原则，用热情、真诚的服务魅力和一切为顾客着想的顾客导向意识去感动顾客。售后沟通是服务企业接近顾客的直接途径，它比通过发放市场问卷来了解顾客意见有效得多，因此，企业的行为必须以顾客利益为首要着眼点。

（4）科学地倾听顾客意见　现代企业要实施顾客满意战略，必须建立一套顾客满意评价与分析处理系统，用科学的方法和手段检测顾客对企业服务的满意程度，并及时反馈给企业管理层，以不断改进过程服务质量，及时、准确地调整政策以满足顾客的需要。

（二）顾客忠诚

随着竞争日趋激烈，企业的顾客基础变得更加脆弱。因此，如何与顾客建立更稳固的关系、培养忠诚顾客就成为企业日益重视的主题。

1. 顾客忠诚的概念　顾客忠诚（customer loyal）是指顾客对某一企业或品牌的产品或服务

形成偏爱并长期重复购买的消费行为。顾客忠诚可以是一种心理状态，像有些顾客非常忠诚于某一家公司或品牌，却可能只是偶尔购买；忠诚也可以是一种行为，像有些顾客可能经常购买某一家公司的品牌，但却频繁地变换服务提供者。

我们可以从行为层面和态度层面来理解忠诚的含义。根据学者奥立弗（Oliver）的观点，顾客忠诚可以划分为认知忠诚、情感忠诚、意向忠诚和行为忠诚。

（1）认知忠诚　这是顾客建立在品牌信念基础上的忠诚，是由顾客之前的、关于替代品的信息，或者最近的消费经历而建立起来的某种认知。因此，这种忠诚是针对某种特定品牌的。

（2）情感忠诚　往往在第一次使用满意之后，顾客就会形成对某种品牌的偏好。这时，即使受到负面信息的影响，顾客对于该品牌的情感也不会轻易地发生改变。因此，这个阶段的忠诚就是情感忠诚。

（3）意向忠诚　意向是重复购买某一特定品牌的承诺。意向忠诚就是顾客承诺购买的一种深度忠诚。但这只是一种购买的意愿，而没有变成实际的购买行为。有学者也研究过顾客多忠诚的问题，发现消费者对某一类产品或服务的忠诚不一定是唯一的，其意向忠诚存在波动和轮回。

（4）行为忠诚　顾客将意向忠诚转化为实际的购买行为，就进入到了行为忠诚阶段。如果企业能够兑现承诺，顾客就会形成一种购买或消费惯性，从而变成重复购买、对该产品或服务产生依赖。其中，认知忠诚强调的是品牌的绩效，情感忠诚强调的是顾客对品牌的偏好，意向忠诚强调的是顾客对特定品牌的某种特殊承诺，而行为忠诚强调的则是顾客的重复购买行为。

2. 顾客满意与顾客忠诚的关系　研究表明，只有满意的顾客才可能发展成为忠诚的顾客，顾客满意与顾客忠诚存在着正相关的关系，但是这种关系并不是线性的。也就是说，顾客满意是顾客忠诚的前提，但顾客满意不一定必然会带来顾客忠诚。可是，对企业所提供的服务非常满意的顾客会为企业传播好的口碑，并且更有可能成为企业的忠诚顾客。

研究发现，顾客多忠诚的情况实际上是存在的，即一个顾客对多个服务产品或品牌有好感、有依赖感，并且同时或轮流购买、消费该服务企业的产品。顾客多忠诚的情况也是可以理解的，可以用顾客需求的个性化、差异性、变动性来解释。

3. 促进顾客忠诚的营销策略　西方学者研究发现，开发一个新顾客的成本是维持一个老顾客的8~12倍，可见留住老顾客对于服务企业的生存和发展至关重要。

服务企业可以通过以下举措促进顾客满意、培育顾客忠诚：①坚持"以顾客为中心"的经营理念。②不断开发创新服务提供品。③提高服务过程质量的稳定性。重点从培育服务人员的职业态度和专业水平入手。④建立健全顾客服务保障体系。包括加强服务需求的研究和与顾客的沟通，强化服务过程的监督管理，完善服务分销网络以提供高质量稳定的服务等。

（三）顾客价值

企业之所以重视顾客的满意度，并且将他们转化成忠诚的顾客，就是因为顾客本身具有无形价值，顾客可以为企业带来价值。而顾客之所以购买企业的服务或产品，是因为顾客在消费过程中能够获得某种价值。因此，我们可以从两个角度来理解顾客价值。

1. 顾客感知价值　顾客感知价值就是在关系发展过程中对产品或服务进行消费时，顾客

NOTE

对服务、产品、信息、接触、服务补救和其他要素的一种自我评估过程。用公式来表示，即：

$$顾客感知价值 = （核心产品 + 附加服务）/（价格 + 关系成本）\qquad （式10-1）$$

$$顾客感知价值 = 核心价值 \pm 附加价值 \qquad （式10-2）$$

$$顾客感知价值 = （长期收益 - 支持成本）/（价格关系成本）\qquad （式10-3）$$

$$顾客感知价值 = 交易价值 \pm 关系价值 \qquad （式10-4）$$

顾客价值通过顾客关系而被感知。在式10-1中，价格是个短期概念，原则上在核心产品送货时交付。但是，关系成本则是随着关系的发展而发生的，而且边际成本呈递减趋势。核心产品和附加服务的效用也是在关系的发展过程中体现出来的。

式10-2中也包含了一个长期概念。附加价值也是随着关系的发展而显现出来的。而且，附加价值并不都是有益的，它有可能损害核心价值，如拖延交货。

式10-3与式10-1相同，它说明的是企业的经济收益与企业为此付出的成本之间的比较。从管理的角度来看，这是顾客对价值的一种很重要的计算方法。

式10-4表示，当顾客和企业建立起关系后，关系收益和付出才会发生。实际上，总的感知价值就是由两部分组成：交易价值和关系价值。

总之，顾客感知价值是在顾客使用或消费过程中产生的。企业的职责就是使用服务资源，并与顾客发生互动，促进顾客价值的产生。因此，学术界最近提出了价值共创的概念，认为顾客价值是企业与顾客共同创造的结果，强调服务过程的互动性。

2. 顾客终身价值 顾客终身价值就是顾客在与企业保持业务关系期间，企业可以从顾客那里获得的未来利润的体现。一方面，这表明顾客是企业的价值来源，是长期利润的源泉，因而是企业的宝贵资产，所以企业要注重顾客的价值识别、区分、吸引、保持和开发；另一方面，上述分析也可以为企业的营销决策提供重要依据。企业可以依据顾客终身价值大小来细分市场，根据不同的顾客赢利模式开发相应的营销方案，及时识别非营利的顾客并终止顾客关系，或者开发有效的营销组合将无赢利的顾客尽快地转化为赢利的顾客等。企业还可以仔细识别特定顾客群所具有的价值，如具有较强的口碑宣传倾向的顾客，以便帮助企业进行品牌宣传。

顾客终身价值的分析表明：

（1）不同的顾客会有不同的价值和利润及相应的利润形成模式，这是由他们的购买力、习惯和忠诚度不同等因素所决定的。所以，企业在开发顾客过程中，就应深入分析顾客的潜在价值、特征和其背后的影响因素。

（2）潜在顾客价值是存在的，需要加以挖掘。现在无赢利的顾客将来可能会赢利，因为随着交易次数的增多，亏损有可能转化为利润；而现在赢利的顾客将来也可能变为.无利可图的顾客，因为他们的购买力可能发生变化。

（3）顾客关系期越长，赢利性越大，所以保持顾客十分重要。企业在开展营销活动时，既要注重吸引合格的新顾客，又要注重发展与老顾客的关系。这样就能带来合格顾客数量不断增长的数量效应和顾客人均收入的增长效应，像滚雪球一样。当然，并不是所有的顾客都能给企业带来利润并值得保持，企业要仔细地区分不同类别的赢利性顾客，然后进行理智的选择、保持和重点客户培育，才能收获最佳的关系价值。

知识拓展

顾客资产

顾客资产（customer equity）就是将企业与顾客的关系视作企业的一项可经营的资产，并认为企业的顾客资产就是企业所有顾客终身价值的折现现值的总和。顾客资产包括公司与顾客、分销商和合作伙伴所形成的相互信任、合作的关系，是一种能为公司运用、产生长期现金流量的风险资产。

3. 如何有效创造和提升顾客价值

（1）注重顾客知识的获取　企业必须获取顾客知识，即了解顾客的价值内容，从而建立系统、持续的顾客学习机制，发展有效获取顾客知识的技能、工具和信息系统。这是顾客价值创造活动的前提。通过顾客知识共享机制，提高顾客信息资源的利用率和准确性，确保顾客价值创造和传递的顺畅性。

（2）创造出超越竞争对手的顾客价值　要创造出超越竞争对手的顾客价值，一方面通过改进企业的产品、服务、企业和员工形象以提高顾客的感知价值；另一方面，通过降低顾客的货币、时间、体力、精力消耗以减少顾客的感知利失。同时，在激烈的市场竞争中，企业还要在顾客价值上进行不断创新，通过顾客价值创新获得竞争优势而不是形成企业与竞争对手的直接对抗。通过为顾客创造更具价值的产品或服务，超越现有竞争区域，从而成为新的市场的主导力量。

（3）通过内部营销提高员工满意度　根据顾客终身价值的观点，企业与顾客建立的关系越持久，顾客的满意度和忠诚度越高，它所带来的顾客价值也会越多。所以，在价值传递过程中，所有影响因素都是企业考虑的内容，尤其是与顾客接触的员工，他们承担着理解、传达并满足顾客需求的重任。员工的满意程度对于顾客价值感知、顾客忠诚及企业成长都起着重要作用。因此，企业应开展内部营销，建立切实有效的激励机制，提高员工满意度和忠诚度，进而提升顾客价值。

（4）构建基于顾客价值创造的企业文化　企业文化虽然不像企业制度那样对员工具有强制约束力，但作为企业全体成员共同遵循的价值观和行为观，每个成员都必然沉浸其中，受其潜移默化的影响。服务企业要成功创造和提升顾客价值，必须要有与之相匹配的企业文化支撑，作为服务机构员工行为的精神力量。因此，成功的服务企业需要从经营模式、管理制度、企业愿景、职业情操、工作态度等方面实施文化变革与创新，构建基于顾客价值创造的企业文化。

二、改善服务质量

服务质量的改进与提高是一个复杂而长期的过程，也是一项艰巨的工作，企业可以采取以下措施改进和提高服务质量：

1. 创造良好的服务环境　服务环境对顾客感知的整体服务质量有很大影响。在服务消费过程中，顾客不仅会依据员工的仪表和行为给服务打分，同时也会受到服务环境的影响，环境因素影响顾客心中对于服务质量的判断。因此，服务企业应根据目标细分市场的需要和要求，做好每一项服务工作，为顾客创造良好的消费环境，以便提高顾客感知中的整体服务质量。

NOTE

2. 树立良好的服务形象　树立和提高服务机构的良好形象也能提高顾客对服务的感知。提高服务机构形象，就是要靠诚信、热情、周到的服务行为，在顾客心中留下美好的印象，以增强顾客对公司的信任感。服务机构为树立形象而做的广告、人员推销、公共宣传等沟通要真诚，才能持久。另外，服务机构要尽量用顾客真实的体验来强化自己的形象塑造。

3. 满足顾客个性化需求　服务机构在为顾客服务过程中如果能够重视和适应顾客个性化的、特殊的需求，那么很容易使顾客获得正面的感知，产生愉悦感。但是，要做到适应顾客的个性化需求是不容易的。一般情况下，大多数服务人员会对提出个性化需求的顾客很反感，而且会拒绝顾客的个性化需求，因为这样做会违反公司规定。因此，要想更好地满足顾客的个性化需求，服务机构在制定服务规范和对服务人员培训时应当协调规范性与适应性之间的矛盾。

4. 提供主动服务　如果服务人员在为顾客服务中能够积极主动地为顾客提供一些创造性的"额外"服务，或者满足顾客某种潜在的和不好意思开口表白的需求，那么会使顾客获得非常愉悦的感知。

5. 标准跟进策略　学习和超越竞争对手能使企业在市场竞争中立于不败之地，标准跟进是一种有效的策略。标准跟进策略是指企业将自己的产品、服务和市场营销过程与竞争对手尤其是最强劲的竞争对手进行对比，在比较和检验的过程中，逐步从策略、经营和业务管理等方面确立自己的奋斗目标。值得注意的是，采取标准跟进策略也需要考虑自身的实际，包括企业的战略、实力、市场需求等因素，不可盲目跟进，否则会导致失败。

6. 蓝图技巧策略　蓝图技巧策略是服务改进的一种有效方法和技术。它借助流程图的方法来分析从后勤到前台服务传递过程的各个方面，特别是分析服务人员同顾客的各个接触点，并把服务接触的若干个"关键时刻"情景质量要求细化，将此绘制成为服务蓝图，作为服务人员的行动纲领，主管跟进对照检查，从各个关键环节来把握质量、改进服务质量。

7. 及时补救策略　服务机构在为顾客服务中难免有疏漏或过错。在发生服务过错时，如果服务机构能诚恳地认错并及时采取补救措施复原顾客所需的服务，就可能化解顾客的怨气，转"危"为安。

【本章小结】

客户服务是企业与客户交互的一个完整过程。服务是具有无形特征却可给人带来某种利益或满足感的可供有偿转让的一种或一系列（劳务）活动，包括听取客户的问题和要求，对客户的需求做出反应并探询客户新的需求。客户服务不仅仅包括了客户和企业的客户服务部门，实际上包括了整个企业，即将企业整体作为一个受客户需求驱动的对象。

服务营销要素可概括为7P，分别是产品、价格、分销、促销、人员、过程、有形展示。其中产品、价格、分销、促销是市场营销组合的基本要素，但在服务营销中，其内涵有所调整。其余3P是服务营销的特殊要素。人员指参与服务提供、并因此而影响购买者感觉的全体人员；过程指的是服务的提供和运作系统；有形展示，是指服务过程中能被顾客直接感知和提示服务信息的有形物。

为了提供优质的客户服务，营销者需要进行服务质量管理。服务质量是预期服务和感知服务的比较，它由技术质量、功能质量、形象质量和真实瞬间构成。

服务质量的管理关键是进行服务差距管理。服务质量差距模型从管理认识差距、质量标准差距、服务交易差距、营销沟通差距、感知服务质量差距五个方面分析了差距形成的原因及相应的管理措施。

提高服务质量是每个企业追求的目标。评价服务质量的因素有顾客满意、顾客忠诚与顾客价值。服务质量的改进与提高是一个复杂而长期的过程，企业以顾客为导向的理念，能够激发强大的工作动力，产生巨大的经济效益。

【重要概念】

服务；服务营销组合；服务质量；感知服务质量；顾客满意；顾客忠诚；顾客价值。

【复习思考】

1. 与有形产品相比，服务具有哪些显著特征？

2. 服务营销组合相对于传统 4P 组合有什么特点？

3. 你认为服务质量主要受哪些因素影响？

4. 怎样理解服务质量、顾客满意、顾客忠诚之间的关系？

【案例分析】

同仁堂的服务营销

同仁堂是我国中药行业的金牌老店，迄今已有 330 多年的悠久历史。在长达 3 个多世纪的岁月里，同仁堂历经无数的风风雨雨，逐渐发展壮大，并以 1997 年在深圳证券交易所挂牌上市为标志，又开始了其崭新的发展历程。

同仁堂的经营信条：

同仁堂的创始人是清代名医乐显扬，他尊崇"可以养生，可以济世者，惟医药为最"的信条，把行医卖药作为养生济世的事业，创办了同仁堂药室。在随后商家逐利是无可争议的道理，但同仁堂却不是一个只言商逐利的商家，而更像一个救死扶伤、济世养生的医家。实际上，商与医的结合正是同仁堂历经数百年磨难而不衰的秘密。同仁堂利用了医家的优势，将"同修仁德"的中国儒家思想融入日常点滴之中，形成了济世养生的经营宗旨，并在此过程中创造了崇高的商业信誉，形成了同仁堂独树一帜的企业文化。

1988 年，我国上海等地突发甲肝疫情，特效药板蓝根冲剂的需求量猛增，致使市场上供不应求，有些企业趁机抬高药价。当时，到同仁堂购买板蓝根冲剂的汽车也排起了长队。为了尽早缓解疫情，同仁堂动员职工放弃春节休假，日夜加班赶制板蓝根冲剂。这时，有人议论：这下同仁堂可发财了。其实他们哪里知道，同仁堂不但没有发财，反而是在加班赔钱。因为生产板蓝根冲剂所必需的白糖早已用完了，一时又难以购进大批量平价白糖，只好用高价糖作为原料，以致成本超出了售价。同仁堂坚持将用高价白糖做原料生产的板蓝根按原价格批发出厂，甚至还派出了一个由 8 辆大货车组成的车队，一直把药品送到上海。但同仁堂虽然赔了钱，却赢得了良好的商誉。

现在，北京同仁堂药店内又开办了同仁堂医馆，聘请了 20 多位全国知名的老中医坐堂就诊，每天到这里看病购药的患者多达数百人，相当于一个中型医院的门诊量。这又是同仁堂的一个高招：一方面弘扬了中华医术，实行了济世养生的古训，另一方面也获得经济效益。

在同仁堂，诸如"修合（制药）无人见，存心有天知"等戒律、信条，几乎人人皆知。如果谁有意或无意违背这些信条，他不仅要受到纪律的制裁，还将受到良知的谴责。如同仁堂炒、炙药材，规定操作人员必须时刻守在锅边，细心观察火候，不时翻动药料。有一次，一位职工由于对这一要求认识不深，在装料入锅后暂时离开了一会儿，老师傅发现后大发雷霆，全

NOTE

组6个人也轮番地批评他。此后几十年中，他当班作业总是兢兢业业，再也不敢有丝毫马虎，当然也就从未出现过丝毫纰漏。

同仁堂的服务宗旨

"亲和敬业"是同仁堂的服务宗旨。同仁堂作为商家，当然要获取利润；作为医家，又负有对患者负责的天职。特别是在药品流通到患者手中的过程里，琐碎点滴都十分重要，需要经销部门有非同寻常的敬业精神。

一次，同仁堂药店接到一封山西太原的来信，说一位顾客从同仁堂抓的药缺了一味龟板，并附有当地医药部门的证明。同仁堂不敢怠慢，立即派两位药工风尘仆仆地赶往太原。经查验，药中并不少龟板，只是在当地抓药龟板是块状的，而同仁堂为了更好地发挥药效，把龟板研成粉末。误会消除了，同仁堂又一次用真情赢得了顾客的信赖。

如今的同仁堂药店，购药环境早已现代化：自动滚梯、外币兑换、计算机管理……但同仁堂的传统服务——十项便民服务措施，如外配加工、邮寄药品、送药上门等，不仅没有丢，反而进一步加强。

同仁堂从创办起就十分重视企业形象的树立。如设粥场，为穷苦百姓舍粥；挂灯，方便过路人；赠平安药，帮助各地进京赶考的人。通过这些具体的行善活动，在老百姓心目中树立起了同仁堂的良好形象。而这些长期的形象和品牌积累工作并没有白做，经过上市前的资产评估，"同仁堂"这块金字招牌及其所蕴含的无形资产已经上亿！

（资料来源：郑方华. 客户服务技能案例训练手册. 北京机械工业出版社，2006）

思考与讨论：

1. 同仁堂的经营理念带给我们什么启示？
2. 试讨论同仁堂服务营销方式的可复制性。

第十一章　销售队伍建设

【学习要点】

通过本章的学习，掌握销售人员队伍建设的原则、组织结构，销售队伍规模设计的方法。熟悉销售人员在企业中的作用和职责。了解销售团队建设的基本内容。

【引导案例】

处方药"天晴复欣"的成功上市

谁也没有想到，名不见经传的江苏正大天晴药业股份有限公司，在 2002 年 2 月推出抗肝炎病毒新药"天晴复欣"后，会一路顺风顺水，当年销售额达到 7000 万元，2003 年突破亿元大关，销售额达到了 1.6 亿元，成为国内肝炎用药市场一匹公认的黑马。而江苏正大天晴药业股份有限公司也凭借着"甘利欣"和"天晴复欣"两大品牌，在肝炎用药市场坐稳了江山，其在国内肝炎用药市场占据了 10% 以上的市场份额，令同行不敢小觑。

其实，"天晴复欣"的成功，与他们多年在营销战略上的脚踏实地、精耕细作和有一支支精明强干的销售队伍分不开。1998 年江苏正大天晴药业股份有限公司引进职业经理人制度，实施专业学术推广营销战略，在全国坚持了 6 年的学术推广。其优秀的销售队伍运用精细化营销战略，采取人盯人的战术，提高医院的单销量。他们的医药代表人数不断增加，但每个代表手中的医院数量却在减少，是真正的精耕细作。此外，江苏正大的销售队伍非常稳定，同行业医药代表跳槽率一般在 25% 左右，但江苏正大低于 10%，这样实际上用低成本建立和维护了终端网络，其销售费用只占年销售额 30% 左右。江苏正大经过专业化学术推广和临床促销，提高了其在肝病医疗界的知名度，"天晴复欣"很快得到专家医生的认可。

（资料来源：小企业的市场神话. 经济参考报，2003 – 11 – 08）

销售队伍是现代企业中一支最传统的、也是最不可缺少的力量，在现代企业市场营销乃至整个社会经济中占有相当重要的地位。销售队伍建设是企业管理中最需要重视的环节之一。

第一节　销售人员的地位与职责

一、销售人员的概念

销售人员是指直接进行销售的人员，包括：总经理、业务经理、市场经理、区域经理、业务代表等，销售人员在企业中承担着创造、沟通与传送价值给顾客，维系和经营顾客关系的职能，对企业的经营和发展起着重要的作用。

NOTE

二、销售人员的作用

1. 销售人员是企业价值的最终实现者   销售工作是直接为企业带来收益的，它是企业所有活动中最重要的一环。一个企业只有实现了销售，才实现了由投入到产出的回报。没有销售，企业就不可能产生经济效益，也就不可能生存下去。

2. 销售人员是企业形象的代言人   要使客户购买企业的产品，首先要让客户了解企业，在这里企业形象起着非常关键的作用。企业通过销售人员对产品的销售和宣传活动，在为企业赚取更多利润的同时，还在广大客户心目中树立起美好形象，提高了产品的信誉。此外，销售人员还利用其社交面广的优势，为企业产品行销各地编织业务关系网，与更多的经销商建立联系，并为企业带来更多的客户。

3. 销售人员是信息传递的使者   销售人员身临市场第一线，能够收集到各方面的产品和市场信息，把握市场行情和发展变化的趋势。尤其是在与顾客的接触中能得到顾客对产品的反馈和改进意见，为企业营销策略的制定、产品规划和新产品研发提供决策依据。

4. 销售人员是企业竞争成败的关键因素   现代企业间的竞争是人才的竞争。由于科技的发展，企业之间产品质量的差距越来越小，因而销售人员也成为决定竞争成败的主要因素。销售人员能适时有效地识别和拜访潜在客户，为客户提供优质服务，创造销售业绩，从而使企业战胜竞争对手。

三、销售人员工作的特点

销售人员是企业员工中相对独立的一个群体，其工作的特点也区别于其他工作岗位，体现在：

（一）多样性

销售人员工作的多样性体现在两个方面：一方面，产品和顾客的多样性导致了销售活动的多样性。在销售过程中，需要处理销售线索的记录和判断、机会的跟踪、需求了解、商务沟通、价格协商、谈判、签订单、回款、客户的关系建立和维护、竞争对手的了解和分析等等；另一方面，由于销售工作须由不同的人员协作完成而导致了销售人员的多样性，如一项销售工作可能需要下列人员的协作才能完成，包括送货员、内部下订单者、外部下订单者、宣传性销售人员、销售工程师、实物销售咨询人员等。

（二）灵活性

由于销售工作是一种人性化的工作，顾客需求的多样化及可变性要求销售活动必须灵活多变才能满足不同的需求。例如：给客户报价的时机选择，推荐什么样的产品组合有利于对竞争对手的打压，在哪种情况下要对客户进行关怀，对不同客户如何选择产品展示的方法等等。

（三）自由性

销售人员独立开展销售工作，工作时间自由，单独行动多。他们的工作时间弹性很大，既可以一天 24 小时都在工作，也可能因为头天晚上和客户洽谈、应酬到很晚，第二天需要休息而没有上班。因为销售人员工作的特殊性，管理者很难用公式化的硬性规定来约束他们的行为，只有采用科学有效的绩效考核制度作为指导销售人员从事销售活动的指挥棒，才能规范他们的行为，使销售人员全身心地投入到销售工作中。

（四）波动性

销售人员的工作业绩往往受到大量外部环境因素的影响，如社会政治环境、社会舆论、流行趋势、季节变化、消费者心理等等都会影响客户的购买能力或购买需求，销售人员的工作业绩也会随之波动。某种程度上说，销售人员的工作业绩具有不稳定性，因此他们的工作压力也比一般常规的岗位要大。

四、销售人员的职责

销售是一种双向沟通的促销方式。其目的不仅是为了推销商品，更重要的是为了帮助顾客解决问题，满足顾客需求。因此，销售人员的工作职责不仅仅是销售商品，它还具有寻找顾客、传递信息、提供服务、搜集情报和分配商品等多项职责。

（一）寻找顾客

在销售过程中，只有确定了自己的销售对象，才能开展销售工作。销售人员不仅要与现有的顾客保持联系，更重要的是要不断寻找新顾客，开拓新市场。因此，寻找准顾客是人员销售的首要任务。准顾客是指既可以获益于某种销售的商品，又有能力购买这种商品的个人或组织。

（二）传递信息

现代营销学家认为，市场营销是买卖双方之间的信息循环。通过与现实的和潜在的顾客的联系，将所销售产品的性能、特点、价格等信息及所在企业的有关信息传递给准购买者，以沟通买卖双方的关系，促进商品的销售，这是人员销售的重要任务。

（三）销售商品

通过接近和面谈与购买者达成交易、销售商品，是人员销售的中心任务。销售商品的过程分为：准备接近、接近顾客和成交等三个阶段。

（四）提供服务

销售商品不是销售的终点。在销售过程中，不仅要把商品销售给顾客，而且要在销售商品的同时帮助顾客解决困难、满足顾客的需求。销售人员提供的服务主要包括：

1. 技术服务　通过演示、讲解，使用户掌握所销售产品的操作、使用、保养和简单的维修技术，以打消购买者的顾虑，促成交易的实现；

2. 销售服务　通过销售过程中的送货上门、分期付款、信贷服务等措施，为顾客的购买提供方便，促使顾客购买；

3. 安装、维修服务　负责为顾客安装、调试所销售的商品，并定期或不定期的上门维修，以解除顾客的后顾之忧，与顾客建立感情，使之成为企业的经常顾客；

4. 信息服务　为顾客提供关于产品、零配件供应、市场状况等有关信息，以利于顾客进行比较，做出购买决策。

销售人员通过提供各种服务，与顾客建立深厚的感情，有利于进一步巩固现有市场，为开拓新市场打下良好基础。

（五）搜集情报

销售人员不仅要将有关信息传递给购买者，而且还要将消费者的需求、市场状况等方面的信息反馈给企业，担负着市场调查和情报搜集的任务，他们是企业情报的主要来源之一。一方面，销售人员要经常向企业报告拜访顾客的情况，通过对成交率的分析，了解用户对企业及产品的态度、意见和要求；另一方面，通过市场调查，了解消费者需求的变化、同类产品的市场状况等。销售人员因经常深入市场，直接与消费者接触，能及时、准确地捕捉市场信息，他们是企业搜集市场情报的重要途径。

（六）分配商品

在本企业产品出现供不应求的情况时，企业应从销售工作长远效果考虑，尽量照顾到顾客利益，合理分配产品。对一时得不到满足的顾客，也要认真做好安抚工作。

【营销视野】

追根溯源——医药代表的由来

在过去的数年中，我国的制药行业一直保持着10%～15%两位数的增长率。应该说，制药业的这一成就，是与医药代表日复一日的辛勤工作分不开的。但是，对于医药代表，普通百姓更多的只是知道他们是一群高收入者，而对于他们的职业由来以及职业性质等却还不是十分清楚。

医药代表作为一种职业，最早出现在西方发达国家。在美国，每个医药企业都有庞大的医药销售队伍。在葛兰素与史克必成合并时，曾经宣称两大公司仅在美国就有医药代表7500人。但是，医药代表在中国的出现，却只不过是短短的不到几十年的时间。改革开放前，在计划经济体制下，我国制药企业的研发水平很低，各个生产厂家主要都是按照上级下达的计划来安排生产，其生产数量是由各个医院、医药公司所上报的计划决定的，而药厂、经销商、医院之间则是按照一定比例来分配利益的。

改革开放带给中国的变化是全方位的。对于制药企业来说，改革开放破除了计划经济体制，原先的经营观念和营销手段已经不适用了。由于药品经营利润十分丰厚，众多投资者蜂拥而入，新药厂和新医药公司如雨后春笋般地不断涌现。同其他行业一样，盲目的重复投资必然会带来竞争的激烈，各个生产厂家都为产品的营销而不遗余力地努力着。

可是，在改革开放初期，由于医院的特殊性以及国家公益事业改革的缓慢进程，医院的经营管理方式并没有跟上改革的潮流，其进药渠道仍然更多地局限于本地的医药公司。在那时，医生对药品销售的影响可以说是微乎其微，他们对各种新出现的药品并没有太多的认知，只有在医院进了新药之后才会去了解，而在行医时还是有什么药就用什么药，没有太多的选择性。在这种情形下，药厂的销售人员就只是普通的送货员而已，只要根据医院和医药公司的要求，把他们需要的药送到就是了。

1985年，伴随着合资法的出台，跨国公司开始进入中国。西安杨森、上海施贵宝、天津史克公司等合资制药企业开始在国内建立生产基地，并为中国带来了西方先进的医药管理理念。同时，大批进口药品也流入中国。进口药品使得国人的用药水平得到了很大的提高，但由于其价格比国产药要高很多，普通百姓是既爱又恨。20世纪80年代末90年代初，在摸透了中国市场之后，西安杨森等合资制药企业纷纷确定了在中国的长期发展战略。为了更有效地开拓中国医药市场，销售自己的专利药品，这些企业开始引进国外的医药代表制度，建立自己的销售队伍，按国际通行的方式设置、招聘、培训了一批批医药代表并开展工作，这些医药代表得到了医院和医生的广泛认可和欢迎，真正成为医院、医生和制药企业之间的桥梁，也为各自的企业带来了巨大的经济效益。

这样，医药代表就在中国诞生了，一批不安于现状的医生、药剂师、医学院校的教师开始加盟外资制药企业，成为中国改革开放后第一代专业的医药代表。

（资料来源："国内第一批医药代表是怎么工作的"公众号：医药生，2016 年 4 月）

第二节　销售队伍组织

一、销售队伍的概念

所谓销售队伍，就是企业销售部门的组织，它是企业内部从事销售工作的人、事、物、信息和资金的有机结合，通过统一协调行动完成企业既定的销售目标。

销售队伍是企业最重要的财富之一，是企业市场营销组合的主要组成部分。销售队伍及其成员的素质和能力在很大程度上决定企业市场销售目标的实现程度。因此，公司对销售队伍的设计问题需要给予周密的考虑，即应制定销售队伍的目标、策略、结构、报酬、人员、职责、筛选及培训、销售评估等办法。

对外而言，企业销售队伍的规模及形式直接关系到为顾客提供优良服务的能力和水平，影响到企业对外经营活动的开展。对内而言，组织队伍机构的形式直接影响到每一位销售人员在机构中所扮演的角色及销售人员之间的互相协作与联系，影响到销售人员在企业中的能力发挥。

二、销售队伍建设的原则

（一）销售队伍应能保证企业目标的实现

销售队伍设计的短期目标是企业需要依赖销售部门来完成企业既定的销售目标，这也是销售队伍存在的必要性。销售队伍建设的长期目标是销售队伍的发展能与企业的发展相适应，销售队伍能在未来促进企业发展目标的实现，企业需要在长短两个目标之间取得平衡。

长远来看，企业销售队伍的建立要具备战略的眼光，要考虑企业未来将要面对的市场竞争，要考虑销售队伍素质与能力的提升潜力等因素。比如说，可能在短期内在某个地区设立分公司的成本很高，效率低，但从公司长远目标来看，是为了企业在该地区营销战略的顺利实现，拓展该地区的销售市场的需要。所以，销售队伍的建立是一项动态发展的工作，通常，销售队伍规划与建立要超前于企业实际一到两年。近几年来，随着我国经济的高速发展，企业的发展速度也越来越快，因此，要求企业销售队伍设计必须更加灵活地应对不断变化的市场竞争与顾客需求。

在进行销售队伍设计时，除了满足顾客的需要之外，还应考虑销售队伍的成本问题。销售队伍太小，可能会影响到为顾客提供优良服务的能力；销售队伍太大，一方面会增加经营成本，另一方面可能会降低工作效率。销售队伍的设计要以最低的可能成本为顾客提供尽可能最好的服务。

（二）销售队伍设计应该考虑销售管理的广度和深度

销售管理的广度考虑销售队伍要设立多少个层次，而深度则考虑每一个层次的每个主管或

NOTE

负责人有多少下属。这两个问题彼此相关，如果销售队伍规模既定，那么管理深度越大，管理广度就越小，需要的管理人员也就越少。所以，销售队伍的设计是一个动态的发展过程，管理广度和深度静态来看可能是不均衡或是不合理的，正是因为这种短期的不合理才有可能实现长期的优化。

设计销售队伍的管理广度和深度尚没有完全一致的看法。管理层次越少，销售经理就越能接近销售人员，就越能接近所服务的顾客和市场，有利于销售经理和销售人员之间的沟通，也就有利于企业与顾客之间的沟通，方便销售经理更有效地控制销售人员，也就能使企业更有效地服务顾客。但是，这种扁平的组织机构也限制了沟通和控制，因为管理深度大，管理层次少，沟通控制效果也会较差。如果从成本角度来进行分析，虽然管理深度较大，但由于管理人员数量较少，管理成本相对较低，但是对于过大的管理体制会造成管理质量的下降，从而导致工作效率和效益的下降。

要决定销售经理应该管多少个销售人员，应设立几个销售管理层次，需要考虑很多因素，如企业所在的行业及习惯、市场的竞争、销售队伍的整体素质和经验、企业顾客的类型、企业发展所处的阶段、产品销售的复杂程度等。相对而言，当销售工作复杂，每个销售人员的表现对企业利润的影响很大，销售人员报酬高且有职业化特点时，管理深度适合小一些。也就是说，管理工作越困难越重要，就应该给销售人员更多的支持和监控。在销售队伍的较高层次，管理深度通常要小一些，以便高层次的经理人员能有更多时间从事分析和决策。管理层次越高，工作越复杂，管理广度应该越大，所需要提供的队伍也就越多。

（三）销售队伍设计应遵循专业分工、因事设岗、统一协作的原则

销售队伍的整体销售目标必须分解到每个销售区域、每个销售人员、每个顾客、每个销售计划时期上。销售活动进行专业化分工需要考虑以下问题：什么是最好的分工形式？销售组织是按产品、顾客、地区还是按销售职能来划分？

每一种销售队伍组织设计的方法都有其优缺点，要根据实际情况来寻找最优的模式，因此，最好是综合考虑各种因素来进行决定。例如，有些销售工作非常简单直接，如果再进行专业分工并不能为企业带来效益，说明专业分工已经达到了它的临界点。另外，随着顾客需求的提高及一揽子购买的特点，许多顾客希望企业只有一个销售人员与其打交道，由这一个销售人员提供所有的整体解决方案。在企业与顾客交互的界面上，综合化是发展趋势之一，而在企业内部，协作分工是必需的。

尽管因事设岗、因岗设人看起来简单，但许多企业在具体操作上仍然存在着许多问题。企业要为一定的销售活动设计某个岗位，而不应过多地考虑现任人员的能力和其他一些非客观因素。企业一旦设计出理想的销售队伍模式，就要根据岗位的需要进行招聘选拔和培训，使他们达到岗位的要求。

【营销视野】

医药销售团队的构成

医药销售团队在构成主体上来看，主要分为医药专家、医药企业营销决策人员、医药代表、医药销售代表、医生等。他们都有着各自的特征与使命，通过彼此的信息共享与行为合作来构成药品营销团队。

1. 医药企业营销决策人员 医药企业营销决策人员可以说是药品营销链条上的"源头"。

他们在一定程度上决定了药品营销的方式、目的、途径以及效果，他们的思维模式和行为模式从最源头就决定了一个药品企业在药品营销过程中的成败。他们的主要特征集中在专业的企业管理知识以及独有的决策权。他们的使命在于如何围绕患者需求，来制定既能满足患者的用药需求，又能满足企业发展的营销战略与营销方案。此外，营销决策人员还应就整个营销链条的各个环节制定一系列制度约束，通过制度来规范和约束营销人员的营销行为。

2. 医药专家　之所以把医药专家列入药品营销队伍的行列中，是因为他们独有的专业知识以及威望结合当前提倡的 DTC（direct to consumer，直接面对消费者）模式，更能使患者获得药品的信息。医药专家的使命并不是要把药推销给消费者，而是他们通过一些专业化平台发表一些专业意见，把药品的信息通过一种通俗易懂的方式展现给医生、医药代表以及消费者。在一定程度上可以避免医生用药的绝对性，患者在获得充分信息的基础上也可以对药品进行适当的选择，可以有效规避当前医生只用贵药，不注重疗效的局面。

3. 医药代表　医药代表在药品企业与医生之间充当一种媒介角色。医药代表的特点在于，他们部分了解药品的属性，具有专业知识，并能够通过沟通有效地传递药品所含的信息。有很多人认为医药代表就是推销药品的人员，其实不然，"医药代表是以宣讲医药学为职业的人，其本质是进行知识营销的牵连商，为医生提供所宣讲药物的临床药学服务，与药品销售代表有本质的区别。"医药代表被称作"医生良伴"，他们对医生用药有着很强的影响，但同时他们也最容易与医生建立长久的合作关系，能够在医生那里获得相当的临床数据，以进一步检验药品的效果，收集原始数据，为药品改良提供很好的数据支撑。

4. 医药销售代表　医药销售代表与医药代表的根本差别在于，他们所具备的专业知识集中在营销，而不是为了宣讲医药学，他们的使命也是在于把自己企业的药品销售给一些医药经销商。很多时候，医药销售代表与医药代表难以区分的原因在于，我国目前医药行业的准入门槛较低，从业人员基础素质较低，在长远看来，难以形成利于医药市场健康发展的环境。

5. 医生　医生是除患者自己选择药品之外的最后药品流通链上的人员。医生在疾病方面有着自己的专业化知识，他们能够了解患者所患疾病的信息，能够掌握通过改善患者的哪些身体机能促进病情的好转。而药品市场的繁杂以及很多药品鱼目混珠，难以对好的药品进行识别。医生的使命在于将最适合的药品用在最适合的患者身上。现实中，由于很多医生与医药代表未建立一种互信机制，他们对药品信息往往不能达成共识，因此在选择药品时往往只选择昂贵的药品，在一定程度上加重了患者的家庭经济负担。医药代表以及医药销售代表从业素质较低，不将药品的所有信息透露给医生，甚至夸大药品功能，隐藏药品副作用等，这都是导致双方互不信任的原因所在。

[资料来源：刘险峰. 浅谈药品营销中的团队建设. 现代营销，2013（11）：50-51]

（四）销售队伍建立要适应市场变化

多数销售队伍的设计过于僵化，不能适应变化的外界环境。市场变化太快，预计需求与实际需求之间的差距，变化也特别快。为了减轻销售渠道变化和市场波动所带来的影响，应该至少每两年审核一次销售队伍的规模。以当前各国不断变化的零售行业为例，销售队伍每两年至少有20%的工作时间需要重新调整。

新产品推出之前，是更新或调整销售队伍规模和重新部署任务的另一个关键时期。公司经常会在新产品上市之际，投入大量的销售力量，此时要避免成熟商品被忽视，并丢掉了原来的市场份额，这也是需要企业重视的。

三、销售队伍的组织结构

建立怎样的销售队伍要从企业的实际情况出发．按照营销活动的实际需要去加以组织。销售队伍的组织结构一般有以下几种：

（一）按地区结构组成的销售队伍

产品组合比较单一而市场分布面较广的企业通常按地区结构来组织销售人员队伍。其基本做法是将销售人员按所划定的市场区域进行分配。一个销售人员专门负责一个区域的销售工作，在该地区常驻。这种做法的好处是：比较容易评价销售人员的销售实绩；销售人员容易同顾客建立长期关系，可以提高销售工作的针对性和连续性，差旅费用相对较少。

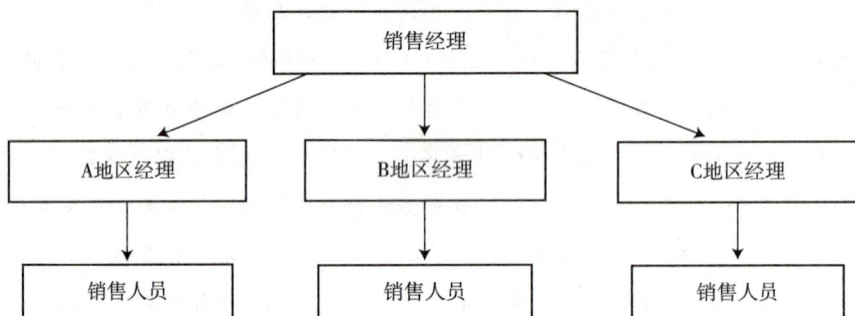

图 11－1　按地区组成的销售队伍结构

（二）按产品结构组成的销售队伍

以产品为基础组织销售队伍，通常要求一个销售人员专门负责一种或一类产品的销售工作。企业的产品技术性强、工艺复杂、型号繁多的情况下，通常这种做法。这样做的好处是销售人员可以在技术和业务上十分熟练，并能对该产品的目标市场有全面的了解。这种组织结构也有一定的缺陷，当用户面比较窄、一个用户购买同一企业的多种产品时，就会出现多名销售人员同时向同一个用户销售同一个企业的不同种类产品的情况，这不仅会引起用户的反感而且也是很不经济的。

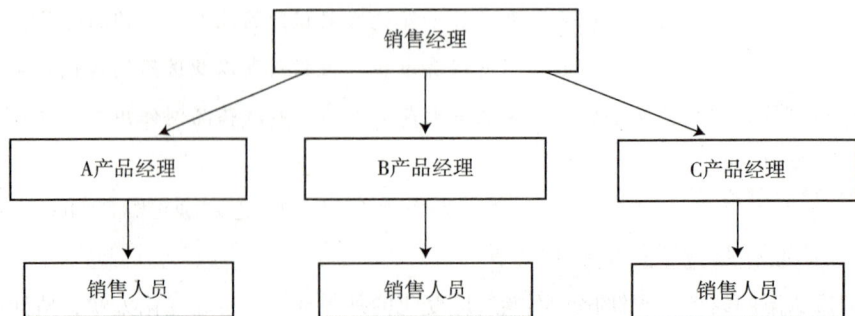

图 11－2　按产品组成的销售队伍结构

（三）按顾客结构组织销售队伍

按顾客的不同类型来组织销售队伍，是由一组销售人员面对一种类型的顾客群体来服务。如：有专门对批发商销售的人员，也有专门对零售商销售的人员；有专门对老年顾客销售的人员，也有专门对家庭妇女销售的人同。这样做的好处是销售人员对顾客的特点很熟悉，了解他们的需求，能有的放矢地开展销售活动。同时还可以密切与用户的关系，便于提供优质售后服务，促成用户重复购买。问题是若顾客分布面很广，销售人员的差旅费用可能增加。

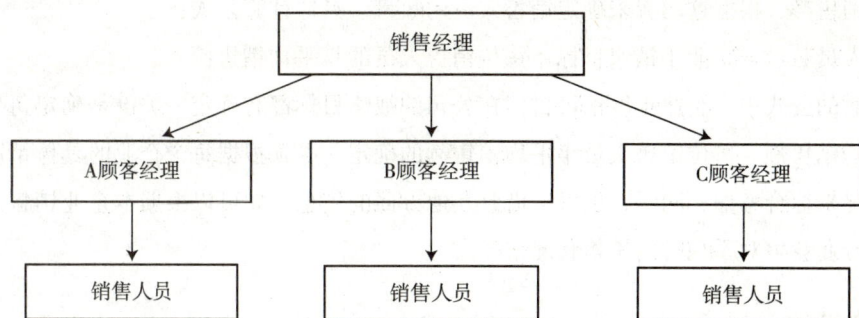

图 11-3　按顾客组成的销售队伍结构

（四）复合式销售队伍

这种销售队伍是以上三种的混合运用，具体又可以分为区域－产品复合式、区域－用户复合式、产品－用户复合式、区域－产品－用户复合式 4 种类型。当企业产品的销售范围较广、针对的用户类型较复杂时，就可以根据自身的情况选择其中的一种。

（五）大客户销售队伍

众所周知，企业的大部分销售额来自少数的大客户。这些交易量大的客户对企业的发展显然非常重要，企业在设计销售队伍时必须予以特别关注。大客户销售队伍是指以客户的规模和复杂性为划分依据的市场专业化销售组织，企业设专门的机构和人员来负责大客户的销售业务。对大客户的销售业务管理，企业通常实行销售人员负责制，每位大客户销售人员通常负责一个或多个大客户，并且负责协调企业与大客户的关系。

第三节　销售队伍规模设计

销售人员是公司极具生产力和最昂贵的资产之一。销售队伍的规模直接影响着销售量和销售成本的变动，因此销售队伍规模是人员销售决策中的一个重要问题。

企业一旦确定了销售队伍的组织策略和结构，便要着手考虑销售队伍规模的问题。理想的情况是，一支销售队伍不要太庞大，也不能太小。如果太大，会产生不必要的浪费；如果太小，就不能充分有效地覆盖市场，造成销售损失，在两者之间存在着一个适当的、实现最佳效果的规模。一般可以用以下四种方法来确定销售队伍的规模：

一、销售百分比法

销售百分比法就是企业首先根据历史资料计算出销售队伍的各种耗费占销售额的百分比以及销售人员的平均成本，然后对未来销售额进行预测，最后用以上数据推算出销售人员的数量。

NOTE

二、销售目标分解法

销售目标分解的步骤是：首先确定企业的年度销售目标，然后预测平均每位销售人员所能完成的年销售额，根据这两者来确定销售人员的数量。具体计算公式：

销售人员数量＝企业年销售目标÷每位销售人员的年平均销售额

在上面的公式中，企业年度销售目标在公司的战略目标都有确定，关键是确定每位销售人员的年平均销售额。每位销售人员年平均销售额的确定，必须根据每个企业的具体情况和市场环境的状况来综合考虑；同时，也可以借鉴其他方面的信息，如可以根据本企业销售人员前几年或者同行业竞争对手现时的销售状况来考虑。

三、工作量法

工作量法就是企业根据未来销售量预测值与销售人员平均销售能力推算出销售代表数的方法。步骤是：

第一步：按照年销售量将客户分成大小类型。

第二步：确定每类客户所需的访问次数（对每个顾客每年的推销访问次数），这反映了与竞争对手公司相比要达到的访问密度是多大。

第三步：每一类客户数乘上各自所需的访问数便是整个地区的访问工作量，即每年的销售访问次数。

第四步：确定一个销售代表每年可进行的平均访问次数。将总的年访问次数除以每个销售代表的平均年访问数即得到所需的销售代表数。

例如：假设某企业有 200 个 A 类顾客，500 个 B 类顾客。A 类顾客一年平均需要访问 36 次，B 类需要访问 12 次。假设该企业营销人员一年人均可以访问 400 次，则需要的销售人员数量为 $[(200 \times 36) + (500 \times 12)]/400 = 33$（名），即该企业需要配备 33 名营销人员。

四、增量法

是指企业通过增加销售人员来增加销量或因扩大销售地区和增加销量而需增加销售人员的一种方法。增加销售人员，通常会增加销量，但也会相应增加销售费用。根据增量法，只要因增加销售人员数量所产生的销售增长量大于销售费用增加量，就应该增加销售人员，也就是说，销售人员规模以能获取最大销售利润为最佳。

【营销实践】

许多公司面临着削减成本的巨大压力，正在收缩它们的销售队伍，因为销售部门是成本最大的部门之一。

可口可乐的埃米德，是一家由可口可乐公司特许经营的美国公司。埃米德有一支访问小牛奶吧（角落商店）的销售队伍。这些负责牛奶吧的销售代表每天要访问 30 次，要安排充足的时间以接收订单和展示新产品。埃米德看到访问的费用（工资、汽车、电话费、办公费用等）是时间和金钱的大量浪费。现在，埃米德通过新电信营销部门与这些小客户打交道，而现场代表很少与牛奶吧打交道而把精力集中在大客户身上。每个牛奶吧每周就接触一次，或是当它需要接触或在接到电话要求访问时。这种安排的结果是降低了每张订单的成本，并使小客户在财务上得益。

（资料来源：杜向荣．销售管理．2版．北京：清华大学出版社，2013）

第四节　销售团队建设

团队是由两个或者两个以上的，相互作用，相互依赖的个体，为了特定目标而按照一定规则结合在一起的组织。销售团队管理是一个循序渐进的过程，在这个过程中，管理者要设计、评估、推动和追踪销售团队，并引领他们占据市场的主导地位。

一、销售团队建设的内容

（一）确立团队的任务和目标

企业在不同的发展阶段对销售团队的要求是不同的。企业发展初期，公司只有产品而几乎没有客户。这时销售团队的任务就是努力寻找目标客户，实现销售，迅速进行产品铺货。当企业成立了三五年后，公司的区域市场开发已基本完成，这时销售团队的重点不是开发客户，而转移到维护客户关系、保持长期交易的阶段了。销售团队目标必须以公司目标、市场特征和公司在这些市场的预期位置为前提。销售团队的主要任务按照不同阶段的要求主要包括以下方面：

1. 建立共识　团队成立初期，会议是增进团队精神及适应团队工作的一个好方法。安排一系列的热身会议，让团队成员能彼此了解，并对团队目标有一致的看法。要确定每位成员对团队所交付的任务和即将面对的问题都有清楚的认识，同时在决定如何组织团队前，评量所有的可能性。最后，讨论和决定完成每个阶段性任务的期限。

2. 分析目标　目标会随团队是否要推选一套行动方案、是否要从事或推动某件事而有所不同。譬如说，推动改善方案的小组，可依据来自机构内部的回馈测量自己的成功率；一支做实事的团队，如产品小组团队，就要向降低成本和提升顾客满意度的目标努力；一支负责创造销售业绩的团队，则必须严控开支预算，并按时程表来推动工作。

3. 目标激励　具有挑战性的目标比起较小而明确的目标更具激发力。如果可能，同时设定概括的和特定的目标，不过目标虽高，但仍要考量实际情形。此外，尽量让每个人都参与制定自己的与团队的目标。

（二）选择团队成员

团队成员的素质、技能、心态将直接影响到团队的整体水平及工作效率的发挥。大部分的企业人力资源部对于各部门相关岗位都有较规范的规定，因此，销售负责人对于自己团队成员的选择应该注意最基本的几个方面：

1. 选择复合型人才　一个优秀的销售人员一定是个"杂家"：不管对经济学还是宗教、历史或者运动都应有所了解。因为他们所从事的是一项与人沟通的工作，每天要遇到不同类型的客户，不同的客户就应当运用不同的方式。

2. 招聘过程结构化　要想提高招聘效率，保障好的招聘结果，销售经理就应该花点时间建立一套招聘程序。应该和人力资源经理一起，确定销售团队各个成员的职责，对应各职能的应对技能、经验、素质等方面制定规范的标准，再依据此标准设计笔试或面试问题，根据各环节应聘人员的综合表现选择相符合的人才。所以，销售经理对于团队的人员结构切不可因人设事。

3. 具备解决问题的能力　销售人员需具备的基本要求，如吃苦耐劳、保持平常心、善于沟通等在招聘选择时都会有严格的规定，但最能体现一个销售人员是否合格的最重要的一条标准，就是主动解决问题的能力。现在很多企业的销售人员所起的作用，仅仅是问题的收集和反馈，而对于来自客户或市场的问题和需求缺乏适当解决的能力，也就是说，销售团队执行力的强与弱，其实是由销售人员解决问题能力的强与弱所决定的。

【营销视野】

我国中药产业营销队伍中存在的主要问题

中药产业营销人才广泛分布于中药农业、中药工业、中药商业和中药知识经济产业中。其中大部分人才集中于中药商业领域，包括中药策划、营销、服务以及中药出口贸易等环节。主要有中药医药代表包括学术代表和非处方药（OTC）代表、医药连锁企业药店营业员、中药营销策划管理人员等。其中，医药代表和药店营业员是最主要的群体。截至2008年末，我国零售药店总数已达365578家，中药营销人才作为中药制药及零售企业、医院医生及消费者之间中药流通的连接纽带，需求将越来越大。我国作为中医药消费大国，中药营销及贸易人才队伍建设还存在着诸多问题。

一是专业人才缺口大。根据前程无忧数据显示，2007年11月全国医药行业的总体有效职位在86041个。绝大多数的医药企业紧缺职位都定格在了医药销售及研发技术类人员上。目前，医药行业缺口最大的是医药销售代表一职。初步计算，前程无忧11月医药企业招聘销售代表数超过总体有效职位数的三分之一。中药产业营销与贸易人才队伍其供给也是十分不足的。

二是专业化水平低。中药营销人员中工作的对象是高素质、高文化程度的医生，需要专业水平很高的人才能胜任，才可以做好。中药OTC代表同样需要向消费者推荐企业的产品，向营业员讲解产品，这就要求他们也要有一定的专业知识背景，能够掌握一些中医药专业知识。但据有关调查，当前从事中药医药代表和中药OTC代表的人中，真正具有高专业知识的人不多，还不到35%。另外，非中药营销专业的人员大量充斥中药营销人员队伍，有的甚至是高中以下学历。这些都严重影响了中药营销与贸易人员的专业化规模和质量。

三是职业道德水平堪忧。中药医药代表的工作重点本来应当是介绍药品知识，但目前相当数量的中药医药代表用回扣、"处方费""统方费"等促销手段开展营销，或用邀请到国内外"考察"的名义变相地对医师、药师，甚至单位领导行贿，实施不正当竞争来推销药品。有的销售人员甚至为无证经营个体户或地下黑窝点销售药品，或为其他一些不法企业宣传、推销伪劣药品，谋取私利。这些都严重干扰了药品经营秩序，损害广大患者的切身利益。

此外中药营销与贸易人员商业贿赂现象十分严重，相关人员职业道德水平堪忧。据有关统计。医药销售行业"医药销售代表"的平均流动率近40%，一些企业甚至超过60%。中药销售人员流动速度过快，不利于中药产业的发展。

（资料来源：根据龚晋文、卫军锋著《中药产业营销与贸易人才队伍建设研究》南京中医药大学学报2010年第12期整理）

（三）团队模式选择

团队的组成形态千变万化，其中有正式的也有非正式的，它们各自适合特定的任务。销售经理可以根据公司组织结构的要求选择适合的团队模式，这样才能将任务分配给最适合的团队。

（四）团队合作

成功的团队合作最重要的特点是信赖。团队在互信的基础上会欣欣向荣，所以在团队成立初期就必须建立互信。可透过授权、开放透明的行事方式及意见、允许信息的自由流通来促进相互信赖。

1. 授权　团队要培养互信合作，需要实施必要的授权。将每个计划打散成多个任务或目标，赋予个别的团队成员。然后充分授权，除非有迹象显示目标将无法达成，否则不要介入。以向成员咨询所有问题的方法，与团队分享你的权力，若个人的专业领域亦牵涉其中，则应给予他们充足的权力，并与他们分享你的权力，这就是授权的方法。要求成员随时告知你进度，以便你掌握进度，然后放手让他们做下去。

2. 沟通　团队合作和保守秘密是不能兼顾的，所以说，一位不会和团队成员开诚布公的领导者无法让团队成员发挥最佳潜能。应定期和不定期地安排会议，作为沟通的渠道。成员会因彼此了解而解除戒心、放松心情，这有助于培养忠诚和凝聚力。试着在适当的场合，充分开放所有与团队任务有关的信息，如数据、事实、议程或记载成员个人对整个计划所应负责的备忘录。

每个人在团队工作时，一定远比一个人独自工作有创意。鼓励公开讨论意见，并确保每项意见都受到聆听及尊重。如果对某个意见持保留态度，要委婉地表示，驳回的理由一定要合理正当。提醒成员团队中有何专业知识可供运用，并促进成员之间公开讨论与团队目标有关的意见。

3. 分担责任　团队刚成立时，设定共同目标和安排个人角色只是一个程序的开端。此程序持续的时间与团队持续的时间等长。一支团队须负起执行政策、控制进度的责任，遇有不能达到目标的行动时，亦必须向上级做有建设性及创意性的反馈。作为一个整体，团队有责任确保成员间沟通自由且畅通，还要让每位成员都清楚明了政策上的改变和工作的进度。

【营销视野】

团队建设的 12321 法则

什么是团队建设的 12321 法则呢？简单说，12321 就是：一个领头人，两个精英，三个中流，两个培养，一个机动。

"1"就是一个领头人。一个销售团队首先是一个管理团队，没有一个合格的团队管理者，是不可能有良好业绩和发展前途的。管理学界有一个著名的管理寓言就是：一头狮子带领一群羊能够打败一头羊领导的一群狮子。对一个销售实战管理者来说，最基本的素质就是：了解产品销售具体操作的过程，而最重要的素质就是：果断的执行力。针对不同岗位的附加素质大概如下：最基础的行业用户销售工作主管要能够身体力行，起早贪黑；多个小队伍的区域经理要具有一定的日常工作激励技巧培训能力；企业销售总监销售经理则还要具备一定的市场统筹策划能力；产品渠道销售经理则要具有对营销模式的条理分析和指导能力。许多企业主和经销商喜欢聘用有业内知名企业经历的管理者，这无可厚非，但决不能脱离企业产品营销模式的异

NOTE

同。因为不同的营销模式决定了其基础素质，即对销售具体操作过程的认识。

"2"就是两个精英，这是团队业绩的保证。基本上一个销售团队的业绩分配遵循二八原理，即20%的精英产生80%的业绩。销售工作精英分子往往具有共同的特点，那就是积极主动，善于寻找方法的人。这一点和经验基本上没有太大的关系。许多企业招聘精英分子比较强调经验的重要性，这是一个很大的误区。对于一线销售队伍而言，领头人本身可能就是一个销售精英。就如我国政府职能设置中的基层组织领导村委会主任（村主任）一职，他们是村子的领导，往往也是村中的致富能手。管理者往往希望所有的一线销售人员个个都是业务高手，其实大可不必。如果个个都是精英，首先是他们会互相比拼出现更多拆台现象。另外，在员工奖励和提拔上难以公正，造成人心浮动。过大的内部竞争压力也会迫使一部分人离开，结果还是只能留下一两个精英分子。

"3"即三个中流。这个中流可不是中流砥柱，而是业绩和能力等各方面表现平平者。管理者往往容易忽视这些员工，认为他们存在没有太大的重要性。其实这些员工的力量绝不容忽视。这些员工可能都是一些经验丰富的员工，但他们由于目标不明确或缺少正确的激励，没有充分发挥出自己的特长，但偶尔能够解决一些棘手问题出现业绩反弹。中流人员在业绩上获得企业重视的机会的弱化，使他们借助其他方式获得重视，如更多的后勤工作，积极向管理者反映员工思想动态和积极参加企业组织的各种文化活动等。在既得利益上，企业所得虽不明显，但企业若要长期发展，他们的总体贡献是精英分子所无法达到的。这些人因为被企业重视不足，员工横向发展力量得以加强，任何正负面情绪往往会因为他们在销售团队和企业内迅速蔓延。业绩的突破在精英，稳定的发展在中流。

"2"即两个培养，就是有两个员工从业绩和能力上都不太理想，他们比较有自知之明，基本上不会对企业或管理者的决定产生思想上的冲突，行动上可能会慢一拍。但他们执行时不太会计较个人得失。在一个团队中一定会有一些杂七杂八的琐碎工作，这些工作是精英不能做的，中流不愿做的事情，这时两个培养的作用突现出来，如偶尔搬个桌椅挪个物料等非营销性工作。两个培养还有一个重要的作用就是，管理者可以在他们业绩不佳时以他们做销售反面教材来教育其他员工，而他们一般不会同管理者产生直接冲突可以有效维护管理者权威。如果管理者管理得当，这种员工往往是忠诚度最高的。如果没有这种员工，日常工作生活中可能会少一些乐趣，管理者管理琐碎事务时有时会难以协调。

"1"即一个机动。最常见的表现方式就是末位淘汰制，但末位淘汰的是业绩最差者。这里的"1"不一定是业绩能力最差者，往往是对管理者决定执行不力者，或因为对企业或管理者不满而制造消极情绪者。这一个机动可能是一个销售团队中流动性最强者，有时可能是团队中的精英分子。虽然任何一个管理者都不希望这个人存在，但是如果团队需要刺激员工销售业绩上一个档次，或者团队转型决定没有得到员工贯彻，这个人都是关键人物。管理者可以借助这个人对团队进行铁腕管理。处理此人时可以无声胜有声，刺激其他团队成员坚决贯彻决定。

12321法则是基于一个简单的9人团队的分析法则，实际团队组建时可能不足9人或大于9人，但12321法则同样适用这些团队的组建。人人精英是管理者的误区，不可能也不需要组建这样的团队。只要按12321法则组建销售团队，管理者就不会因为人才难觅而头痛了。在日常管理过程中也会更加顺利。团队的凝聚力稳定性也会得到加强。

（资料来源：优秀团队组建的12321法则．百度百科）

二、团队激励的方法

团队常用的激励方法有目标激励、压力激励、榜样激励、奖励激励、尊重激励等。

（一）目标激励

目标是组织对个体的一种心理引力。目标在心理学上通常被称为"诱因"，即能够满足人的需要的外在物。目标设置要合理、可行，与个体的切身利益密切相关。要设置总目标与阶段目标，总目标可使人感到工作有方向，阶段性目标可使人感到工作的阶段性、可行性和合理性。因此，销售经理可以对团队或个人制定并下达切合年度、半年、季度、月、日的业务目标任务，并定期检查，使其朝着各自的目标去努力、拼搏。在制定目标时须注意，要根据团队的实际业务情况来制定可行的目标。一个振奋人心、切实可行的目标，可以起到鼓舞士气，激励属员的作用。相反，那些可望而不可及的目标，会产生适得其反的作用。

（二）榜样激励

榜样激励是指团队领导者选择在实现目标中做法先进、成绩突出的个人或小组，加以肯定和表扬，并要求大家学习，从而激发团体成员积极性的方法。我们常说，榜样的力量是无穷的，榜样是一面旗帜，使人学有方向、赶有目标，起到巨大的激励作用。领导者在团体内选择榜样，应该是成绩突出、品德高尚、作风正派的成员。榜样激励法的实施，首先要树立榜样，其次要对榜样的事迹广为宣传，再次是给榜样以明显的使人羡慕的奖酬，这些奖酬中当然包括物质奖励，但更重要的是无形的受人尊敬的精神奖励和待遇，这样才能提高榜样的效价，使组织成员学习榜样的动力增加。榜样激励法的注意事项有如下几点：

第一，榜样先进事迹的实际性。

第二，引导成员正确地对待榜样，学其所长，要防止机械地、形式主义地模仿榜样。

第三，召开介绍与表扬先进事迹的会议应形式隆重、气氛热烈，从而激发成员敬慕榜样的心情。

第四，关心榜样的不断成长，教育他们戒骄戒躁，发扬成绩，克服不足，不断前进。

（三）尊重激励

尊重激励，是一种最人性化、最有效的激励方法。团队领导要发自内心的去尊重每一位团队成员，对待成员有礼貌，不嘲笑、不轻视，尊重团队成员的人格，认真听取团队成员的建议，让团队成员感到自己对组织的重要性。

尊重激励法的要点包括以下几方面。

1. 言语上礼貌、客气，避免采用命令式的语气 团队领导不能对成员指手画脚，犯点小错误就横加指责。而要公平对待每一位团队成员，不能对性格内向的成员多加指责，即使在自己心情很差的情况下，也要心平气和地对待每一个人。

2. 不嘲笑下属、不轻视团队成员的才能 当团队成员在工作上犯错误后，团队领导不能用藐视的语气加以指责，特别是对待毕业后刚参加工作的年轻人，更不能嘲笑他们，要多给鼓励，让他们积极地投入到工作当中。

3. 认真地听取团队成员的建议 当团队成员提出自己的意见时，要认真听取，让他觉得领导是可信任的，对组织有归属感。人才流动的频率高不高，好的人才能否留住，也是考核销售团队领导业绩的标准之一。团队领导不能因为部下的工作能力比自己强就把人拒之门外。

NOTE

（四）奖励激励

制订与业务发展相适应的一些奖励措施或政策，采取精神奖励和物质奖励相结合的方法，对表现突出、成绩优异者给予奖励，以达到鼓励先进、鞭策落后，调动全体员工工作积极性的目的。

【营销实践】

SSM 矩阵的销售团队激励模式

销售人员激励的方式和途径很多，激励工具一般包括经济型激励、非经济型激励和其他激励三种。企业必须遵循管理的"弹性原理"灵活选择。针对金牛、明星、问号、瘦狗四种不同类型的销售团队［明星团队（stars）又称幼稚型销售团队，金牛团队（cash COW）又称成熟型销售团队，问号团队（question marks）又称老化型销售团队，瘦狗团队（dogs）也称衰退型团队］，可以设计 4 种相对应地激励组合模式

1. 幼稚型销售团队　培训激励组合模式。幼稚型团队成员一般是新参加销售工作，如刚走出校门的大中专学生。他们没有经历过销售实践锻炼，幻想或不切实际的想法比较多。对工作的复杂性、艰难性认识不足，不善于处理人际关系，也不了解企业的管理规范，但这类成员进取心强，有热情，有干好销售工作的欲望，也充满自信，可塑性大。因此，企业要及早对他们进行培养，通过学习与训练或以老带新的办法，促使他们尽快成熟。激励组合：培训激励、榜样激励、团队激励、目标激励。

2. 成熟型销售团队　民主激励组合模式。成熟型销售团队成员一般工作绩效最佳，对销售业务十分熟悉，善于同客户打交道，是企业的销售骨干。他们手中大都掌握着一大批客户，对企业经营成败有直接影响。对此类销售人员一般应采取民主激励方式，吸引他们参与销售工作的管理，多征求他们的建议，并表现出对他们的高度信赖和尊重。激励组合：民主激励、授权激励、职务晋升激励、认同和荣誉激励。

3. 老化型销售团队　目标激励组合模式。所谓老化型销售团队是指销售队伍中出现了较多心态老化的成员。他们的销售热情不足，工作懒散，拜访客户次数减少，提供业务报表、报告常常拖延，提不出有价值的东西，对新事物反应迟钝，业绩下滑等。每个心态老化的成员的共同之点都是缺乏继续干好销售工作的激情。因此，对这类成员应主要采取目标激励方式，帮助他们确定一个合理的目标，把他们的个人需求与组织目标结合起来，克服老化心态，激发他们再创业绩的兴趣和信心。激励组合：目标激励、工作富化、环境激励、民主激励。

4. 衰退型销售团队　教育激励组合模式。销售团队出现衰退型成员的原因一般有两种：一种是个体本身就存在某种缺陷，如悲观退缩、缺乏干劲、骄傲自满等；另一种是在短时期内遇到较大的困难和挫折，如客户拒绝、上级排斥、家庭变异等。对于这两种问题的成员要区分对待，前一种要及时做辞退处理，后一种要进行耐心细致的教育，主要通过思想教育工作鼓励他们发扬优点，提高他们改进的自觉性。要以精神激励为主，并与制度激励、正面培训与积极防范相结合。通过引导、耐心说服，使他们中的大多数人成为合格的销售人员。激励组合：培训激励、宽容激励、销售竞赛、薪酬激励。

（资料来源：崔明，陈继平，晁廷荣．基于 SSM 矩阵的销售团队激励模式选择．商业研究，2010）

【本章小结】

销售人员是企业中承担着创造、沟通与传送价值给顾客，维系和经营顾客关系等工作的一

群人，是企业收入和利润的创造者，对企业的经营和发展起着重要的作用。销售人员工作存在着多样性、灵活性、自由性和波动性的特点。其职责有寻找顾客、传递信息、销售商品、提供服务和搜集情报。

销售队伍是企业内部从事销售工作的人、事、物、信息和资金的有机结合，企业销售队伍的规模及形式直接关系到为顾客提供优良服务的能力和水平，同时也影响到每一位销售人员在机构中所扮演的角色及销售人员之间的互相协作与联系。销售队伍有按地区、按产品、按顾客和复合式等组织形式。

销售队伍的规模可以根据销售百分比法、销售目标分解法、工作量法、增量法来进行设计。销售团队是企业最重要的财富之一，销售团队建设的内容包括：目标和任务的确定、团队成员的选择、团队模式选择、团队合作精神的培养及团队激励。团队常用的激励方法有：目标激励、压力激励、榜样激励、奖励激励、尊重激励等。

【重要概念】

销售队伍；销售队伍组织；销售队伍规模；团队建设。

【复习思考】

1. 销售人员工作的特点有哪些？
2. 销售人员工作职责是什么？在企业中有什么重要作用？
3. 销售队伍建立的原则是什么？
4. 销售队伍的规模可以采用那些方法来设计？
5. 你认为一个优秀的销售团队需要哪些成员角色？
6. 销售团队常用的激励方法有哪些？

【案例分析】

西安杨森公司销售团队的建设

作为最早进入中国的外资企业之一，西安杨森在中国的医药行业享有"黄埔军校"之称，其前总裁庄祥兴说："历史证明，有很强文化的、有远见的公司，它的最后价值也是很高的，这种文化就是伟大与平庸的差别。"那么，在市场改革开放早期就踏入中国国土的西安杨森，是如何一步一步发挥自己在文化上的优势，打造适应公司发展的极富竞争力的销售团队，并在激烈的市场大战中保住自己的市场份额的呢？

公司简介

1985年，以陕西省工业总公司为代表的几家医药公司与比利时杨森制药有限公司合资成立西安杨森制药有限公司。合资中方以陕西省医药工业公司为代表，外方为美国强生公司的成员比利时杨森制药有限公司。注册资本比例为外方占52%，中方占48%，合资期限为50年。至今，西安杨森在全国28个城市设有办事处，在华员工超过3000人。

创业初期

对制药企业来讲，销售是非常重要的一个环节，医药市场的投资回报是一个漫长的过程，研制一种新药品一般要经过十几年的时间，花费数亿美金，在专利保护期内，制药厂必须追求市场销售和利润的极大化，因而更有赖于销售本身的业绩。

西安杨森在成立四年后正式展开中国市场的销售活动。当时中国的医药市场处于一种无序竞争的状态，回扣等暗箱操作成风，而西安杨森公司坚持在市场销售中不给"回扣"，这使得

NOTE

西安杨森在开业前几年中的销售差强人意，市场份额亦不理想。西安杨森迫切感到需要一支强劲的销售队伍来摸索还不熟悉的中国医药市场情况，抢占市场份额。

西安杨森近50名中高层干部，集中在西安丈八沟举行"管理营销培训"，会议统一了公司的"健康销售"经营管理理念和企业价值观，然后确立公司的目标与管理策略，就公司的业务展开了激烈讨论。然后进行集训，整个会议日程的安排是以军队训练的强度进行的。每天早上坚持晨跑，白天开会，晚上讨论，一天休息不到四五个小时。

这次管理营活动是西安杨森历史上的一个里程碑，新旧思想和理念发生了很强的碰撞，根据"不换脑袋就换人"的规则，有些管理人员不能适应，就此离开了杨森。而杨森文化的萌芽就此开始出现，为未来的发展奠定了基础。

销售员的选拔

在当时的中国环境下，外资企业尚不普遍，具备专业化经验的人才还非常缺乏，很难招聘到现成的具有医药行业背景同时兼备市场营销素质的员工。为了打开销售局面，西安杨森吸纳了有丰富经验的药剂科退休人员做公司销售的先锋部队。这一招果然灵验，西安杨森产品很快进入市场的每一个角落。但这仅是应一时之需，这批人员年纪过大，很难进一步提升销售技巧来应付竞争激烈的市场需要。

西安杨森决定从头开始建立自己的"黄埔军校"，招收年轻的医药工作者，通过完整的培训后再走上销售岗位。在筛选销售人员时，首要条件是询问候选人能否接受公司不使用回扣的做法，以保证销售代表在价值观上与公司信念保持一致，否则不论能力多出众，也不会接受。除此之外，还有两个标准：敢冒风险和好胜。

在当时的情况下，杨森公司尚未建立起一个市场信息系统，需要一批先锋型的销售代表去打开市场，反馈给公司客户信息。新组建起来的销售队伍全部由医科大学和药科大学毕业生组成，西安杨森为他们提供了严格的专业化训练，确保他们从接货、送货到为医生们做药品的讲解及演示都可以独立完成。当时杨森一名普通好推销员的月薪只有人民币七八百元左右，比其他合资企业员工的月薪差了一大截子。副总裁庄祥兴认为：用优厚的待遇来招揽人才是短期行为，而一种渗透人心的企业精神可以将真正优秀的人才吸引过来，这个效应才是长期的。在杨森，他可得到正规的训练，学到终生受用不尽的本领，对于个人来说，是一笔最大的财富。

在销售培训中，庄祥兴特别安排为销售员讲授《孙子兵法》。他还要求每一个销售员都要认真读一读毛泽东的著作。他认为毛泽东之所以能够得到十几亿人的拥戴，原因之一便是运用了最简单的也是最有效的沟通技巧，能够把深奥的道理运用最通俗简洁的方式解释出来，以至能够让普通农民信服。庄祥兴对销售人员们说："你们如果能掌握这种技巧，就会成为中国最好的销售。"

在西安杨森的员工培训室，有一种风格独特的氛围。那里见不到一般合资企业现代化的西式办公环境，而是充溢着浓郁、地道的"中国味"：讲台后的墙壁上挂着一面印有镰刀斧头的红旗，旗上写着"中国工农红军第二方面军"的字样。每一位新加入西安杨森的销售员都将在这里接受严格的培训。在西安杨森，新招聘的销售员统一被称为"红军"，代表着新生力量，意思是新的"长征"就要开始，要有不怕苦的精神。

雄鹰文化

20世纪90年代初，公司依靠销售代表的个人能力四处撒网、孤军奋战，局面在打开，销售业绩在好转。公司领导发现销售代表人人都有争做雄鹰的冲劲，用孤傲、强悍的雄鹰来形容这些销售人员再合适不过。而这正是公司早期发展所需要的素质。管理层觉得应该提倡敢打敢拼的雄鹰精神，因而考虑用"鹰文化"来鼓舞士气。借全国销售会议之机，西安杨森召集全国各地的销售精英，举办了雄鹰培训团，提出销售代表应当学习鹰的精神，单打独斗、永不言败。

大雁的启示

90年代末，西安杨森在中国的医药行业名声鹊起，全国性的销售网点已经铺开，业务不断向上拓展，庆贺之余，管理层审视现行的经营策略，认为应该巩固现有市场额度，稳定快速发展后的局势。这时，他们敏锐地察觉到了销售队伍的潜在危机，那就是习惯了单打独斗的雄鹰们缺乏团队合作精神，雄鹰虽勇，但独来独往，永远不会一群鹰在一起飞。

当时的销售网点面广、点多、人员分布比较分散，一个省市一般只有七八个人，如果没有一种团队的合作精神，就会对管理造成相当大的麻烦。在开拓市场的初期，单兵作战既能充分调动销售人员的积极性，又可以减少一些不必要的摩擦。而现在则是需要雄鹰们相互配合、相互支持，创造1+1>2的联合效益的时候了，培育凝聚力和协调战斗力成为当务之急，于是雁文化孕育而生，销售队伍慢慢开始强调合作与沟通。这种综合型文化提倡西安杨森的员工每个人是一只勇猛无敌的雄鹰，团队则是刚柔相济的雁群，而形成整个杨森公司的威武巨龙。

河狸精神

河狸是一种非常注重分工合作的动物，它们能根据栖息地水位的变化，伐树拦河，修筑堤坝。负责收集树枝的河狸绝不会去搬运泥上，但它们之间的配合是相当默契的。

庄祥兴觉得这种精神同样适合销售工作，西安杨森在销售队伍中除借鉴和身体力行雄鹰的拼搏精神和大雁的团体合作精神之外，也应该学习河狸的互相尊重、默契沟通以及自我超越的精神，以增强队伍的凝聚力和战斗力。他将该书推荐给公司的管理人员，并在销售周期会议上向销售人员进行宣讲："我们要从一切值得我们借鉴和学习的事物中汲取营养。"

以鹰、雁精神为支柱，加上河狸的默契配合，西安杨森再创销售巅峰。团队建设的另一个明显效果是稳定了销售队伍。在最初几年，销售人员流动性一度连续几年高达60%。当越来越多的员工接受了公司的环境和精神，人员流动率降低到6%~10%。

培训系统

从最开始的建设雄鹰队伍开始，西安杨森一直奉行：人才是西安杨森最宝贵的资产。公司奉行不渝的管理原则是以人为本，开发人的潜能。让人们在工作的成就感中获得满足。为了提升员工的素质和能力，公司每年都选派员工去总部接受培训，至少有1~2人有机会申请到杨森奖学金攻读学位，同时提供参加国际会议、短期进修。人力资源部形成了一套系统化的培训程序。对于刚上岗的新销售代表，必须接受销售技巧培训，培训的内容包括产品知识、人际关系技巧、销售技巧、自我管理等多方面的内容；对资深员工则提供诸如外展培训、销售cycle会、成功故事等。此外公司还有多种奖励性培训，优秀员工可以自己凭兴趣选取各种技能培训。杨森还有特别的辅导制，即销售主管对下属负有指导和培训的责任，例如协调拜访，一个月内地区销售经理必须陪同每一位手下代表一同拜访客户四次，对属下的表现进行指导并打分。

尽管外部经营环境变化多端，西安杨森独特的团队建设与企业精神却为公司赢得了一系列

NOTE

的荣誉：西安杨森连续四年被评为中圆十大最佳合资企业，首届中国十佳医药三资企业第一名、中国医药行业50强第一名、年度中国化学制药制剂行业第一名，被《财富》杂志中文版评为中国十大最受欢迎的外资企业。

（资料来源：西安杨森：外资本土化先行者.2006年第55届药交会特刊）

思考与讨论：

1. 西安杨森的团队精神是什么？
2. 西安杨森是如何打造它的团队文化的？

第十二章　销售人员的招募与培训

【学习要点】

通过对本章的学习，掌握招募与培训的主要方法，熟悉招募计划、培训计划的制定，了解销售人员的招募及培训的基本内容，学会对员工的招募及培训进行更加有效的评估等内容。

【引导案例】

上海贝尔 ASMP 项目

上海贝尔分公司总经理（PSO）离岗率曾一度高达 22.3%，其中 12% 归咎于绩效缺失，而当时的行业平均离职率要低于 10%。作为阿尔卡特朗讯集团在全球的旗舰公司，组织发展遭受的挫折可想而知。仅以雇用离职补偿为例，当时上海贝尔的补偿额就比业界同期均值多了 5%。

上海贝尔国内营销平台人力资源总监王世军说："高素质的人才争夺战已成为每个组织成功的关键，而新的人才发展项目则是获得持续成功的重中之重。"

他指出，正由于偏高的离岗率，以及新兴通信市场的快速发展与激烈的竞争，如何打造卓越的销售团队领导力、如何提升销售能力，也就成为上海贝尔必须面对的两大难题。

为此，上海贝尔斥资开发了为期 18 个月的 ASMP（Advanced Sales Management Program，高级销售管理培训）项目，以加快从 PCAT 级到 PSO 级关键人才的开发步伐，提升销售团队的整体绩效，保持市场竞争中的份额。

设计一个成功的培训项目

在王世军看来，一个成功的培训项目必须要能通过加快人才开发节奏来加强以下几个方面的人才管理工作：①留住人才；②鉴定有潜力的销售管理领导者；③开发适宜的培训计划以强化组织的销售管理团队与人才吸引力；④作为全球通信市场的领航者，集团要求公司的区域销售能力能够充分体现自身的技术、解决方案和服务水平。

为此，上海贝尔首先对产业规范、能力标准等开展了大量调研，并与区域主管及其以上管理者进行战略访谈，再设定出分层级能力模型。王世军说："对于建模工具，我们会借鉴全球市场的前沿观点、过去四年与潜力管理项目相关的能力描述。"

为了扫清当前和将来积极拓展新兴市场业务的发展障碍，更清晰地鉴定 ASMP 项目需求，上海贝尔还邀请了内外部的咨询专家，就以下问题给予指导：

·行业规范（外部咨询专家组）

·新兴通信市场竞争力分析报告（投资咨询集团）

·通信市场销售能力地图（内外部咨询专家）

·关于企业使命与新兴市场全球战略布局的高端前瞻（外部咨询专家组）

在实际项目设计时，"我们会先通过能力测评中心确定参训者应具备的能力与行为标准，

NOTE

然后再开发具体培训计划以满足上述需求。"王世军说，"此外，ASMP 项目还会匹配管理培训职业发展通道，并通过教练辅导、候选人晋级提名来强化技能学习和每日的实践行动。"

期间，外部顾问会以上海贝尔的实际需求为依据，开发适宜的行为标准方案，并作为特别听众跟进 ASMP 项目。内部顾问则在教练辅导、内部上下沟通及跟进的过程中扮演关键角色。

紧扣绩效提升点

王世军表示，除了要有全面的数据分析与标准的能力模型，如何让学习快速获得员工的支持也是项目开发者要考虑的重点内容之一。

据悉，上海贝尔每年会拿出员工工资的 1.5%～2% 的费用作为培训经费，ASMP 项目费用约占国内销售人员总培训预算的 45%。其中，ASMP 每期项目中，高管每月至少投入 2 小时，折合人工费用高达 1.8 万美元；直接上级每月至少投入 8 小时，折合人工费用 1.75 万美元。

这样，"高投入的能力测评与培训预算就为项目的顺利执行提供了保障。"王世军说。与此同时，上海贝尔还有四个值得借鉴的做法：

一是公司副总裁被要求作为评审顾问，并与个人发展计划的参与者直接沟通。在整个项目中，他们还将充当教练的角色。

二是为了实现必要目标，副总裁也会被要求进行每季度一次的商业反馈与交流，分享他们的卓越经验。

三是通过培养跨职能团队来打造商业头脑，包括职后培训、分享期望、合作交流等。

四是一线经理人会被要求完成每次小组研讨中的关键内容的培训与学习，并辅导相关项目参与者，跟进实际应用情况。他们还要推动其个人能力发展计划，像评估项目报告一样去管控实际践行中的销售规划进程。

（资料来源：华恒智信人力资源顾问有限公司）

第一节　销售人员的招募

销售管理的重要工作之一就是建立一支合格的销售队伍。销售人员是公司和客户之间的纽带，对许多客户来说，每一个销售人员对外代表的就是公司。同时，销售人员从客户方面带回许多公司需要的关键信息。因此，要顺利开展销售部的工作，很大程度上取决于是否有一支素质高、能力强的销售队伍。

一、内部招募

销售人员招募的目的是寻找和吸引最胜任销售岗位的应聘者。招募具体包括选择招募的渠道和招募的方法。招募的渠道来源是指潜在的应聘者所存在的目标群体，招募的方法则是指让潜在的应聘者获知企业招聘信息的方式和途径。企业招募的渠道有两个：一是内部招募，二是外部招募。这两种渠道相辅相成，共同为企业获取销售人员提供支持与保障。

在进行内部招募时，招募的渠道有三个。

1. 下级职位上的人员　下级职位上的人员，主要通过晋升的方式来填补职位空缺。一个内部人员的晋升产生的空位都会成为渴望晋升者的动力，使用晋升的方式来填补职位空缺，有利于调动员工的积极性并有助于其个人的发展，但是容易造成"近亲繁殖"。

2. 同级职位上的人员 同级职位上的人员，主要通过工作调换或工作轮换来填补空缺职位。工作调换就是在相同或相近级别的职位间进行人员的调动来填补职位空缺，当这种调动不止发生一次时，就形成了工作轮换。这种方式有助于员工掌握多种技能，提高他们的工作兴趣，但是不利于员工工作的专业性；决策者对某个职位的"钦定"会造成组织内应征者的不满，部门经理们也许会认为谋求职位的员工对本部门不"忠诚"，因而为难那些申请职位的员工。

3. 上级职位上的人员 主要通过降职的方式来填补空缺职位。在实践中，这种方式企业很少使用。

内部招募的方法主要有两种：一是工作公告；二是档案记录。工作公告法是通过向员工通报现有职位空缺，从而吸引相关人员来申请这些空缺职位。档案记录法是指企业的高层和人力资源部门通过企业员工的个人资料档案来确定出符合空缺职位要求的人员。

【招募实践】

宝洁公司内部选拔提升机制

宝洁公司是当今为数不多的采用内部提升制的企业之一。早在企业成立之初的 1837~1867 年的 30 年里，宝洁公司曾花费了大量时间去思考和研究，用什么办法才可以让员工一直留下来？他们的答案是，关键在于使员工对企业产生较强的归属感，使员工价值观与企业的价值观相吻合。内部选拔制度非常有利于实现这两个目标。

在宝洁，除了律师、医生等职务，几乎所有的高级经理都是从新人做起。宝洁管理层95%以上的员工都是由应届大学毕业生培养起来的。宝洁提出："我们实行从内部发展的组织制度，选拔、提升和奖励表现突出的员工而不受任何与工作表现无关的因素影响。提升取决于员工的工作表现和对公司的贡献。你个人的发展快慢归根结底取决于你的能力和所取得的成绩。"内部选拔本是企业用人方式的一个自然选择。但在宝洁，这种自然已经超越一般，成为宝洁的企业价值观之一，成为宝洁企业文化的一个显著表现形式，是宝洁用人的制度核心。

要实现内部提升制，就必须要有几个前提：一是公司雇佣的人员必须有发展的潜力；二是他们应该认同公司的价值观；三是公司的职业设计相当明确并且充满层次；四是公司必须建立完善的培训体系，以提升公司雇员的潜力；五是公司的提升制度必须透明化。在宝洁的内部提升理念和机制下，历任CEO都是从初进公司时的一级经理开始做起的，他们熟悉宝洁的产品，也熟悉宝洁的经营机制，更重要的是，他们对宝洁的文化有百分之百的忠诚。他们是随着宝洁公司成长而一道成长的。这种自豪感和主人翁意识可以很好地保持公司的凝聚力，提高他们工作的满意度和激情。经过培养的员工在企业文化、企业政治等方面有认同感，但挖来的人才也许就存在着磨合的问题。这种内部选拔的人才培养方式为公司铸造了深厚的企业文化，并让企业文化成为宝洁公司独一无二的竞争优势。

宝洁公司把员工视为宝贵财富，但并不等于无条件留住所有员工，也不是片面追求员工流失率越低越好。宝洁深信，只有通过人才流动，才能保证公司不断地注入新鲜血液，才能保持公司的活力。

如果有的员工野心不大，虽然不能晋升，但在位置上基本称职，留在原位不上不下，在短期内倒也能满足公司的需要。但要知道，如果公司想引进更优秀、更有潜质的员工，必须把位置腾出来。在宝洁，因没有晋升机会而辞职的人许多都是难得的人才，他们辞职是因为宝洁的人才太多了，自己没有用武之地。辞职者到了别的公司往往会备受重用，这不失为一种互惠的举措。

当然，内部选拔容易带来员工同质性高的后果，可能会影响企业的创造力。为了消减这些消极影响，宝洁非常强调"外向性"，加强外部市场调研，加强与研究机构、供应商、分销商的配合，注重引入外部积极因素来积极化解内部选拔制度带来的某些不利，这比许多选择了并坚持自身特色的企业多走了一步。

宝洁相信自己招聘的质量，相信公司内部是有大量人才的。宝洁希望每个员工都能看到自己的上升空间，而不要一有职位空缺，就由"空降兵"占领，这样员工可能对公司就没有归属感。宝洁让员工在企业文化的熏陶下成长，确信长时间的文化感染会让员工充分认同企业的核心价值观，与企业共同发展。在维系员工的归属感、激发员工的工作热情之外，内部选拔还可以有效避免外部招聘所带来的"公司政治"（不同背景的小集团）增多的风险，有利于维护公司文化的纯洁，从而减少因公司核心价值观受到冲击而造成公司经营上动荡的风险。在这样的工作环境下，宝洁的员工充分体验到了宝洁雇主品牌的杰出魅力，提高了企业的核心竞争力，赢得了世界同行的尊重，赢得了员工与公众的信赖。

（资料来源：木叶.《宝洁公司的内部选拔提升机制》，载于《三茅人力资源网》，2012 年 8 月）

二、外部招募

（一）外部招募的渠道

相比内部招募，企业外部招募的来源相对比较多，外部招募主要有以下几个渠道：

1. 大专院校　校园招聘是各大企业招收应届毕业生的主要途径。大学毕业生虽然缺乏现实工作所需的沟通技巧和商业上的精明，这意味着企业的培训成本相对会增加，他们拥有很高的工作激情和学习欲望，可塑性也较强，而这恰是社会上的应聘者所缺少的。企业获取校园人才有以下途径：

（1）开展各种校园活动　企业在校园中开展多种形式的活动，为获取校园人才进行铺垫。有的企业的高级管理人员到学校里演讲，或者企业中的员工与学生进行研讨会。通过这样的活动让学生了解企业，为进入社会工作做准备。

（2）让学生到企业中实践　邀请学生到企业中进行社会实践、实习等活动是一种深受学生欢迎的活动，通过这些活动可以让学生尽早了解企业，对企业产生兴趣。

（3）为优秀的人才设立奖学金　不少企业在学校里设立了奖学金，通常情况下，获得奖学金的优秀学生将得到优先进入企业工作的机会。

（4）让企业的形象经常出现在学校里　很多企业在校园活动方面的出发点首先是让学生知道企业，记住企业；因此他们会经常赠送一些带有企业标识的纪念品给学生，或让自己的企业标志出现在校园的一些公共设施上。

2. 人才中介机构　许多企业利用人才中介机构来获得所需的销售人员。人才中介机构负责刊登招聘广告、挑选简历、面试应聘者，然后再向雇主提供合适的人选作为候选人。销售经理从候选人名单中挑选理想的人选，以备进一步的面试。向雇主收费的中介机构只有当其推荐的应聘者实际受到了雇佣，中介机构才能收取报酬。人才中介机构为管理者节省了时间和成本，使得招聘过程简单化。值得注意的是，对于那些向求职者收取推介费的中介机构，企业必须向其提供一整套详细的人选标准，否则中介机构往往会从现有的人才库中随意挑选出一份人选名单。

3. 人才交流会　人才交流会是一种比较传统的招聘方式，各地每年都要组织几次大型的人才交流洽谈会，用人单位可花一定的费用在交流会上摆摊设点，由应征者前来咨询应聘。这种途径的特点是时间短、见效快。

4. 推荐招募　推荐招募就是指通过企业的员工、客户或者合作伙伴的推荐来进行招募。许多规模较大、员工众多的企业都定期让内部员工动员自己的亲朋好友加入企业的外勤销售队伍。这种招募方法的好处是：招募成本比较低；推荐人对应聘者比较了解，而且新加入者与内部员工较熟悉，在工作时能减少因生疏而带来的不安和恐惧，相互容易沟通，能提高团队的工作效率。不过，通过这种方式招聘有效的基础是公司有规范、科学的招聘系统，否则公司内容易形成裙带关系、帮派，会给公司的管理带来极大的不利。

5. 业务接触　企业在开展业务的过程中，会接触到客户、供应商、非竞争同行及其他各类人员，这些人员都可以成为企业未来销售人员。在确保客户和供应商及其员工知晓公司的招聘规则并愿意保持合作的态度的基础下，客户和供应商及其员工了解整个行业，熟悉公司的情况，了解销售人员的职位需求，因此可以成为公司的销售人员。如果本公司的培训能力有限，客户忠诚于某些销售人员，愿意跟随他们向其新加入的公司采购，而公司业务又急需新的销售人员快速发挥作用时，那么，雇佣竞争对手的销售人员是一个很好的方法。雇佣竞争对手的销售人员和客户的员工也存在一定的问题。竞争对手的销售人员难以弃旧图新、顺应新的客户管理方式，倘若涉嫌泄露公司的机密，还会招致道德和法律纠纷。

6. 行业协会　行业组织对行业内的情况比较了解，经常访问制造商、经销商、销售经理和销售人员，企业可以通过行业协会的介绍或推荐获得希望转职的销售人员。

（二）外部招募的方法

由于外部招募的来源都在企业外部，因此招募方法的选择显得非常重要，否则潜在的应聘者无法获知企业的招募信息。外部招募的方法主要有广告招募和猎头招募。

1. 广告招募　广告是企业进行外部招募时最常用的一种方法。目前，通行的广告媒体主要有报纸、杂志、广播电视和互联网等。各种广告媒体分别具有自己的优点和缺点，企业应当根据具体情况来选择最合适的媒体。

表 12 - 1　各种广告媒体比较

媒体类型	优点	缺点	适用范围
报纸	成本低；大小可以灵活选择；发行广泛；分类广告容易查找	制作质量比较差；对象没有针对性；容易出现招募竞争；容易忽视	潜在的应聘者集中在某一地区并且通常阅读报纸找工作
杂志	印刷质量好；保存时间长；针对性比较强；大小也可以灵活选择	发行时间长；发行地域太广，见效期较长	招募的职位比较专业；时间没有限制；招募的范围比较大
广播电视	容易引起注意；灵活性强；传递信息更为直接和主动	费用高；传递信息比较简单；持续时间短；不能选择特定的应聘者	需要迅速引起人们的注意；无法使用印刷广告；某一地区有多种类型潜在的应聘者

NOTE

续表

媒体类型	优点	缺点	适用范围
互联网	费用低；速度快；传播范围广；信息容量大	信息过多容易被忽略；有些人不具备上网条件；容易出现竞争	全球范围的招募
印刷品	容易引起应聘者的兴趣，并引发他们的行动	宣传力度有限，有些印刷品可能会被人抛弃	在特殊场合较适宜，如展示会、招募会

分类广告与网络招聘有普适性，下面进行进一步的说明。

（1）分类广告　企业经常在报纸、行业杂志和专业刊物上刊登招聘广告，可吸引众多的销售人员。这种方式的优点是能以较低的成本将招聘信息广泛地传播给受众，还可以吸引那些原本无意积极寻找工作的候选人。而分类广告招聘也存在着一定的问题，如广告篇幅较小、内容单调；位置不明显，广告内容不突出；应聘者的数量不好估计，合格者所占比例一般较低。这些问题会导致企业招聘成本的增加。为了解决以上问题，提高招聘效率，企业应注意以下几点：第一、刊登媒体的选择。企业应尽量选择当地发行量大、受众多的报刊杂志刊登广告。除此之外，刊登媒体的选择取决于招聘对象的类型。例如，若招聘 IT 工程师，人力资源部会选择诸如《计算机世界》这样的专业性报刊，而如果招聘一些诸如财务、文秘等通用的岗位，则可选择《前程无忧》等大型综合类的专业招聘报刊来发布广告。随着市场经济的发展和人员流动的加大，企业若需跨地区招聘人才，就必须考虑选择一些全国性有影响的报刊。第二、版面及位置大小。招聘广告一般刊登在专门的分类广告版，版面设计要引人注目，版面越大引起受众的注意力也就越大，版面位置则以右上角及左上角为佳。第三、刊登内容。关于公司情况的介绍、对工作内容和职位情况的介绍、应聘者应该做哪些准备、关于应聘的方式和联系方式的说明等。通常注明收入的底薪及发展机会能吸引更多的有意者前来应聘。文字要求明确、真实，切勿做虚假或欺骗广告。

（2）网络招聘　随着互联网的迅速发展，越来越多的中小企业通过网络招聘，通过互联网不仅可以发布招聘广告，一些招聘流程也可以在线完成。网络招聘的优点有：传播范围广，受众多；方便快捷；成本较低；不受时间限制，白天和晚上都可以操作；不受地点限制，公司有能力在各地吸收求职者和安置求职者。

网络招聘需注意以下几点：确定需要招聘的职位及数量；选择发布招聘信息的网站，企业既可以在自己的网站上发布招聘信息，也可以选择行业网站、门户网站以及专业的人才网站，如智联招聘网、前程无忧网、中华英才网等；决定发布信息的构成，招聘信息的构成包括内容、刊出方式、应聘方式、招聘期限及其他注意事项等；发布信息，收集简历，为下阶段的遴选做准备。

2. 猎头招募　猎头一词源于"head hunting"，是美国二战以后出现的新词汇。当时美国政府在占有战败国科技资料的同时，还不遗余力地网罗科技人才，其行动方式是先找到目标，然后再使用各种手段将其"捕获"，颇似丛林狩猎，由此就有了猎头的说法。猎头服务一般适用于高级人才的招聘，比如高级管理人才和技术专家等职位，因为这些人才的数量相对较少，而且主动求职的愿望比较低，所以在大众人力资源市场上很难招聘。猎头公司凭借其专业的人才和渠道，为企业提供经济、高效的服务。它在高级人才和用人公司之间架起一座桥梁，把高级人才从一个不能充分发挥其能力的岗位换到可以大施拳脚的舞台，这是对人力资源的有效释放，但是其招聘的成本也比较高。

知识拓展

招募工作要点

1. 招聘工作也是销售工作：不仅要把工作机会告诉别人，而且要把观念、目标、成果、未来发展机会也销售给别人，把所有销售技巧都运用到招聘工作中。

2. 让应聘者感到与你一起工作会很愉快：要关心他人，显得开朗、体贴、亲切。要随时检查自己的态度和行为，如有不当之处，立即予以纠正。

3. 不断练习自己的招聘技巧：反复多次地演练招聘面谈的内容与技巧，有时不妨把面谈内容录下来，反复重放，纠正自己的缺点，不断练习，直到完全练熟为止。

4. 制定能达成且切合实际的招聘目标：例如，每次计划招多少人？使多少新人成为有销售能力的人？

5. 与他人交换或分享意见：随时向那些成功的销售主管虚心学习或者与他们交换心得体会。

6. 现身说法：让所有与你接触的人都知道你喜欢自己的工作。表现出你是一位成功的销售主管，有十足的信心，并以自己的工作为荣。把自己的外表和交通工具收拾得整洁干净，事物处理得有条不紊。

7. 有正确的观念和态度：招聘是提供给别人良好的工作机会，不要以为是求别人替你做什么，只有这样，才能积极努力去做。

8. 分配好每天的工作时间及内容：把自己的工作安排妥当，不要因为招聘而耽误了销售，而要使两方面的工作都能顺利开展。

9. 遇到挫折切不可心灰意冷：有时会出现招聘效果不佳的情况，此时应该鼓励自己坚持下去，分析自己的薄弱之处，直到成功为止。

10. 避免"来者必用"或"先做做看再说"的想法：滥用新人会得不偿失，不利于组织的稳健发展。

11. 了解应聘者转职原因：那些在其他企业有违纪行为的人，很可能会在你的企业故伎重演或旧病复发。

12. 招聘时多问少说：最好先对工作性质及企业状况进行基本介绍，然后试探对方的感觉及反应如何，以确知应聘者的意向及其选择的态度。

13. 避免过多的承诺：有些主管在招聘时不自觉地承诺，如录用后会委以何种新职务或被指派去开发某个新的地区。但如果企业认为被聘者表现不佳，对其不满意，必然会产生矛盾。

14. 人不可貌相：有些主管太相信自己的眼光及判断能力。事实上，真正做好工作靠的是决心与实力，与外表、性别、年龄、身材、装束等因素没有太大的关联。

15. 少用竞争者的销售人员：聘用竞争者的销售人员容易造成客户的迷惑或困扰，认为在别家能干，转换企业也必定能表现优秀是短视且危险的想法。

16. 不要只招募那些自己喜欢或欣赏的人：要知道，招聘寻求的是有销售潜力的人。

销售主管在进行招聘时，应本着积极、自信和友善的态度，明白自己的任务就是吸收、训练并开发那些适应企业特殊工作机会的人的潜力的人。也就是通过招聘的方式与程序来吸引更多的人，使他们个人及整个组织都能够成功。但经验告诉我们，被吸收进来的人并非都会成功，这正是值得我们深思的问题。

第二节　销售人员的甄选

在企业经营管理实践中，对销售人员的甄选特别容易出现失误，那些我们认为具有所有销售人员优点的人，往往并没有成为真正优秀的销售人员，而那些浑身是问题，似乎没有什么优点的销售人员，有的却成了销售骨干。选错人，不仅浪费时间、浪费资源，也会错失一些重要机会。很多从事企业人力资源工作的人在招聘销售人员时，着重强调所谓的"相关工作经验"，希望应聘者是能在短期内为企业带来订单的销售高手。但结果往往很难招到合适的销售人员，或是招来的有经验销售人员很快就跳槽了。

一、甄选的原则

（一）经历契合

经历契合也就是应聘者的工作经历一定要和相应的岗位相吻合。从事大型的系统、设备、工业品以及解决方案的销售工作，对经历方面的要求更加严格。如果招来的销售人员没有相应的工作经历，那么他将很难掌握一个系统或一套设备的整个销售过程，取得好业绩就需要相当长的一段时间。而国内相当多的企业一般不会给销售人员太长的时间去出业绩，因此"经历契合"就显得更加重要了。

（二）发展阶段契合

企业生命周期理论将企业成长划分为四个阶段，分别是发展期、成长期、成熟期、衰退期。每个阶段对人才的要求都不一样。在第一阶段——发展期，企业成长还处于求生存的阶段，这时销售队伍的任务非常重，采取的策略一般都是闪电战。这个阶段不要求销售人员必须具备太多的系统知识，但是必须有足够的冲劲和热情。成长期就像人的青春期一样，是企业成长最快的时期，这时候要求销售人员有很强的上进心，需要有不断学习、吸收新知识的能力，那么在招人时就应该选择那些不太过分注重现实收益、愿意学习改变自己，伴随企业共同成长的年轻人。当企业发展到第三个阶段——成熟期时，已经解决了生存和成长问题，主要追求稳步发展，这一时期可能要求销售队伍的平均年龄可以稍大一些，从业经验要比较丰富，内部沟通和协调能力要比较强，这样才能比较好地适应成熟型团队。

总之，销售人员同企业的发展阶段一定要相切合。概括来讲，如果企业处于婴儿期，招聘的销售人员要带有七分冲劲、三分经验就可以了；如果处于成长期，应该招收有四分经验、六分潜力的销售人员；如果企业处于成熟期，建议招收七分经验，三分原则的人，因为这样的人，比较容易适应，能够比较快地为公司产出业绩。

【典型案例】

道不同，不相为谋

A君是某公司的销售经理。某次他参加一个招聘会，遇到一位很有经验的销售人员前来应聘。他对该销售人员的情况很满意，很想招过来。面试时，这位销售人员清楚表露了对近期收入的渴望，而该公司市场目前不是很好，处于新产品打市场的阶段，可能很难满足这位应聘者对短期收入的渴望。但是，A 君为了把他招揽过来，就一个劲地强调：公司有着光明的前途、产品很适合市场，我们肯定不会亏待优秀员工等。在 A 君富于煽动力的长篇大论后，那位销售人员觉得在这家公司很不错——似乎"钱途"与"前途"可以兼得，于是同意了加盟。

进入公司后，他慢慢发现公司的"前途"还是个未知数，而当前收入肯定是达不到预期的。在努力了半年而仍然没有得到他想要的之后，这名销售人员终于还是有些愤愤然地离开了，临走时还散布了不少关于公司的负面言论。

（资料来源：三亿文库，时代光华管理课程：如何建设与管理销售团队，2011 年 8 月）

（三）期望契合

有的销售人员看重经济利益，有的销售人员则更注重个人发展。期望经济利益的人，对短期回报看得比较重，会在意产品是否好卖，提成是否令他满意等；而期望个人发展的销售人员则不同，他们一般都比较在意学习培训的机会、接触新行业的机会、未来在公司的成长空间等。

（四）个性契合

不同个性的销售人员在脾气、适应力、推动力、感情稳定性等方面可能存在差异，而不同的行业、不同的业务类型分别需要与一定的销售人员个性相匹配。如，一个以"效率"为导向的销售队伍，通过直接销售的方式售卖书籍、光盘等文化产品，那么就要求销售人员有足够的冲劲，有敢想敢干的精神；反之，如果公司是销售系统解决方案的，那么沉稳、平和、思维缜密的销售人员就比较适合。没有一种最好的个性，只有对于岗位来说最适合的个性。甄选销售人员时，应注意应聘者的个性习惯与所在行业及其业务类型和销售方式的契合。

二、甄选的程序

（一）研究简历

要求每一位应聘人员填写简历，是为了避免明显不符合条件的人继续参加后续各阶段选拔，降低甄选成本，提高效率。简历中通常会提供应聘者个人基本情况、教育背景、工作经历、兴趣爱好、求职意向等信息，招聘单位可据此初步判定应聘者是否具备工作所需的一般条件或资格，此外简历也可作为面试时提问的导向。

通常情况下，人力资源部门收到的简历数量会远远超过销售岗位对人才的需求，此时如果一一电话通知应聘者前来参加考试或面试，场面将非常混乱，导致选人成本过高，往往得不偿失。因此，可以由人力资源部门会同销售部门对应聘者的简历进行仔细分析，根据每位应聘者的基本条件、过往经历、跳槽是否频繁、是否符合职位说明书的要求等情况，淘汰掉必备条件缺乏者，筛选出可能的人选。有条件的企业可以考虑建立量化打分体系，根据岗位需求情况，将应聘者从高分至低分排列，择优筛选出一定的数量进入下一个环节。

（二）电话沟通

电话沟通并非直接通知应聘者前来参加考试或面试。一方面，通过电话沟通，可以了解应聘者简历中提供的信息是否有夸大事实或故意隐瞒的情况；另一方面，初步考察应聘者的沟通和表达能力。经过这一环节，又淘汰一批明显不符合职位要求的销售人员。其余应聘者将进入下一个甄选环节。

NOTE

（三）考试或测验

有些行业在销售人员甄选中设置了考试环节，主要考察应聘者对于行业知识和营销技能的掌握情况。更多的企业在甄选销售人员时侧重于对应聘者开展各项测验，包括专业知识测验、心理素质测验和环境模拟测验。

专业知识测验主要考察测量应聘者的销售相关知识；心理素质测验主要考察应聘者的智力、个性、兴趣等心理特征，这些特征对销售工作有重要影响，有时甚至决定了销售工作的成败；环境模拟测验主要是通过模拟实际工作环境的各种情况，测试应聘者在工作压力下如何做出反应，同时使应聘者了解自己是否能够适应这种工作环境。

应注意，测验工作必须由专业人士来设计、组织与执行，对测验结果应进行科学的分析和研究，审慎鉴定。

【测验举例】

1. 有一农夫卖油，一只能盛 10 斤的桶装满了油，另有两只分别能盛 7 斤和 3 斤的空桶。不借助其他工具，如何把油分成两个 5 斤？

2. 你有一根有刻度可以七等分的金条，让工人工作 7 天，每天结束时必须付给工人 1/7 的金条，金条只能折断两次，请问每天该怎样付工人费用？

（四）面试

面试是一种经过组织者精心设计，在特定场景下，以考官对应聘者的面对面交谈与观察为主要手段，由表及里测评应聘者的知识、能力、经验等有关素质的考试活动。面试可以给公司和应聘者提供双向交流的机会，使二者之间相互了解，是公司挑选销售人员的一种重要方法。

面试的形式有很多，常见的主要有以下几种。

1. 问题式　由面试官按照事先拟订的提纲对应聘者进行发问，请予回答。其目的在于观察求职者在特殊环境中的表现，考核其知识与业务，判断其解决问题的能力，从而获得有关求职者的第一手资料。

2. 压力式　由面试官有意识地对应聘者施加压力，就某一问题或某一事件作一连串的发问，详细具体且追根问底，直至无以对答。此方式主要观察求职者在特殊压力下的反应、思维敏捷程度及应变能力。

3. 随意式　即面试官与应聘者海阔天空、漫无边际地进行交谈，气氛轻松活跃，无拘无束，双方自由发表言论，各抒己见。随意式面谈的目的在于从闲聊中观察应聘者的谈吐、举止、知识、能力、气质和风度，对其做全方位的综合素质考察。

4. 情景式　由面试官事先设定一个情景，提出一个问题或一项计划，请应聘者进入角色模拟完成，考核其分析问题、解决问题的能力。

5. 综合式　面试官通过多种方式考察应聘者的综合能力和素质，如用外语与其交谈，要求即时作文或即兴演讲，或要求写一段文字，甚至操作一下计算机等，以考察其外语水平、文字能力、书法及口才表达等综合能力。

面试官在面试的准备及实施过程中应注意总结经验，运用技巧，以提高效率、保证效果。如，在面试前详细了解应聘者的简历资料，面试过程中尽量创造和谐自然的环境，避免表现出高高在上的优越感或不耐烦、不尊重，必要时可以对感兴趣的话题进行追问。

（五）面试评估

由面试官根据面试过程中所了解到的信息，对应聘者进行评估，可采用面试评估表做详细记录（表12-2）。

表12-2　销售人员面试评估表

面试人姓名		年龄				
应聘岗位		专业				
评价要素	评价等级					
	很好	好	一般	略差	极差	备注
1. 礼貌、精神、态度等整体感觉						
2. 仪表穿着与服饰，举止得体						
3. 领悟、反应、思维能力						
4. 积极主动性						
5. 相关专业知识、技能、经验						
6. 行业经验						
7. 所具经历与本岗位的配合度						
8. 对新工作求职欲望、信心、毅力						
9. 具有培养潜力与可塑性						
10. 求职动机						
11. 个人服务意志及团队精神						
12. 个人理想与公司一致						
13. 办公自动化水平						
综合评估						
人力资源部初试意见	□进入复试　□淘汰		面试官签字/日期：			
销售部门复试意见	□进入终试　□淘汰		面试官签字/日期：			
公司主管领导意见	□储备　□淘汰　□试用		主管领导签字/日期：			

（六）最后的面谈

顺利通过以上各环节后，用人单位将会派代表跟拟进入试用阶段的应聘者进行最后的面谈。双方就公司基本情况、岗位特点、薪酬制度等方面进行细致沟通，最后签订聘用合同。

三、甄选过程中应注意的问题

1. 核实相关信息　根据应聘者填写提交的简历，核实各种证明文件，必要时通过电话、网络等方式审查关键信息，如应聘者有无违法违纪、信用不良问题，避免潜在的危害。

2. 决策要果断　企业间对优秀人才的竞争相当激烈，销售人员的招募与甄选成本也很高，看准了就下手，速战速决。

3. 注意应聘者的背景　不同行业对销售人员基本素质与能力的要求是不同的。医药行业销售人员最好要有医药方面的学习或工作背景，高新技术企业销售人员应该对其产品和技术有一定的了解，而通信行业销售人员最好是具有工科背景。这方面要求主要是基于个人的长远发展，若这类销售人员工作业绩出色，而且有良好的专业背景，那么极有可能成长为公司的中高层骨干。而缺少专业背景的销售人员，仅靠短期业绩难以获得较大的发展空间。

4. 对被淘汰的人表示感谢　最好是给每位落选者发一份函，感谢他们对公司的关注并前来应聘。由于应聘者和公司销售岗位的匹配程度尚有不足，暂时不考虑录用，但是会将应聘者信息纳入公司人才库，期待在将来有机会合作。不要让落选者带着怨恨离开，力争让每一位接触过公司的人都成为公司的朋友而非敌人。

第三节　销售人员的培训

培训是由组织提供的有计划、有组织的教育与学习，旨在改进销售人员的知识、技能、工作态度和行为，从而使其发挥更大的潜力以提高工作绩效，最终实现提高组织绩效的活动。

一、培训销售人员的意义

现实中有很多企业在招聘到新的销售人员后，立即派他们接手市场，投入实际的工作。这些企业担心培训要支付大量费用，并且失去一些销售机会。但事实证明，训练有素的销售人员往往能取得更好的销售业绩。另外，那些未经培训过的销售人员，工作业绩并不理想，且大部分情况下是无效的。

据调查国外一些最受尊敬的公司往往都愿意在销售培训上大笔付出。培训新人费用加上因从岗位上抽调销售人员而削弱销售能力所造成的损失，成本可达上百万美元。如IBM公司的新代表头两年是不能独立工作的，公司希望其销售代表每年用15%的时间参加培训。那些很成功的公司将培训成本视为一项能为公司创造回报的投资，而不是费用支出。在这种理念的指导下，那些公司为什么花费大量的人力和财力给销售人员培训？他们希望从这些销售培训项目中得到哪些回报呢？

（一）提高企业销售绩效

员工个人绩效的实现是企业绩效实现的前提和基础，任何培训项目的终极目标只有一个，就是利润回报。纳贝斯饼干公司（Nabisco Biscuit Company）估计其在一个项目上实现了122：1的回报，这个项目向销售人员讲授如何制作销售文档并向零售客户进行专业的销售演示。公司为每位参加项目的销售人员支付了1008美元，结果发现平均每位销售人员每年增加了122640美元的业绩。一家制药公司发现，仅仅通过适当的培训把处于中下游水平的销售人员业绩提高到中等水平，就可以带来销售额9%的增长。上述的例子表明了把钱花在培训上所带来的丰厚回报。遗憾的是，现在大部分公司并没有对销售培训带来的财务影响做出评估，所以才会认为花费较多的时间和钱财给销售培训是不必要的。

（二）降低人员流动率

人员流动率是指离职人员相对于销售团队总人数的比率。没有经过良好而规范的培训就匆匆上岗的销售人员，常常在寻找买家、回答问题、达成交易等方面遇见困难。面临上述的情况，他们通常感觉困惑与失望，从而导致在有机会学习如何有效地开展推销工作之前便匆匆放弃了。众所周知，医药代表的流动率一直居高不下。什么原因导致了医药行业销售人员的高离职率呢？培训确实对降低流动率有帮助吗？一项对多个行业的研究结果表明，销售经理通过为员工提供高质量的销售培训项目，可能有助于降低工作压力（是离职的风向标），提高工作满意度。

（三）提高时间和区域管理效率

对于公司而言，提高销售人员对时间和区域的管理技能都是很重要的。销售人员经常面临时间压力，因而难以有效地分配资源。普通员工与优秀员工的区别在于对重点客户的把握、对资源的分配不同。一个团队奖金最多、各方面表现最好的，往往是最懂得如何分配自己的时间和资源的员工。一些公司意识到提高时间和区域管理效率的重要性，专门引进了客户管理软件。如办公设备制造商必能宝公司（Pitney - Bowes）曾经组织 3000 名销售人员参加一期销售自动化培训项目，向他们讲授如何使用特定的客户管理软件。结果，培训不仅使销售人员效率提高了 30%，客户满意度也得到了显著的提升。

（四）树立企业文化并提高士气

良好的企业文化可以使整个企业产生强大的凝聚力，并对每个员工产生强大的激励。阿尔卡特朗讯是一家大型电信公司，2012 年其股价下跌了近 60%。为了提升士气和重振销售队伍，该公司投入销售培训，销售人员感觉受到高度重视，最后帮助公司顺利扭转了不利局面。

二、制定培训计划

【培训实践】

培训的悲哀

这是蒙卡德保险公司得梅因办事处为期三天销售培训课程的第一天。公司的 25 位销售人员在早餐时兴奋地讨论着接下来的活动：几轮高尔夫，一些水上漂流和颁奖晚宴，届时会宣布年度激励大战的冠军等。他们甚至对 3 次 5 个小时的强化培训课程（每天一次）翘首以待，因为据说课程非常新颖而且发人深省。两位最近新任命的助理经理和道格·布卢姆也出席了会议，他们都在静静地听着代表们的讲话。

上午 7：45，销售人员们离开餐桌，穿过九点大堂来到会议室，然后就座。8 点整，教员汤姆·贝克步入会议室，开始授课。4 小时后，销售人员们陆续集聚到餐厅。那两位助理经理随后也加入进来，他们曾经参加过同一个公司主持的领导力培训课程。

一坐下来，销售人员们就开始嚷嚷："这是我参加过的最糟糕的培训。""太乏味了。""我睡觉的时候都比这样学得多。"助理经理们非常吃惊，因为他们认为课程讲得有声有色。然而销售人员们却烦躁不安，甚至不想继续参加其余的两次课程。"再来 10 个小时，纯属折磨。"一个销售人员说道。

布卢姆建议销售人员们全身心地享受下午的活动—漂流，由自己留下来处理这一困境。他说，当与大家共聚晚餐的时候会找到一个解决办法。布卢姆不想让这次培训彻底流产，他也不想白白浪费公司在销售会议和培训课程上的投资。他坐在大厅里面，静静地等待讲师，试图想出一个解决方案。

制定培训计划包括三个过程：培训需求分析、设立培训项目的具体目标、制定培训预算。

（一）培训需求分析（training needs analysis）

指在规划与设计每项培训活动之前，由培训部门、主管负责人、培训工作人员等采用各种方法与技术，对参与培训的所有组织及其员工的培训目标、知识结构、技能状况等方面进行系统的鉴别与分析，以确定这些组织和员工是否需要培训及如何需要培训的一种活动或过程。

表12 - 3　S公司销售部培训知识需求结构表

角色	知识类型	具体内容
全体销售人员	企业知识	①企业文化；②企业规章制度培训
	制药专业知识	①医药行业知识；②公司产品知识；③营销技能
	销售人员个人素质	①医药行业职业训练、态度、礼仪、行为习惯；②医药销售团队协作精神、客户沟通能力、时间管理能力、谈判技巧
专业推广代表	岗位知识认知	①专业医院销售实战技巧；②医院大客户关系管理技能；③医院药品采购流程；④知识营销管理；⑤药品生产管理

从表12 - 3可以看出，不同岗位的销售人员对于培训知识的需求有相同也有不同。实际销售培训计划的制定应当建立在对销售培训需求的充分掌握之上。培训前做好需求调查如何使销售人员培训更有针对性、更能符合企业发展的实际需要，这需要人力资源部门或培训组织者要根据培训的不同目的，展开培训需求调研。进行培训需求调研最好的方式就是问卷调查，调查问卷的设计一定要简单而且容易回答，并能激发起销售人员的兴趣。此外，对于职位技能的培训，除了调查问卷外，还必须结合访谈，向各级管理者和他的上下级进行调查，结合绩效评估表、技能培训需求调查表、重点人群的抽样面谈等方式，确定销售人员岗位技能差距和重点的技能培训项目。

（二）设立培训项目的具体目标

找到培训需求之后，下一步需要设定具体销售培训的目标，并将之以文字形式展现出来。与所有好目标一样，培训目标应该足够清晰且便于衡量。如，此次培训的目标是训练销售人员的工作方法。那培训的内容应该怎样设计？培训方法如何选择？常用的培训方法有课堂培训法、会议培训法、模拟培训法、实地培训法等。

（三）制定培训预算

据2011年有关数据显示，国内有41.30%的企业每年为员工花费的培训成本，占其员工工资总额的1%以下；有39.13%的企业每年为员工花费的培训成本，占其员工工资总额的1%～5%；有15.22%的企业每年为员工花费的培训成本，占其员工工资总额的5%～10%；有4.35%的企业每年为员工花费的培训成本，占其员工工资总额的10%～25%。

调查显示，虽然多数企业认识到了培训的必要性，但在对员工培训的投入上并不是很大方。若企业加大对培训的投入，必然增加企业的成本，这是多数企业所不愿看到的。可是如果企业能够认识到恰当的培训会对企业带来更好的发展，企业仍然会对培训加大投入。为了防止因销售培训而带来企业成本的增加甚至浪费，合理的培训预算是非常有必要的。那么，如何才能使预算更加合理化呢?

　　制定合理的培训预算要做到以下几点:①统计受训对象。对于销售部门而言,常常有初级代表、高级代表、区域经理、大区经理等。②区分受训对象,合理划分投放比例。例如,美国柏林顿工业公司(Burlington Industries)为有经验的销售人员培训花费的成本较高。每个部门有经验的销售人员每年要会面四次,每次为期一天,会上要对照竞争对手总结销售和产品的情况,切磋销售技能。③划定内外部受训比例。确定投放比例后,预算进入关键阶段,必须对内外部培训比例进行确定。国内企业现有培训体系尚不健全,大部分企业认同外部培训,却忽略了内部培训的建设与发展,因而增加了大笔培训费用。根据国外经验,企业内部培训应当作为重点发展方向。

三、实施培训计划

　　为了增强培训效果,培训讲师应掌握以下培训要领:

　　1. 注意受训者的销售反应能力　培训讲师在不同场合下不断试探受训者在销售方面的反应,下面几个要点可供参考:受训者能否适当地介绍产品的优点及好处,使客户了解并产生购买的欲望;受训者能否判断客户借口或拒绝,是表示对产品有兴趣还是真的不喜欢;受训者能否判断客户对其说词的反应及购买信号;受训者能否在介绍产品中不断设法成交,并将产品介绍及解说一直以取得订单为目标而不是在绕圈子或磨时间。以上都是讲师在每天培训结束后需要检查的事项。

　　2. 养成写报告的好习惯　培训讲师要强调写报告的重要性及责任。并且讲师必须为受训者做出榜样,每天都把考核表做好,与此同时让受训者体会到及时完成报告是一种良好的习惯。

　　3. 注意受训者的可塑性及学习态度　在评估受训者的进展状况时应注意:受训者能否提出足够的问题;检查或指正过的错误是否还会再犯?能否不断丰富自己的产品知识、保持积极乐观的心态,改进销售方式?能否每天研读资料以要求绩效的全面提升?

　　4. 传授销售的平均数法则　订单数 = 拜访介绍的次数 + 积极的态度 + 不断进步的推销技巧,这是一个销售成功的方程式,也叫平均数法则。任何成功的销售人员都知道这一方程式的真实性及妙用。等式右边变数最大的是积极的态度,因为销售技巧在短期之内不会有很大的变化,但态度却可以时时改变。而态度之所以会改变,是因为没有销售经验的人只有在拿到订单后才会有信心,找到成就感。针对这种情况,讲师需不断增强受训者的自信,帮助他们及时调整心态。在不断地拜访中,总结经验,提高销售技巧,从而拿到更多订单。

四、培训效果评估

　　培训效果评估是指培训项目产生的影响评估,包括对各个利益相关主体的影响,侧重于评估培训项目本身目标实现的程度。Hamblin 认为,培训效果评估就是得到培训效果的反馈并对反馈信息进行评估。一个完整的效果评估一般包括以下几方面:一是对受训者的评估,包括了解其对于培训项目的态度,对培训项目本身的评估。二是学习层级评估。这部分评估的目的是了解员工通过培训是否掌握了应该掌握的知识。三是评估受训者们在工作中对所学知识和技能的运用情况。可以通过一些有形的指标衡量如任务完成率增加、销售量同比增长、费用节约率

NOTE

等；同时也包括无形的收益，包括销售人员满意度增加、顾客满意度提高等。

目前各企业对培训效果评估也持有不同的态度。中国规模最大的人力资源网站——中人网，曾策划并组织中国企业培训调查。该次调查的企业涉及各个行业。调查结果显示，经常对企业培训效果进行评估的比例不足 50%。也就是说销售人员的培训效果评估在企业的管理活动中，还没有被充分重视起来，多数的企业对于销售人员的培训效果评估只是偶尔进行或是不进行。

近年来，培训成本在不断提高。正是因为成本不断提高，企业才必须要想办法判定投资能否收到期望的回报。只有这样，才能适时地调整培训方向和内容。目前国内外运用得最为广泛的培训效果评估方法是柯克帕特里克（Kirkpatrick）于 1959 年开始提出的四层次评估模型。该模型流行的一个原因是，它既简单又实用。下图描述了框架的四个层面，并且简要描述了模型是如何被用来评估销售培训的。

表 12 -4   柯克帕特里克评估四层次模型

层次	评估内容	测量方法
反应层	学员对培训项目的哪些地方感到满意？他们有什么建议	问卷调查法
学习层	学员从培训项目中学到了什么？受训者技术及技能掌握方面有多大程度的提高	笔试/绩效考试
行为层	通过培训，学员的行为是否发生了变化？培训后，受训者的行为有没有什么不同	主管/同事/客户和下属进行绩效考核
结果层	行为的变化是否对组织产生了积极影响？企业是否因为培训经营得更好了	事故率/生产率/流动率/质量等

如表 12 -4 所示，第一层旨在从多个角度衡量受训者对销售培训项目的反应或感受。尽管公司强调要明确培训的效果。但正如图所示，绝大多数公司比较倾向用受训者的反应来评估培训项目。第二层的培训旨在结合培训目标，评定受训者掌握了多少知识、如何去运用，以及态度的转变。评定可以采用书面测试与行为测试（角色扮演和客户评价）相结合的方法。第三层的评价评估旨在考察行为上的改变。评估销售人员在接受培训之后，在多大程度上改变了与工作相关的行为。第四层旨在评估达到了预先设定的目标。

此外对于培训效果评价还有很多方法。如 CIRO 评估模型、满意效用比（CVR）和技术匹配模型、投入产出计量模型等。不同的模型都有其优劣势。

对于今天的企业来说，培训的实施必须和企业的发展战略紧密结合，因此对培训效果的评估也必须和战略的实施相结合，使二者之间保持协调一致。而做到这一点的基本假设前提是培训的实施必须满足对特定项目和课程内容的要求。在这个以"变革"为主题的今天，不断加快的变革节奏带来不断变化的商业期望和要求。在这种情况下，培训的实施就必须和组织的要求结合在一起，同时也要满足个人希望以及职业发展的需要。

只有当培训结果的利益相关者明确了各自的特定需求，并且通过学习和行为的改变满足了他们的这些期望的情况下，培训才真正和战略实现协调一致。由于在行为层和效果层评估过程中收集的资料和信息来自于行为目标和期望的结果判断，借助这些资料和信息我们可以判断培训是否和战略存在这种一致性，并采取相关措施来确保二者之间的这种一致性。

【本章小结】

销售人员的招募是销售管理中一项重要的工作，也是组织人力资源形成的关键。招募是在企业总体发展战略规划指导下进行的，它的实质是让潜在的合格人员对本企业相关的职位产生兴趣并且前来应聘这些职位。影响招募的因素主要有两个：一是外部因素，包括国家的法律法规、外部劳动力市场、竞争对手等；二是内部因素，包括企业自身的形象、企业的预算、企业的政策等。

培训是由组织提供的有计划、有组织的教育与学习。培训的具体实施过程一般包括几个方面：首先要确定培训需求；其次是培训设计；包括培训计划的制定和实施等；最后是培训计划的评估。

在实践中，培训的计划多种多样，企业应当根据具体情况选择合适的培训方法。对于企业而言，培训计划的实施也必须跟自身的发展战略保持一致，只有这样才能让培训达到预期的效果。

【重要概念】

内部招募；外部招募；销售人员甄选；培训需求分析；培训效果评估。

【复习思考】

1. 什么是招募？

2. 招募工作应该怎样进行？

3. 制定销售人员培训计划需明确哪些问题？

4. 为了增强培训效果，讲师需要掌握哪些培训计划实施要领？

5. 怎样对培训效果进行评估？

【案例分析】

华润双鹤医药公司销售人员招聘

双鹤药业是一家拥有了70余年历史的大型国有医药企业。在抗日战争时期，即已成立，前身是中国共产党的战地药品生产机构，新中国成立后根植于北京，在当地是知名的医药生产企业，历经了计划经济时期，进入市场经济，并不断壮大发展，在20世纪90年代中期正式组建为医药公司，并受国资委管辖。在20世纪90年代后期，正式挂牌上市，也是国内较早成为上市公司的医药制造企业。双鹤药业公司上市之路，也是该企业向着科学化管理迈进的过程。时至今日，双鹤药业公司正式并入国内世界500强华润集团（以下简称华润双鹤药业），华润双鹤药业秉承"诚实守信、业绩导向、客户至上、感恩回报"的价值观，更要求其在研发、生产、销售和管理方面更上一层楼，尤其在人员管理方面更加科学，系统和精准。

随着华润双鹤药业的不断发展壮大，销售区域不断扩张，现有销售业务已拓展深入至基层医疗市场。由于国家对慢性病防治重视，依托公司产品体系，基层终端销售成为公司销售的重点和发展方向。华润双鹤药业销售人员主要面对县及县以下基层医疗市场，公司对销售人员的任职要求如下：

1. 工作积极主动。医药销售竞争异常激烈，基层市场的覆盖面较广，要求销售人员更加勤奋，积极寻求销售机会，找出客户需求，并及时给予解决。对销售工作有高度热情。

2. 执行力强。销售人员需要充分理解公司下达的各项任务，并坚定不移的执行，采取各种可能的办法和方式达成工作要求。

3. 良好的人际交流能力。销售人员直接面对医院客户，及时为客户讲解产品，解决问题，提供帮助等，人际沟通是销售人员必备的技能。

4. 工作专业性。药品不同于其他类别的消费品，药品销售工作要求销售人员必须具备相应的医疗知识，对药品本身的了解程度要达到专家级的水准，一名优秀药品销售人员的标准是成为医生的顾问，其次才是销售的技巧。作为药品销售人员要深入了解掌握药品这个特殊产品的特性和使用，并在医疗领域不断钻研，了解行业发展情况。

5. 认同业绩导向结果为王的理念。销售人员需要用业绩来证明工作的真实效果，工作的有效性可以用成功销售来进行衡量。销售人员应该具有明确的目的性和对成功的渴望。

6. 对责任区域的管理能力。医药销售人员需要负责所辖区域多个终端的销售业务，拥有一定的客户群，要求销售人员对区域客户具有组织和计划、管理的能力。有效利用资源，为客户做好服务，提供解决方案，以达成销售目的。

7. 持续学习能力。找出自己的不足之处，主动寻找提升自己的方法，不断学习，并将学到的知识加以利用，学以致用。

然而，华润双鹤药业在实际招聘中并未充分考虑以上的任职资格。公司销售人员招聘广告中表述的任职资格如下：①大学专科以上学历；②医学或药学专业优先；③工作经验不限；④吃苦耐劳，坚持不懈；⑤有深入基层工作的强烈意愿；⑥良好的沟通能力和人际交往能力。

招聘广告中的任职资格界定流于表面，只能对销售人员进行最简单的筛选，没有明确提出应聘人员哪些能力应被重点测评，如何测评。

华润双鹤药业的销售人员招聘的途径主要有内部招聘和外部竞聘。

[内部竞聘] 销售人员内部竞聘，由公司人力资源部负责定期（约一年一次）开展公开竞聘，全公司人员均可自愿报名参与，由公司部门经理、副总经理等管理人员组成评审组，竞聘人员进行述职演讲和答辩，述职演讲主要针对曾经的工作内容和获得的成果，对拟竞聘职位的理解和工作规划，答辩围绕竞聘人员的各项能力进行提问，测评其能力是否和销售人员各项能力匹配。最后由评审组打分，确定是否胜任竞聘职位。

[外部招聘] 对于销售人员外部招聘，考虑区域广，人员分散，多通过网络发布招聘信息，由人力资源部进行简历初筛，按区域就近原则推荐给各销售区域负责人初试，区域总监进行复试，面试通过后，应进行业务知识和技能考核。根据招聘审批权限，由销售部门主管总监或副总监确定。人力资源部销售人员简历初筛，主要对应聘人员学历、所学专业、意愿工作地进行过滤，销售人员最低学历为大学专科，医药学专业优先。一线经理面试主要方式通过聊天、交流曾经的工作业绩、负责区域、实际工作等方式测试应聘人员的各项能力，如销售说服能力、沟通能力、影响力、吃苦耐劳能力等。二线经理复试主要考核面试者的过往经历，对相应能力进行复核，凭借二线经理个人的阅历、工作经验和能力来判别应聘者是否可被录用。

（资料来源：徐晓峰.SH公司销售人员胜任力模型构建及其在招聘和员工发展中的应用.成都：电子科技大学，2014）

思考与讨论：

1. 你对华润双鹤药业的销售人员招募方式有什么看法？

2. 结合案例谈谈你对企业内部招募和外部招募的认识。

第十三章　销售人员的薪酬

【学习要点】

通过本章的学习，掌握建立薪酬制度的原则和销售人员薪酬制度的作用，熟悉销售人员薪酬制度的类型和销售人员薪酬的基本内涵，了解企业销售薪酬的实施对其销售竞争优势的长远影响。

【引导案例】

北京紫竹医药经营有限公司销售部门薪酬管理办法

为了制定适合企业市场化运作的分配体系，激发员工活力，共同分享公司发展所带来的收益，把员工个人业绩和公司整体业绩有效结合起来，对于各销售部门内部的省级商务代表岗位，由于各个商务代表负责的区域不同，各区域为公司贡献的销售收入不同，为了体现这种差别，在地区商务代表初次入级对其进行入级评价时，增加"所负责省区历史销售收入"这个入级评价维度，省区商务代表入级评价的具体维度和评价标准如下表：

表13-1　商务代表入级评价表

评价维度	评分标准					权重
业绩表现	以往业绩表现杰出	以往业绩经常达到目标，表现良好	以往业绩未完全达到目标，对整体工作无大的影响，表现合格	以往业绩与目标有一定差距，对整体工作有较大影响，表现较差	以往业绩与目标有很大差距，结果几乎不可用，表现不合格	30%
胜任能力	能力超过要求，能创造性地开展工作	能力符合岗位要求，能有效开展工作	能力不足，能独立开展工作，对岗位功能的影响较小	能力不能完全胜任岗位要求，需经常指导及跟踪管理下工作	能力不能满足岗位要求，在指导及跟踪管理下仍无法正常开展工作	30%
从业经验	相关工作经验和行业经验超过岗位要求	相关工作经验和行业经验满足岗位要求，能顺利开展工作	相关工作经验和行业经验不能完全满足岗位胜任要求，需要几个月的试岗时间	相关工作经验和行业经验难以满足岗位胜任要求，至少需要半年以上的试岗时间	相关工作经验和行业经验离岗位胜任要求差距很大，几乎不可用	25%
教育背景	教育水平超过岗位要求	学历或教育水平与岗位要求相符	学历或教育水平略低于岗位要求，勉强可用	教育背景与岗位要求有差距较大，难以开展工作	教育背景与岗位要求差距太大，无法满足工作开展要求	15%
所负责省区历史销售收入	N/A	≥3000万元	≥1500万元且<3000万元	≥800万元且<1500万元	≤800万元	30%

（资料来源：北京紫竹医药经营有限公司薪酬管理办法（2013）

本章主要介绍销售人员的薪酬制度，对销售人员的薪酬管理就是在力求能充分调动销售人员积极性的前提下，降低销售成本。包括建立销售人员薪酬制度的原则，建立销售人员薪酬制度有哪些作用，和建立销售人员薪酬制度的主要类型。销售人员薪酬制度的建立必须遵循一定的原则。

第一节　建立销售人员薪酬制度的原则

薪酬和激励是销售经理管理销售人员的有效手段之一。好的薪酬与激励制度一方面能稳定销售队伍，另一方面能提高管理效率。销售人员的激励与指导就是力求使销售人员的潜力得到充分发挥。一个企业如果建立起一套有效的薪酬管理制度，将薪金、佣金和奖金合理搭配，那么就能有效地简化企业的销售管理工作，在实现员工个人利益的同时，实现企业的销售目标。

一、销售薪酬的含义

销售薪酬是指销售人员通过从事销售工作而取得的利益回报。企业销售人员的薪酬通常包括以下几个部分：

1. 基础工资　这是相对稳定的薪酬部分，通常由职务、岗位和工作年限决定，它是销售薪酬的基础，是确定退休金的主要依据。

2. 津贴　这是工资的政策性补充部分，如对高级销售职称的人员给以职称津贴、岗位津贴、工龄津贴、地区补贴、国家规定的价格补贴等。

3. 佣金　这是根据销售人员的销售业绩给予的薪酬，这部分有时又称为销售提成。对销售人员来讲，佣金一般是销售薪酬的主体。

4. 福利　通常是指销售人员能享受到的，与其贡献关系不太大的利益，如企业的文化体育设施、托儿所、食堂、医疗保险、优惠住房等。福利一般是根据国家优惠政策来给予的。

5. 保险　是指企业在销售人员受到意外损失或失去劳动能力及失业时为其提供的补助，包括工伤保险、医疗保险、失业保险等。

6. 奖金　根据销售人员的业绩贡献或根据企业的经济效益状况给予的奖励，有超额奖、节约奖、合理化建议奖、销售竞赛奖、年终综合奖、荣誉奖等。

由以上分析可见，销售人员的薪酬不仅限于薪金，而且还包括其他方面的回报。一个企业销售薪酬的实施对其销售竞争优势有长远的影响。

二、建立薪酬制度的原则

一个企业建立了一套比较好的薪酬制度后，经过一段时间之后又会发生新的变化。也就是说，目前情况下令人满意的薪酬制度，一年或两年之后可能就会变得无效。但如果经常加以调整，不但实施起来比较困难，费用较高，而且也会令销售人员感到无所适从。销售人员薪酬制度的建立必须遵循一定的原则。一个理想的销售人员薪酬制度应体现出以下原则：

（一）公平性原则

这主要表现在同为销售人员，则应体现多劳多得，优劳（如回款情况良好，顾客满意度高）多得；考虑到销售工作的特殊性（如许多销售人员常年在外，无法照顾家庭等），销售人员的整体报酬与企业内其他人员相比应略高。

销售人员薪酬制度应建立在比较客观现实的基础上，使销售人员感到他们所获得的薪酬公平合理，而企业的销售成本也不至于过大。好的销售人员薪酬制度既不让销售人员感到企业吝啬，又不给企业造成浪费。使销售费用保持在既现实又节省的程度上。销售人员薪酬制度要使销售人员的薪酬与本人的能力相称，并且能够维持一种合理的生活水平。同时，销售人员的薪酬必须与企业内其他人员的薪酬相称，不可有任何歧视之嫌。

（二）激励性原则

激励性原则指销售人员薪酬制度应能很好调动销售人员工作的积极性，激发其工作的主动性和创造性，促使其取得优异业绩。

销售人员薪酬制度必须能给销售人员一种强烈的激励作用，以便促使其取得最佳的销售业绩，同时又能引导销售人员尽可能地努力工作，对公司各项工作的开展起到积极作用。当销售状况良好时，销售人员期望获得特别的薪酬。企业除了赋予销售人员稳定的岗位收入以外，还要善于依据贡献的大小在总体薪酬上进行区分，并给予数额不同的额外薪酬，这是销售人员薪酬制度真正实现激励作用的关键。

（三）灵活性原则

销售人员薪酬制度的建立应既能满足各种销售工作的需要，又能比较灵活地加以运用。即理想的销售人员的薪酬制度应该具有变通性，能够结合不同的情况进行调整。实际上，不同企业的组织文化、经营状况、期望水平、市场风险存在很大差异，这种差异导致不同行业或企业之间薪酬要求的不同。因此，企业在具体的薪酬方式的选择上，应对各种相关因素进行综合分析，并进行科学决策。

（四）稳定性原则

优秀的销售人员的薪酬制度能够保证销售人员有稳定的收入，不至于影响其正常的工作与生活。因为销售量经常受到一些外界因素的影响，销售人员通常期望自己的收入不会因这些因素的变动而下降至低于维持生计的水平，企业要尽可能解决销售人员的后顾之忧。除了正常的福利外，还要为其提供一笔稳定的收入。而这笔收入主要与销售人员的岗位有关，与其销售业绩不发生直接联系。

（五）控制性原则

销售人员的薪酬制度应体现工作的倾向性，并能对销售人员的工作指引方向，能使销售人员发挥潜能，提高工作效率。同时，薪酬制度的设立应能实现企业对销售人员的有效控制。企业所确立的销售人员薪酬制度，不能以牺牲必要的控制能力为代价，这是企业保持销售队伍稳定并最终占有市场的关键。为了实现这一目标，企业必须承担必要的投入风险（如给销售人员维持基本家用的底薪，必要的市场开发费用），而不能把绝大部分风险转嫁给销售人员。

（六）吸引性原则

吸引性原则指销售薪酬制度要针对企业所处行业的特点来制定。一个好的销售薪酬制度应能保证销售人员的整体收入水平高于本行业平均水平，最好能比重要竞争对手的销售人员的收入水平高。

销售人员的薪酬制度必须富有竞争性，给予的薪酬标准要高于竞争对手的规定，这样才能吸引最佳的销售人员加入到本企业的销售组织之中。额外薪酬是多少，要依据综合因素进行评

NOTE

定，不能采取简单化的做法，认为奖金越高，激励作用也就越大。

第二节　销售人员薪酬制度的作用

薪酬是连接企业与销售人员的重要纽带，它不仅是一种公平交易，它还可以将企业的组织目标与管理者意图及时、有效地传递给销售人员。从这两个主体的角度出发，薪酬制度发挥着不同的作用。

一、销售人员角度薪酬制度的功能

薪酬制度对于销售人员的功能主要体现在以下两个方面。

1. 保障功能　薪酬制度的保障功能体现在以下三个方面：首先，合理的薪酬制度为销售人员提供了购买必需的生活资料以维持生活需要的支出保障；其次，薪酬制度为销售人员提供了学习、培训、进修等提高自身修养等方面的支出保障；最后，薪酬制度为销售人员提供了满足自身需求的娱乐、社交方面的支出保障。

2. 激励功能　薪酬制度可以实现企业的激励控制，直接影响销售人员积极性的调动，从而提高个人和组织的效率。合理的薪酬制度激励功能的典型表现是奖金的运用。奖金是对销售人员工作表现的评判，也是对有效超额劳动的报偿。这里的"劳动"不仅包括简单意义上的体力劳动，也包括复杂的脑力劳动，如技术创新劳动、管理创新劳动等。

二、企业角度薪酬制度的功能

薪酬制度对于企业的功能主要体现在以下三个方面。

1. 成本控制功能　企业为取得人力资源必须付出一定的薪酬，但支付给销售的薪酬占到了企业总成本的一定比重。企业一方面要考虑薪酬的市场竞争力，另一方面要考虑控制成本所获得的产品价格竞争力，所以，薪酬支出是企业成本最直观的体现，有很强的成本调节功能。

2. 人员调节功能　薪酬制度的调节功能主要表现在三个方面：首先，劳动力流向的合理调节功能。在同行业、同地区中，企业工资的高低决定了其在劳动力市场中的竞争力，工资越高，越容易吸引劳动力。其次，劳动力素质结构的合理调整。俗话说，"只要栽下梧桐树，不怕引不来金凤凰"，合理的薪酬制度是对劳动力素质结构调整的最有效工具。再次，劳动力价值取向的有效调节。薪酬结构很大程度上影响公司销售人员的价值取向。

3. 塑造企业文化　薪酬制度会对销售人员的工作行为和态度发生很强的引导作用，薪酬的多少体现了企业对销售人员的地位和作用的认可和重视，是对销售人员个人能力与业绩反馈的重要体现；薪酬的计算和发放方式也传达着企业文化的某些层面，例如个人主义或团队贡献。因此，合理和富有激励性的薪酬制度会有助于企业塑造良好的企业文化，或对已有的企业文化起到积极的强化作用。事实上，很多企业的组织变革、文化变革都伴随着薪酬制度的变革，所以，薪酬制度对企业文化的塑造有很重要的作用。

综上，确定销售薪酬制度应考虑的因素如下：①企业本身情况；②产品情况；③目标市场情况；④行业情况；⑤销售管理情况；⑥其他宏观政策等因素。对绝大多数主要以推销方式推销其产品、服务或项目的企业而言，销售人员薪酬制度的科学与否、合理与否决定了企业的成败，因此，企业对销售薪酬制度的制订工作必须予以高度的重视，考虑周全。

知识拓展

走出认识误区的深渊，抛弃神话的梦幻

目前，薪酬已不是单一的工资，也不是纯粹的经济性报酬。对于个人绩效薪酬制度的迷恋，关键还在于人们存在许多的认识误区，从而将个人绩效这把"双刃的利剑"完全神话，成了人们眼中战无不胜的"尚方宝剑"。通常人们有以下几个危险的概念误区。

1. 把工资率混同于人工成本　工资率是按时间分配的正常工资，人工成本是对公司付给其雇员的薪资额与雇员的生产产量的比值，也就是说，人工成本是生产单位产品公司支付给雇员的工资。因此，尽管美国工厂工人的工资可能是每小时 25 美元，而中国工人的工资可能是每小时 3 美元，工资率有显著差别，但是这些工人的相对成本会表现为在同时期生产出多少部件，人工成本并不一定有显著的差别。

2. 强调通过降低工资率来降低人工成本　需要清醒认识的是，人工成本不只是工资率的单变函数，而是工资率与生产率两个因变量共同决定的函数。要降低人工成本，必须同时考虑工资率与生产率两个比率。如果偏颇地仅考虑工资率，有可能适得其反。因为在降低工资率的同时，工人的生产和创新积极性遭到损伤，极有可能引起员工的不满及抵触情绪，存在潜在的消极怠工现象，降低了劳动生产率，从而实际上增加了人工成本。

3. 人工成本占总成本的比例很大　这是事实，但不是在任何时候、任何场合都是"放之四海而皆准的真理"。在不同的行业和企业，人工成本占总成本的比例大不相同。高新技术企业，人工成本占总成本的比重应该比制造业大得多。但实际上，并不能简单地把人工成本视为成本因素。人工成本只是最有直接延展性的支出，它的收益与支出的比例与弹性有时是相当惊人的。

4. 低人工成本是一种持久而有效的竞争武器　实际上，人工成本也许是最不可靠和最不易保持的竞争优势。古语有云，"人往高处走，水往低处流"，一旦有更好的机会，就很容易"人心思变"，长期积累的人才竞争优势稍有不慎，便会一夜之间轰然坍塌，企业发展处于极为不利的尴尬困境。更好的竞争优势来自于质量、客户服务、产品、流程、服务创新或者在技术上领先。当然，具备这些竞争优势需要长期不断的积累和强化，比光削减成本要困难得多。

约瑟夫.M. 居兰博士的研究发现，即使员工能够尽力地做好他自己的工作，也只能解决 20％的问题。大部分问题出在系统的过程、方法、机制、政策等环节上，这些问题只能通过有效的管理来解决。但是，这是否意味着，同样作为个人的管理者必须对那 80％的问题负责？这同样是个陷阱。我们必须摒弃将责任归咎于离问题最近的个人的思维定式。高层和中层管理者应该了解限制他们行为的各种因素，比如办法、政策、制度、无法说出的禁忌、个人经验对决策的影响以及他们的态度等，然后一起来改革所有应该改革的东西，只有这样才能解决 80％的问题。所以，批评某个人对公司发展来说是下策，公司发展的最大机会、最大动力在于改革工作程序。

［资料来源：张静. 绩效薪酬与企业绩效的关系研究. 企业改革与管理，2016（6）：94-95］

NOTE

第三节　销售人员薪酬制度的类型

企业根据不同职位的不同工作职责，希望通过采用具激励性和成本效益的薪酬类别和适当的薪资结构的拟定，使销售人员不仅能得到一种物质利益的满足，而且体现一种尊严的满足、自我价值实现的满足，进而使企业形成良好的向心力和凝聚力，最大限度地发挥销售人员的聪明才智，从而提高绩效，推动公司和销售人员实现长期和短期的目标。

企业的销售薪酬制度涉及三个方面的问题：一是从销售人员的角度看，希望获得稳定而较高的收入；二是从管理人员的角度看，力求使成本降低；三是从消费者的角度看，希望从销售人员手中以较低价格获得自己所需要的商品。可见，这三者所追求的目标之间存在着固有的矛盾，使得建立一套合理的薪酬制度成为比较复杂的事情。根据企业的实际经验，销售人员薪酬制度的类型大体有以下几种。

一、纯粹薪金制度

纯粹薪金制度是指无论销售人员的销售额是多少，其在一定的工作时间之内都获得固有数额的薪酬。这种薪酬制度适用于销售人员从事例行销售工作，当企业生产的产品容易推广时，企业也会偏向于采用没有佣金的固定薪金制度。或者当企业销售人员需要为顾客提供技术或咨询，或需负担很多销售推广工作时，单纯的薪金制度也常常被企业采用。

纯粹薪金制度是指对销售人员实行在一定时间内，获得固定金额的报酬的薪酬制度，也即俗称的计时制。年薪为各医药公司给予年薪制销售人员对公司年度贡献和其职责重要性的一种报酬形式，年薪款额由董事会或总经理依据年薪制员工的职责大小、所承担的风险、市场薪酬水平和公司的经营效益等情况而决定年薪制销售人员的年报酬额。年薪制销售人员实行工作责任制，其出勤只作为参考，而不作为计发报酬的主要依据。年薪一部分按公司每月发放薪金的时间发放；一部分在年度终结（依公司的财政预算年度）时按约定方法发放。

纯粹薪金制度下，销售人员的月收入计算公式如下：

公式：月收入 = 月工资基数 × 员工个人工资系数 × 固定比例

纯粹薪金制度的优点如下：①易于操作，计算简单，便于管理；②销售人员的收入有保障，使其具有安全感；③当有的区域进行薪金的调整时，可以减少敌意；④适用于需集体努力进行销售的工作；⑤对多数人员而言，可保持其对企业的忠诚度和一定的工作感情。

纯粹薪金制度的缺点包括：①缺乏激励作用，不能持续扩大销售业绩；②就薪金多少而言，有薄待绩优者而厚待绩差者之嫌，即有吃"大锅饭"之嫌，不能做到奖勤罚懒显失公平；③若不公平的情形长期存在，则销售人员的流动率就将增大，不能吸引和留住有进取心的优秀销售人才，而工作效率最高的人首先离去。

二、纯粹佣金制度

纯粹佣金制度是与一定时间内的销售工作成果或数量直接关联的一种薪酬形式，即按一定比率给予佣金。这样做的目的是给销售人员以鼓励，其实质是奖金制度的一种。如果公司的销售重点是获得订单，而销售以外的任务不太重要时，佣金制度常被广泛地采用，如服装业、纺织业、制鞋业，以及医药品、五金建材的批发业等。有些没有实质性产品的行业，如广告、保险和证券投资业，也完全采用佣金制度。

佣金可根据销售额、销售量、毛利额或利润净额来计算。计算可以基于总销量，也可以基于超过配额的销货量或配额的若干百分比。佣金也可以根据销售人员的销售量对公司的贡献来定。支付佣金的比率可以是固定的，即第1个单位的佣金比率与第100个单位的佣金比率都一样；也可以是累进的，即销售量（或利润贡献等）越高，其佣金比率越高。佣金比率还应考虑到产品性质、顾客、地区特性、订单大小、毛利额、业务状况的变动等。

企业采取纯粹佣金制度的支付方式，主要有三种类型：①保证提存或预支账户。让销售人员预支一定金额，将来由其所得佣金偿还。如果所得佣金小于预支金额，销售人员也不必归还其差额；如果所得佣金大于预支金额，超出部分归销售人员所有。②非保证提存或预支账户。销售人员必须偿还全部预支金额，如果本期佣金不足以偿还，可以递延至下期清算。所以预支金额实际上相当于一种借款形式。③暂记账户。每个月给予各销售人员一定的金额，计入该销售人员暂记账户的借方。每位销售人员每月应得的佣金，计入暂记账户的贷方。年底结算，如果贷方有余额，应补发给该销售人员；如果借方有余额，可以注销，如同保证预支账款，也可顺延至下年度结算，如同非保证预支账款。

纯粹佣金制度的优点：①富有激励作用。②销售人员能获得较高的薪酬，能力越高的人得到的薪酬越高。③销售人员容易了解自己薪酬的计算方法，透明度高，易于掌握。④企业的部分工资性成本、风险转由销售人员承担，有助于企业控制和降低销售成本，可减少公司的营销费用。

纯粹佣金制度的最大优点是对业务人员提供了直接的金钱鼓励，可以促使他们努力提高销售量。采用纯粹佣金制度，销售能力高者可较纯粹薪金制获得更多的薪酬，同时能力低者也可获得与其能力对等的薪酬。虽然在采用佣金制初期，销售人员的流动性会很大，但仔细分析，离开的大都是能力低的销售人员。这种制度适应性大，可为多种类型的企业采用。

纯粹佣金制度的缺点：①销售人员的收入欠稳定，在销售波动的情况下其收益不易保证，如季节性波动、循环波动等。②销售人员容易兼差，同时在几个企业任职，以分散风险。③销售人员推广自身重于销售公司的产品或服务，在开展业务过程中，不断寻求对自身更好的发展机会，因为若推广自身获得良好的结果，下次可以向客户销售其他公司的产品，这类销售人员往往身上带有多种名片，代表几家公司销售不同种类的产品，如处理不当，易给企业造成损害。④企业对销售人员缺乏亲和力、凝聚力，在企业经营状况不佳或企业碰到困难时，销售人员会纷纷离去。⑤增加了管理上的人为困难。

三、薪金加佣金制度

纯粹薪金制度缺乏弹性，对销售人员的激励作用不够明显。纯粹佣金制度令销售人员的收入波动较大，销售人员缺乏安全感。而薪金加佣金制度为公司根据员工职务工作的困难程度、担当责任的大小及后果的影响范围、市场薪酬状况和不同的薪酬类别而支付的一种报酬。它避免了前两种制度的不足，这是一种混合薪酬制度。薪金加佣金制度是以单位销售或总销售金额的一定百分比作为佣金，每月连同薪金一起支付，或年终时累计支付。

NOTE

薪金等级的升降和职位升降办法依各公司的绩效考核和绩效管理办法相应内容执行；考核的主要内容有员工的态度、责任、能力、对公司企业文化的承诺和员工的勤务状况等。

薪金按月计发，缺勤则按比例扣减。每年公司在薪酬调整前根据市场的薪酬情况和公司的薪酬策略会考虑是否调整各薪酬类别的职务工资表；如需要调整则由人力资源中心提议，总经理签名后生效。佣金为公司给予实行该薪酬类别员工当月货款回收额超过了当月货款回收指标80%（含）以上时的一种报酬。佣金以实行该薪酬类别销售人员个人为分配单元。

佣金的衡量指标以该销售人员所负责的品牌或区域年度预算中每月的货款回收指标和相应的销售成本指标为衡量和计算依据。实行不同薪酬类别销售人员的不同货款回收指标和其所对应的佣金提取比例不同。

假设某销售人员10月份的货款回收指标为¥100万（用A1表示），而当月实际的回款额为¥110万（用A2表示），则该员工10月份的货款回收率为：

$$A = A2 \times 100\% = 110 \times 100\% = 110\%$$

假设该销售人员10月份的销售成本指标为¥10万元（用B1表示），而实际销售成本支出为¥10.5万元（用B2表示），则该员工当月的成本控制率为：

$$B = B2 \times 100\% = 10.5 \times 100\% = 105\%$$

当月回款指标为¥100万元时的佣金提取率为2.5%（用P表示）。假设辖区α系数值为1，该员工职务工资所对应的正常达标情况下的业绩奖金额为C元/月，则该销售人员10月份所得的佣金为：

$$\sum D = [A2 - (A1 \times 80\%)] \times P \times a \times A + C \times (1 - B)$$
$$= [110 - (100 \times 80\%)] \times 2.5\% \times 1 \times 110\% + C \times (1 - 105\%)$$
$$= 0.825 - 0.0413$$
$$= 0.7837（万元）$$
$$= ¥7847（元）$$

某销售人员当月的佣金提取比例值是指实行该薪酬类别销售人员当月回款指标所对应的佣金提取比例。当该销售人员某月的货款回收率小于80%或成本控制率超过130%（含）时，则该销售人员当月不能获得佣金。

薪金加佣金制度的优点：①与奖金制度相类似，销售人员既有稳定的收入，又可获得随销售额增加而增加的佣金。克服了前两种制度的不足，既让销售人员具有了安全感，又对其有一定的激励作用，业务能力强的销售人员可凭其业绩获得丰厚的回报。②对稳定销售队伍有较好作用。

薪金加佣金制度的缺点：①佣金太少，激励效果不大；②遇到新产品入市、市场开拓阶段和特定产品特定时期的推广等的佣金计算方式需要另外确定；③可能会增加企业的销售成本，增加销售管理工作的难度。

四、薪金加奖金制度

薪金加奖金制度是指销售人员除了可以按时收到一定的薪金外，如果销售业绩好还可以获得奖金。奖金是按销售人员对企业做出的贡献发放的。奖金可以包括如下内容：

1. 销售业绩奖金　销售业绩奖金为公司对实行该薪酬类别的销售人员当月对销售业绩指标完成情况和销售成本控制情况的一种奖励。

销售业绩奖金以实行该薪酬类别员工个人为分配单元。销售业绩奖金的衡量指标以该员工（或所管辖区域）年度预算中每月的货款回收指标和相应的销售成本指标（不含广告费）等为衡量和计算依据。

假设某销售人员 10 月份的货款回收指标为 ¥10 万元（用 A1 表示），而当月的实际回款额为 ¥11 万元（用 A2 表示），则该销售人员当月的货款回收率为：$A = A2 \times 100\% = 11 \times 100\% = 110\%$

假设该销售人员 10 月份的销售成本指标为 ¥1 万元（用 B1 表示），而实际销售成本为 ¥1.05 万元（用 B2 表示），则该销售人员当月的销售成本控制率为：

$B = B2 \times 100\% = 1.05 \times 100\% = 105\%$

假设该销售人员职务工资所对应的正常达标情况下的业绩奖金额为 1000 元/月（用 C 表示），则该销售人员 10 月份的业绩奖金额为：

$$
\begin{aligned}
\sum D &= C \times A + (1 - B) \times (C \times A) \\
&= 1000 \times 110\% + (1 - 105\%) \times (1000 \times 110\%) \\
&= 1100 + (1 - 105\%) \times 1100 \\
&= 1100 - 55 \\
&= 1045 \ （元）
\end{aligned}
$$

某销售人员达标情况下的业绩奖金额是指其当月的货款回收率和成本控制率都刚好是 100% 情况下的业绩奖金额。当该销售人员某月的货款回收率小于 60%（含）时或成本控制率超过 130%，该员工当月不能获得业绩奖金。当月的成本指标为该员工所管区域中包含出差费用、人员工资（如促销小姐等）、会议费、促销费用、制作费、推广费用等的销售预费用。

2. 绩效奖金 绩效奖金为各公司给予实行该薪酬类别销售人员在当月其绩效考核情况的一种报酬，缺勤则按比例扣减。绩效奖金实行以该薪酬类别销售人员个人为分配单元。绩效奖金的衡量指标如下：

该销售人员销售成本指标（不含广告费）；该销售人员货款回收指标；该销售人员其它量化的关键业绩指标。在公司未实行相应的绩效考核制度和绩效管理前，实行该薪酬类别销售人员每月的绩效奖金额按达标情况下的款额发放；当公司实行相关考核制度时则按该考核制度执行。

3. 服务品牌回款业绩奖金 服务品牌回款业绩奖金为各公司给予实行该薪酬类别销售人员对当月所服务品牌货款回收额所做贡献的一种报酬；缺勤则按比例扣减。服务品牌回款业绩奖金实行以该薪酬类别销售人员个人为分配单元。服务品牌货款回收奖金的衡量指标以该销售人员所服务品牌年度预算中当月的货款回收指标为衡量和计算依据。

假设某销售人员 10 月份所服务品牌的货款回收指标为 ¥200 万（用 A1 表示），而当月实际的回款额为 ¥220 万（用 A2 表示），则该销售人员 10 月份所服务品牌的计奖货款回收率为：

$A = A2 \times 100\% = 220 \times 100\% = 137.5\%$（用 A 表示）

假设该销售人员达标情况下的服务品牌的回款业绩奖金为 ¥962 元/月（用 B 表示）。则该销售人员 10 月份所得的服务品牌业绩奖金为：

$$
\begin{aligned}
\sum D &= A \times B \\
&= 137.5 \times 962 \\
&= ¥1322.75 \ （元）
\end{aligned}
$$

NOTE

某销售人员达标情况下的服务品牌回款业绩奖金标准中的达标情况是指所服务品牌月货款回收指标的80%。当某销售人员所服务的品牌当月的回款率小于60%（含）时，当月该销售人员不能获得服务品牌回款奖金。

4. 关键业绩奖金　关键业绩奖金为各公司给予实行该薪酬类别销售人员在当月其关键业绩考核情况的一种报酬；缺勤则按比例扣减。关键绩效奖金的衡量指标为公司与该销售人员约定和双方确认的当月关键业绩的量化指标，但不包含公司当月的经济效益指标。

5. 项目奖金　项目奖金为各公司给予实行该薪酬类别销售人员在新产品研究和开发工作中所做贡献的一种奖励和报酬。项目奖金以产品研究开发小组为分配单元。

项目奖金的衡量和计算指标如下：①该新产品的技术含量；②该新产品成本的回收期；③该新产品的生命周期；④该新产品的经济效益。

6. 业绩奖金　业绩奖金为各公司给予实行该薪酬类别销售人员当月绩效考核成绩的一种报酬；缺勤则按比例扣减。业绩奖金的衡量指标如下：该销售人员当月量化的关键业绩指标；公司当月的货款回收率。薪金加奖金制度下，销售人员的月收入计算公式如下：

薪酬构成 = 月岗位工资 + 奖金

薪金加奖金制度的优点：可以鼓励销售人员兼做若干涉及非销售和销售管理的工作。薪金加奖金制度的缺点是：销售人员不重视销售额的多少。

五、薪金加佣金再加奖金制度

薪金加佣金再加奖金制度兼具了薪金、佣金、奖金各自的优点，是一种比较理想的薪酬制度。薪金用来稳定销售人员，而利用佣金和奖金可以加大对销售人员的激励程度，以促进工作总体成效的提高。这种方法被许多企业所采用。这里把年终奖作为主要奖金部分解释。

年终奖以销售人员个人为分配单元。一般销售人员的年度考核须在80分以上才可获得年终奖；80分以上按比例发放。年终奖衡量的指标为销售人员的年度考核状况和公司年度回款目标的达成情况。一般每年度的业绩奖金发放总量由公司管理会议依事实提议，经总经理签名即生效。年终奖总量不能超过年度回款额的0.5%。

假设某销售人员年终考核得分为93分（用P表示），而对应的系数为17（用A表示）；当年度公司的目标回款率为95%（用B表示）；当年公司的总回款额为1亿元（用C表示）；年终奖提取指数为0.3%（用P表示）；当年度公司所有年终奖系数总和为500（用D表示）；该员工为S1级。则该员工该年度的年终奖为：

$$\sum D = \left[(A \times B) \times (C \times P) \right]$$
$$= 17 \times 95\% \times 100000000 \times 0.3\%$$
$$= 9689 （元）$$

年终考核的考核办法各医药企业会有差别。不满年度员工的年终奖按比例发放。年度奖金一般在农历过年前发放。

薪金加佣金再加奖金制度的优点：①给销售人员提供了赚取更多收入的机会；②可以留住有能力的销售人员；③销售人员在取得佣金、奖金的同时领取固定薪金，生活较有保障；④奖励的范围加大，使目标容易依照计划达成。

薪金加佣金再加奖金制度的缺点：①计算方法过于复杂；②除非对渐增的销售量采用递减

的佣金，否则会造成销售人员获利不成比例；③销售情况不好的时候，底薪太低，往往留不住有才能的人；④实施这一制度需要较多的相关记录，因此提高了管理费用。

六、特别奖励制度

特别奖励制度规定的是薪酬以外的奖励，即额外给予的奖励。这种特别奖励是以红利的形式出现的，它可以和前面任意一种基本薪酬制度结合使用。企业给予的额外奖励分为经济奖励和非经济奖励两种。经济奖励包括直接增加薪金、佣金，或间接的福利，如假期加薪、保险制度、退休金制等。非经济奖励的方式很多，如通过销售竞争给予销售人员一定的荣誉，像记功、颁发奖章及纪念品等。额外奖励可根据销售人员超出销售配额的程度、控制销售费用的效果或所获得新客户的数量等来决定，它一般有三种形式：

1. 全面特别奖金　是指企业在特殊的时间里，如圣诞节、春节或年底，不计赢利发给所有销售人员的奖金。企业可以付给每个销售人员同样数额的奖金，也可以根据现在的工资和在本企业工作时间的长短来支付奖金。

2. 业绩特别奖励　这是与业绩相关的奖励，有很多种形式，按照奖励给个人还是集体，可以分为个人业绩特别奖励和集体业绩特别奖励两大类。奖金的发放不仅可以按照销售额或销售数量，还可以按照毛利率、销售业绩、开发的新客户数、公司或地区销售单位的收入或销售额即某种产品的销售额来计算。集体业绩特别奖励的发放是为了培养团队精神，一般按照销售地区来发放。发给一个地区的奖金数额，是把他的业绩同组织内其他销售地区的业绩相比较而确定的。然后，地区销售经理会按业绩再分发给每个销售人员，销售经理可以按每个人的业绩发放，也可平均发放。

3. 销售竞赛奖　第三种影响销售人员业绩的特别薪酬形式是销售竞赛。这是一种特别的销售计划，通过给销售人员提供奖励，促使他们实现短期销售目标。这些奖励包括证书、现金、物品或旅游等。有时竞赛时间会长达一年，这种奖励是除正常薪酬之外给予的。一些企业每年花在销售竞赛上的奖金数额巨大，在一个行业中，通常会把奖金的35%用于进行销售奖励，其中的78%用在实物奖励上，22%用在旅游奖励上。

销售竞赛是一种有效的激励方式，它能够促使销售人员更加坚持不懈地去努力工作。管理部门可以指导销售人员去销售某些特殊商品（如滞销品）或从事某些有利于销售的非销售性活动，这都是在平时没有销售竞赛刺激的情况下他们所不愿意做的事情。竞赛还可以促使销售人员为达到竞赛目标、赢得额外奖励，在工作中更加勤奋，工作时间更长。销售竞赛对销售人员还产生了许多间接的影响。许多销售经理认为，特别奖励和这些竞赛都能增进他们所在销售集体的团队精神及销售人员对工作的兴趣、工作的满足感，并降低缺勤率和人员的流动性。

特别奖励制度的优点：鼓励作用更为广泛有效，常常可以促进滞销产品的销售。特别奖励制度的缺点：奖励标准或奖励基础不易确定，有时会引起销售人员的不满，并带来管理方面的困扰。

以上几种薪酬制度可供销售经理参考选用，具体选用哪一种要视企业的现实状况而定。

NOTE

知 识 拓 展

某企业销售人员的薪酬问题

1. 经营背景　A公司是国内一家以某机械配件产品销售为主的贸易型公司，同时也是一大型国有机械制造公司的子公司。产品的来源有三种：①母公司；②OEM制造商；③代理的国外品牌制造商。

公司主要面向国内市场销售个性定制化产品，其产品的规格型号多达上万种，属于小批量多订单型业务模式。客户群分为两类：长期配套客户和散单客户。

2. 销售部职能与架构　A公司销售部主要负责客户开发、维护和接单工作，接单后的订单处理、采购、仓储、物流等职能均由其他部门分别完成。

销售部内部架构：行业经理负责全国的某行业业务，而行业经理们未涉及的其他行业未进行行业细分，分别由各个区域的区域经理负责。行业经理下属的销售工程师，在公司本部由行业经理直接管理。被派驻其他区域，由区域经理对其履行一定的日常行政管理工作，并对其业务提供一定的支持，但是在业务上还是对行业经理负责。因此行业经理和区域经理的团队在业务上是不交叉的。

3. 总经理的困惑　销售部是公司的"火车头"，A公司领导一直非常重视销售部，给予的报酬同市场薪酬相比也比较有竞争力。然而公司总经理近来却感到非常困惑，向我们吐露了他的一些心声。

（1）销售经理"吃老本"："各个行业经理、区域经理在公司从事销售工作已有多年，客户资源越积越多，很多已经形成了多年的关系户。在国家整体经济大环境比较好的情况下，客户的快速发展拉动对公司产品的需求，导致即使不开发新的客户，经理们的业绩也会出现较快的自然增长。当前经理们的主要收入来源之一，是按实际销售额乘以一个提成率得出的提成，该提成率已经有多年未变。在这种情况下，经理们即使不需付出多大努力，收入也可以获得不错的增长，导致其动力不足。"

（2）"蛋糕切的大小不一"："为了专业化和避免内部竞争的需要，公司以行业和区域为依据对市场进行了切分。然而在切分时，未充分考虑各个行业和区域的市场潜力、市场成熟度和开发难度的差异，导致有些经理感到不公平，认为如果自己去另一个行业或区域付出同样的努力可以获得更高的销售额，从而获得更高的收入。"

（3）片面追求销售额，牺牲了利润："现在的提成计算方法容易导致员工片面追求销售额而忽视利润，我们也看到了这一点，认识到以利润为基数进行提成计算会更科学一点。然而采购价格、利润等数字是公司的商业机密，知道的人越少越好，因此不适宜用来作为计算提成的直接依据。"

（4）面临出现梯队断层的危机："经理们担心：招收一个新的销售工程师会分散自己的客户资源，降低自己的影响力；而销售工程师一旦成长起来，被提拔成经理后脱离了自己的团队，会带走自己的客户，给自己造成损失。基于这两个方面的原因，经理们带新人的积极性不高，有些甚至宁可单兵作战，这样容易形成人才断层，不利于公司的长远发展。"

（5）年轻销售人员流失严重："公司销售人员的薪酬模式是最常见的'底薪+提成'模式，所有经理的底薪都是一样的；所有销售工程师的底薪也是一样的。我们的出发点是完全以业绩为导向来进行激励，这是我们认为最公平也最简捷的激励方式。然而销售人员尤其是销售工程师对此意见比较大，流失比较严重。"

试对此进行分析并提出解决方案。

【本章小结】

销售薪酬是指销售人员通过从事销售工作而取得的利益回报。销售人员的薪酬不仅限于薪金，而且还包括其他方面的回报。一个企业销售薪酬的实施对其销售竞争优势有长远的影响。一个理想的销售人员薪酬制度应体现出公平性原则，激励性原则，灵活性原则，稳定性原则，控制性原则和吸引性原则。

销售人员薪酬制度对员工有保障和激励作用，对企业成本控制、人员调节和塑造企业文化具有重要意义。

销售人员薪酬制度的类型大体有纯粹薪金制度，纯粹佣金制度，薪金加佣金制度，薪金加奖金制度，薪金加佣金再加奖金制度和特别奖励制度等6种。

合理的薪酬制度可以说是一种最重要的、最易使用的激励方法，它是企业对员工的回报和答谢，以奖励员工对企业所付出的努力、时间、学识、技能、经验和创造，是企业对员工所做贡献的承认。在员工的心目中，薪酬不仅仅是自己的劳动所得，它在一定程度上代表着员工自身的价值，代表企业对员工工作的认同，甚至还代表着员工个人的能力和发展前景。合理的薪酬制度不仅对员工的发展至关重要，对企业的发展更是不可忽视的。特别是一个合理的薪酬体系，对企业管理效率的提升具有不可估量的促进作用，企业薪酬制度的设计和完善，更是人力资源管理提升的一个重要方面。

合理的薪酬设计使薪酬结构更趋于完善，薪酬结构又分为岗位薪酬、技能薪酬、绩效薪酬，其中绩效薪酬是其中起重要作用的部分。绩效薪酬是对员工完成业务目标而进行的奖励，即薪酬必须与员工为企业所创造的经济价值相联系。在目前缺少其他激励方式的情况下，绩效薪酬应当成为激励员工的主要方式。通过对绩效薪酬长短期比例设定，可以达到对员工进行不同激励的目的。这就要求企业建立完整的业绩评价体系，以保证绩效薪酬的发放能够有的放矢，达到激励的目的。

世界上不存在绝对公平的薪酬方式，只存在员工是否满意的薪酬制度。薪酬更不是万能的，它只是激励员工的有效方法之一。只有员工获得合理报酬后，其最原始的生理需求得到满足，同时得到有效激励，员工才会加入到与企业管理者共同实现组织目标的行列中，当员工将自己的工作完全融入企业发展目标中，企业管理者才会得到充分支持，从而形成良好的企业氛围，实现企业的发展战略。只有这样，薪酬制度才是合理的，才是真正实现了激励企业员工的作用。

【重要概念】

薪酬；薪酬制度；佣金：奖金。

【复习思考】

1. 建立销售人员薪酬制度的原则有哪些？

2. 简述销售人员薪酬制度的种类及特点。

3. 如何确定奖金在销售人员薪酬中的比例？

NOTE

【案例分析】

户外运动用品公司销售人员的报酬问题

在过去 6 年里，户外运动用品有限责任公司（以下简称"户外"）的年销售额在 620 万美元到 680 万美元之间波动。虽然利润额比较可观，但公司主管赫德森·麦克唐纳因销售额没有明显上升而感到担忧。他经常就提高推销员报酬问题向纽约顾问和公司主管征求意见，他认为公司营销活动的基本弊端就是推销员报酬问题没有得到解决。

"户外"的工厂和仓库位于纽约的阿尔泊尼，在这里，公司生产和分销体育用品、服装及其附属品。今年，"户外"的销售额为 657 万美元，其中，35% 的产品自己生产，50% 从日本进口，另外的 15% 来自国内其他生产厂家。

麦克唐纳先生给零售商们的批发价是在每件产品生产成本的基础上再加 50% 到 100% 的利润。这种定价方法与国内其他厂家是一致的。平均来看，所有产品的批发价都是成本费用再加 70% 的利润。

"户外"的产品销往遍布全国的 15 个地区，有近 6000 家零售店。由于所有的订货均要从阿尔泊尼水运出来，水运的限制成了妨碍产品竞争的重要因素。有销售报告表明，"户外"在大城市的顾客覆盖面非常可怜，就全国市场来说，"户外"的市场占有率可能只有 2% 到 3%。不过，公司的销售潜力还是非常大的。麦克唐纳先生觉得，在大多数情况下，"户外"的顾客很少有品牌偏好。

另外，在过去 10 年中，由于折扣商店的兴起，产品传统的零售分销方式已经发生了变化。相对于折扣商店和连锁商店而言，通过中小型体育用品批发商店零售的比例正在下降。但公司的分析记录表明，除了一些小型的折扣商店外，"户外"还没有与折扣商店开展广泛的业务联系。一些决策者认为，公司的价格策略以及现有顾客阻止公司向折扣商店销售而对公司造成的压力可能是产生这一现象的原因。

"户外"的销售人员：由于没有采用报纸、杂志或广播等促销手段，推销人员在"户外"的营销活动中扮演了很重要的角色。一张列示着公司所有产品的商品目录表会给推销员工作带来很大方便。所有的零售商，往来账户或未来账户，都会收到这样一份邮寄目录表。

一名推销员每年要与大部分客户碰面 2～3 次，对一些关键客户，碰面次数更多。推销员把他们的活动进行周密安排，这样，在每个捕鱼和狩猎季节之前就能与各个商店取得联系，及时地向他们推销自己的产品。

"户外"的管理者们相信，对一名成功的推销员来说，具有丰富的产品知识是一个很重要的因素。麦克唐纳先生发明了一条"销售公式"，规定每名推销员在接管一个地区之前，都必须认真学习。这条"公式"包括 5 部分内容：①公司销售每件产品的名称及在目录单上的号码；②每件产品的尺寸和颜色；③每件产品的批发价；④每件产品的潜在零售价；⑤每件产品的主要特色。在掌握了由这条"公式"所提供的产品知识后，一名新的推销员才开始在他被指定的地区工作，而且麦克唐纳先生还经常陪伴几个星期。

麦克唐纳先生将近 1/3 的时间用于管理人员推销，另外 2/3 的时间用于购买重复销售的产品和作为公司主要负责人的日常管理工作。他每半年召开一次销售会议，每星期与每一位推销员电话联系，同时将含有关于产品、价格信息及具体促销指令的油印公告邮寄给他们。在每半年一次的销售会议上，所有的推销员都要求必须到会。

1月份的第一个星期召开一次半年例会，介绍捕鱼用品产品线。5月份召开的一次会议，介绍狩猎用品产品线。每一次这样的会议开4~5天，以便于推销员研究将要介绍的新产品以及公司政策上的一些变动，公司的生产主管和审计员也将出席这些会议，他们的目的在于回答提问并讨论推销员可能会遇到的交货和信贷问题。

按预定程序，推销员于每周一的早上与麦克唐纳先生电话联系，获悉价格变动、取得具体的销售指令并得知订单货物的运输情况。推销员一周的活动这时将被提出来讨论。有时，麦克唐纳先生会要求推销员将拖欠的应收账款回收。另外，推销员还要上交列示了每位被访问对象名字及访问结果的每日访问报告。通常，访问路线是由现有、潜在客户数及每次访问所费时间来定的。

目前，"户外"有11个全日制的推销员，他们的年龄从23岁到67岁不等，为公司服务1至10年不等。

销售人员的报酬：每年推销员直接从他们的销售额内提取佣金。佣金比率如下：如果销售了300000美元，提取佣金5%；再销售20000美元，此中提取6%；而若超过了500000美元，则在整个销售额上提取7%的佣金。推销员每周都能提取部分或全部的累积佣金。麦克唐纳鼓励推销员随时提取佣金，因为他认为，当推销员在他们的佣金账户上只看到很少或者没有佣金额时，会加倍地努力工作。在年底，所有的佣金账户都会全部提清，这样，推销员在新的一年里都将从零开始。

公司的计划支付开支可能部分或全部地支付推销员的汽车费和访问的一切开支。从周一到周四，每名推销员每天补助70美元，周五是42美元，或者说，每个工作周补助322美元。星期六没有补助，但如果推销员在星期六和星期天的晚上仍照常工作，则会收到额外的70美元。

除了佣金和补助外，推销员可以根据两年设置的两项"销售激励计划"获得现金奖励。根据"年度销售增长鼓励计划"，一年中销售额增长比例最大的5名推销员将获得10400美元的奖金。在每年元月份的销售会议上，推销员应列出销售额的增长值，用该增长值除以往年的销售额就得出销售额增长比率，将此比率从大小顺序排列，排在前五位的就是获奖者，第一至第五名分别获得4000、3000、2000、1000、400美元。

根据第二项激励计划，如果某销售员在某周的销售额超过了去年同期，他将获得"每周销售增长奖金"。在第一周，奖金额为$4，在以后的增长周内，奖金额逐次增长4美元。例如，某推销员在今年的50周中创造了比去年同期较高的销售额，那么，在第一周中，他的奖金为4美元，第2周为8美元，以此类推，第50周，奖金为200美元；总计一年的奖金额为4100美元。

公司还经常设置一笔"额外奖金"来促进某些特殊产品的销售。推销员如果卖出了一份所指定的特殊产品，就会获得额外收入，通常为4美元。

在过去的3年里，麦克唐纳先生在新的推销员熟悉业务时负责他们的一切开支。现在的情形有所改变。新推销员每周被保证支付600美元，但如果他们所赚取的累积佣金额少于累积每周提取账户额，他们将得不到任何佣金。每年的12月31日，所有的佣金和提取账户都被提清，这样，每名新推销员来年都从零开始。

对于推销员收到固定保证金额的最长时间年限，公司没有明确规定。但麦克唐纳先生决定，如果现在公司这5名被保证支付的新推销员，在他们的保证金被撤销前，年佣金仍不足

30000 美元的，将被公司辞退。

麦克唐纳先生认为，"户外"推销员的年收入已落后于销售额的增长，特别是在过去的 6 年里，这使公司很难吸引和保留高素质专业化的推销员。他强烈表示，每名推销员的年收应达到 50000 美元。

关于调整报酬的建议：今年 12 月份，麦克唐纳先生就推销员报酬问题征求了审计员和生产部经理的意见。审计员指出，有保证金的推销员所创造出的销售额不如他们的所预期的那样多。对于现有保证金的 5 名推销员，有 4 名的年佣金额只有或还不到支取额的一半，审计员表示担忧。另外，按审计员的说法，在不拿保证金的推销员中，有几名的销售额也是年复一年地减少。例如，格特穆德、俄布瑞尔和维特兹他们已为公司工作了 4 至 5 年，而年销量仍在比较低的水平上。

审计员提议，保证支付的金额降至每周 250 美元，佣金额在所有销售额基础上按固定比率提取。生产部经理从最近的一份运货报告中得出结论：推销员愿在距自己家 50 英里的范围内努力工作，60～100 英里远的销售覆盖面是非常小的，而在 100 英里以外，情况又略差一些。生产部经理认为，这种销售覆盖模式是由于推销员们想在一周中多花几个晚上待在家里的缘故所造成的。

他提议，从周一到周四，每天的补助从 70 美元增加到 90 美元，周五是 42 美元。星期日晚上，如果推销员公事外出，应补助 90 美元。他解释说，90 美元的补助将会极大的鼓励推销员在星期日晚上到地区的边界上开展工作，这与在星期一早上旅行推销是不一样的。而且他相信，每日补助的增加会鼓励推销员在更多的晚上离家，这将促进销售覆盖面的扩大和销售额的增加。

纽约的顾问提议，保证金和补助都应保持在现有水平之上，"户外"应采用他称作的"10% 自我提高计划"。在这一计划下，每名推销员除拿到固定的佣金外，还要根据该月比去年同期的销售增加额，提取 10% 的额外津贴。例如，某推销在今年 1 月份的销售额为 40000 美元，去年 1 月份为 36000 美元，在 2 月份，他就应该有 400 美元的额外津贴。对支付保证金的推销员来说，额外津贴直接增加收益。顾问解释说，这一计划将同时激励有或没有保证金支付的推销员，提高销售额。

顾问进一步指出，现有的两项销售激励计划并没有发挥它应有的作用，节省这两项计划的费用正好可以用于他所提议的计划的开支。

听取这些建议后，麦克唐纳先生还没有决定该采用哪一条或几条。而且，对于在推销员报酬上作某些变动后，是否就能解决现在的矛盾，麦克唐纳先生仍表示怀疑。

思考与讨论：

1. 联系上面案例如何减少薪金制度中的消极影响？

2. 通过上述分析个人奖励工资能改进工作绩效吗？

第十四章　销售人员的绩效考评

【学习要点】

通过本章的学习，掌握销售人员绩效考评的方法，熟悉销售人员绩效考评的基本过程和考评标准，了解销售人员绩效考评的原则。

【引导案例】

绩效考评：激发公司活力的有效法宝

湖南九芝堂医药有限公司是九芝堂股份有限公司控股的子公司，于2004年12月由原九芝堂股份有限公司药品分公司、湖南九芝堂零售连锁有限公司、常德九芝堂医药有限公司组成的。因公司的前身为国有企业，积累了大批专业人才和业务精英，也积累了不少的质量管理经验，但同时也从国企带来了不少的陋习。特别是人力资源的管理，没有整体的人力资源战略规划，人力资源管理制度不健全，人员招聘与培训、薪酬激励、绩效考核等大多都是依照老公司沿袭下来的习惯在做一些人事管理范畴的事务性工作。员工的工作积极性不高，创新思维未被激发。

在2006年以前，公司仅对中层以上实行年薪制的管理者实施关键指标年度考核法，对业务部门负责人和业务员进行目标任务完成情况的考核；零售连锁公司对门店经理实施目标任务考核；但对一般管理者和服务岗位的员工未进行考核，且没有形成绩效考核制度。公司领导清醒地意识到员工绩效考评是实现公司战略目标的助推器，是一种行之有效的管理手段。希望通过建立员工绩效考评体系，科学地组织员工绩效考评，为公司的人力资源管理决策提供科学客观的依据。首先，通过建立健全合理的员工绩效考评制度，在员工薪酬管理体系中引入绩效工资，做到公平合理地安排薪酬与奖励，在激励员工的同时，使员工感受到公正与公平，从而增强工作满意度，促进工作绩效的进一步提高；其次，将员工在实际考评中的工作胜任程度作为员工调迁、升降、淘汰的重要标准，让考评结果说话，以此建立起科学的员工培养机制；再次，通过员工绩效考评可以评估员工对现任职位的胜任程度以及发展潜力，与公司进一步发展需要之间的差距作出比较，为公司的人力资源规划提供参考；最后，在员工绩效考评过程中，通过主管与员工的沟通相交流，形成开放、积极参与、主动沟通的企业文化，不断提高公司的凝聚力，持续调动员工的工作积极性，提高公司的整体管理水平，构建良好的管理平台，建立适应公司发展战略的人力资源队伍。

（资料来源：湖南九芝堂医药公司员工绩效考评体系研究，2008）

第一节　销售绩效考评的原则

绩效考核是销售管理的重要组成部分，是工作行为的测量过程，即用已制定的标准来比较工作绩效的记录以及将绩效评估结果反馈给员工的过程。绩效考核可以实现管理者与员工之间在工作目标与如何实现工作目标所达成的共识，是激励工作人员为实现工作目标，奋发向上，勇创佳绩的有效管理方法。销售人员的绩效评估就是依据工作标准测评销售人员的业绩的过程，科学有效地考评销售人员绩效，不仅可掌握销售人员对公司的贡献或不足，为员工报酬提供依据，还可以为人力资源管理提供决定性的评估资料。因此，在销售人员绩效考评中，应遵循以下原则。

一、公平公正的原则

公平公正是确立和推行人员绩效考评制度的前提条件。公平公正的绩效考核是在科学地信息采集、处理客观数据记录的基础上，由专业的考核组织，应用专业考核工具进行的，以保持考核的权威性与科学性。企业的绩效考评标准、考评程序和考评责任都应当有明确的规定，而且在绩效考评中应当严格遵守这些规定。同时，考核组织的权威性要求考核人员本着实事求是的精神，作风严谨、坚持原则、精通业务，防止用感情和偏见代替政策，并且值得考核对象的信赖。

二、过程公开的原则

绩效考核是一项系统工程，考核的目的在于启动激励机制，激发工作人员的工作热情。因此，绩效考核的各项过程、各个环节必须有翔实的记录并及时上报考核部门备案，作为年终对员工综合评价的依据，并向工作人员公开，其中包括：绩效考核的内容和等级、考核的方法与程序、考核的评价与标准、考核的结果与使用，以及考核的机构与职责等。唯有让考核对象对上述情况了如指掌，才能激发员工力争上游的责任感、紧迫感和危机感，使绩效考核促进实现员工与公司目标的统一性。

三、反馈修正的原则

绩效考核的目的在于发现员工的不足，挖掘员工的优势，提高员工的整体素质，激励员工积极地完成阶段性目标并实现全年总体工作目标，促进人力资源管理。绩效考核其最佳途径应该是平时考核有记载，季度考核有测评，年终考核有评价，并提供给被考核人的主管。同时，考核的结果也要反馈给被考评者本人，否则就起不到考评的教育作用。在反馈考评结果的同时，应当向被考评者就评语进行说明解释，肯定成绩和进步，说明不足之处，便于及时调整和修正工作中的不足和缺憾，并提供今后努力的参考意见等。

四、结合奖惩的原则

实践表明，绩效考核必须结合奖惩，这样才能激励员工为公司做出贡献，否则，必然挫伤员工的积极性。依据考绩的结果，有赏有罚，有升有降，而且这种赏罚、升降不仅与精神激励相联系，而且还必须通过工资、奖金等方式同物质利益相联系。在结合奖惩中，一是要注意把握奖惩的额度要适当，既体现出表彰先进的激励作用，又不至于激起大的波动。二是奖赏要及时兑现。抓住契机公布绩效考核结果，对于完成新一年的工作将起到促进作用，时过境迁的奖赏，将失去绩效考核应有的作用。三是个人的奖惩要与团队的奖惩相结合。

五、重点突出原则

考核的目的是引导员工按照公司的计划或目标来实现工作业绩。因此，考核应该具有倾向性，需要突出考核重点。员工的绩效信息包括德、勤、能和绩，科学有效的绩效信息管理能够带来客观的销售现实描述和公正的绩效评价，但一旦过度会造成企业销售管理绩效与效率的损失。因此，在进行绩效考核时要突出工作重点，对重点信息加强管理，对次要信息规范管理，推进绩效考核目标的实现。对于销售人员的考核应着重于业绩考核，以影响销售利润和效率的指标为主，其他指标为辅，并在考核的等级之间体现考核重点，实现考核结果的差别化，激发员工的行为贡献。

六、定性与定量相结合原则

在绩效考评的过程中，定性与定量考评有各自的优缺点。定性考评是一种不确定、无法量化的考评，只能反映企业员工的性质特点，是一种模糊的印象判断，往往只针对一些考评指标无法量化的考核环节，比如员工的工作态度、能力和素质等。而定量考评是一种量化的绩效考核，基于客观可靠的数据基础上进行的，结果较为直观，明确，更让员工信服。但定量考评可能会忽视员工的质量特征，针对一些考评指标难以量化的问题，定量考评是不完全的，不科学的，很可能流于形式。因此，在对销售人员进行考评时应把握好定性和定量考评的度，有针对性地将二者相结合，实现有效的互补，才可能对员工的绩效做出全面、有效的考评。

第二节　销售绩效考评的过程与标准

一、销售绩效考评的过程

（一）收集资料

1. 销售人员的销售报告　销售报告是最重要的资料来源，主要包括销售活动计划报告和销售活动业绩报告。销售活动计划报告包括地区年度市场营销计划和日常工作计划等，在年度市场营销计划中提出发展新客户和增加与现有客户交易的方案，或提出发展的一般性意见，或列出详细的预计销售量和利润估计等。日常工作计划由销售人员提前一周或一月提交，说明计划安排的访问和巡回路线。行动计划可指导销售人员合理安排活动日程，为管理部门评估其指定和执行计划的能力提供依据。销售活动业绩报告主要包括已完成的工作业绩，如销售情况报告、费用开支报告、新业务的报告、流失业务的报告、当地市场状况的报告等。

2. 企业的销售记录　企业内的有关销售记录是开展评估的基本资料，主要包括客户记录、区域的销售记录、销售费用的支出等。利用这些资料可计算出某一销售人员所接订单的毛利，或某一规模订单的毛利等，对于评估绩效有很大的帮助。

3. 顾客意见　评估销售人员应该听取客户的意见。收集客户意见的途径有客户的信件和投诉、定期进行客户调查等。

4. 企业内部职员意见　这一资料的来源主要来自企业内部其他有关人员的意见，比如销售经理，营销经理等。这些资料可以提供一些有关销售人员的合作态度和人际关系技能方面的信息。

（二）建立标准

要评估销售人员的绩效，一定要有科学合理的标准。所谓绩效标准，是指企业希望销售人员所能达到的绩效水平和标准，以及如何对具体的标准进行衡量。管理者应充分了解整个市场及每位销售人员在工作环境和销售能力方面的差异。因此，无论是销售人员的工作结果，还是他们实际的工作行为，都应该作为绩效标准的组成部分。建立绩效标准的方法有两种，一是为每种工作因素制定特别的标准，例如访问的次数。二是将每位销售人员的业绩与销售人员的平均绩效进行比较。常用的销售人员绩效指标有：销售量、毛利、访问率、平均订单数、销售费用、销售费用率、新客户数目等。

绩效考评时也应注意销售区域的潜量及区域形状的差异、地理分布状况、交通条件等对销售效果的影响。此外，还应包括一些非数量化的标准，比如合作性、工作热忱和责任感等。

（三）选择考评方法

根据考评内容的不同，考评方法可以综合运用多种形式，可以有效地减少考评误差，提高考评的准确度。一般销售人员的绩效考评方法分为相对评价法、绝对评价法和描述法。具体有包括横向比较法、纵向分析法、尺度考评法、目标管理法、关键绩效指标法、360°考核等。具体详见本章第三节。

（四）实施考评

这一步是绩效考评的具体实施环节，即对销售人员在某一绩效周期内的销售业绩与工作表现进行考评，将上述步骤中所涉及的指标、方法运用到考评工作中，比较他们实际绩效与考评指标所应达到的标准，得出销售人员绩效考评的结果。大多数企业按照固定的时间进行绩效评估。此环节主要依靠考评组织或考评人在前期步骤准备充分的前提下有效地执行。绩效考评由人执行，受人为因素影响大，只有对考评人员不断进行规范化的专门培训，才能减少考评中因主观偏见所造成的误差。

（五）反馈结果

销售人员的绩效考评结束后，销售经理应就考评结果与销售人员进行绩效改进面谈与辅导，给予客观评价，并分析绩效优秀或不佳的原因、寻求解决方案、制定改进计划和下一个绩效的目标。绩效考评之后，对被考评人进行考评意见反馈是很重要的，因为进行绩效考的一个主要目的就是改进绩效。所以销售经理和销售人员应根据反馈结果安排绩效改进计划。销售人员的绩效考评结束后，销售经理应将考评结果通过面谈反馈给销售人员，面谈应做到对被考评者的表现达成一致的看法，使被考评者认识到自己的成绩和优点，指出被考评者待改进或可提升的空间，制定绩效改进计划，协商下一个销售管理周期的目标与绩效标准。

二、销售绩效考评的指标

绩效考评指标的设定确立了销售员工绩效考评内容和标准，是绩效辅导、绩效考评及绩效改进的重要依据。销售人员业绩考评的指标包括定量指标和定性指标。一般来说，定量考评的指标能够最有效地用以考核销售人员的业绩，定性考评指标则主要应用于考评销售人员的工作能力，定性考评有利于解释定量考评的结果。

（一）定量指标

销售人员绩效考评的定量指标，是对销售人员的客观考评。对销售人员的绩效进行评估，通常应予以量化。定量指标主要考察 3 个方面的内容：产出指标、投入指标以及产出/投入比率指标。

1. 投入指标　投入指标考察的是销售人员付出的努力，而不是这些努力所导致的结果。相对于结果来说，销售人员的努力行为更容易控制和改进。因此，在考评过程中通过发现导致销售业绩下降的个人努力因素，为销售管理提供改进的对象，从而提高销售人员工作的热情、质量和技能，最终提高销售业绩。

（1）**客户访问次数**　影响销售业绩的一个重要因素就是访问客户的次数。访问次数在一定程度上与销售业绩成正比，也可以反映销售人员工作的勤奋程度。销售访问进一步分为计划内访问次数和计划外访问次数。计划内访问次数可以反映销售人员对客户的了解和掌控程度，而计划外访问次数反映了服务客户过程中出现了意外情况或失误的次数。

（2）**工作时间和时间分配**　工作时间和时间分配这两个指标能够直接用来考评销售人员与客户联系的程度。因而在许多企业，工作的天数以及每天访问的次数，已经成为评价销售人员工作努力程度的例行考评指标。通过对销售人员的工作时间以及其时间上的分配，可以判断该销售人员的工作效率。时间分配主要分为旅行时间、办公室时间和销售访问时间。

（3）**销售费用**　销售费用指标反映的是销售人员进行销售工作时在财务上的耗费。这个指标可以用于衡量每次访问的成本等。许多企业将销售费用细分为各种类型，如交通费、住宿费、招待费等。企业既可以根据这些费用的总额来进行考评，也可以根据费用占其完成销售额的百分比来进行考评。通过将发生的费用与实际完成的销售业绩进行对比得到一个相对数，会更有考核价值。

（4）**非销售活动**　从长期来看，决定销售人员工作业绩的因素不只是销售人员与客户的直接接触，还应该包括一些非直接的努力。因此，企业有必要对销售人员的非销售活动加以考核。此类指标有：发出销售信件的数量，拨打销售电话的次数、向企业提出的合理销售建议的次数，举办促销或广告展示会的次数、召开经销商会议的次数、为经销商开办培训班的次数、访问经销商的次数、收到客户意见的数量等。

表 14-1   销售人员绩效考评常用的投入指标

销售访问	访问次数绝对量 日访问次数
工作时间与时间分配	工作天数 销售时间与非销售时间
直接销售成本	销售过程所发生的必要的各项费用
非销售活动	广告展示 写信或打电话给潜在客户 与经销商、代理商会见的次数 服务性拜访次数 信息收集 接受和处理客户的抱怨和投诉

2. 产出指标   产出指标是考评销售人员业绩的最为重要的指标。从销售统计资料即可以获得此类数据。

（1）销售量   销售量是绩效考评的重要指标，是销售工作重要的产出指标。考察销售量时不应该简单地以销售量的绝对数作为评价业绩好坏的标准。因为在实际工作中，不同地区、不同产品、不同顾客群所具有的潜在销售量是不同的。因此，应该根据不同地区、产品、顾客群的具体情况确定销售人员的销售定额，然后将销售人员的销售进行比较，以此相对数来判断任务的完成情况。

（2）订单数量和规模   一般来说，订单数目的多少可以反映销售成功与否。订单规模的大小，通常更能反映出销售人员的工作能力、销售技巧及效率。如果每份订单的规模都比较少，说明销售人员可能时间管理不合理，将大量时间用于访问小客户上，而忽视了大客户。取消订单的数量可以衡量销售工作的有效性。

表 14-2   销售人员绩效考评常用的产出指标

销售量	销售额和销售产品数量 按产品和客户群划分 按邮购、电话订购、个人销售拜访划分
市场份额	销售定额 市场潜力
毛利	按产品线和订单规模划分的毛利
订单	订单数量 平均订单规模 撤销的订单数量
客户	现有客户数量 新客户数量 流失的客户数 拖欠货款的客户数量

（3）客户数量   客户数量指标可以用来反映销售人员驾驭自己的销售区域的能力。现有客户数量反映了销售人员已控制市场的大小，新客户数量反映了销售人员开发新市场的力度和

成效。客户流失数量可以用来考评销售人员在保持顾客忠诚度方面所做的努力和效果。逾期不付款的客户数量可以反映销售人员对客户信用考察的程度。预期的潜在客户数可以反映销售人员对潜在客户的判断能力的高低。

3. 比率指标

（1）**销售目标完成率** 销售定额一般是根据各个地区市场潜力的大小、往年的销售情况、不同的产品、顾客的类型以及公司的营销战略等因素确定的。

销售目标完成率 = 实际销售额/销售定额 × 100%

（2）**销售费用比率** 销售人员发生的费用一般包括出差费用、业务费用、薪酬等。销售费用比率高于平均水平，可能是销售人员工作效率低，也可能是其所在的地区市场潜力小。

销售费用比率 = 实际销售费用/实际销售额 × 100%

（3）**日均拜访客户数** 日均拜访客户数反映了销售人员工作的努力程度，通常与其工作业绩成正比。

日均拜访客户数 = 拜访客户总数/工作总天数 × 100%

（4）**货款回收率** 通过此指标的评估，可以督促销售人员尽早收回货款，减少应收账款和坏账的比率，增加企业的现金流。

货款回收率 = 已收货款/销售额 × 100%

表 14 – 3　销售人员绩效考评常用的比率指标

费用比率	销售费用比率 每次访问的平均费用 销售费用占定额的比率
客户开发与服务比率	客户渗透率（获得订单的客户/销售区域内潜在客户总数） 新客户比率（新增客户/总客户数） 流失的客户比率（未购货的老客户/客户总数） 客户平均销售比率（销售额/客户总数） 订单平均规模（销售额/订单总数） 订单取消比率（被取消的订单数/订单总数）
访问比率	每天平均访问率（总访问次数/工作天数） 客户平均访问率（访问次数/客户总数） 击中率（订单总数/访问次数）

（二）定性指标

销售人员绩效考评的定性指标是对销售人员的主观考评。在考评销售人员的绩效时，一般采用定量指标，因为它更具客观性，较容易掌握。但是，有些指标对工作的绩效会产生很重要的影响，却又难以用定量的指标来衡量。因此，有些企业在考评销售人员绩效的时候，也十分重视定性指标。

在建立客观绩效标准的同时，也要建立主观绩效标准。因为这类标准代表了销售人员的主要活动，并且是对定量考评结果的解释。在考核定性绩效标准的同时，应当尽可能地把考核人的个人偏见和主观性的影响降到最低程度。

（1）**销售技巧指标** 包括发现卖点，产品知识，倾听技巧，获得客户参与，解决客户异议，达成交易等。

NOTE

（2）销售区域管理指标 包括销售计划、销售记录、客户服务、客户信息的收集与跟踪等。

（3）客户与企业关系指标 包括对于客户、同事以及企业关系的处理。

（4）个人特点指标 包括合作精神、工作态度、人际关系、个性、能力等。

第三节 销售绩效的考评方法

绩效考评是现代组织不可或缺的管理工具。它是一种周期性检讨与评估员工工作表现的管理系统，是指主管或相关人员对员工的工作做系统的评价。有效的绩效考评，不仅能确定每位员工对组织的贡献或不足，更可在整体上对人力资源的管理提供决定性的评估资料，从而可以改善组织的反馈机能，提高员工的工作绩效，更可激励士气，也可作为公平合理地酬赏员工的依据。对于销售绩效考评来说，绩效考评是销售控制的有效途径，也是销售经理对销售人员管理的重要内容。绩效考评是通过系统的方法和原理来评定与测量销售人员的工作行为及工作效果。绩效考评的结果直接影响到销售人员薪酬的调整、奖金的发放及职务的升降等，涉及员工的切身利益。

绩效考评方法有很多，而要选择正确适用的绩效考评方法，首先必须需要了解目前常见的绩效考评方法有哪些，并根据企业的发展战略和企业自身及员工的实际情况选择合适的方法，然后加以运用。下面介绍一些常见的绩效考评方法：

一、横向比较法

横向比较法要求把每一位销售人员的销售业绩进行比较，除了对销售人员完成的销售额进行比较外，还要对销售人员的销售成本、销售利润、风险控制等因素加以综合考量。这里值得注意的是在评估销售人员时要调查销售员有无客户的投诉，要听取客户的意见。有些业务人员业绩很好，但在客户服务方面做得并不理想，这样会影响销售工作的进一步开展，因此，顾客对其服务的满意度也可以作为考评的因素。

如：表 14-1、表 14-2 中列举的那样，以销售额、平均订单规模和周平均访问次数为销售人员的三个考评项目，且按各项目在考评中的重要性划分其所占权重比例为 5:3:2，对 X、Y、Z 三名销售员进行综合考评。由于存在地域性差异，因此对三个销售员进行不同的目标分配，销售员 X、Y、Z 分别为 30 万元、20 万元和 10 万元。其中销售员 X 分配目标最高原因是其所在地域的优势决定的，比如：购买的潜在客户较多，所在地域的竞争较弱等。销售员 Z 所在地域多为大宗买卖，所以平均订单规模这项目标分配额度比其他两人高出一些。每位销售员的达成率是通过计算他们完成额与权重的比而得出的，再计算权数与达成率之积得出绩效水平，而后把每项的绩效水平加在一起得出每项的绩效总计，最后计算出绩效总计与总权数 10 的比，就可以得出销售人员各自的综合绩效。如表中所示，X、Y、Z 三位销售人员的综合绩效分别为 90.5%、82.5%、85%，销售员 X 的综合绩效是最高的。

表 14 – 4　销售人员业绩考评表

销售人员及考评项目		X	Y	Z
销售额	1. 权数 2. 目标 3. 完成额 4. 达成率 5. 绩效水平（第1项与第4项的积）	5 30 万元 28.5 万元 95% 4.75	5 20 万元 16 万元 80% 4.0	5 10 万元 9 万元 90% 4.5
平均订单规模	1. 权数 2. 目标 3. 完成额 4. 达成率 5. 绩效水平（第1项与第4项的积）	3 100 万元 90 万元 90% 2.7	3 200 万元 180 万元 85% 2.55	3 300 万元 240 万元 80% 2.4
周平均访问次数	1. 权数 2. 目标 3. 完成额 4. 达成率 5. 绩效水平（第1项与第4项的积）	2 15 万元 12 万元 80% 1.6	2 10 万元 8.5 万元 85% 1.7	2 5 万元 4 万元 80% 1.6
绩效总计（各项绩效水平总和） 综合绩效（绩效总计与总权数的比）		9.05 90.5%	8.25 82.5%	8.5 85%

二、纵向分析法

纵向分析法是对某一个销售员他在过去和现在的销售实绩，其中包括销售额、毛利、销售费用、新增加的客户数量、流失的客户数、每个客户平均销售额以及每个顾客平均毛利等数量指标进行综合分析的方法。这种考评方法可以更直观地体现出销售人员的工作改善和进步的情况。

三、尺度考评法

尺度考评法，此种方法需要将考评的每一个项目用具体的考评尺度，从而形成一个完整的考评比例表，对销售人员的销售业绩进行考评的方法。在考评比例表中可以将需要考核的项目划分出不同的等级考核标准。常见的考核项目有销售实绩、销售工作能力以及销售工作态度等几项。其中，销售实绩为最重要的一项。而工作能力也直接影响到其销售的业绩，因此也是重要的考评项目之一。而销售员在平时的工作态度和表现也应当列入考评范围，一个销售人员的工作业绩再好，若工作态度和表现不好，也不是一个优秀的销售人员。而后可将这几项各自列出等级考核标准，如：90 分以上、80 ~ 89 分、70 ~ 79 分、60 ~ 69 分、59 分以下这 5 个等级，结合销售人员的不同表现记分。并对不同的考评项目按照重要程度给予不同的权数，最后核算出销售人员所得的总分。对于销售人员销售效率进行考评时一般要从销售人员日报表、销售效率月报表、销售效率计算表、销售效率直观图来进行分析。下图提供（医药）销售人员日报表样表供实际操作参考。

表 14 −5   （医药）销售人员日报表

区　域   年   月   日   星期

今日拜访客户数量目标数：	家医院	实际达成数：
今日电话信息跟踪目标数：	家客户	实际达成数：
今日回款目标数：		实际达成数：

序号	客户名称	科室	姓名	拜访目的及会谈内容	电话
1					

今日单据　　张，交通费　　元，礼品　　份　　　　审核：　　　　审批：

报销金额（大写）　　　　　　　　　　　　　　　　　　　¥

1	2	3	4	5

申明：本人确认以上信息属实并允许审查本表所填各项，如有虚假部分愿受解雇处分。

四、目标管理法

目标管理观念特别重视和利用员工的贡献，目标管理法是一种潜在有效的考评员工业绩的方法。在传统的绩效考评方法中．常常以员工的个人品质作为考评业绩的标准。如销售人员的绩效考评中，目标管理是通过将组织的整体目标逐级分解直至个人目标，最后根据被考评人完成工作目标的情况来进行考核的一种绩效考评方式。在开始工作之前，考评人和被考评人应该对需要完成的工作内容、时间期限、考评的标准达成一致。在时间期限结束时，考评人根据被考评人的工作状况及原先制定的考评标准来进行考核。另外，考评负责人的作用类似于法官的作用。运用目标管理法，考评过程的关注点从销售员的工作态度转移到工作业绩上；负责人的作用则从公断人转换成顾问和促进者；销售员的作用也从消极的旁观者转换成积极的参与者。目标管理法的最大特点是其目标是由上、下级（即：销售经理、销售员）共同协商确定的，具体完成目标的方法由下级决定并定期提供反馈，上级起指导帮助作用，在期限终了时，销售经理可以和销售员一起进行工作评估，总结成败的原因，并商讨下一期目标。实施目标管理法的关键是目标制定。销售员同销售经理一起建立目标，然后在如何达到目标方面，销售经理给予员工一定的自由。参与目标建立使得销售员也可以成为该过程的一部分，目标的所有权增加了销售员得到满足的可能性。这一目标必须是可以衡量和可以观测的。在考评后期，销售员和销售经理需要举行一次考评会见。销售经理首先要审查所实现目标的程度，然后审查解决遗留问题需要采取的措施。在目标管理法下，经理们在整个考评时期要保持联系渠道公开。在考评会见期间，解决问题的讨论仅仅是一种谈话，它目的在于根据计划帮助员工进步。目标管理是

NOTE

一整套计划和控制系统，同时也是一套完整的管理哲学系统。在理论上，只有每位销售员工成功，才可能有销售主管的成功、销售部门的成功乃至整个组织的成功，因此目标管理方法鼓励每一位销售员的成功。但是目标管理的前提是个人、部门和组织的目标要协调一致。

五、360°考核法

360°考核法也称"全视角考核法"，它是最早由英特尔公司提出并加以实施运用，即上级、同事、下属、自己和顾客对被考评者进行考核的一种考评方法。其特点是评价维度多元化，从中获取组织成员工作行为表现的观察资料，适用于对中层以上的人员进行考核。通过这种多维度的评价，综合不同评价者的意见，则可以得出一个全面、公正的评价，是使被考评者清楚自己的长处和短处，来达到提高自己的目的。

传统的考核方法往往仅从一个方面对销售人员进行考评。这样的考核结果是片面，甚至于显失公平的。这一点从某种程度上来说失去了考评原有的意义。而这种方法的优点是比较全面地进行评估，易于做出比较公正的评价，同时通过反馈可以促进销售人员工作能力的提高，也有利于销售团队建设和沟通。

六、关键绩效指标法

关键绩效指标法是以企业年度目标为依据，例如，通过对销售人员工作绩效特征的分析，据此确定反映整个企业、销售部门及销售员个人一定期限内综合业绩的关键性量化指标，并以此为基础进行绩效考核。

建立关键绩效指标（KPI）的要点在于流程性、计划性和系统性。首先明确企业的战略目标，并在企业会议上利用头脑风暴法和鱼骨分析法找出企业的业务重点，也就是企业价值评估的重点。然后，再用头脑风暴法找出这些关键业务领域的关键业绩指标（KPI），即企业级KPI。

接下来，销售部门的主管需要依据企业级KPI建立部门级KPI，并对相应部门的KPI进行分解，确定相关的要素目标，分析绩效驱动因数（技术、组织、人），确定实现目标的工作流程，分解出本部门级的KPI，以便确定评价指标体系。

然后，销售主管和本部门的KPI人员一起再将KPI进一步细分，分解为更细的KPI及各职位的业绩衡量指标。这些业绩衡量指标就是员工考核的要素和依据。这种对KPI体系的建立和测评过程本身，就是统一全体员工朝着企业和本部门制定的工作目标努力的过程，也必将对销售部门管理者的绩效管理工作起到很大的促进作用。

指标体系确立之后，还需要设定评价标准。一般来说，指标指的是从哪些方面衡量或评价工作，解决"评价什么"的问题；而标准指的是在各个指标上分别应该达到什么样的水平，解决"被评价者怎样做，做多少"的问题。

最后，必须对关键绩效指标进行审核。比如，审核这样的一些问题：多个评价者对同一个绩效指标进行评价，结果是否能取得一致？这些指标的总和是否可以解释被评估者80%以上的工作目标？跟踪和监控这些关键绩效指标是否可以操作？等等。审核主要是为了确保这些关键绩效指标能够全面、客观地反映被评价对象的绩效，而且易于操作。每一个职位都影响某项

NOTE

业务流程的一个过程，或影响过程中的某个点。在订立目标及进行绩效考核时，应考虑职位的任职者是否能控制该指标的结果，如果任职者不能控制，则该项指标就不能作为任职者的业绩衡量指标。比如，跨部门的指标就不能作为基层员工的考核指标，而应作为部门主管或更高层主管的考核指标。

销售人员业绩考核包括结果考核和过程考核。结果考核就是考核销售人员工作目标的完成情况，但单纯结果考核有许多问题，如：销售人员的业绩并不完全取决于自己的努力程度，还要受企业对市场的支持，区域市场潜力等影响；评价是一个复杂的过程，难免会产生不公平；一些不能产生销售业绩但又很重要的工作（如晨会、填写销售日报表等）销售人员不愿意去做。过程考核可以弥补结果考核的不足，即明确规定销售人员必须履行的职责，必须做的工作，如规定销售人员怎样拜访客户、发货、催收货款、填写销售日报表及如何使市场生动化、查点客户库存、张贴 POP（宣传单页）等。通过一套作业制度和程序保证销售工作的实现。企业既要考核结果，也要考核过程，二者在考核中占多大比重则要根据企业具体的营销环境来确定。如一些企业 70% 考核业绩，30% 考核过程，以便全方位的评价销售人员的业绩。

通常来说，在选择绩效考评方法时，可以从以下角度进行考虑：

1. 从绩效考评方法本身特性的角度来考虑。

2. 从不同岗位的特征来考虑。通常来说，基层的工作岗位工作内容比较稳定，工作职责比较简单，绩效标准比较清晰，适合采用目标管理法来进行考评。

3. 从绩效考评的操作成本来考虑。量化评价的考核方法的成本通常要高于定性评价的方法，但定性评价又会因为信息传递过程中的失真较大而增加管理运作成本和组织成本。此外，绩效考评的成本跟企业规模的大小也有一定的联系。

4. 从企业所处在的阶段来考虑，企业在不同的发展阶段要选择相应的考评方法。在企业的初创期，以人治为主，管理比较粗放，此时没有必要推行绩效考评。在企业成长期，企业扩张速度加快，经营目标得以明确并形成清晰的战略。这时围绕企业战略目标，如何通过提高公司各部门工作效率保证目标实现的问题显得非常必要且日益突出，绩效考评就需要放到重要的位置上，建议采用目标管理法——通过目标的层层分解落实到人，使每位员工都能明确自己的绩效目标并付诸实际行动，来达成企业整体战略目标。在企业成熟期，发展速度减慢但各项业务成熟，外部市场稳定，绩效考评经过了完善过程进入成熟状态，此时适用 KPI 关键绩效指标法，将关键绩效指标从日常工作中提炼出来，通过关键绩效指标的达成拉升企业整体绩效水平有效地促进企业发展。在企业的更生期，通过产品技术创新、人力资源整合，企业进入新一轮的成长期。此时，绩效考核需要调整思路，创新绩效考评方法，改进绩效管理系统，适应企业变革。此时，仅需要利用绩效考评的理念，根据企业的实际情况，创新应用各种绩效考评方法。

考评销售人员的绩效一定要有一个合理的标准。绩效标准不能一概而论，管理者应充分了解市场情况和销售人员在工作环境和销售能力上的差异。绩效标准应与销售额、利润额和销售目标一致。建立绩效标准的方法有两种：一是为每种工作因素制定特别的标准，如访问的次数、开发终端数量等；一是将每位销售人员与销售人员的平均绩效相互比较而制定。制定公平、公正、合理有效的绩效标准是不容易的。需要管理者根据过去的经验，结合销售人员的行动来制定，并在实践中不断加以调整和完善。总之，现有的绩效考评方法都有各自的优缺点，不是任何绩效考评核方法都适应每一个企业，也不是引入某种管理工具就可以代替正常的企业管理。企业应该根据自身的实际情况来选择合适的绩效考评方法，在实际推行过程中更要做到与企业的实际情况逐步适应。只有这样，才能达到绩效考评的目的，全面提高企业和各部门的绩效水平，促进企业的健康发展。

【本章小结】

销售人员的绩效考评是对销售计划的有效性及执行的质量进行评价，以便管理者能及时采取必要的行动，使管理更富有效率，保证企业销售目标的完成。销售人员业绩考评可以改善和提高企业的效率和竞争力，有助于实现企业的销售目标，有助于发掘和培养优秀人才，有利于加强对销售人员及其销售活动的管理，它也是销售人员薪酬和奖惩的依据。

本章节重点介绍了销售人员绩效考评的原则，阐述了销售人员绩效考评的程序和标准，详细阐述了销售人员绩效考评的方法等。

【重要概念】

绩效考评；横向比较法；纵向分析法；目标管理法；关键绩效指标法；360°考核法。

【复习思考】

1. 如何正确地考评销售人员的业绩？

2. 对销售人员进行考评有何作用？

3. 销售人员考评的原则是什么？

4. 销售人员的考评标准有哪些？

5. 销售人员绩效考核的方法包括哪些？各有那些优缺点。

【案例分析】

AD 公司是集医药生产、医药加工、医药销售、医药科研与开发为一体的控股型公司。市场和销售是产品价值的实现阶段，在市场和营销方面，营销模式调整的主导思路是：主体企业、主导产品和新产品建立新的营销模式，由传统推销向现代营销跨越。2000 年前 AD 公司营销模式是通用的"大包"模式，弊端在于企业没有统一的营销策略，内部资源浪费，甚至会发生企业内部相互竞争的现象，对终端消费和现金流不太重视。2001 年底，公司从西安杨森聘请职业经理人做集团市场总监，2002 年设立敖东医药公司，首先把安神补脑液和保益生化的泡腾片拿出来单独销售，负责安神补脑液、鹿胎颗粒、泡腾片等 OTC 产品及新产品的销售。将外企先进的营销模式和流程管理逐步嫁接到公司，激励机制也比较到位。但公司绩效考评也存在以下问题：

1. 绩效指标与组织目标的不一致性。制定绩效考评指标，首先必须要明确企业总的战略目标和业务重点，在此基础上，从组织的最高层向各个部门和职位层层分解，如此得到的指标就成了企业价值评估的重点。但是，AD 公司在研究外部环境和自身能力基础上制定了整体战略，却没有将其分解为一套协调一致的任务安排和评价指标，以供下级单位使用。其下属各部门都自行建立了一套绩效指标。如销售部门的考核指标只与本部门的业绩相联系，忽视销售部门与其他部门之间的相互协调和相互支持，最终会影响企业的整体绩效的提高。

2. 绩效指标与组织结构缺乏依存性。绩效指标并非静止不变，内外部环境发生变化以后，

NOTE

组织战略、组织目标和组织结构都要做出相应的调整，同时，销售人员的绩效考核指标不仅具有行业性，还具有动态性。企业及产品市场地位发生变化，企业做出相应的市场战略的调整，如目前，AD公司重视新品的推广，但没有在考核指标上体现出来。在创业之初期，AD公司奉行"考核数据化，管理人性化"的宗旨。对销售人员的考评指标有：销售额，资金回笼率，出勤率。其中出勤率是基本工资发放的主要依据。就是说，每月根据出勤天数来计算应得基本工资。但据了解，除非特殊情况，（如长时间的病假，事假）销售人员都能够出满勤，所以出勤率的考核没有多大意义。而对于目前AD公司产品已进入全国市场的情况下，为了长期发展，必须要对销售人员在销售过程中的行为进行考核。因为只有通过过程考核，才可以纠正销售人员在工作中的偏差。如销售人员的审货问题，严重地影响了企业整体营销：还有销售人员往往就是针对现有的客户资源尤其是大客户做文章，忽略了新客户开发和中小客户的开发与维护，这对于企业的销售队伍建设及资源整合不利。

3. 绩效指标体系不健全，缺乏完整性。合理的绩效指标体系应该能够全面反映出部门和个人的绩效水平。

首先，AD公司在销售人员的考核指标的选择上，仅包含了几项简单的指标如：销售量或者销售额，回款率。而其他必不可少的考核指标如：利润额、销售费用率、应收账款完成率、市场占有率等都没有囊括进来。其次，由于对绩效缺乏科学的认识，错误地将绩效等同于业绩，缺乏个性化的态度及能力评价指标，导致绩效评价指标体系不健全。绩效应该是结果和行为的组合，在评价指标中应该有衡量行为的指标——态度和能力指标，这类指标有时会对员工的工作行为起到重要的牵引作用。另外，AD公司目前分为月单项指标考核，年终综合考评。月考评实际上就是针对销售额指标的考核，就是为每月的销售提成奖发放提供依据。年终综合考评为年终综合考评是为发年终奖提供依据，主要是对累计销售额指标和累计资金回笼率的考核。而且，企业对销售人员考评只有考，没有评。每月一次的考评就是针对以上结果指标的单项考核，年终综合考评只是对以上指标的汇总考核。有些工作内容是无法用定量指标去衡量工作绩效的，如：工作主动性，客户关系建立，现有客户维系能力，收集市场信息，收集同行业竞争对手的信息等，只能通过定性的指标来加以衡量。

4. 缺乏有效的绩效反馈制度。AD公司作为股份制企业，由于改制时间不长，决定了他们尚未形成稳定、完整与有效的绩效评估体系。AD公司对销售人员的考评目的就是为薪酬发放提供依据。调研中发现，包括管理人员在内的许多人都认为，"考核就是为了发奖金"。但是，绩效考评的目的是为了提高工作业绩，争取完成公司下达的销售指标，以利于上市公司整体业绩的提升，同时为留住人才，储备人才，而不仅仅是为了发奖金。即使考评结果不作为销售人员薪酬的依据，销售人员都希望他人能够对自己的工作做出评价和反馈。绩效反馈可以让销售人员了解和改进自己工作中的不足，了解自己在企业中的地位，明确未来的发展方向，可以让销售人员听到上级主管的表扬，提高工作满意度，激励销售人员更加努力等作用。由于企业没有对绩效反馈面谈的要求，只有少数销售主管（29%）自觉地与销售人员进行绩效考评反馈面谈，而且其面谈效果也不能令人满意。由于缺乏统一的计划、执行、评估与反馈，AD公司无法进行有效的绩效考评。

（资料来源：吉林敖东药业集团销售人员绩效考评优化方案设计，2006）

思考与讨论：

1. 你如何看待 AD 公司绩效考评存在的问题。

2. 如果你作为公司的负责人，你如何进行改进或优化公司的绩效考评。

主要参考书目

［1］李先国．销售管理．北京：中国人民大学出版社，2016.

［2］熊银解，查尔斯·M·富特雷尔，张广玲．销售管理．北京：高等教育出版社，2010.

［3］杜泉．销售管理．北京：中国人民大学出版社，2014.

［4］安贺新．销售管理实务．2 版．北京：清华大学出版社，2014.

［5］任广新．销售管理——技能与实务．北京：北京大学出版社，2013.

［6］张启杰，田玉米．销售管理实务．2 版．北京：中国电力出版社，2013.

［7］欧阳小珍．销售管理．2 版．武汉：武汉大学出版社，2010.

［8］杜琳，刘洋．销售管理．北京：清华大学出版社，2011.

［9］张启杰．销售管理．北京：电子工业出版社，2009.

［10］王海滋，赵霞．销售管理．2 版．武汉：武汉理工大学出版社，2014.

［11］李祖武．销售管理．2 版．北京：清华大学出版社，2015.

［12］胡旺盛．销售管理．合肥：合肥工业大学出版社，2007.

［13］蔡瑞林，张洪峰．销售管理实务．2 版．北京：人民邮电出版社，2015.

［14］张晓娟，李桂陵．销售管理．上海：华东师范大学出版社，2013.

［15］易正伟，敖旭鹏，王世红．销售管理原理与实务．2 版．北京：中国水利水电出版社，2014.

［16］宋晓宇．新编销售管理全书．北京：中国法制出版社，2015.

［17］杜向荣．销售管理．2 版．北京：清华大学出版社，2013.

［18］张晓娟，李桂陵．销售管理．上海：华东师范大学出版社，2013.

［19］何晓兵．销售业务管理．北京：科学出版社，2011.

［20］陈玉文．医药市场营销学．北京：人民卫生出版社，2016.

［21］甘湘宁，杨元娟．医药市场营销实务．北京：中国医药科技出版社，2013.

［22］侯胜田．医药市场营销学．北京：中国医药科技出版社，2009.

［23］侯胜田．医药营销案例．北京：中国医药科技出版社，2009.

［24］侯胜田．OTC 药品营销管理．北京：化学工业出版社，2004.

［25］傅书勇，孙淑军．医药渠道与促销管理．北京：清华大学出版社，2012.

［26］李金良．医药企业管理案例与评析．北京：人民卫生出版社，2009.

［27］官翠玲，李胜．医药市场营销学．北京：中国中医药出版社，2015.

［28］上官万平．医药营销医药代表实务．上海：上海交通大学出版社，2005.

［29］丛淑芹．医药市场营销实务．济南：山东人民出版社，2016.

［30］王淑玲．医药促销管理与实务．北京：人民军医出版社，2012.

［31］王淑玲．药品零售管理与实务．北京：人民军医出版社，2010.

［32］张平．医药商品购销员（中级）．北京：中国劳动社会保障出版社，2015.

［33］王顺庆．医药市场营销技术．北京：人民卫生出版社，2015.

［34］王冬丽．医药商品销售．北京：化学工业出版社，2009.

［35］朱华．市场营销案例精选精析．北京：中国社会科学出版社．2009.

［36］上官万平．医药营销地区经理实务．上海：上海交通大学出版社，2004.

［37］曾智，申俊龙．医药销售行为学．北京：化学工业出版社，2015.

［38］林根祥，冯国红．市场调查与预测．3 版．武汉：武汉理工大学出版社，2014.

［39］李志强，蔡宏宇．市场调查与预测．2 版．长沙：湖南大学出版社，2014.

［40］罗臻，刘永忠．医药市场营销学．北京：清华大学出版社，2013.

［41］邵兵家．客户关系管理．北京：清华大学出版社，2010.

［42］吴宪和．分销渠道管理．上海：上海财经大学出版社，2016.

［43］王永贵．客户关系管理．北京：清华大学出版社，2007.

［44］张明立．顾客价值．北京：经济管理出版社，2007.

［45］周洁如．客户关系管理与价值创造．上海：上海交通大学出版社，2006.

［46］郑锐洪．服务营销．北京：机械工业出版社，2014.

［47］郑方华．客户服务技能案例训练手册．北京：机械工业出版社，2006.

［48］周庆．营销渠道模式的设计与选择．武汉：华中科技大学出版社，2015.

［49］郑锐洪．营销渠道管理．北京：机械工业出版社，2015.

［50］庄贵军．营销渠道管理．北京：北京大学出版社，2013.

［51］李秀娟．组织行为学．3 版．北京：清华大学出版社，2012.

［52］卢友志．医药代表速成精品手册．北京：中华工商联合出版社，2013.

［53］易淼清．销售渠道与终端管理．北京：北京交通大学出版社，2010.

［54］吴健安．市场营销学．北京：清华大学出版社，2013.

［55］李俊杰，蔡涛涛．销售管理：知识、方法、工具与案例大全．北京：企业管理出版社，2011.

［56］冯国忠．医药市场营销学．北京：中国医药科技出版社，2015.

［57］傅书勇，孙淑军．医药渠道与促销管理．北京：清华大学出版社，2012.

［58］吴锦．医药销售管理实务．杭州：浙江大学出版社，2014.

［59］大卫·科利尔．医药代表实战指南．北京：电子工业出版社，2013.

［60］克里斯·德诺夫，詹姆斯·戴维．怎样客户才能满意．北京：中国人民大学出版社，2008.

［61］威廉·L·科恩．销售管理．9 版．北京：中国人民大学出版社，2010.

［62］戴维·乔布，杰夫·兰开斯特．推销与销售管理．7 版．北京：中国人民大学出版

社，2007.

[63] 陈晓慧，市场预测与决策．武汉：武汉工业大学出版社，2008.

[64] 坦纳，霍尼克特，厄夫迈耶，著．销售管理．陶向南，译．北京：中国人民大学出版社，2010.

[65] 菲利普·科特勒．市场营销原理．北京：清华大学出版社，2007.